ESTUDOS DE DEFESA

ESTUDOS DE DEFESA

Inovação, estratégia e desenvolvimento industrial

Carlos Eduardo Franco Azevedo
Carlos Eduardo De Franciscis Ramos
ORGANIZAÇÃO

FGV | EBAPE EDITORA

Direitos desta edição reservados à
FGV EDITORA
Rua Jornalista Orlando Dantas, 9
22231-010 | Rio de Janeiro, RJ | Brasil
Tel.: 21-3799-4427
editora@fgv.br | www.editora.fgv.br

Impresso no Brasil | *Printed in Brazil*

1ª edição – 2022

Preparação de originais: Ronald Polito
Projeto gráfico de miolo e diagramação: Abreu's System
Revisão: Michele Mitie Sudoh
Capa: Estúdio 513

Dados Internacionais de Catalogação na Publicação (CIP)
Ficha catalográfica elaborada pela Biblioteca Mario Henrique Simonsen/FGV

Estudos de defesa: inovação, estratégia e desenvolvimento industrial / Carlos Eduardo Franco Azevedo, Carlos Eduardo De Franciscis Ramos (organização). – Rio de Janeiro: Editora FGV, 2022.
316 p.

Inclui bibliografia.
ISBN: 978-65-5652-128-2

1. Brasil – Defesa. 2. Brasil – Forças Armadas. 3. Segurança Nacional. I. Franco-Azevedo, Carlos Eduardo. II. Ramos, Carlos Eduardo De Franciscis. III. Título.

CDD – 355.450981

Elaborada por Maria do Socorro Almeida – CRB-7/4254

Sumário

Apresentação

*Carlos Eduardo De Franciscis Ramos**

A Constituição da República Federativa do Brasil trata no Título V — Da Defesa do Estado e das Instituições Democráticas, especialmente no seu Capítulo II — Das Forças Armadas, atribuindo-lhe a responsabilidade em defender a pátria, garantir os poderes constitucionais e, por iniciativa de qualquer destes, a lei e a ordem. Além do seu capítulo específico, a defesa da nação é referenciada, direta ou indiretamente, de forma difusa no texto constitucional, cabendo destacar quando estabelece, entre seus fundamentos, a soberania (art. 1º, I), ou seus princípios norteadores das relações internacionais, como a independência nacional, autodeterminação dos povos e a solução pacífica dos conflitos, ente outros (art. 4º, I; III e VII). Guardadas pequenas "nuances" temporais, o atual texto constitucional segue o mesmo caminho de seus antecessores, atribuindo às Forças Armadas e, por consequência, aos homens e mulheres de farda, a responsabilidade no trato da Defesa Nacional (art. 142).

Entretanto, não há que se confundir responsabilidade com exclusividade, pois, diferentemente dos demais textos constitucionais, o atual traz, intrinsecamente, a necessidade do estabelecimento de políticas, estratégias, bem como de comunicar ao país e à comunidade internacional seus aspectos referentes à Defesa Nacional e assuntos correlatos. Nesse ínterim, na esteira da criação do Ministério da Defesa (1999), a publicação da Política de Defesa Nacional (PDN), em 2005, ainda com seus efeitos aquém do desejado, foi um preâmbulo para a publicação da primeira edição da Estratégia Nacional de Defesa (END), em 2008, que induz e inspira a elaboração da primeira edição do Livro Branco de Defesa Nacional (LBDN), de 2012. Nos dois últimos documentos é notório o convite à sociedade para o debate referente aos assuntos que envolvem a Defesa Nacional.

* Doutor em ciências militares pela Escola de Comando e Estado-Maior do Exército (ECEME). Professor do PPGCM-IMM-ECEME. CV: http://lattes.cnpq.br/8217364275916775. E-mail: defranciscis@hotmail.com.

Nesse sentido, os "Estudos de Defesa" têm início em resposta ao "chamamento" estabelecido nesses documentos de Defesa. Ainda de forma difusa e periférica, nas áreas de ciência política e relações internacionais surgem pesquisadores que progressivamente vão criando uma massa crítica e epistemológica voltada para este campo do saber, não tardando a surgir linhas de pesquisa em Defesa Nacional e os primeiros cursos *stricto sensu* com área de concentração em "Defesa Nacional". Quase que simultaneamente, observa-se nas Escolas Militares de Altos Estudos um movimento de aproximação das práticas formais adotadas nos cursos *stricto sensu* do Sistema de Pós-graduação Nacional capitaneado pela Capes, tendo, por consequência, o aperfeiçoamento dos sistemas de pós-graduação militares e a submissão, aprovação e reconhecimento de cursos de mestrado e doutorado, tanto acadêmicos como profissionais.

No Exército Brasileiro esse movimento ocorre no bojo do processo de transformação da Força Terrestre iniciado no ano de 2010 com significativos avanços como a criação do Instituto Meira Mattos (IMM) da Escola de Comando e Estado-Maior do Exército (ECEME), estrutura singular deste centenário estabelecimento de ensino, vocacionado para o enlace com a ambiente acadêmico que, desde 2012, conduz seu mestrado acadêmico em ciências militares (2012) e doutorado em ciências militares (2016), compondo o Programa de Pós-graduação em Ciências Militares (PPGCM), formando recursos humanos, civis e militares, nacionais e estrangeiros para atuar na docência e na pesquisa em ciências militares e, por consequência, nos estudos de defesa. No campo da pesquisa, a diversidade e interdisciplinaridade de projetos interinstitucionais já realizados ou em andamento refletem a complexidade do estudo do fenômeno da guerra, particularmente em suas duas linhas de pesquisa: Estudos da Paz e da Guerra; e Gestão da Defesa: Políticas Públicas, Economia e Indústria.

Estabelecidas suas linhas de pesquisa, a arquitetura de pesquisa em funcionamento na ECEME trabalha em seu nível mais complexo com seus grupos de pesquisa, voltados prioritariamente aos docentes e discentes do *stricto sensu*, pela necessidade de maior estabilidade, pesquisa de médio e longo prazo e buscando a participação de pesquisadores de instituições parceiras vinculados a projetos de pesquisa. Nesse sentido, é criado, na ECEME, o Grupo de Pesquisa Guerra do Futuro, Indústria de Defesa e Inovação (GFIDI), reunindo pesquisadores de renomadas instituições como Fundação Getulio Vargas (FGV), Universidade Complutense de Madrid (UCM), Instituto Militar de Engenharia (IME),

Agência Brasileira de Desenvolvimento Industrial (ABDI), Departamento de Ciência e Tecnologia do Exército (DCT) e Escola de Aperfeiçoamento de Oficiais (EsAO), em torno de projeto de pesquisa que empresta seu nome ao grupo.

Cabe destacar a iniciativa inovadora do Departamento de Educação e Cultura do Exército (DECEx) ao promover a pesquisa no âmbito de suas instituições de educação superior, de extensão e de pesquisa, materializada por meio do primeiro edital do Pro-Pesquisa, visando ao "fortalecimento do ciclo da produção da pesquisa e da formação do pesquisador para o desenvolvimento da pesquisa científica, técnica e acadêmica qualificáveis de interesse do Exército", tendo como objetivo desenvolvimento do conhecimento em defesa e em ciências militares.

Assim, a presente obra *Estudos de Defesa: inovação, estratégia e desenvolvimento industrial* traduz o esforço intelectual e de pesquisa realizado nesse projeto, trazendo um produto de extrema riqueza científica que muito corrobora com a comunidade epistêmica dos estudos de defesa, cumprindo aquilo que o projeto se propõe:

> [...] investigar, nas dimensões político-estratégica, científico-tecnológica e doutrinárias e sob o prisma das inovações (tecnológicas e não tecnológicas), os mecanismos estruturais, organizacionais e doutrinários capazes de contribuir com o desenvolvimento de novas capacidades para a Defesa e para a Força Terrestre no contexto da guerra do futuro.

A estratégia e suas áreas afins como a geopolítica e as relações internacionais ocupam uma posição central no contexto da obra com os "Aspectos geopolíticos da guerra do futuro e desafios brasileiros", no qual se busca abordar a ordem geopolítica internacional da perspectiva da guerra do futuro, uma guerra unidimensional que envolverá todas as capacidades dos Estados nacionais. Assim estabelece um diálogo sobre a centralidade da guerra como mecanismo de ordem do sistema internacional, passando pelas teorias das guerras hegemônicas, caracterizando, nesse ambiente competitivo entre as grandes potências, os desafios reservados ao Brasil. Ao expor a relevância de aspectos da geopolítica clássica na caracterização dos países-baleia em um mundo cada vez mais complexo e multipolar, traz reflexões significativas ao Brasil, especialmente sobre sua capacidade de geração de riquezas por meio de sua indústria, algo indissociável da estratégia de dissuasão extrarregional.

O capítulo "Aquisição de sistemas e produtos de defesa: conciliando objetivos de curto e longo prazo", discute o dilema de realizar Pesquisa e Desenvolvimento (P&D) autóctone ou importar tecnologias críticas de produtos de defesa, estratégia presente especialmente em países que, com desenvolvimento inconcluso, buscam aumentar sua capacidade defensiva. Para isso, os autores apresentam o estudo de caso da Diretriz Estratégica para Formulação Conceitual dos Meios Blindados do Exército Brasileiro (EB), que visa modernizar os meios blindados da Força Terrestre, tratando da integração de sistemas tanto na aquisição de produtos de defesa como no acesso às fontes externas de inovação. Neste último, a mensuração de evolução tecnológica e o acesso ao conhecimento externo são variáveis que implicam o desenvolvimento de uma ferramenta capaz de realizar essas tarefas. As conclusões são surpreendentes e de grande interesse para o desenvolvimento da BID.

No capítulo "Guerra do futuro e inovação em defesa: EUA, França e possibilidades para o Brasil", por sua vez, as autoras trazem a experiência de dois países, potências nucleares, que possuem programas voltados à guerra do futuro e sistemas de inovação em estágio mais avançado de desenvolvimento do que no Brasil. Para isso, buscam identificar políticas públicas no setor desses países, traduzidas em boas práticas, programas e estruturas de inovação que possam, de alguma forma, ser absorvidas no contexto brasileiro. Assim, partindo da análise teórica das possibilidades de transferências e absorção de políticas públicas, é realizado um estudo sobre o setor de inovação dos países citados e do estado atual do sistema de inovação de defesa brasileiro, identificando aspectos viáveis de serem absorvidos, com ênfase na gestão estrutural da inovação como condição necessária à reflexão de estratégias e ações voltadas para a guerra do futuro.

Colocados os aspectos geopolíticos e estratégicos de análise da guerra do futuro, naturalmente se relaciona a preparação das nações com lastro em seu desenvolvimento industrial, e esse, com base em sua capacidade de inovação. Assim as "Relações civis-militares e a aquisição de grandes sistemas de armas no Brasil: impactos sobre a interoperabilidade" busca apresentar uma reflexão sobre a aquisição de sistemas de armas complexos pela estrutura militar de defesa nacional, partindo de uma perspectiva departamentalizada das Forças Singulares e almejando um trabalho conjunto coordenado pelo setor de defesa com foco na interoperabilidade e destacando a posição equidistante que os quadros civis de defesa poderiam ocupar na condução desse processo. Muito além das relações civis-militares no processo de aquisição de sistemas de armas complexos, o texto lança luzes às possibilidades de economia de escala, aproveitamento conjunto de contratos de *offset*, além das questões logísticas e de interoperabilidade.

O capítulo "Movimentos societários da indústria de defesa brasileira" apresenta os efeitos da tendência internacional de globalização da indústria de defesa mundial. Como contraponto ao investigado, repousa a possibilidade de manutenção da autonomia industrial e soberania nacional, além do controle do acesso a tecnologias e capacidades críticas instaladas nas estruturas acionárias das indústrias de defesa nacional. Partindo da análise evolutiva do setor desde o pós-Segunda Guerra Mundial até os tempos de globalização, demonstra as ações do Estado brasileiro e o comportamento do mercado internacional de defesa, trazendo considerações críticas à conjuntura do setor, mas, também, apontando alternativas factíveis com base na análise dos dados pesquisados.

"Metodologia de prospecção tecnológica do Exército Brasileiro: estudo de caso da cibernética" traz para discussão a necessidade de metodizar a antecipação de soluções tecnológicas diante da miríade de processos já existentes, customizados às necessidades do Exército, de maneira a identificar como o conhecimento tácito, relacionado com as áreas de pesquisa, doutrinária e operacional da Força Terrestre, pode subsidiar estudos prospectivos do campo científico-tecnológico. Para isso, utiliza como estudo de caso o setor cibernético que, ao que tudo indica, terá um papel fulcral na guerra do futuro, constituindo uma das mais graves e difusas ameaças na atualidade, muito bem colocado em evidência como um setor estratégico desde a primeira edição da END e atribuído ao Exército Brasileiro para promover seu desenvolvimento.

Tratando das capacidades da indústria de defesa nacional, a análise da experiência trazida no capítulo "As interações entre os atores da inovação e seus impactos no desenvolvimento na BID: o caso do programa estratégico Guarani" sinaliza um caminho para a redução do hiato tecnológico e o desenvolvimento de uma autonomia industrial estratégica em materiais de defesa. O estudo abrange desde a fase inicial do projeto da Viatura Guarani 6×6, no desenvolvimento do protótipo a fabricação do lote piloto, destacando a etapa da produção das unidades blindadas, até a busca do aumento do índice de nacionalização. Ao analisar aspectos gerenciais e institucionais durante o projeto, os autores colocam em evidência a tríplice hélice como fator de inovação, enquanto indicam a importância das inovações não tecnológicas para o desenvolvimento da BID, com foco nas aquisições de capacidades dissuasórias em face da guerra do futuro.

No capítulo "O advento de Sistemas C5ISR e a guerra híbrida", os autores trazem interessantes reflexões sobre o papel da tecnologia da informação e comunicações (TIC) na natureza dos conflitos. Destacam a importância do C5ISR (comando, controle, comunicações, computadores, cibernética, inteligência, vigilância e o reconhecimento), da guerra centrada em redes e seus impactos na guerra do futuro, com o surgimento de tecnologias de aplicação dual, ao alcance da maioria da população, combinada com o desenvolvimento de tecnologias disruptivas e seus reflexos na condução dos novos conflitos na chamada guerra híbrida, uma guerra de espectro total. Na mesma direção, apresentam um breve panorama do setor no Brasil, do Sistema Militar de Comando e Controle (SISMC) a cargo do MD, que busca uma integração dos sistemas existentes nas forças singulares. Tudo isso permeado por análise geopolítica das estratégias dos principais atores mundiais tendo como cenário a Guerra Híbrida, segundo os autores já em curso e como um prenúncio do que será a guerra do futuro.

O estudo da inovação em toda sua abrangência e complexidade é trazido no capítulo "Estudo comparado de Sistemas Setoriais de Inovação: petróleo e gás, agronegócio e Exército", onde seus autores propõem uma perspectiva comparativa de Sistemas Setoriais de Inovação (SSI) bem-sucedidos em contraste ao ainda defasado Sistema Nacional de Inovação (SNI). O estudo ganha relevância se consideradas as similitudes dos SSI avaliados quando sobrepostos às características do SSI do Exército, especialmente sobre a importância da cooperação entre indústria, academia e governo (tríplice hélice), onde se investigam alternativas para aprimorar a capacidade de inovação do Exército com reflexos no desenvolvimento de capacidades em defesa.

Quase complementando o sentido do texto anterior, mas com foco nas inovações não tecnológicas, "O papel da cultura de inovação na evolução da doutrina militar" propõe ao leitor uma quebra de paradigma ao trazer as questões da inovação organizacional (doutrinária) e seu papel central com a cultura organizacional para obtenção de capacidades militares, caracterizando a interdependência de uma inovação tecnológica associada a uma inovação doutrinária e uma adaptação institucional em sua organização. Ressalta a importância da cultura organizacional na elaboração da doutrina, resultando dessa sinergia a obtenção de ideias inovadoras balizadas por crenças e valores institucionais, bem como por técnicas e táticas mais elementares, mas fundamentais para o envolvimento com os demais atores institucionais, estimulando novas experiências e criatividade, demonstrando o quão relevante é a escola cultural na transformação do setor da defesa.

Considerando a inovação como condicionante para o desenvolvimento de novas capacidades militares, capaz de reduzir o hiato tecnológico e de proporcionar a desejada autonomia estratégica em tecnologias sensíveis, o capítulo "Inovações tecnológicas e organizacionais (doutrinárias) em defesa: um modelo conceitual" tem como propósito estabelecer uma modelagem conceitual do processo de inovação em defesa, privilegiando a interação entre os atores que conduzem as inovações tecnológicas e não tecnológicas e, principalmente, uma relação entre elas, com o foco de obter determinadas capacidades militares no setor de defesa. Assim, oferece ao leitor, numa perspectiva inovadora, a formulação metodológica de inovações que podem impactar positivamente a Base Industrial de Defesa.

Trazendo uma perspectiva conciliatória das relações entre países, no texto "A cooperação internacional brasileira em defesa como indutor de inovações", é apresentada pelos autores a cooperação internacional como uma alternativa inovadora de inserção global do país diante da conjuntura de competição geopolítica mundial. Assim, destacam a cooperação internacional em defesa (CID) como um instrumento político que carrega enorme capacidade de inovação tanto tecnológica como não tecnológica, fazendo uma análise das experiências brasileiras e seus efeitos modernizadores e transformadores ao longo do século XX, inclusive de suas limitações. Nessa senda, colocam-se em evidência a carência e a importância de uma abordagem sistêmica de longo prazo no estabelecimento de CID, com foco na cultura da inovação, capitaneada pelo setor de defesa e em coordenação com os demais setores do país, como o social, econômico, científico, organizacional e produtivo, fundamentais no preparo para a guerra do futuro.

Por fim, cabe um especial agradecimento a todos os pesquisadores e autores que colaboraram com a construção dessa obra, emprestando suas pesquisas e seus conhecimentos em prol dos Estudos de Defesa aqui nominados: Ana Luiza Bravo e Paiva; Antônio Fonfría Mesa; Carlos Eduardo Franco Azevedo; Décio Luís Schons; Felipe Araújo Barros; Felipe Medeiros; Gabriela Alves de Borba; Giancarlo Niedermeier Belmonte; Hélio Caetano Farias; Hildo Vieira Prado Filho; José Adalberto França Junior; José Luiz Andrade Júnior; Juraci Ferreira Galdino; Karina Furtado Rodrigues; Larissa de Freitas Querino; Lorena Toffano

Ferreira; Murilo Gomes da Costa; Nina Machado Figueira; Octavio Amorim Neto; Ricardo Wagner Amorim Guimarães; e Rubens de S. Duarte. Assim, trouxeram ao leitor a possibilidade de reflexão sobre tópicos tão distintos, mas, em simultâneo, integrados sobre plataformas de conhecimento da estratégia, do desenvolvimento industrial e da inovação no setor de defesa, compondo um capítulo à parte dos Estudos de Defesa.

Ao leitor, fica um convite ao desbravamento do conhecimento singular aqui oferecido, colimado com os propósitos que germinaram essa iniciativa, capaz de aglutinar as instituições participantes, seus pesquisadores e órgãos de fomento em prol de uma comunidade epistêmica de defesa mais coesa, produtiva e participativa para a sociedade brasileira. Boa leitura!

Aspectos geopolíticos da guerra do futuro e desafios brasileiros

*Hélio Caetano Farias**

1. Introdução

A guerra demarca o centro de gravidade da política internacional. E a preparação para a guerra é um dos elementos de estruturação das relações políticas, econômicas e das capacidades militares dos Estados no sistema internacional, em especial das grandes potências. Qual o futuro da guerra? O que se pode vislumbrar sobre sua manifestação nos próximos anos e décadas? Questionamentos assim são instigantes e praticamente impossíveis de serem respondidos com precisão. Entretanto, realçar algumas características contemporâneas da competição geopolítica entre as potências pode fornecer algumas luzes a respeito da conjuntura e das tendências em curso para pensarmos a guerra do futuro.

A geopolítica, enquanto lente analítica, fornece elementos à compreensão da estrutura e da dinâmica das disputas de poder e riqueza entre Estados no sistema internacional.[1] Entre a cooperação e o conflito, cada período histórico vivencia uma estrutura de comando e um padrão de relacionamento entre Estados que caracterizam uma ordem geopolítica internacional (Agnew e Corbridge, 2003).

Tanto a investigação sobre a conjuntura conflitiva quanto seus desdobramentos são objetos de enormes controversas nos estudiosos da área.[2] Todavia, o que deixa pouca dúvida nas análises sobre a política internacional é que a ordem geopolítica erigida dos escombros da Segunda Guerra Mundial, entre as décadas

* Doutor em economia política internacional pela Universidade Federal do Rio de Janeiro (UFRJ). Professor do PPGCM-IMM-ECEME. CV: http://lattes.cnpq.br/5388478285674757. E-mail: heliofarias@gmail.com.

1 Costa (2015); Farias (2015); Fiori (2007, 2014).

2 Agnew e Corbridge (2003); Fiori (2007); Zakaria (2008); Kissinger (2015); Mearsheimer e Walt (2016); Coker (2015, 2019); Colby e Mitchell (2020).

de 1940 e 1950, sob hegemonia norte-americana e com ampla participação de diversas instituições multilaterais, estaria em profundo momento de desgaste, inoperância e deslegitimação.[3]

Este trabalho, enquanto recorte de método, considera que o território e o poder são categorias fundamentais à compreensão dos Estados e das estruturas e dinâmicas do sistema internacional. Ressalta-se, posto em relevo esse ângulo da geopolítica, que as características geográficas do Estado constituem uma base à formulação das políticas e estratégias de defesa, bem como à política internacional. Nesse sentido, as referências aqui presentes estabelecem um diálogo entre teorias e conceitos da geopolítica, da economia política internacional e do realismo das relações internacionais. Como denominador comum das teorias e autores consultados, a centralidade da guerra e dos Estados nacionais na análise do sistema internacional e de seus mecanismos de ordenamentos temporais. Do ponto de vista metodológico, realizou-se um trabalho qualitativo, na forma de um ensaio teórico, a partir da análise bibliográfica e documental, tendo como fontes principais: artigos acadêmicos, livros, documentos oficiais de Estado, relatórios departamentais e análises estratégicas de *thinks tanks*. Os dados sobre gastos globais e nacionais de defesa foram consultados nas bases do Stockholm International Peace Research Institute (Sipri) e nas publicações *The Military Balance* do International Institute for Strategic Studies (IISS).

O capítulo está dividido em três partes, além desta introdução e das considerações finais. Na primeira, destaca-se a centralidade da guerra, e de sua preparação, como mecanismo ordenador das disputas no sistema internacional, hierarquizando os Estados quanto a suas capacidades militares, políticas e econômicas. Na segunda parte, discorre-se, com base em uma perspectiva geopolítica da multipolaridade, sobre alguns elementos das teorias das guerras globais ou hegemônicas no condicionamento da atual ordem internacional. E, por fim, na terceira parte, enfatiza-se como o ambiente internacional de competição geopolítica entre as grandes potências impacta os desafios da defesa do Brasil, em especial quando se considera a crescente associação entre a indústria de defesa, as inovações tecnológicas e o sistema produtivo nacional.

---

3 Coker (2015); Fiori (2018); Fukuyama (2020).

2. A centralidade da guerra

De acordo com Christopher Coker (2015), um dos equívocos reiterados pelo pensamento liberal é a insistência em apontar que as transformações nas formas das guerras, em especial as com potencial nuclear, teriam tornado as possibilidades de embates entre as potências cada vez mais irracionais e improváveis. O autor considera que isso se intensificou nos anos 1990, com o fim da Guerra Fria, e sob o manto da globalização e da crescente interdependência entre Estados e economias no sistema internacional. Mesmo partindo do ângulo da geopolítica, Agnew e Corbridge (2003) afirmavam, por exemplo, que derivariam dos interesses econômicos compartilhados os freios ao apetite político, e irracional, da guerra, sendo, portanto, improvável o conflito entre as grandes potências em um contexto de globalização econômica.

Coker (2015) traça um paralelo entre a ascensão da China e aquela vivenciada pela Alemanha, no final do século XIX. Como tal, a China buscará um ajustamento na ordem internacional em favor de seus interesses nacionais que dificilmente poderão ser conquistados sem questionamentos à posição dos norte-americanos em diferentes tabuleiros geopolíticos, especialmente na Ásia-Pacífico. Tais prognósticos tornam difíceis as projeções a respeito de uma transição pacífica entre potências. Nesse sentido, a tese de Mearsheimer (2001) de que a guerra é o destino trágico da política de grandes potências demonstraria enorme pertinência.

Um ano antes da publicação de Coker (2015), o Departamento de Defesa dos EUA lançava o *Quadrennial defense review* (USA, 2014), indicando a necessidade de uma mudança no planejamento da força militar. Constatava-se que os Estados Unidos estavam em risco de desatualização e atrofia ante os avanços tecnológicos nos sistemas de armas de potências rivais, como China e Rússia. Nos apontamentos sobre a perda da vantagem militar estratégica dos EUA, estava o desenvolvimento de modernos sistemas de defesa rivais, sobretudo de mísseis, que operacionalmente geram zonas de interdição mediante os mecanismos de Antiacesso (A2, da sigla em inglês *anti-access*) e de Negação de Área (AD, *area denial*), limitando assim a projeção de poder norte-americano.

Tal publicação QDR (USA, 2014) destacou-se por apresentar uma redefinição das prioridades estratégicas e das percepções de ameaças geopolíticas dos EUA, indicando o fim gradual do envolvimento do país na Guerra do

Afeganistão (2001-atual) e do Iraque (2003-atual), bem como nas diversas operações militares no grande Oriente Médio. O reposicionamento do poder militar estava assentado em três pilares: defesa da integridade do território; construção de um ambiente internacional de segurança favorável aos interesses norte-americanos; e projeção de poder militar e vitória em qualquer conflito. As avaliações de então indicavam a necessidade de uma preparação militar para atuar em um cenário de conflitos de amplo espectro e em múltiplos domínios. A ênfase estratégica, porém, foi direcionada às disputas de longo prazo contra Estados com armas nucleares ou com crescentes capacidades militares de Antiacesso e Negação de Área (A2/AD), como no caso da Rússia e principalmente da China.[4] Diferente de seus precedentes, o QDR (USA, 2014)[5] apresentava a China como desafiadora à projeção de poder americano e a região da Ásia-Pacífico como o principal tabuleiro para objetivos militares e de defesa do país (Farias e Oliveira, 2020).

Dois anos depois, em 2017, foi lançada a National Security Strategy of The United States of America e, logo em seguida, em 2018, a National Defense Strategy. Em ambos, reiterou-se a região da Ásia-Pacífico como prioritária para a política de segurança e defesa dos Estados Unidos. Com ênfase realista, os documentos assinalam que as principais ameaças aos EUA estariam, em primeiro plano, no crescimento da competição com a China e a Rússia nas dimensões política, econômica e militar. Desdobra-se daí uma guerra permanente de posições com potências que se fortalecem a partir de estratégias de longo prazo, articulando a projeção de poder com as potencialidades de seus sistemas nacionais produtivos (Farias, 2020). De modo explícito, retorna ao núcleo das preocupações militares e políticas dos EUA a competição geopolítica interestatal de longo prazo com a grandes potências. Tal inflexão ao longo desta década de 2010 ampliou tensões em diferentes tabuleiros geoestratégicos.

Quando se analisa os dados do *Military balance* de 2020, editado pelo International Institute for Strategic Studies (IISS), não causa surpresa que os gastos

---

4 USA (2014); Larson (2019); Visacro (2020).

5 O Departamento de Defesa dos EUA tem a incumbência de revisar as estratégias e políticas de defesa. Como parte das exigências do Congresso norte-americano, os QDR são publicados, desde 1997, a cada quatro anos e permitem um acompanhamento crítico das percepções de ameaças geopolíticas e dos desafios postos ao planejamento das Forças Armadas dos EUA. Para uma leitura desses documentos e a política de defesa dos EUA, consultar Farias e Oliveira (2020).

globais em defesa tiveram, em 2019, um aumento real na ordem de 4% em relação ao ano anterior. Trata-se da maior variação anual na década. Longe de ser uma realidade isolada, os números indicam que se trata de uma tendência de aumento progressivo em vigor desde o início dos anos 2000.

Nas cifras totais, os gastos destinados à defesa no globo ficaram na ordem de US$ 1,73 trilhão de dólares,[6] sendo os Estados Unidos o responsável por 40% deles, com US$ 684,6 bilhões aplicados. A China, em segundo, com US$ 181,1 bilhões, 10% do total mundial; seguida, numa distante terceira posição, pela Arábia Saudita, com US$ 78,4 bilhões (4,5%), Rússia com US$ 61,6 bilhões (3,6%) e Índia com US$ 60,5 bilhões (3,5%). O Brasil, por exemplo, teve um gasto de US$ 27,5 bilhões (1,6%), ocupando a 11ª posição no *ranking* global.[7] Os dados de gastos globais, também corroborados pelo relatório de 2020 do Stockholm International Peace Research Institute (Sipri), demonstram uma trajetória de crescimento anual desde o ano 2000, após ligeira redução entre os anos de 2011 e 2014 (Sipri, 2020).[8] A seguir, um gráfico com os dados dos Estados que apresentam os cincos maiores orçamentos, além do Brasil, citado somente para efeitos de comparação.

A elevação dos gastos representa um indicativo da competição e tensão conflitiva no sistema internacional. Estados Unidos e China destacam-se com os maiores aumentos, cada um elevando em 6,6% seus gastos em comparação a 2018. No *ranking* dos cinco maiores direcionamentos de recursos, quatro são países da Ásia: China, Arábia Saudita, Rússia e Índia. Ademais, caso a comparação seja entre os 10 maiores, acrescenta-se a lista o Japão na oitava posição, com US$ 48,5 bi; e a Coreia de Sul, na décima, com US$ 39,8 bi (IISS, 2020).

---

6 Os dados do IISS consideram os valores tendo como parâmetro o dólar constante de 2015 (IISS, 2020:1).

7 O Brasil é disparado o país da América do Sul e Latina com os maiores gastos em defesa. Em conjunto, América Latina e Caribe tiveram um gasto na ordem de US$ 60 bilhões; destes, Brasil, com US$ 27,5 bi, seguindo de Colômbia (US$ 10,5 bi), México (US$ 5,09 bi), Chile (US$ 4,57 bi) e Argentina (3,26 bi) (IISS, 2020).

8 Para efeito de comparação, durante os anos 1990 houve uma redução gradualmente dos gastos globais, saindo de US$ 1,46 trilhão em 1990 (com base em dólares constantes de 2018) para US$ 1,07 tri em 1999. A partir do ano de 2000, houve aumento anual progressivo, exceto entre 2011-14, nos gastos. Para ilustrar: em 2001, US$ 1,13 tri; em 2005, US$ 1,44 tri; em 2010, US$ 1,78 tri; em 2015, US$ 1,76 tri; e, em 2019, US$ 1,9 tri, de acordo com os dados do Sipri (2020).

Gráfico 1
Gastos em Defesa por países selecionados (US$ bilhões)[9]

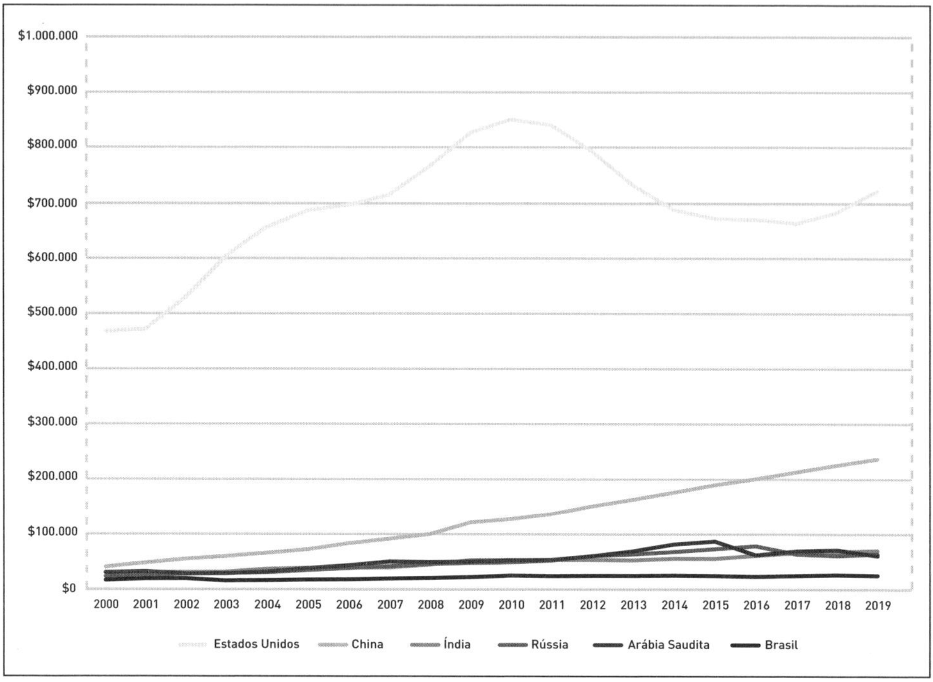

Fonte: Organizado pelo autor, dados do Sipri (2021).

Conforme exposto, parte das respostas dos Estados Unidos a esse contexto podem ser apreendidas por meio de seus documentos de segurança e defesa, NSS e NDS (USA, 2017, 2018b). Por seu turno, a China, em seu recente *China's national defense in the new era*, de 2019, considerado seu Livro Branco de Defesa, compartilha da leitura de que a competição geopolítica entre os Estados está aumentando. No entanto, demarca como um dos pontos geradores de instabilidade o ajustamento unilateral da estratégia de defesa e segurança dos Estados Unidos. Uma postura que pressiona demais Estados a adquirirem capacidade militar adicional nos campos aéreo, nuclear, espacial e cibernético. Somando a isso, o documento chinês identifica, entre as causas das transformações profundas na geopolítica global, o impacto do alargamento da Otan para a Europa Central e Oriental, conduzindo exercícios militares frequentes; o forta-

[9] Para a série, foram considerados os valores em bilhões de dólares com base nos preços constantes de 2019 (Sipri, 2021).

lecimento das capacidades nucleares e não nucleares da Rússia como resposta ao cerco estratégico dos países europeus e Estados Unidos; a tendência de maior integração nos campo da defesa e segurança da União Europeia, contribuindo com sua maior independência ante as alianças com os Estados Unidos. O documento chinês também ressalta que os esforços globais das últimas décadas para o controle de armas de ampla destruição e para o desarmamento sofreram revesses (China, 2019).

Se nos documentos norte-americanos a Ásia-Pacífico desponta como região prioritária para a projeção de poder e manutenção da segurança internacional, os chineses asseveram que buscam construir em seu entorno uma zona de cooperação e paz, pautada na integração econômica, via Belt and Road Initiative, e em iniciativas como a Organização de Cooperação de Shangai. Afirmam, por seu turno, que os Estados Unidos estão reforçando suas alianças militares na Ásia-Pacífico, o que contribui para ampliar a complexidade nas questões de segurança e defesa. O Livro Branco chinês (China, 2019:6) destaca, por exemplo, que a instalação do sistema de mísseis antibalísticos, o Terminal High Altitude Area Defense (THAAD), ocorrida em 2017, na Coreia do Sul, compromete seriamente o balanço estratégico regional.

A Rússia destaca em seus documentos, como o *Russia's national security strategy to 2020*, lançado em 2009, e sobretudo no *Russian federation's national security strategy*, de 2015, sua disposição em alcançar a posição de potência mundial, salvaguardando seus interesses nacionais e contribuindo com a estabilidade em seu exterior próximo. O documento de 2015 salienta a formação de um mundo policêntrico, no qual o fortalecimento russo em bases sólidas em termos econômicos, políticos, militares e espirituais é tratado como prioridade estratégica. Considerando que a estratégia de segurança nacional russa foi publicada logo após a anexação da Crimeia, em 2014, destaca-se a percepção de que o país enfrenta um cenário de ameaças multifacetadas e interconectadas. No diagnóstico, a percepção de que a determinação russa em implementar uma política interna e externa independente estaria gerando oposição dos EUA e de seus aliados. A Rússia, assim, seria alvo de intensa pressão política, militar, econômica e informativa (Rússia, 2015).

Nessa era da competição geopolítica entre *continental states* (Puntigliano, 2017), os países europeus, e o bloco da União Europeia, estariam despreparados, em uma situação de crise sistêmica, sendo o problema geopolítico maior do que os impasses institucionais, políticos ou econômicos. O processo de saída da Inglaterra do bloco deixa a França como a única potência nuclear e como o único país com uma efetiva política de alcance global. Ademais, tanto a França quanto a Alemanha atuam, do ponto de vista dos princípios da política, com base na defesa da ordem internacional liberal, que progressivamente perde espaços de arbitragem nas grandes questões da política internacional. Na hipótese de uma ordem mundial multipolar, conforme teorizada por Kissinger (2015), a integração regional, incluindo a política de defesa e segurança comum, seria o grande desafio à Europa. Mesmo países com economias avançadas, assevera Puntigliano (2017:6), terão poucas chances de ocupar posições de poder e influência no sistema internacional crescentemente polarizado por grandes potências que, ao mesmo tempo, são grandes estados territoriais.

3. Guerras hegemônicas, multipolaridade e ordem internacional

Desde o advento da indústria moderna no século XIX, os laços entre os processos de acumulação de riqueza econômica e o poder militar foram reforçados.[10] Crescimento econômico e inovações tecnológicas impactam diretamente o desenvolvimento de novas tecnologias de uso militar e, por conseguinte, a competitividade econômica e a concentração de poder em alguns Estados.

No início dos anos 1980, Gilpin (1981), em sua agenda sobre a economia política internacional e o papel das guerras nas transformações sistêmicas globais, considerava que as desigualdades de poder entre Estados, em virtude das condições materiais e da posição que cada um ocupava no sistema, seriam os fatores que arrastariam a vontade de mudança. Sob inspiração das formulações de Tucídides (460-400 a.C.), assevera que as guerras estariam relacionadas com a dinâmica de crescimento desigual de poder entre as unidades territoriais de poder. As transformações econômicas e políticas no sistema acabariam por afetar de modo direto as posições que cada Estado ocupa na hierarquia de poder internacional, contribuindo, assim, para que alguns avancem em seus objetivos, sejam os de defesa nacional, segurança internacional, desenvolvimento de novas tecnologias ou geração de riqueza econômica.

---

10 Gilpin (1981, 2001); Kennedy (1998); Fiori (2014).

O descompasso dentro do sistema internacional, entre as potências que se beneficiam da ordem e os Estados que reivindicam um incremento de poder, pressionado às transformações no sistema, levaria à crise internacional, nas proposições teóricas de autores como Modelski (1987), Gilpin (1981, 1988, 2001), Mearsheimer (2001), Fiori (2007, 2014), donde a guerra seria, em última instância, o árbitro da resolução de conflitos. Outros meios, como a própria política, a economia ou a diplomacia, configurariam formas de ajuste em relação aos desequilíbrios de poder no sistema. Nesse recorte, a guerra entre as potências exerce a condição de principal mecanismo impulsionador das transformações mais profundas no sistema internacional.

Allison (2017) também recorre a Tucídides para analisar a dinâmica de conflito no sistema internacional. Sob o rótulo de "armadilha de Tucídides", buscou capturar os movimentos centrais que, por dedução lógica, levariam ao conflito, à guerra, entre a potência ascendente e a potência estabelecida. Ao também sublinhar os desequilíbrios de poder como a força que potencializa a guerra, Allison (2017) esmiúça os dilemas da relação entre Estados Unidos e China. Assim como posto por Coker (2015), alerta que é preciso reconhecer que a possibilidade de guerra é real, negligenciar ou subestimar esse risco é ampliar a probabilidade de sua ocorrência. Destaca, de mesma forma, que a ascensão chinesa traz desafios ao sistema internacional, porém argumenta que a história registra exemplos de transição de hegemonia em que o recurso à guerra direta, o duelo na gramática clausewitziana, não foi um expediente: Portugal e Espanha no século XV; Estados Unidos e Inglaterra no século XX; Estados Unidos e URSS também no século XX, no contexto da Guerra Fria. Trata-se, portanto, de situações de transição hegemônica em que a guerra não foi inevitável.

Depreende-se do objetivo de Allison (2017), de fundamentar um referencial teórico à competição geopolítica entre Estados Unidos e China, a busca por superar a sombra da guerra. Décadas antes, Gilpin (1981) alertava que o desenvolvimento das armas de destruição em massa, especialmente as nucleares, havia alterado a forma, o potencial e a própria natureza das guerras entre as grandes potências. A ingrata atualidade das conclusões de Tucídides sobre o comportamento dos Estados[11] e a natureza da guerra[12] denotam não apenas o desafio

11 No sentido de unidades territoriais de poder.

12 Gilpin (1988); Coker (2015); Allison (2017).

político ante os condicionantes geopolíticos que aventam as possibilidades da guerra do futuro, mas demonstram as limitações das teorias da política internacional quanto à inevitabilidade da guerra,[13] sobretudo as de inspiração liberal.

Em momentos como o atual, em que as estruturas e normas existentes no sistema internacional pouco respondem às demandas necessárias ao gerenciamento e resolução dos conflitos, prevalece a lógica da "velha" geopolítica das disputas entre Estados, assentada nos princípios westfalianos de soberania.[14] Ao contrário do que preconizava Agnew e Corbridge (2003), ela não foi suplantada por uma ordem liberal transnacionalizada, pautada nas redes e fluxos da integração econômica global.

Conforme exposto, o ponto essencial é que as mudanças mais significativas na estrutura e distribuição de poder no sistema internacional resultam da guerra. Infere-se daí que as ordens internacionais podem ser mais estáveis ou instáveis, a depender das características de quem hierarquiza o sistema. Na linguagem de Gilpin (1988), uma ordem estável desdobraria de uma condição de hierarquia de um Estado com uma capacidade de projeção incontestável de poder. As ordens instáveis resultariam de momentos em que transformações econômicas e tecnológicas de Estados rivais vão minando a hierarquia do sistema e a posição da potência hegemônica. É desses momentos que emergem os eventos — políticos, diplomáticos, econômicos, tecnológicos — que podem precipitar uma guerra hegemônica. O resultado dessa guerra, entre a potência que hierarquiza o sistema e a que reivindica maior autonomia, desenharia os fundamentos de uma emergente ordem geopolítica internacional.

Como sintetizado por Gilpin (1988), as guerras hegemônicas — também denominadas de global ou ilimitada — seriam distintas de outras formas e níveis de guerra. Seus impactos, em virtude das amplas capacidades militares que mobilizam, produzem as mais significativas mudanças políticas e econômicas. A competição geopolítica entre as potências — bem como a guerra em última instância — dinamiza e transforma a estrutura como um todo do sistema internacional, quer os demais estados participem ou não do conflito dominante.

Tais guerras demarcariam, portanto, os momentos de conflito generalizado entre as grandes potências, cujo resultado impactaria a distribuição de poder no

---

13 Como afirma Gilpin (1981:228), "*Ultimately, international politics still can be characterized as it was by Thucydides*".

14 Fiori (2007, 2018); Coker (2015); Costa (2015); Kissinger (2015).

sistema internacional. A hegemonia, desse modo, seria o prêmio da vitória e, ao mesmo tempo, o resultado de uma condição inevitável para a ascensão de uma potência. Alternara-se, assim, o conjunto de regras e princípios que ordenaram, em um dado período, o sistema internacional. Uma segunda característica dessas guerras hegemônicas seria sua natureza ilimitada, não se restringindo ao embate de poderes militares e à destruição material do oponente, mas abarcando as dimensões políticas, econômicas e ideológicas. Destituir a "vontade de potência" do Estado desafiador seria a meta, nem que para isso fosse necessário a destruição e reorganização do sistema econômico, político, social e até religioso do Estado derrotado (Farias, 2018).

Ainda de acordo com Gilpin (1988), a ocorrência de guerras hegemônicas estaria associada a três fenômenos. O primeiro seria a resultante da diminuição de espaços de crescimento e de oportunidades para os Estados revisionistas, tornando a dinâmica do sistema internacional um jogo de soma zero: quando um acumula poder, o outro perde. O segundo estaria associado a uma percepção de ameaça, à constatação de que o crescimento diferencial de poder e riqueza estaria operando em desvantagem para um dos polos, em especial para a potência. E, por fim, um terceiro fenômeno histórico vem da constatação de que a eclosão de guerras hegemônicas escapa, em determinadas escalas de tensão, à capacidade de agência humana. Haveria, portanto, uma lógica própria da guerra hegemônica no nível sistêmico.

Por esse ângulo, as guerras hegemônicas não configurariam exceções ou pontos cegos da história, mas uma parte funcional no processo de formação e expansão do sistema internacional. Gilpin, nessa abordagem, se aproxima das considerações de Modelski (1987) sobre as guerras globais e os ciclos longos da política internacional. O ponto central para ambos estaria em compreender o papel da guerra como mecanismo ordenador de um sistema internacional em movimento.

Com a mesma ênfase sobre o papel das guerras nas transformações mundiais, George Modelski (1987) buscou a compreensão sistêmica da política internacional, priorizando a interpretação dos processos que levavam ao estabelecimento em um ciclo, a partir da ascensão e queda de uma economia líder, e suas implicações para as guerras e as ordens globais. Este autor sublinha que o sistema internacional seria o resultado de um desenvolvimento histórico com sucessivos graus de progresso evolutivo e institucional. Modelski demonstra que as forças de permanência ou estruturas de poder moldam os processos de transição e os sucessivos ciclos de poder na política internacional.

Tais ciclos poderiam ser compreendidos como fenômenos dinâmicos e evolutivos, pois carregam, em si, inovações nas formas de gestão dos conflitos políticos e nas técnicas de produção que impulsionam a economia. Nesse sentido, cada período de ordenamento da política internacional, alicerçado em uma potência líder, representaria um processo progressivo de aprendizagem. Haveria, seguindo as contribuições de Modelski (1987), um padrão de regularidade em cada um dos ciclos, o que resultaria em uma evolução institucional progressiva. O ponto central de cada ciclo seria demarcado pela existência de um Estado líder ou potência mundial com capacidade de atuar, em virtude de seu poder militar marítimo, em todos os eventos de dimensão global. No âmbito das capacidades militares, nenhuma potência mundial prescindiu da variável marítima. Nas situações de guerras globais, a supremacia no poder naval foi fator determinante para as vitórias (Modelski, 1987).

Cada ciclo representaria uma etapa de um processo regular de ordenamento do sistema internacional. As transições seriam pontuadas por guerras globais, constituindo momentos cruciais de definição dos atores com capacidade de atuação política, econômica e militar, garantindo uma condição sistêmica aos processos políticos de alcance global. Partindo do século XVI, é possível identificar a ascensão e o declínio das potências mundiais na era moderna: Portugal (1494-1576), conformando um ciclo de 86 anos; Holanda (1580-1688), perfazendo 108 anos; Grã-Bretanha (1688-1791), totalizando 103 anos; Grã-Bretanha (1792-1914), com 122 anos; e por fim, os Estados Unidos (1914-2030), finalizando um ciclo em aproximadamente 116 anos. Cada ciclo possui, portanto, uma duração de aproximadamente de 100 a 120 anos (Modelski, 1987:120). Em cada ciclo, emergiriam da potência material (e necessariamente naval) os elementos econômicos, políticos e sociais fundamentais ao ordenamento da política mundial. A potência é quem define a agenda e quem, ao mesmo tempo, detém a capacidade material para cumprir com funções de exercício do poder global (Farias, 2018).

Os ciclos, portanto, poderiam ser vistos como intervalos de tempo, delineando momentos de paz entre duas guerras globais (Farias, 2018). Cada ciclo longo sendo caracterizado por duas dinâmicas principais: em um primeiro momento, o ajustamento dos demais Estados do sistema aos padrões e normas da potência mundial; o segundo, o de desenvolvimento, onde emergiriam novos problemas e desafios derivados da imposição de regras, valores e da difusão de inovação da potência mundial. A transição entre ciclos decorreria dos acirramentos dos conflitos e da crescente incapacidade da potência mundial em responder às demandas de governança dos processos políticos. A guerra global emanaria, assim, de uma necessidade funcional do sistema de decisões. Sua lógica seria a de preencher o espaço vazio em que a potência em declínio não mais teria condições de atuar.

Destarte, a guerra global seria um mecanismo violento, porém racional, de escolha da potência que liderará as decisões políticas de alcance global. O conceito de ciclo longo incorporaria, portanto, a noção de macrodecisão ou de governança na política global. As guerras se situariam como divisores de ciclo, sem nenhuma lógica estatal prescrita, mas como resultado de uma demanda por liderança política global. As potências vencedoras se tornariam líderes do sistema exatamente porque organizaram o sistema ao resolverem seus principais impasses. Os momentos de paz em cada ciclo longo contrastariam com a violência generalizada das guerras globais e transições.

O pressuposto das contribuições de Modelski (1987) é que, no ciclo de poder internacional, o Estado líder tem a capacidade dominante de estabelecer a agenda internacional. Seu modelo teórico, apesar do esforço em unir teoria e evidência empírica fartamente documentada, destaca-se por ser predominantemente descritivo. Seu enfoque está em compreender, a partir de uma teoria geral, como os ciclos funcionam e quais são seus padrões de regularidade. Os Estados seriam compelidos por uma estrutura que os delimita e que hierarquiza suas capacidades militares, econômicas e políticas de atuação internacional (Farias, 2018).

Para Gilpin (1981, 1988), as inovações técnicas com as armas de destruição em massa, especificamente o desenvolvimento da bomba atômica, deveriam produzir nas lideranças políticos dos Estados nacionais a consciência sobre a mudança na natureza das guerras. Se a história de recorrência das disputas globais entre potências indicava a presença de conflitos generalizados e com meios de violência ilimitados, após a Segunda Guerra, a hipótese de guerra hegemônica como um mecanismo gerenciador do poder no sistema internacional já não poderia demonstrar viabilidade. Desse modo, se existisse uma saída, ela não poderia passar, por senso lógico, por uma guerra entre as potências. A contradição, entretanto, derivaria da constatação de que o sistema internacional não transcendeu sua natureza fundamental de disputas entre os Estados por poder e riqueza em condições de anarquia. A possibilidade de mútua destruição dos

Estados, ou mesmo com a globalização dos sistemas produtivos e da economia, não fez com que a cooperação suplantasse o conflito na dinâmica geopolítica do sistema internacional. Além disso, a distribuição desigual de poder e riqueza entre os Estados continua como uma fonte de desajuste e instabilidade. A conclusão, portanto, aponta para que, se houver a possibilidade de transição de um ciclo de poder ou ordem internacional para outro, a guerra e a violência generalizada prosseguem como realidade concreta.

As preocupações de Gilpin (1981, 1988) ganharam, assim, duas direções: uma teórica e outra funcional ou normativa. A primeira era o desafio teórico de pensar a guerra hegemônica no século XX, em especial, no contexto da supremacia política, econômica, cultural e militar dos EUA. A segunda era relacionada a como evitar novas guerras e traumas políticos, econômicos e sociais como os dos anos 1930 e 1940. Sua repetição traria o potencial real de destruição efetiva do sistema internacional.

Dessa agenda de pesquisa, Gilpin lança as bases para o desenvolvimento da Teoria da Estabilidade Hegemônica. Gilpin (1988) sustenta que a paz seria uma expressão de uma situação de estabilidade do sistema internacional. A potência hegemônica coordenaria a política global ao prover bens públicos: segurança, economia liberal e proteção aos direitos de propriedade. As prerrogativas da potência estariam no empenho e capacidade de pacificar a ordem política, resolver os conflitos, atuar como uma liderança moral e política e deter a supremacia militar, econômica e financeira. Logo, a ação estabilizadora, liberal e benevolente da potência hegemônica contribuiria para reduzir a competição pelo poder entre os Estados.

Tanto Gilpin quanto Modelski partilharam uma visão evolutiva do sistema internacional, apontando para uma progressiva redução dos conflitos. Para um, a existência de uma potência hegemônica estabilizaria o sistema. Para outro, a própria evolução do sistema internacional traria mecanismos políticos e institucionais que atuariam no sentido de tornar obsoletas as situações que deflagariam as guerras globais. Os anos 1990 e 2000, no entanto, frustraram as expectativas teóricas de ambos. Não há sinais de transição, pacífica e democrática, de um ciclo longo a outro na política internacional; tampouco a condição de potência hegemônica incontrastável dos EUA nos anos 1990 confirmou a esperada estabilidade hegemônica no sistema internacional.

4. Multipolaridade, guerra do futuro e desafios do Brasil

A geopolítica, assim como as teorias realistas das relações internacionais, enfatiza a política de poder dos Estados na interpretação da dinâmica e da estrutura do sistema internacional. As distinções, porém, devem-se à ênfase nas condicionalidades que os fatores geográficos imprimem à política de defesa dos Estados.[15] Como assevera Costa (2015), a lente analítica da geopolítica realça as relações entre o território e o poder, permitindo rememorar que sem geopolítica a compreensão da política internacional fica limitada.

Na atual conjuntura do sistema internacional prevalece uma competição que situa, pelo menos, três polos com expressiva capacidade de expansão de poder: EUA, China e Rússia. Um quarto, talvez em ascensão, com as posições assertivas da Índia no intenso tabuleiro geopolítico do Índico. E um quinto, em menor escala, na Europa, dadas as limitações de autonomia em virtude da Otan e das dificuldades de integração nos campos de segurança e defesa entre os países da União Europeia. Na hipótese de uma política comum de defesa no bloco, certamente despontará como mais um polo com ampla capacidade militar de projeção de poder.

O que se delineia com a competição geopolítica contemporânea, notadamente multipolar e assentada em grandes Estados, é uma permanente disputa em todas as dimensões: tática, operacional e estratégica nos campos de batalha; geopolítica e geoeconômica como mobilizadores do poder nacional. Competição, conflito e guerra situando-se em uma permanente zona cinzenta. Infere-se, portanto, que a guerra do futuro, nos planos tático e estratégico, caminha para otimização de todos os domínios: mar, terra, ar, espaço e ciberespaço (Visacro, 2020). Uma tendência que impacta e estimula a busca por inovações tecnológicas a fim de conquistar vantagem militar estratégica com o desenvolvimento de armas e sistemas de armas com elevado poder de precisão e letalidade.

A recorrência a ordens geopolíticas passadas ou a conceitos, como a nova Guerra Fria, demonstra-se limitada tendo em conta as características atuais, e acaba por ressaltar aquilo que se conhece da competição do passado e a negligenciar os elementos particulares do momento (Fiori, 2018). Na competição atual, o topo da hierarquia é ocupado por Estados que são detentores de

---

15 Spykman (1942); Kaplan (2013); Farias (2015).

grandes massas territoriais e populações. Todas as potências são capitalistas, e, nesse sentido, não disputam a primazia de uma ou outra ideologia social e econômica em paralelo à projeção de seus interesses nacionais; encontram-se, sim, assentadas no reconhecimento de suas singularidades culturais, valores e aspirações. Diferenciam-se na gradação das formas de interação entre o sistema de mercados e as instituições estatais, oscilando entre as concepções associadas ao liberalismo ou às formas de capitalismo de Estado (Fiori, 2014; Coker, 2019).

Por caminhos diversos, as transformações internacionais nos anos 1990 e 2000 frustraram boa parte das teorias existentes sobre a política internacional. Nem o sistema internacional caminhou para o estabelecimento de uma ordem cada vez mais republicana, multilateral, de resolução das contendas, nem a potência hegemônica se consolidou como a referência para as questões internacionais. Fiori (2007) indicou a diminuição da capacidade de intervenção unilateral dos Estados Unidos em decorrência do "retorno" da geopolítica das nações. Coker (2015) chamou a atenção de que os Estados Unidos teriam a capacidade militar para agirem unilateralmente, mas não seriam tão poderosos para exercerem um poder hegemônico.

O que se constata na conjuntura geopolítica, em especial a partir dos anos 2000, com a ascensão econômica chinesa; com os desdobramentos do ataque terrorista aos EUA em 11 de setembro de 2001; com a participação russa na Guerra da Geórgia, em 2008, na anexação da Crimeia, em 2014, e na intervenção na Guerra da Síria, em 2015, é a existência de um mundo cada vez mais complexo e multipolar.

Uma multipolaridade nem tão ampla, cada vez mais trilateral, caminhando progressivamente para situações alternadas de competição e cooperação no plano da segurança e defesa internacional entre Estados Unidos, China e Rússia. Cada potência com seu sistema de referências e identidades (Kissinger, 2015; Fiori, 2018), influenciando suas formas de integração com seus entornos e sua inserção no sistema internacional. Uma era de Estados continentais em que as variáveis da geopolítica clássica, como território, população, integração interna e regional, demonstram-se centrais (Costa, 2014; Puntigliano, 2017). Do mesmo modo, Coker (2019) chama a atenção para os Estados-civilizações. A China com sua paciência estratégica que remete às raízes de sua sociedade e cultura militares, a Rússia associando cada vez mais seu reerguimento geopolítico ao resgaste de aspectos de sua cultura, como posto no 11º item de sua estratégia de segurança nacional, "*traditional Russian spiritual and moral values are being revived*" (Rússia, 2015). Os Estados Unidos reavivam o protecionismo econômico e o resgaste de suas tradições políticas, ao mesmo tempo que reconhecem, talvez de modo inédito em documentos estratégicos, que "*We are also realistic and understand that the American way of life cannot be imposed upon others, nor is it the inevitable culmination of progress*" (USA, 2017:4).

Dessa perspectiva multipolar, alguns tabuleiros geopolíticos demonstram alta tensão e potencial conflitivo. Na região da Ásia-Pacífico, a ascensão significativa do poder chinês, tanto na vertente marítima quanto na terrestre, representa ponto de tensão com Estados como Japão, Coreia do Sul e Índia, principalmente. As posições norte-americanas recrudescem, como é possível depreender das suas prioridades estratégicas presentes na Estratégia de Segurança Nacional (NSS) e de Defesa Nacional (NDS).

Na porção central da Ásia, a Rússia, desde o início dos anos 2000, atua no sentido de reconstruir sua capacidade militar, política e econômica, visando ampliar a projeção e manutenção de seus interesses estratégicos em níveis regional e global. O fortalecimento de seu poder militar, ancorado nos dispositivos nucleares e nos sistemas de mísseis com meios para garantir Antiacesso e Negação de Área (A2/AD), produz nos EUA a percepção de que a vantagem militar do país vem sendo reduzida pelos avanços tecnológicos russos (USA, 2014, 2017; Teixeira Jr., 2018).

No Grande Oriente Médio, permanece a tendência de manutenção de conflitos regionais, impulsionada pela tensão conflitiva envolvendo Irã, Arábia Saudita e Israel, além dos cenários de guerras civis e intervenções de potências externas no Afeganistão, Iraque, Iêmen e Síria. Guerras convencionais e irregulares ampliam a complexidade da região. A centralidade do petróleo para a indústria e para o futuro da economia e das finanças globais apenas reforça o peso estratégico deste tabuleiro geopolítico às potências e ao próprio sistema internacional.

No Índico, a crescente expansão chinesa e suas parcerias com Paquistão, Sri Lanka e Mianmar, no âmbito das vertentes marítimas e terrestres da Belt and Road Initiative (Ibanez, 2020; Farias e Martins, 2020), têm potencial para alterar o equilíbrio de poder na região, deflagrando conflitos com severas implicações à segurança internacional, às cadeias de abastecimento de recursos estratégicos e aos fluxos globais de mercadorias. As respostas indianas refletem no campo dos investimentos militares e nas parcerias com Japão e, principalmente, com os Estados Unidos.

E, por fim, a área da América do Sul, Atlântico Sul e África, um espaço marcado pela existência de reservas de recursos minerais e energéticos, bem como por amplas oportunidades de investimentos produtivos e financeiros. Fatores que conferem aos países da América do Sul e da África possibilidades de uma inserção mais assertiva nas questões de natureza econômica, assim como nos posicionamentos ante os desafios em matéria de segurança e defesa. A baixa intensidade de conflitos interestatais *vis-à-vis* os tabuleiros citados anteriormente, potencializa, sobretudo no contexto sul-americano, iniciativas de cooperação e integração regional.

Nos sucessivos documentos estratégicos brasileiros, *Política nacional de defesa* e *Estratégia nacional de defesa* (Brasil, 2012a, 2012c, 2016a, 2016b), a hipótese geopolítica remete que os conflitos internacionais pela posse de recursos minerais e energéticos tenderão a aumentar, opondo potências aos países mais vulneráveis em termos de capacidades militares. Ao Brasil, e aos países da região, caberia a cooperação para o desenvolvimento de meios militares e político-diplomáticos à dissuasão extrarregional.

Essa leitura geopolítica do sistema internacional traz alguns aspectos da guerra do futuro, dos conflitos latentes. Desdobram-se dois grandes cenários: de um lado, um delineado pela guerra convencional, de natureza interestatal, em que os requerimentos militares demandados levam a produção à fronteira da inovação tecnológica em setores da indústria, em especial a indústria de semicondutores, a microeletrônica, a química fina, nuclear, aeroespacial, entre outros. De outro lado, as ameaças geopolíticas representadas por atores não estatais, com táticas e formas cada mais irregulares. Tanto o espectro dos conflitos convencionais, impulsionando as inovações tecnológicas, quanto a acervo de ameaças difusas trazem um conjunto de desafios táticos, operacionais e estratégicos às forças armadas. Mota e Azevedo (2012:62) destacam que, desde a Guerra do Golfo (1992) até a Guerra Global Contra o Terror (a partir de 2001), os conflitos têm sido travados em todos os domínios do campo de batalha, mobilizando o conjunto das capacidades produtivas nacionais. Por isso, conceituam a guerra do século XXI, antecipando as perspectivas do futuro, como guerra omnidimensional (Mota e Azevedo, 2012).

O contexto de intensa competição geopolítica reforça a associação das tecnologias do setor militar à estrutura e ao vigor do seu sistema produtivo nacional (USA, 2017, 2018a). A perspectiva de que os conflitos serão de longa duração deriva do entendimento do tempo necessário para desenvolvimento de inovações, testagem e produção de armas que anulem ou limitem a capacidade de resposta do oponente. Embora no longo prazo predomine a tendência de competição entre as grandes potências, no curto prazo Estados e empresas de diversos setores firmam canais de cooperação política e ampliam a integração econômica.

Em suma, nos Estados Unidos a base industrial de defesa e sua cadeia de suprimentos são condições essenciais à prontidão militar (USA, 2017, 2018a). Por meio da demanda direta do Estado, dinamizam a produção industrial e de serviços especializados do sistema produtivo nacional como um todo, contribuindo para gerações de inovações e aumento da produtividade nacional (Ruttan, 2006). A China tem parâmetros bem estabelecidos quanto a setores estratégicos prioritários à inserção competitiva nos mercados internacionais, assim como aqueles que salvaguardam a soberania, a projeção dos interesses e a estabilidade estratégica internacional. O país direciona esforços para três campos centrais da competição geopolítica global: a capacidade nuclear, o domínio das tecnologias do espaço e a cibernética (China, 2019). A trajetória chinesa está assentada no pressuposto, presente em seu documento de defesa, de que defesa e desenvolvimento econômico são elementos indissociáveis.

À luz do exposto, como pensar alguns aspectos da ordem internacional e das perspectivas de guerra do futuro impactando as políticas e a estratégia de defesa do Brasil?

Como posto por Puntigliano (2017), o Brasil integra o grupo dos *continental states*, e apresenta, por isso, características geográficas bastante diferenciadas. Partindo dos clássicos do pensamento geopolítico, como Travassos (1947) e Mattos (1975), o país ocupa a posição de Estado-pivô da integração continental sul-americana e da geoestratégia global, própria ou em colaboração com alguma potência externa, do Atlântico Sul (Costa, 2014; Fiori, 2014). Essa dimensão continental confere um conjunto de atributos que são demandantes de projetos duradouros, autônomos e estratégicos. Em termos de fronteiras terrestres, são quase 16 mil quilômetros com 10 Estados. Na dimensão marítima, mais de 8.000 km na margem atlântica, além de uma série de rios navegáveis no interior.

De acordo com sucessivas versões da PND e END (Brasil, 2012a, 2012c, 2016a, 2016b), o ambiente internacional é marcado por uma distribuição desigual de poder entre os Estados, o que amplia a percepção de ameaça no sistema internacional. A PND e a END colocam que as possibilidades de agressão ao Brasil poderão vir do Norte, das potências internacionais, e não dos Estados vizinhos.[16] Reconhecendo a tensão conflitiva, os documentos apregoam a necessidade de o Brasil criar uma capacidade autônoma para se defender, articulando, para tanto, a política de defesa nacional com uma estratégia nacional de desenvolvimento. Ambas, por sua vez, se condicionariam e seriam potencializadas por uma política externa capaz de ampliar a influência no entorno estratégico, notadamente composto pela América do Sul e África lindeira, e de projetar os interesses nacionais em diferentes regiões e instituições internacionais.

Ainda considerando a dimensão territorial, salienta-se, na lembrança de que a geopolítica se ancora no reconhecimento de características geográficas, que o Brasil é detentor de uma fronteira de recursos: minerais, agrícolas, naturais e energéticos. Poucos países apresentam características semelhantes: Estados Unidos, Rússia, China, Índia e Brasil. São os cinco que se destacam no globo quando se justapõem os maiores territórios, populações, PIB e gastos militares.

A dimensão crítica, porém, advém da constatação da perda progressiva da participação da indústria na geração da riqueza nacional. Mais do que fonte de geração de emprego e renda, os setores industriais e de serviços agregados da economia nacional representam a base fundamental para o desenvolvimento e consolidação da indústria de defesa. Nas últimas décadas, os retrocessos foram intensos. De acordo com os dados do Iedi (2019), a parcela da indústria de transformação saiu de 27,3% em 1986 para chegar a 11,8% em 2018 na composição do valor adicionado. Nesse sentido, as condições necessárias para absorver ou criar inovações tecnológicas essenciais à adição de capacidades militares ficam comprometidos.

Aproximando-se das conclusões, é possível afirmar, à luz dos fundamentos da competição geopolítica aqui traçados, que o campo da defesa se articula com uma estratégia de desenvolvimento econômico; este, por sua vez, depende da

16 Tal percepção foi relativizada na última versão da PND e da END, de 2020, ainda em fase de avaliação pelo Congresso Nacional e, portanto, não publicada oficialmente.

indústria. Sem indústria, são praticamente nulas as possibilidades de garantir a defesa nacional em países de dimensão continental. Trata-se, por dedução lógica, de uma impossibilidade estrutural.

A localização geográfica do Brasil, de certo modo, distante dos tabuleiros geopolíticos de maior intensidade conflitiva, traz algumas vantagens quanto à urgência no tempo para a implantação de estrutura de defesa condizente com as aspirações do país.

Deduzindo alguns dos principais desafios geopolíticos quanto à guerra do futuro, destaca-se, num primeiro plano, a manutenção do objetivo estratégico da dissuasão extrarregional. Tal assertiva coloca o país na disputa das tecnologias que estão na fronteira da inovação. Ademais, o problema se amplia caso não se criem políticas específicas, não só para o setor militar, para reduzir o crescente *gap* tecnológico entre o sistema produtivo nacional e os das potências. Isso inclui setores como o nuclear, a indústria de semicondutores, a indústria 4.0, a inteligência artificial, além de outros serviços agregados.

O acirramento da competitividade econômica e da competição geopolítica internacional deixa a indústria de defesa cada vez mais articulada com a estrutura produtiva nacional. Os relatórios do Department of Defense (DoD) americano são bem taxativos: os Estados Unidos têm o objetivo de liderar a fronteira da inovação. Para tanto, porém, buscam retomar o controle da cadeia produtiva daquelas indústrias fundamentais ao atendimento dos requerimentos estratégicos da defesa. Em outras palavras: trazer para o solo americano ou para países aliados essa capacidade produtiva (Farias, 2020).

Voltando ao caso brasileiro, não se trata de antever um futuro em que inovações tecnológicas surjam em segmentos específicos da indústria de defesa. Tal situação, se possível, tenderá a ser mais efetiva se estiver atrelada a um sistema produtivo nacional robusto e coeso. Nesse aspecto, os desafios da defesa do futuro nos remetem ao passado recente, à ideia de uma retomada ou recuperação de desenvolvimento inconcluso da experiência desenvolvimentista brasileira entre os anos 1930 e 1980. A estrutura produtiva nacional ainda precisa consolidar a indústria de base, robustecer a indústria de bens intermediários e avançar na indústria de alta tecnologia. Os programas e projetos da Defesa são exitosos em suas propostas e na dimensão de incorporações de tecnologias sensíveis: nuclear, aeroespacial e cibernético (Brasil, 2012a, 2012b, 2012c, 2016a, 2016b).

Os desafios da defesa também passam pela integração e coesão nacionais. Em um país continental e de amplas disparidades, a integração ferroviária, rodoviária e informacional apresenta-se como uma urgência. Ao barão do Rio Branco é atribuída máxima de que nenhum Estado pode ser pacífico sem ser forte. No sentido aqui exposto, associa-se a ideia de fortaleza à existência de uma indústria de defesa vinculada a um sistema produtivo nacional robusto, diversificado e moderno.

5. Considerações finais

Os aspectos geopolíticos do sistema internacional permitem afirmar que a guerra demarca o centro de gravidade da política internacional, assim como a preparação para a guerra exerce enorme influência no estabelecimento de normas e padrões de relacionamento entre Estados e demais atores de relevância internacional.

Diante das observações apontadas, os Estados Unidos, na condição de maior potência econômica e militar do sistema internacional, tenderão a ficar mais um longo período nessa posição. Os recentes documentos de defesa demonstram o engajamento, do ponto de vista militar, em ajustar suas prioridades estratégicas quanto à projeção e manutenção de suas posições de segurança e defesa no ambiente internacional. Em outros momentos do século XX, como na crise de hegemonia dos anos 1970, os Estados Unidos ajustaram-se às condições externas e engendraram uma série de respostas políticas, econômicas e militares que permitiram não só a retomada de sua primazia internacional, mas uma concentração de poder inimaginável, como foi possível assistir ao longo dos anos 1990.

A China vem se tornando um grande poder econômico, ampliando sucessivamente suas posições políticas externas. Seu poder militar, entretanto, não se apresenta como um desafiador global das posições norte-americanas pelo menos nos próximos anos e, talvez, décadas. Em que pese as limitações econômicas da Rússia, quando comparadas aos Estados Unidos ou à China, seu poderio militar a credencia a ser crescentemente um ator relevante em todas as grandes questões de segurança e defesa internacionais. Nesse sentido, é a potência que, como tão bem descreveu Halford Mackinder no início do XX, pode desequilibrar a balança de poder entre os Estados Unidos e a China. Como grande Estado euro-asiático, terá o crescente dilema entre ampliar e melhorar suas relações políticas e econômicas com a União Europeia e os Estados Unidos ou ampliar suas parcerias com a China. Nesse sentido, os entendimentos entre os dois grandes países, incluindo trocas militares em tecnologias sensíveis, reativam o pesadelo geopolítico dos Estados Unidos: a formação de uma aliança ou grande bloco de poder euro-asiático. As aproximações China e Rússia tencionam as posições dos Estados Unidos no Pacífico e suas alianças com os países da Ásia, a exemplo do Japão e da Coreia do Sul.[17]

A história não fornece qualquer indicativo de um movimento regular e previsível na dimensão da política internacional. A guerra entre potências, como Estados Unidos e China, ou com a Rússia, não pode ser tratada, como bem sublinharam Coker (2015), Allison (2017) e Fiori (2018), como um fenômeno inevitável, tampouco improvável. Os primeiros autores destacaram as situações de transição hegemônica de contextos do passado, buscando retirar lições que podem subsidiar os líderes do presente e do futuro a superarem esse desafio. Coker (2015) enfatiza que é vital a manutenção do provável enfrentamento conflitivo entre Estados Unidos e China, exatamente porque deslizes e confusões nesse campo da política internacional podem gerar resultados totalmente indesejáveis. A história, alerta Coker (2015), registra que a percepção da obsolescência da guerra entre grandes potências contribuiu para a eclosão da Guerra de 1914. Fiori (2007:81), por seu turno, salienta que a potência que hierarquia o sistema, mais do que estabilizá-lo, produz sua instabilidade. A competição geopolítica entre duas ou três potências tende a tornar mais previsível o sistema internacional, contribuindo para caracterizar uma ordem, mesmo que conflitiva.

Em suma, a competição geopolítica contemporânea, com sua tendência duradora a tensões e conflitos interestatais, enfatiza o caráter estratégico dos sistemas produtivos nacionais. Ao Brasil, um duplo e enorme desafio: retomar o vigor da atividade industrial e avançar nas áreas cruciais que possibilitam as condições materiais à estratégia de dissuasão extrarregional.

---

17 Em junho de 2019, foi divulgado, por exemplo, que caças russos A-50 invadiram o espaço aéreo sul-coreano, nas proximidades das ilhas Dokdo. Os caças deste país seguiram os russos e lançaram mais de 360 tiros a partir F-15K e KF-16, de tecnologia norte-americana (Gady, 2019).

Referências

AGNEW, John; CORBRIDGE, Stuart. *Mastering space*: hegemony, territory and international political economy. Londres; Nova York: Routledge, 2003.

ALLISON, Graham. *Destined for war*: can America and China escape Thucydides's trap? Nova York: Houghton Mifflin Harcourt, 2017.

BRASIL. *Estratégia nacional de defesa*: paz e segurança para o Brasil. 2. ed. Brasília: Ministério da Defesa; Secretaria de Assuntos Estratégicos, 2012a.

_____. *Estratégia nacional de defesa*: paz e segurança para o Brasil. 3. ed. Brasília: Ministério da Defesa; Secretaria de Assuntos Estratégicos, 2016a.

_____. *Livro Branco da Defesa Nacional*. 2. ed. Brasília: Ministério da Defesa, 2012b.

_____. *Política nacional de defesa*. 2. ed. Brasília: Ministério da Defesa; Secretaria de Assuntos Estratégicos, 2012c.

_____. *Política nacional de defesa*. 3. ed. Brasília: Ministério da Defesa; Secretaria de Assuntos Estratégicos, 2016b.

CHINA. *China's national defense in the new era*. Beijing: China International Book Trading Corporation, 2019.

COKER, Christopher. *The improbable war*: China, the United States and the continuing logic of great power conflict. Oxford; Nova York: Oxford University Press, 2015.

COKER, Christopher. *The rise of the civilizational state*. Cambridge: Polity Press, 2019.

COLBY, Elbridge A.; MITCHELL, A. Wess. The age of great-power competition: how the Trump administration refashioned American strategy. *Foreign Affairs*, v. 99, 2020, p. 118-130.

COSTA, Wanderley M. Projeção do Brasil no Atlântico Sul: geopolítica e estratégia. *Confins. Revue Franco-Brésilienne de Géographie/Revista Franco-Brasileira de Geografia*, n. 22, v. 3, 2014, p. 1-16.

COSTA, Wanderley M. O reerguimento da Rússia, os EUA/Otan e a crise da Ucrânia: a Geopolítica da nova Ordem Mundial. *Confins. Revue Franco-Brésilienne de Géographie/Revista Franco-Brasileira de Geografia*, n. 25, n. 3, 2015, p. 1-23.

FARIAS, Hélio C. Geopolítica e as capacidades nacionais de defesa: um olhar crítico sobre as tendências pós-pandemia. *Observatório Militar da Praia Vermelha — OMPV*. Rio de Janeiro: ECEME, 2020.

_____. Guerras hegemônicas e ordem internacional. In: FIORI, José Luís (Org.). *Sobre a guerra*. Petrópolis, RJ: Vozes, 2018, p. 319-339.

_____. Território, poder e riqueza: uma leitura da geopolítica do capitalismo. *Revista Continentes*, a. 4, n. 7, 2015, p. 36-63.

_____; MARTINS, Pedro M. A geoeconomia do desenvolvimento chinês: das Quatro Modernizações à Belt and Road Initiative (BRI). *Mural Internacional*, v. 11, e47480, 2020.

_____; OLIVEIRA. Fernando. Competição geopolítica e aquisição tecnológica nas Forças Armadas dos Estados Unidos (2010-2014). *Revista da Escola de Guerra Naval*, Rio de Janeiro, v. 26, n. 2, mai./ago. 2020, p. 381-404.

FIORI, José L. A nova geopolítica das nações e o lugar da Rússia, China, Índia, Brasil e África do Sul. *Oikos*, Rio de Janeiro, v. 6, n. 7, 2007, p. 77-106.

_____. Geopolítica internacional: a nova estratégia imperial dos Estados Unidos. *Saúde em Debate*, Rio de Janeiro, v. 42, n. spe3, nov. 2018, p. 10-17.

_____. *História, estratégia e desenvolvimento para uma geopolítica do capitalismo*. São Paulo: Boitempo, 2014.

FUKUYAMA, Francis. The pandemic and political order. *Foreign Affairs.*, v. 99, 2020, p. 26-32.

GADY, Franz-Stefan. South Korea scrambles fighter jets against Russian bombers. *The Diplomat*, 22 out. 2019. Disponível em: https://thediplomat.com/2019/10/south-korea-scrambles-fighter-jets-against-russian-bombers/.

GILPIN, Robert. *Global political economy*: understanding the international economic order. Princeton: Princeton University Press, 2001.

_____. The theory of hegemonic war. *The Journal of Interdisciplinary History*, v. 18, n. 4, 1988, p. 591-613.

_____. *War and change in world politics*. Cambridge, MA: Cambridge University Press, 1981.

IBANEZ, Pablo. Belt and road initiative and China-Pakistan economic corridor. *Journal of China and International Relations*, Brics Special Edition. Aalborg University, 2020. p. 23-44.

INSTITUTO DE ESTUDOS PARA O DESENVOLVIMENTO INDUSTRIAL (IEDE). Panorama do retrocesso industrial de longo prazo. São Paulo: Iede, 2019.

INTERNATIONAL INSTITUTE FOR STRATEGIC STUDIES (IISS). *The military balance, 2020*. Londres: Routledge, 2020

KAPLAN, Robert. *A vingança da geografia*: a construção do mundo geopolítico a partir da perspectiva geográfica. Rio de Janeiro: Elsevier, 2013.

KENNEDY, Paul *Ascensão e queda das grandes potências*: transformação econômica e conflito militar de 1500 a 2000. Rio de Janeiro: Campus, 1998.

KISSINGER, Henry. *Ordem mundial*. Rio de Janeiro: Objetiva, 2015.

LARSON, Eric. *Force planning scenarios, 1946-2016*: their origins and use in defense strategic planning. Santa Monica: Rand Corporation, 2019.

MATTOS. Carlos Meira. *Brasil*: geopolítica e destino. Rio de Janeiro: José Olympio, 1975.

MEARSHEIMER, John. *The tragedy of great power politics*. Nova York; Londres: WW Norton & Company, 2001.

_____; WALT, Stephen. The case for offshore balancing: a superior U.S. grand strategy. *Foreign Affairs*, v. 95, n. 4, jul./ago. 2016, p. 70-83.

MODELSKI, George. *Long cycles in world politics*. Nova York: Springer, 1987.

MOTA, Rui Martins; AZEVEDO, Carlos E. Franco. A guerra omnidimensional: novas concepções do pensamento estratégico militar. *Revista da Escola Superior de Guerra*, v. 27, n. 55, 2012, p. 55-68.

PUNTIGLIANO, Andrés. 21st century geopolitics: integration and development in the age of "continental states". *Territory, Politics, Governance*, v. 5, n. 4, 2017, p. 478-494.

RÚSSIA. The Russian federation's national security strategy. Moscou: Kremlin, 2015.

RUTTAN, Vernon. *Is war necessary for economic growth?* Military procurement and technology development. Oxford: Oxford University Press, 2006.

SPYKMAN, Nicholas. *America's strategy in world politics*: the United States and the balance of power. Nova York: Harcourt, Brace and Company, 1942.

STOCKHOLM INTERNATIONAL PEACE RESEARCH INSTITUTE (SIPRI). *Sipri military expenditure*: Data for all countries 1949-2019. Stockholm. 2020. Disponível em: www.sipri.org/databases/milex.

_____. *Sipri military expenditure:* Data for all countries *1949-2020*. Stockholm. 2021. Disponível em: www.sipri.org/databases/milex.

TEIXEIRA JR., Augusto. Postura estratégica da Rússia e uso da força no século XXI. *Análise Estratégica*, v. 10, n. 4, set./nov. 2018, p. 5-20.

TRAVASSOS, Mario (1931). *Projeção continental do Brasil*. 4. ed. Rio de Janeiro: Nacional, 1947.

UNITED STATES OF AMERICA. Department of Defense (DoD). *Assessing and strengthening the manufacturing and defense industrial base and supply chain resiliency of the United States*. Washington: DoD, 2018a.

______. *National defense strategy of the United States of America*. Washington: White House, 2018b.

______. *National security strategy of the United States of America*. Washington: White House, 2017.

______. *Quadrennial defense review*. Washington: DoD, 2014.

VISACRO, Alessandro. Não basta vencer em múltiplos domínios: conjecturas sobre a nova doutrina do Exército dos Estados Unidos e os conflitos na zona cinza. *Coleção Meira Mattos*, Rio de Janeiro, v. 14, n. 50, mai./ago. 2020, p. 187-209.

ZAKARIA, Fareed. *The post-American world*. Nova York; Londres: W. W. Norton & Company, v. 4, 2008.

Aquisição de sistemas e produtos de defesa: conciliando objetivos de curto e longo prazo

*José Adalberto França Junior**
*Juraci Ferreira Galdino***

1. Introdução

Decidir entre realizar Pesquisa e Desenvolvimento (P&D) autóctone ou importar tecnologias críticas de produtos de defesa é um problema comum enfrentado pela alta administração de Organizações Militares (OM) e de grandes empresas desenvolvedoras de produtos complexos em que se buscam boas soluções de compromisso entre prazos, custos e autonomia tecnológica.[1] Essa é uma questão importante para a soberania e a economia, especialmente de países com desenvolvimento tardio, cujas demandas de alta tecnologia frequentemente não são atendidas internamente (Amann, 2002).

A autonomia[2] plena no campo científico e tecnológico é uma utopia. Até mesmo os países desenvolvidos dependem, em alguma medida, de outros para a sobrevivência de suas indústrias de alta tecnologia (Kirkpatrick e Nixson, 1983). Entretanto, o elevado grau de dependência torna-se um problema crônico nos países menos desenvolvidos (Gu, 1999; Niosi e Majlinda Zhegu, 2010), particularmente na área de Defesa em razão de cerceamento tecnológico (Longo, 1984).

---

* Doutorando em gestão da inovação, pela Universidade de Linköping, Suécia. Agência de Gestão e Inovação Tecnológicas (AGITEC). CV: http://lattes.cnpq.br/5746123816482089. E-mail: adalberto.franca@eb.mil.br.

** General de Brigada Engenheiro Militar. Doutor em engenharia elétrica pela Universidade Federal de Campina Grande (UFCG). Comandante e Reitor do Instituto Militar de Engenharia (IME). CV: http://lattes.cnpq.br/3588063339399737. E-mail: jfgaldino675@gmail.com.

1 Kiamehr et al. (2015); Lee e Yoon (2015); Ren e Yeo (2006).

2 Um país autônomo no campo tecnológico possui elevado grau de independência em relação a outros países para desenvolver localmente sistemas e produtos complexos, e, por isso, possui reduzida susceptibilidade a cerceamentos tecnológicos (Longo, 1984).

Países distantes das fronteiras tecnológicas buscam (Nelson e Winter, 1982) reduzir o denominado *gap* tecnológico[3] construindo novas capacidades tecnológicas (Figueiredo, 2009; Lee e Malerba, 2018), geralmente criando trajetórias e caminhos diversos dos de países desenvolvidos por serem pavimentados pela imitação e pelo aprendizado (Lee e Malerba, 2018). Para construir com sucesso esses caminhos, as indústrias nacionais geralmente investem em capacidades de absorção (Cohen e Levinthal, 1990; Keller, 1996).

Abarcando rotinas e processos por meio dos quais uma organização adquire, assimila, transforma e aplica conhecimentos (Cohen e Levinthal, 1990), a construção da capacidade de absorção depende do investimento em P&D e da eficaz interação entre membros de uma rede constituída de pequenas e médias empresas, órgãos de fomento, instituições de pesquisa e ensino, universidades etc. (Burcharth et al., 2015; Nicotra et al., 2014).

Para criar um ambiente de rede eficaz e eficiente, deve-se aprimorar não só a capacidade de absorção dos integrantes da rede, mas também as de integração de sistemas (Abrell et al., 2018; Kogut e Zander, 1992). A integração de sistemas é considerada central para o sucesso de planejamentos estratégicos, na medida em que essa capacidade permite ampliar as possibilidades de soluções de problemas relevantes que ocorrem em diferentes fases do ciclo de vida de um produto ou sistema complexo (Davies et al., 2011; Magnusson et al., 2005). Em fases iniciais do ciclo de vida, por exemplo, é difícil alcançar um bom compromisso entre objetivos de curto prazo, cujas soluções envolvem a terceirização ou "compra de prateleira", e os de longo prazo, cujas soluções incluem P&D interna ou em colaboração (Davies, 1997; Hobday et al., 2005).

No entanto, pesquisas voltadas para organizações militares responsáveis por planejar a aquisição de produtos de defesa são escassas, particularmente no contexto de países em desenvolvimento que buscam diminuir o *gap* tecnológico em relação aos países desenvolvidos (Kiamehr et al., 2015). Estudos com esse enfoque podem oferecer novos conceitos e práticas para organizações públicas que possuem objetivos diferentes das empresas. Além disso, organizações militares atuam em quase todas as fases do ciclo de vida do produto (Hobday et al., 2005), como concepção, desenvolvimento, produção, utilização, modernização

[3] *Gap* tecnológico se refere à diferença entre as capacidades tecnológicas de países desenvolvidos, geralmente situados na fronteira de novos conhecimentos científicos, e as de países de desenvolvimento tardio.

e descarte (Blanchard e Fabrycky, 2011). Assim, elas possuem um vasto campo de possibilidades de aplicação da área de integração de sistemas e seus objetivos de curto prazo são tão importantes quanto os de longo prazo.

Dessa forma, na perspectiva de uma organização governamental responsável por aquisições de defesa[4] e sob a ótica da integração de sistemas, uma importante questão a ser respondida é: como planejar a aquisição de produtos de defesa conciliando objetivos estratégicos de curto e longo prazo?

A fim de atingir o objetivo da pesquisa, estudou-se o caso da Diretriz Estratégica para Formulação Conceitual dos Meios Blindados do Exército Brasileiro (EB) (Caiafa, 2019b), programa que visa modernizar os meios blindados da Força Terrestre. Essa iniciativa é coordenada pelo Exército Brasileiro e envolve uma ampla rede de negócios com atores bastante diversificados e inúmeros projetos de integração de sistemas e produtos de defesa.

Estudos de caso são bastante úteis para geração, amadurecimento e até testes de novas teorias (Lee et al., 1999; Yin, 2017). Na abordagem metodológica deste trabalho, utilizaram-se diversos documentos secundários como: diretrizes, relatórios, requisitos, especificações técnicas e outros documentos específicos do caso de estudo. Além disso, foram consultados e entrevistados gestores de OM pertencentes ao Departamento de Ciência e Tecnologia (DCT) do Exército Brasileiro, de empresas do setor de defesa e de instituições de pesquisa.

2. A integração de sistemas na aquisição de produtos de defesa

Central para empresas e setores governamentais desenvolverem sistemas e produtos inovadores e competitivos, a capacidade de integração de sistemas possibilita não apenas interconectar componentes tecnológicos, subsistemas e sistemas, mas também compartilhar habilidades e conhecimentos de engenheiros, gestores e técnicos (Hobday et al., 2005). A colaboração é essencial para se construir essa capacidade, especialmente quando estão envolvidos desenvolvimentos de sistemas e produtos complexos, como usualmente ocorre na área de defesa (Davies, 1996; Davies et al., 2011).

[4] O termo "aquisição" denota o processo de obtenção de sistemas militares por meio de P&D ou compra, significado adotado pela maioria das organizações de defesa do Brasil e do exterior, porém diferente do que ocorre com o Exército Brasileiro que emprega com essa conotação o termo "obtenção".

A capacidade de integração de sistemas possui nuanças de acordo com o contexto e as características das organizações integradoras (Prencipe et al., 2003). Por exemplo, segundo Hobday e colaboradores (2005) e Sapolsky (2003), nas grandes empresas desenvolvedoras de sistemas de armas, essa capacidade envolve a habilidade de selecionar e controlar a rede de fornecedores visando auferir eficiência e eficácia na integração e geração de seus produtos. No caso das OM voltadas para a doutrina e o emprego, ela se relaciona com a capacidade de conhecer as plataformas de sistemas militares e de combiná-las para fornecer novas capacidades operacionais. Em se tratando das OM responsáveis pela aquisição de produtos de defesa, essa capacidade é necessária para definir os requisitos operacionais dos produtos, analisar propostas das empresas e avaliar os produtos de defesa disponíveis no mercado.

Gholz (2003) sugere que a integração de sistemas no contexto de aquisições militares pode ser classificada em três níveis de acordo com o perfil, objetivos e habilidades das organizações que se envolvem no desenvolvimento de produtos de defesa.

O primeiro deles se refere à integração de sistemas ao nível de componente. Os fornecedores que atuam nessa seara são especializados em áreas específicas do conhecimento e desenvolvem tecnologias, componentes e subsistemas. Exemplos dessas organizações no contexto brasileiro são a empresa Ares, que desenvolve subsistemas de armas para veículos de combate, a Opto Eletrônica S/A, que desenvolve subsistemas optrônicos para diversos tipos de sistemas como satélites e equipamentos médicos e a Fundação CPqD, que desenvolve subsistemas de comunicação para sistemas embarcados.

O segundo se relaciona com a integração de sistemas ao nível de plataforma, representado principalmente por grandes empresas integradoras de sistemas que combinam vários tipos de sistemas e subsistemas criando plataformas orientadas à missão. Exemplos dessas empresas são a Embraer, que desenvolve aeronaves civis e militares, e a Avibras, que desenvolve plataformas lançadoras de mísseis e foguetes. Muitas das empresas integradoras de plataformas, no entanto, possuem unidades que são dedicadas à integração de subsistemas e, portanto, também atuam como integradoras ao nível de componente. A Embraer e a Avibras também podem ser citadas como exemplos de empresas com esse perfil: a Embraer possui uma subsidiária dedicada ao desenvolvimento de radares e a Avibras desenvolve propelentes e motores para seus mísseis e foguetes.

Por fim, tem-se a integração de sistemas ao nível de arquitetura, também conhecida como integração de sistemas-de-sistemas (Maier, 1998). Nesse nível, organizações voltadas para a área de defesa necessitam de uma ampla visão do sistema completo, de forma a combinar várias plataformas no sentido de desenvolver as capacidades operacionais almejadas. Dessa forma, os conhecimentos doutrinários devem ser traduzidos em objetivos claros e transformados em requisitos a serem utilizados por toda a comunidade de aquisições de defesa na celebração de contratos com a indústria. Historicamente, a integração de sistemas-de-sistemas tem sido realizada por OM ou por entes a elas diretamente ligados (Gholz, 2003). No caso do Brasil, podem ser citados o Departamento de Ciência e Tecnologia da Aeronáutica (DCTA) e o Departamento de Ciência e Tecnologia do Exército Brasileiro (DCT), que está desenvolvendo, por exemplo, o Programa Estratégico Sistema Integrado de Monitoramento de Fronteiras (Sisfron), um sistema-de-sistema que tem por finalidade fortalecer a presença e a capacidade de ação do Estado na faixa de fronteira do país. Esse sistema é constituído por sensores, câmeras, viaturas, radares, estações meteorológicas, além de subsistemas de logística, de tecnologia e segurança da informação e de formação e treinamento de recursos humanos (De Medeiros, 2018).

Embora as organizações sejam classificadas em um desses três tipos conforme sua capacidade proeminente, elas podem desenvolver atividades características dos outros dois tipos de integração de sistemas (Gholz, 2003). Empresas integradoras de plataformas podem possuir capacidades de empresas integradoras de componentes e OM integradoras de sistemas-de-sistemas podem possuir capacidade de integração de plataformas e de componentes.

3. A integração de sistemas e o acesso às fontes externas de inovação

Em que pese as diferenças de objetivos, conforme classificação nos tipos discutidos previamente, as capacidades de integração de sistemas se beneficiam de algumas habilidades comuns, como: a mensuração de evolução tecnológica e o acesso ao conhecimento externo (Gholz, 2003).

3.1 Mensuração da evolução tecnológica

A mensuração de evolução tecnológica, considerada uma habilidade essencial para organizações que integram sistemas complexos, busca estimar, de forma precisa, o estágio de desenvolvimento de produtos e sistemas de defesa (Gholz, 2003). Para o caso de sistemas-de-sistemas, essa mensuração é realizada estimando-se a prontidão de tecnologias e de subsistemas desenvolvidos por diversos atores, como universidades, institutos de pesquisa, pequenas e médias empresas (França Junior e Galdino, 2019; Gordon, 2008). A prontidão dessas tecnologias pode ser obtida com ferramentas baseadas na escala TRL (do inglês, Technology Readiness Level), que fornece uma medida relativa ao estado de uma tecnologia em relação ao seu uso em futuros sistemas complexos (Mankins, 2009).

Outras escalas também são úteis para medir o avanço de tecnologias e apoiar o planejamento de programas de sistemas-de-sistemas, como: a escala de níveis de prontidão de manufatura (MRL, do termo em inglês Manufacturing Readiness Level) (United States, 2011); a escala de níveis de prontidão de integração (IRL, do termo em inglês Integration Readiness Level) (Sauser et al., 2010); e a escala de níveis de prontidão de sistemas (SRL, do termo em inglês System Readiness Level) (Sauser et al., 2008).

A escala TRL pode auxiliar na integração de sistemas na medida em que é capaz de formalizar o estágio de evolução de tecnologias de diversos fornecedores exógenos à organização integradora, fornecendo assim importantes subsídios para a seleção de itens a serem integrados (Jean et al., 2015). Portanto, além de servir como uma ferramenta de mensuração da evolução tecnológica, o uso da escala TRL estabelece um mecanismo de comunicação claro, conciso e objetivo entre avaliadores e avaliados, tornando-se também uma importante ferramenta de acesso ao conhecimento externo (Jean et al., 2015).

3.2 Acesso ao conhecimento externo

Considerado uma habilidade essencial para integradores de sistemas que interagem em uma rede, o acesso ao conhecimento de especialistas de outras organizações facilita a interação com diferentes fornecedores, gestores ou técnicos, sem a necessidade de adquirir o conhecimento externo (Gholz, 2003).

Com intuito de acessar com sucesso o conhecimento externo e aumentar o potencial inovador de seus produtos e serviços, as organizações devem investir na capacidade de absorção, realizando P&D interna (Cohen e Levinthal, 1990) e coletar informações de seus clientes desde o início do desenvolvimento de seus produtos (Abrell et al., 2018). Nas pesquisas sobre parcerias entre empresas, alguns autores apontam vantagens do acesso em relação à aquisição do conhecimento (Grant e Baden-Fuller, 2004; Lavie, 2006). Grant e Baden-Fuller (2004) argumentam que as empresas preferem acessar em vez de adquirir o conhecimento de parceiros, tendo em vista que aquela capacidade é menos onerosa, menos dispendiosa de tempo, proporciona maior especialização das partes e cria condições para que se estabeleçam relações longevas e estáveis. Utilizando uma abordagem semelhante, Lavie (2006) argumenta que a aquisição de conhecimento por meio da propriedade ou do controle de recursos não é uma condição necessária para se obter vantagem competitiva. Por exemplo, ela pode ser alcançada acessando os recursos compartilhados de uma rede.

Portanto, o acesso ao conhecimento externo é uma importante habilidade para organizações integradoras de plataformas, de sistemas-de-sistemas e de componentes, por ajudar na escolha de terceirização além de beneficiar a P&D, aumentando a performance inovativa de produtos e serviços (Chesbrough e Crowther, 2006).

4. A escala de prontidão tecnológica

A ferramenta TRL foi criada para mensurar a prontidão de tecnologias espaciais (Mankins, 2009). Desenvolvida em meados de 1970 pela Nasa, essa escala, organizada em nove níveis de prontidão, fornece uma medida relativa ao estado atual de uma nova tecnologia em relação ao seu uso para futuros sistemas espaciais. Diversas organizações no mundo, ao perceberem que a escala TRL poderia contribuir com a gestão de sistemas e produtos complexos, passaram a customizá-la para atender as suas necessidades específicas (Straub, 2015; Jean et al., 2015). Por exemplo, o Departamento de Defesa Norte Americano (DoD, do termo em inglês Department of Defense) e o Departamento de Energia Norte Americano (DoE, do termo em inglês Department of Energy) utilizam três escalas específicas de nove níveis para o desenvolvimento de *hardware*, de *software* e de tecnologias biomédicas (United States, 2009).

No Brasil, importantes órgãos governamentais também customizaram a escala TRL para atender suas necessidades específicas, como, por exemplo, a Agência Espacial Brasileira (AEB) (AEB, 2018), o Departamento de Ciência e Tecnologia Aeroespacial (DCTA) e o Exército Brasileiro (EB).

Conforme apresentado em França Júnior e Galdino (2019), a escala TRL original não atende as necessidades do Sistema de Ciência Tecnologia e Inovação do Exército Brasileiro (SCTIEx), pois não se flexibiliza para produtos e sistemas com diferentes níveis de complexidade e não abrange algumas fases do ciclo de vida que são de suma importância para a Força Terrestre, como a avaliação de Lote Piloto e Experimentação Doutrinária. Desse modo, França Júnior e Galdino (2019) sugerem a criação de uma escala customizada para o EB que leve em conta as necessidades prementes dessa organização, como: a avaliação de tecnologias desenvolvidas por organizações externas; planejamentos estratégicos de P&D; e análises de riscos de desenvolvimento.

O DoD, por exemplo, emprega a escala TRL para apoiar a avaliação de riscos de desenvolvimento de um produto. Esse departamento norte-americano assume que o desenvolvimento de um produto ou sistema complexo cujas tecnologias críticas (TCR) possuem TRL abaixo do nível 6 pode estar sujeito a um maior risco tecnológico, aumento de custos e atrasos em cronogramas. Em um estudo feito com 62 programas de desenvolvimento contratados pelo DoD, o escritório governamental de contabilidade dos Estados Unidos (GAO) observou que 33% desses programas foram iniciados com algumas tecnologias críticas imaturas (abaixo de TRL 6) e tiveram acréscimo médio de custos de 32% e atraso médio de 20 meses. Em contrapartida, os demais sofreram acréscimo de custo de apenas 2,6% e atraso médio de um mês (GAO, 2015).

Com base nesses estudos, vários países adotam o atingimento de determinado nível mínimo de maturidade pelas tecnologias críticas como um importante marco na avaliação do risco de concepção do sistema completo. O DoD, por exemplo, recomenda que a integração de tecnologias críticas se inicie apenas quando suas TCR atinjam, no mínimo, o TRL 6. Caso contrário, recomenda-se a realização de programas dedicados voltados para a maturação de tecnologias críticas de baixa maturidade.

5. Resultados da pesquisa

5.1 A Customização da escala TRL para o Exército Brasileiro

A customização da escala TRL para o Exército Brasileiro (escala TRL-EB) contemplou quatro aspectos específicos da Instituição. O primeiro deles, fundamental para este trabalho, diz respeito à criação de uma calculadora TRL (Nolte et al., 2003) que estabelece etapas específicas que devem ser cumpridas para cada nível TRL de um objeto relativo a seu produto-alvo.[5]

Os outros três aspectos da calculadora TRL-EB são relativos aos estágios finais de desenvolvimento de um produto e sua utilização na tropa. Por não serem relevantes para o caso de estudo deste trabalho, eles serão brevemente discutidos.

O segundo aspecto relaciona-se com a necessidade da evolução gradual de requisitos operacionais e técnicos. Devido ao longo processo de desenvolvimento de produtos de defesa, é difícil prever com precisão, especialmente em fases iniciais, a arquitetura de produtos complexos que, geralmente, envolve uma quantidade elevada de componentes e subsistemas (Davies et al., 2011). Dessa forma, é fundamental que a evolução em comento ocorra à medida que o projeto avance nos níveis TRL.

O terceiro aspecto versa sobre a importância de se avaliar a reprodutibilidade de produtos produzidos em grandes quantidades (OSD e MRL, 2016). O EB, geralmente, não lida com produtos complexos produzidos em poucas unidades, como sofisticadas plataformas navais (porta-aviões), foguetes para lançamento de satélites e os próprios satélites geoestacionários. Ele lida com produtos de variados graus de complexidade e volume de produção, abrangendo desde aqueles produzidos em dezenas e centenas de unidades até os produzidos em massa. Essa ampla gama de produtos abrange radares, carros de combate, mísseis, rádios táticos, *drones*, armamento leve, coletes de proteção balística e munição.

O quarto e último aspecto envolve a geração de informações para aperfeiçoamentos e desenvolvimentos de novas versões dos produtos ou sistemas de defesa em operação (Straub, 2015). A estrutura organizacional do EB permite

---

[5] O objeto se refere a uma tecnologia crítica, podendo ser representada por um subsistema ou componente (*hardware* ou *software*), que deverá ser integrada a um produto-alvo, ou seja, a um produto ou sistema que se deseja desenvolver, o qual pode ser composto de diversas tecnologias com variados graus de criticidade.

que se realize coleta de dados dos produtos e sistemas em operação (em uso pelo usuário), facilitando assim a obtenção de informações importantes para subsidiar decisões quanto a iniciar novas pesquisas, realizar aperfeiçoamentos de demonstradores de tecnologia e de protótipos de novas versões dos produtos e sistemas, bem como para avaliar a necessidade de promover melhorias e correções de falhas e *bugs* dos produtos e sistemas em uso ou de se encetarem processos de modernizações desses sistemas e produtos.

O quadro 1 mostra, de forma resumida, a descrição dos níveis da calculadora TRL-EB, considerando apenas o primeiro aspecto, essencial e suficiente para este trabalho.

Quadro 1
Escala TRL-EB simplificada

Nível TRL-EB	Descrição do Nível
1	**Princípios básicos observados e relatados/modelagem teórica:** Estudos documentados versando sobre princípios científicos básicos, em que potenciais aplicações possam ser identificadas.
2	**Conceito de tecnologia e/ou aplicação formulada:** Estudos documentados que analisam aplicações específicas do objeto (análise de funcionalidades, desempenho e identificação de experimentos).
3	**Função crítica experimentada e analisada em ambiente laboratorial:** Estudos documentados de experimentos demonstrando a viabilidade de aplicação do objeto em ambiente simulado de alta fidelidade (especificação de funcionalidades, desempenho e realização de experimentos).
4	**Prova de conceito validada em ambiente laboratorial:** Funções críticas do objeto, implementadas em uma prova de conceito, são testadas em ambiente laboratorial.
5	**Modelo de engenharia validado em ambiente relevante:** Funções críticas do objeto, implementadas em um modelo de engenharia, são testadas em ambiente relevante.
6	**Demonstrador de tecnologia validado em ambiente relevante:** Funções críticas do objeto, incluídos parâmetros de desempenho, dimensões e peso, implementadas em um demonstrador de tecnologia, são testadas em ambiente relevante, estabelecido de acordo com os Requisitos Operacionais e Técnicos.

▼

▼

Nível TRL-EB	Descrição do Nível
7	**Demonstrador de tecnologia integrado ao produto-alvo validado em ambiente operacional:** Demonstrador de tecnologia do objeto é integrado ao produto-alvo e suas funções críticas são testadas em uma primeira versão do protótipo, em ambiente operacional e de acordo com os Requisitos Operacionais e Técnicos.
8	**Protótipo validado em ambiente operacional:** O produto-alvo é testado considerando a maioria dos Requisitos Operacionais e Técnicos. Este nível representa o final do desenvolvimento do protótipo.
9	**Protótipo avaliado por órgão competente (avaliação de protótipo):** O produto-alvo é avaliado e homologado pelos órgãos competentes do Departamento de Ciência & Tecnologia (DCT) do EB, de acordo com todos os seus Requisitos Operacionais e Técnicos.

Fonte: Adaptado de United States (2009).

5.2 O SCTIEx

O SCTIEx compreende universidades; pequenas, médias e grandes empresas; órgãos de fomento; institutos de pesquisa; além das próprias organizações do Exército Brasileiro, como as do Departamento de Ciência e Tecnologia do Exército (DCT), de outros Órgãos de Direção Setorial, e do órgão de Direção Geral, o Estado-Maior do Exército (EME). Esse sistema é responsável por planejar e executar projetos estratégicos de aquisição de sistemas e produtos complexos (Prado Filho, 2014). Pela diversidade de atores e variedade de produtos de interesse, o SCTIEx se constitui em um caso de estudo interessante para este trabalho, pois seus programas possuem objetivos de curto e longo prazo e permeiam a maioria das fases do ciclo de vida de um sistema ou produto de defesa que é objeto de um processo de aquisição (França Junior e Galdino, 2019; Lima, 2007).

O DCT é a organização do SCTIEx que possui a missão de planejar, organizar, dirigir e controlar as atividades científicas, tecnológicas e de inovação no âmbito do EB. Ele se envolve com temas associados às diversas fases do ciclo de vida de um produto ou sistema militar, como projeto conceitual, pesquisa e desenvolvimento, integração de componentes, subsistemas e sistemas, modernização etc. Para isso, esse Departamento e suas organizações interagem com universidades, pequenas, médias e grandes empresas, órgãos de fomento e institutos de pesquisa (Prado Filho, 2014).

Das OM do DCT envolvidas no caso de estudo deste artigo, destacam-se o Centro de Avaliações do Exército (CAEx), encarregado dos processos de avaliação de protótipos; o Centro Tecnológico do Exército (CTEx), que realiza pesquisa científica aplicada, desenvolvimento experimental e assessoramento científico-tecnológico; o Instituto Militar de Engenharia (IME), faculdade de engenharia responsável pela formação do engenheiro militar, pelo ensino de engenharia e pesquisa básica e aplicada; a Diretoria de Sistemas de Material de Emprego Militar (DSMEM), responsável pela elaboração das Propostas do Modelo de Obtenção (PMO); e a Agência de Gestão e Inovação Tecnológica (AGITEC), responsável por gerir a inovação no DCT.

Outras Organizações Militares vitais ao SCTIEx para o problema abordado neste trabalho são o Estado-Maior do Exército (EME), responsável pela implantação de projetos e elaboração de requisitos operacionais, e o Comando de Operações Terrestres (Coter), responsável por estudos de doutrina.

5.3 O programa de modernização dos meios blindados do Exército

O EME aprovou, em 2019, a Diretriz Estratégica para a Formulação Conceitual dos Meios Blindados do Exército Brasileiro (EB) (Caiafa, 2019b), visando modernizar os meios blindados da Força Terrestre e diminuir o *gap* tecnológico atual de seus componentes digitais e optrônicos embarcados. Nesse programa são vislumbradas ações de curto prazo, como a modernização dos aludidos blindados, e de longo prazo, como a adoção de estratégias para estimular a indústria brasileira a apresentar propostas de desenvolvimento de tecnologias para o desenvolvimento de novos blindados.

Nesse diapasão, o EME criou um Grupo de Trabalho (GT) com integrantes de diversas organizações do Exército, entre elas, algumas do DCT (Exército Brasileiro, 2019). Nesse grupo, o Coter coordenou estudos doutrinários sobre as capacidades operativas a serem obtidas tanto com a modernização das viaturas correntes quanto com o desenvolvimento de novas viaturas. Esses estudos culminaram com a elaboração das Condicionantes Doutrinárias e Operacionais

(Condop) dos meios blindados, que definiram os vários tipos de viaturas blindadas que devem ser adquiridos pelo EB. As Condop foram elaboradas com base em viaturas blindadas existentes no mundo e em informações oriundas de organizações operacionais dotadas dessas plataformas, como as Brigadas de Infantaria e Cavalaria Mecanizada, as quais confeccionaram o documento de Compreensão das Operações (Comop) em que são destacadas as funções, atividades e necessidades operacionais necessárias ao cumprimento das missões.

Além das Condop, o GT elaborou os Requisitos Operacionais (RO) e os Requisitos Técnicos, Logísticos e Industriais (RTLI) para cada tipo de viatura de interesse, e o mapa de potenciais tecnologias que poderiam integrar os blindados. Esses documentos embasaram a elaboração do projeto conceitual, que apresenta algumas alternativas tecnológicas potenciais que podem ser incluídas nas viaturas correntes e futuras, e a PMO, que serve de subsídio para os decisores estratégicos do EB concluírem sobre a forma de aquisição do material. A PMO analisa algumas opções de obtenção, como adquirir por compra, no mercado nacional ou internacional; por PD&I nacional; ou por uma combinação de P&D interna com subsistemas importados. Tal análise contempla estudos de viabilidade e diversas informações relacionadas com custos e tempo de aquisição e de PD&I; a capacidades do mercado nacional; e a questões inerentes ao mercado internacional.

Para coletar informações sobre a capacidade nacional de fornecer os potenciais subsistemas e tecnologias críticas necessários aos blindados correntes e futuros, a DSMEM realizou *workshops* com integrantes do GT e representantes de empresas que atuam na área de defesa. Neles, os membros do GT relataram o andamento de seus trabalhos e os representantes das empresas apresentaram soluções tecnológicas passíveis de serem adotadas no processo de modernização dos blindados e suas capacidades e competências para realizar projetos de P&D visando atender necessidades das versões futuras desses produtos de defesa. Baseada nesses *workshops*, a DSMEM coletou uma lista de subsistemas e tecnologias críticas com seus estágios de maturação e a difundiu aos integrantes do GT, juntamente com as filmagens das palestras e as apresentações das empresas.

Apesar de serem integradoras de componentes e especializadas em áreas específicas do conhecimento, as empresas que participaram dos *workshops* revelaram, por intermédio das palestras de seus representantes, conhecimento amplo sobre o sistema completo. Naturalmente, na condição de fornecedoras de sistemas militares, elas adquirem conhecimentos em integração de sistemas ao nível de plataforma e às vezes até mesmo ao nível de sistemas-de-sistemas, para aumentar sua competitividade na concorrência de licitações em proveito das Forças Armadas.

De forma análoga, a difusão dos conhecimentos auferidos nos *workshops* contribuiu para elevar a capacidade em integração de sistemas ao nível de componente dos membros do GT, ao serem externados os desafios que as empresas nacionais de base tecnológica enfrentam na tarefa de integrar componentes de produtos de defesa nacionais e importados.

Além disso, outro fator que facilitou o acesso às informações sobre a capacidade nacional foi a inclusão de integrantes CTEx no GT, pois eles atuam em áreas de pesquisa aplicada voltadas para sistemas optrônicos, comunicações, armamento e automotivo e, em suas atividades de P&D, frequentemente interagem com empresas nacionais e internacionais e conhecem tecnologias e interfaces que poderiam ser utilizadas no programa dos meios blindados, bem como os riscos tecnológicos inerentes aos empreendimentos de P&D.

No entanto, a fim de confeccionar a minuta da PMO, mantendo a independência necessária entre os órgãos governamentais e empresas, o GT precisou de uma aferição do estágio de maturação das tecnologias e dos subsistemas elencados considerando uma escala de referência e que levasse em conta aspectos culturais e doutrinários da Instituição: a escala TRL-EB. Assim, a AGITEC foi incumbida de avaliar a prontidão tecnológica desses elementos para a viatura de reconhecimento sobre rodas VBR-MSR 6x6 (EE-9 Cascavel), um tipo de blindado.

O rol de possibilidades de subsistemas e tecnologias para modernizar a viatura Cascavel e outros meios blindados é vasto, compreendendo subsistemas de direção e estabilização de tiro automático, meios optrônicos para identificação de alvos, simuladores de treinamento, equipamentos de comunicação, munições, entre outros (Caiafa, 2019a). Alguns deles foram selecionados para realizar o levantamento do nível TRL, o que foi feito com informações obtidas em visitas a empresas e ICT responsáveis pelas tecnologias e subsistemas avaliados.

O relatório de avaliação de prontidão tecnológica forneceu subsídios à DSMEM no processo de elaboração da minuta do PMO. Essa Diretoria considerou o TRL-EB 6 como critério para selecionar as tecnologias como passíveis de serem utilizadas na modernização da referida viatura. Especificamente, as tecnologias e os subsistemas com TRL-EB maior ou igual a 6, tanto do mercado nacional quanto do internacional, foram classificados como maduros e dessa forma induzem baixo risco de insucesso, caso sejam selecionados para serem empregados no projeto de modernização em comento, no tocante aos aspectos relacionados com atrasos no empreendimento. Por outro lado, os elementos avaliados com TRL-EB menor do que 6 possuem riscos elevados de atrasos e de acréscimos de custos em razão de dificuldades tecnológicas não previstas inicialmente. Dessa forma, essas tecnologias têm melhores condições de serem aproveitadas nas versões futuras dos meios blindados.

A seguir, é descrita, dentro do escopo do programa de modernização da viatura Cascavel, a avaliação de alguns subsistemas e tecnologias que foram considerados na elaboração da minuta da PMO.

a. Subsistemas e tecnologias maduras — programas de curto prazo (TRL 6 ou acima)

De acordo com o sugerido na minuta da PMO, tecnologias e subsistemas com TRL-EB 6 ou superior possuem um menor risco de serem integrados em um programa de modernização, por serem considerados relativamente maduros, uma condição essencial para um programa de curto prazo, como a modernização da viatura Cascavel. Dessa forma, esses elementos provenientes tanto do mercado nacional quanto do internacional são boas alternativas com relação a este quesito. A seguir, discute-se a avaliação da maturidade de algumas dessas tecnologias e subsistemas.

Atuadores de giro e elevação

Os atuadores eletro-hidráulicos de elevação e giro posicionam uma torre de canhão de 90 mm, minimizam suas folgas mecânicas e possuem sensores que permitem a identificação da posição da torre pelo atirador (Callafange Júnior, 2019).

Testes da torre integrada na viatura Cascavel foram realizados pelo próprio fornecedor nacional, contemplando algumas funções críticas e não críticas dos atuadores, como elevar e girar com o carro em movimento em terreno operacional.

Entretanto, eles não foram realizados pelo CAEx, indicando que o nível 9 da escala TRL-EB não foi atingido, e como a maioria dos requisitos operacionais e técnicos não foram verificados pelo fornecedor, não se superou o nível 8 da escala TRL-EB. Dessa forma, os atuadores foram classificados em TRL-EB 7, primeiro nível em que a tecnologia em comento é integrada no produto almejado.

Tecnologias optrônicas

Equipamentos optrônicos permitem visualizar alvos à noite em ambientes hostis nos quais ações são realizadas para ocultar ou dificultar a identificação de alvos como a adoção de fumígenos ou outros tipos de camuflagem de fumaça. Tecnologias críticas que fazem parte desses subsistemas são as lentes das câmeras CCD (do inglês, *charge-coupled device*) de alta sensibilidade para a faixa espectral do espectro visível, sensores infravermelho e termais, e o *software* de fusão de imagens que gera uma imagem única para o operador, combinando aquelas obtidas por meio dos diversos tipos de sensores. Essas tecnologias foram utilizadas em um Sistema de Visão Multiespectral (SVM) desenvolvido por empresa nacional, que também se encarregou de testar o produto.

Após integrado na viatura Cascavel, o sistema foi testado em ambiente operacional com o objetivo de demonstrar suas funcionalidades críticas, como visualizar alvos em ambiente escuro. Todavia, assim como descrito no item prévio, tais testes não foram realizados pelo CAEx e a maioria dos requisitos operacionais e técnicos não foram testados pelo fornecedor. Dessa forma, as tecnologias optrônicas foram classificadas em TRL-EB 7.

Tecnologias automotivas

Alguns subsistemas como motores, trens de rolamento ou barramentos eletrônicos foram prospectados no mercado internacional. A análise desses componentes foi feita considerando critérios definidos pelo GT, como confiabilidade, manutenibilidade, controle de obsolescência, rastro logístico, transportabilidade, suporte logístico, custo do ciclo de vida e desenvolvimento sustentável. Por serem de "prateleira", os itens prospectados passaram por testes de certificações de requisitos específicos e foram integrados em sistemas e produtos que se encontram em operação. Assim, por equivalência, eles se enquadram no último nível da escala TRL-EB, no contexto dos produtos e sistema em uso. No entanto, para utilizá-los na viatura Cascavel, devem ser elaborados projetos de integração e verificado o atendimento aos requisitos operacionais e técnicos específicos da plataforma de interesse. Assim, o TRL-EB dessas tecnologias para o uso que se pretende é, no máximo, 6, uma vez que o nível 7 prevê a integração da tecnologia no produto alvo.

b. Subsistemas e tecnologias emergentes — programas de longo prazo (TRL abaixo de 6)

As tecnologias avaliadas abaixo de TRL-EB 6 podem não ser adequadas para o programa de modernização da viatura Cascavel, por induzirem elevados riscos de aumento de custos e de prazos na execução do programa, mas poderão ser aproveitadas nas versões futuras dos meios blindados vislumbrados pelo Exército, na medida em que suas maturidades tecnológicas evoluam, favorecendo assim a autonomia do país em áreas importantes para sistemas de defesa. A seguir, discute-se a avaliação da maturidade de algumas dessas tecnologias e subsistemas.

Rádio definido por *software* da defesa (RDS-Defesa)

O RDS-Defesa é um programa de P&D liderado pelo CTEx, de longo prazo e que alcançou várias metas (Da Silva et al., 2014; Prado Filho et al., 2017) e tem potencial para ser empregado como parte do subsistema de comunicação de carros de combate. As principais tecnologias críticas desse sistema, como as formas de onda (VHF), já foram testadas em um modelo de engenharia e em ambiente relevante. No entanto, ainda não foram integradas nem testadas em um sistema completo como um rádio veicular e utilizadas em viaturas blindadas. Além disso, funções não críticas do rádio veicular, como suportar níveis estabelecidos de vibração, ainda não foram testadas. Dessa forma, o RDS-Defesa foi enquadrado em TRL-EB 5.

Estabilização de torre

Um subsistema de estabilização de torre possui a função de estabilizar a torre de tiro com o carro em movimento, proporcionando ao atirador um melhor controle do tiro. Este subsistema foi avaliado no Reparo de Metralhadora Automática (Remax), uma estação de armas remotamente controlada e giro-estabilizada para metralhadoras 12,7 mm e 7,62 mm. Desenvolvido no Brasil por meio de parceria entre CTEx e uma empresa da BID brasileira e projetado para a viatura blindada média sobre rodas VBTP-MR 6X6 Guarani, o Remax possui em seus requisitos uma metralhadora como armamento principal. Protótipos do Remax foram integrados ao Guarani e avaliados pelo CAEx em 2016 atingindo sua conformidade e, portanto, último nível da escala TRL-EB, considerando-se o Guarani produto-alvo.

No entanto, para que esse mesmo sistema de estabilização seja utilizado em um canhão de 90 mm da viatura Cascavel, que não opera com metralhadora, requisitos de peso, dimensões e volume precisam ser modificados. Dessa forma, o sistema passaria a figurar nos níveis médios da escala TRL-EB (3 a 5). Esta situação também ocorre com outras tecnologias e subsistemas maduros em relação a um determinado produto, mas incipientes em relação a seu uso com outros produtos, em razão da possibilidade da necessidade de se realizar P&D para se atenderem requisitos críticos não previstos em sua concepção original.

Tecnologias de blindagem multicamada

Está sendo pesquisada no IME uma tecnologia de blindagem multicamada à base de fibras naturais desenvolvida a partir de placas cerâmicas e compósitas reforçadas por fibras de malva para aplicação em sistemas de blindagem multicamadas (SBM) (nascimento, 2017). As funções críticas desse sistema, como a capacidade de absorção de energia cinética de um projétil, a resistência à penetração de um projétil balístico até uma determinada distância e as interações das ondas de choque nas interfaces de seus componentes, foram testadas com êxito, atendendo assim as condições previstas pelo nível 5 da escala TRL-EB.

A fim de aclarar essa classificação, cabe mencionar que a tecnologia foi desenvolvida sem considerar requisitos de usuário, como peso, dimensões e volume. Assim, o TRL-EB 6, que exige conformidade com tais parâmetros, não foi atingido.

6. Análise e discussão

A partir dos dados apresentados, verifica-se que os membros do Grupo de Trabalho possuem capacidades típicas de integradores de sistemas-de-sistemas, como definir requisitos operacionais e técnicos de produtos e sistemas pretendidos, realizar análises de propostas de empresas e analisar testes e avaliações de sistemas e produtos desenvolvidos externamente (Hobday et al., 2005; Sapolsky, 2003). Além disso, esse GT contém também membros do CTEx que são especialistas em atividades de P&D de algumas tecnologias sensíveis do caso concreto, como optrônicos, comunicação, automação e armamento. Desse modo, além de se enquadrar na categoria de capacidades de integração de sistemas-de-sistemas, o GT também possui alguma capacidade de integração de componentes e plataformas (Gholz, 2003). Mesmo que as capacidades do CTEx não se igualem às de algumas empresas do setor de defesa que são altamente especializadas em determinadas tecnologias e equipamentos militares, seus conhecimentos em integração de componentes e plataformas complementam os de outros atores do GT, aumentando a capacidade do grupo em termos de mensuração de evolução tecnológica e acesso ao conhecimento externo (Gholz, 2003).

6.1 A relação entre o acesso ao conhecimento externo e a capacidade de absorção

Na fase de formulação conceitual dos meios blindados, o GT assimilou conhecimentos básicos sobre as interfaces das tecnologias elencadas para que fossem discutidas as possibilidades, desafios, vantagens e desvantagens em utilizá-las nos meios blindados, quer por compra ou quer por P&D interna. Dessa forma, o GT procurou aumentar sua habilidade de acesso ao conhecimento externo (Grant e Baden-Fuller, 2004), ao interagir com potenciais empresas fornecedoras durante a realização dos *workshops* voltados para apresentação das tecnologias e subsistemas e de como integrá-las nos blindados. Além disso, a difusão posterior das apresentações entre os membros do GT também ajudou ao grupo assimilar o conhecimento acessado, mormente no que se refere às interfaces das tecnologias e de subsistemas.

A habilidade de acesso ao conhecimento do GT foi potencializada ao serem nele incluídos especialistas em P&D do CTEx, pois tais profissionais aumentaram a capacidade de absorção de conhecimento, por entenderem como as interfaces das tecnologias e subsistemas podem ser integradas e empregadas nos meios blindados correntes e futuros.

Dessa forma, no caso de estudo aqui tratado, verificou-se uma relação entre o conceito de acesso ao conhecimento externo (Gholz, 2003; Grant e Baden-Fuller, 2004) e o de absorção de conhecimento (Cohen e Levinthal, 1990). Essa constatação torna-se relevante na medida em que a capacidade de absorção de conhecimento — considerada essencial para empresas que precisam reconhecer o valor de novas informações, assimilá-las e aplicá-las para fins comerciais — pode ser potencializada por meio de investimento em Pesquisa e Desenvolvimento (Abrell et al., 2018; Cohen e Levinthal, 1990).

Portanto, de acordo com o caso de estudo, sugere-se que a capacidade de absorção de conhecimento também é crucial para organizações integradoras de sistemas-de-sistemas que precisam reconhecer e acessar novas informações e aplicá-las para fins de planejamentos estratégicos. Da mesma forma que empresas, essas organizações não devem descuidar dos investimentos em Pesquisa e Desenvolvimento em áreas de interesse, sob pena de perderem a capacidade de acessar o conhecimento da rede de atores em que estão inseridas, prejudicando os planejamentos estratégicos de curto e longo prazo, sobretudo, no cenário atual caracterizado pelos rápidos avanços tecnológicos.

6.2 A habilidade de mensuração de evolução tecnológica e a escala de prontidão

A utilização de componentes e subsistemas de terceiros em projetos de P&D visa, geralmente, reduzir custos, riscos de desenvolvimento e tempo de execução (Kiamehr et al., 2015; Lee e Yoon, 2015). Entretanto, empregar essa abordagem em áreas de alta tecnologia em países de industrialização tardia pode conduzir à importação de significativa parcela dos componentes e subsistemas, o que pode se constituir em um óbice para a área de Defesa, em razão dos malefícios que a dependência tecnológica causa à soberania nacional (Longo, 1984).

A fim de assessorar adequadamente a alta administração do EB responsável por decidir quanto à escolha dos itens que serão utilizados na modernização dos meios blindados, particularmente no sentido de priorizar o conteúdo nacional sem aumentar os riscos supracitados, ao se escolher tecnologias nacionais que precisarão vencer etapas de P&D antes de se iniciar o projeto de integração na plataforma-alvo, o GT decidiu avaliar a prontidão de tecnologias candidatas a serem empregadas, particularmente na viatura Cascavel.

Para atingir esse objetivo, foi elaborada uma metodologia de avaliação de prontidão tecnológica customizada para o EB (quadro 1) baseada na escala TRL (Mankins, 2009), que se diferencia da escala original principalmente por considerar: a evolução gradual dos requisitos operacionais e técnicos do usuário, a maturidade da produção em massa e o *feedback* do usuário após o uso. A elaboração dessa calculadora só foi possível em razão de o EB ter decidido investir na capacidade de mensuração de evolução tecnológica, ao especializar recursos humanos nessa área e criar a AGITEC, determinando-lhe a elaboração de uma proposta de escala TRL customizada para o contexto da Força Terrestre.

Após realizada a classificação de prontidão das tecnologias e subsistemas de interesse, o GT considerou os elementos com TRL-EB maior ou igual a 6 como de menor risco de integração (GAO, 2015) e, portanto, mais apropriados para serem utilizados na modernização da viatura EE-9 Cascavel, atendendo, assim, às necessidades prementes da Força Terrestre. Entre elas, foram consideradas tecnologias e subsistemas nacionais e internacionais, e a preferência pode ser dada à indústria nacional a fim de favorecer a autonomia tecnológica e facilitar o acesso aos serviços logísticos. Essa estratégia visa fortalecer a Base Industrial de Defesa (BID) brasileira e reduzir o *gap* tecnológico em relação a países mais desenvolvidos (Kiamehr et al., 2015), sem, no entanto, elevar os riscos de dilação de prazos e aumento dos custos do empreendimento. O fortalecimento da BID almeja benefícios indiretos, como a geração de empregos e o transbordamento de tecnologias para outras indústrias, além de benefícios diretos, como a redução de custos de manutenção nas fases de utilização do produto.

Tecnologias e subsistemas classificados com TRL-EB inferior a 6 são mais adequados para serem empregados em meios blindados vislumbrados para o futuro. Muitas dessas tecnologias estão sendo desenvolvidas pelo próprio DCT, por meio de suas organizações de P&D como o IME e o CTEx, em parcerias com empresas nacionais e internacionais, contando com o apoio de agências de fomento e universidades civis.

Figura 1
Lógica de planejamento estratégico de aquisição de produtos de defesa na perspectiva da mensuração da evolução tecnológica

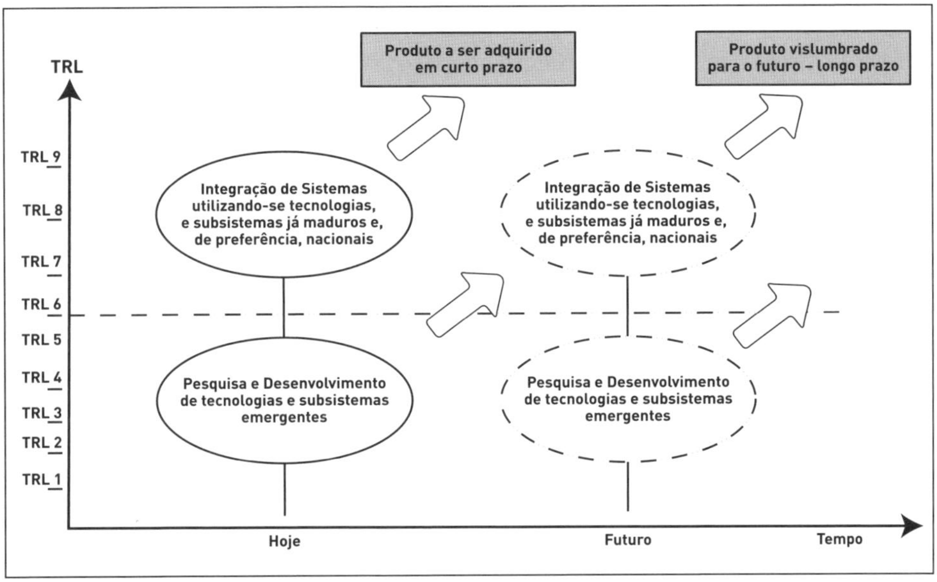

Fonte: Elaborada pelos autores.

É importante salientar que a metodologia de avaliação TRL-EB não se baseou em declarações das empresas sobre os testes realizados por elas mesmas, mas em documentos comprobatórios especificados na calculadora TRL-EB. Esse procedimento é importante pois pode evitar equívocos sobre a prontidão do produto e frustrar expectativas. Ao demandar a aprovação do produto pelo CAEx em TRL-EB 9 e o mapeamento de testes com os requisitos operacionais e técnicos homologados pelo EME em TRL médios, a calculadora TRL-EB garante o entendimento comum entre gestores e técnicos sobre o real estágio de maturação do rol de soluções tecnológicas candidatas a serem utilizadas nos meios blindados, fornecendo, dessa forma, importantes subsídios aos decisores estratégicos.

Sugere-se, portanto, que a mensuração de evolução tecnológica é uma habilidade fundamental para planejamentos estratégicos que visam a aquisição de produtos de defesa, conciliando ações de curto e longo prazo. Para tanto, escalas de prontidão tecnológica baseadas na TRL se tornam ferramentas essenciais, por padronizar os níveis de prontidão que estabelecem maior ou menor risco de integração para programas de curto prazo, bem como para lançar luz nas tecnologias ainda incipientes, cujas P&D precisam ser apoiadas para que se amplie a gama de opções autóctones no desenvolvimento de novos sistemas e produtos de defesa. A figura 1 ilustra essa lógica.

7. Conclusão

Apesar da importância do planejamento estratégico na aquisição de sistemas e produtos complexos, poucos estudos abordam esse assunto da perspectiva de um órgão governamental como as Forças Armadas, que ao adquirir um sistema de defesa, combinando P&D interna e terceirização de tecnologias críticas, precisa conciliar ações e objetivos de curto e longo prazo. Buscou-se lançar luz nessa questão, considerando como estudo de caso a modernização dos meios blindados no contexto da Diretriz Estratégica para a Formulação Conceitual dos Meios Blindados do Exército Brasileiro (EB) (Caiafa, 2019b).

Verificou-se a importância das habilidades de mensuração da evolução tecnológica e de acesso a conhecimentos externos para as organizações integradoras de sistemas de defesa, particularmente na fase de planejamento visando a obtenção de produtos e sistemas de emprego militar. Observou-se também que essas duas habilidades se reforçam mutuamente, possibilitando que as organizações integradoras de sistemas-de-sistemas realizem planejamento de longo prazo, desencadeando ações para investir no aprimoramento de tecnologias críticas nacionais com TRL-EB abaixo de 6, priorizando a utilização das maduras, aquelas que apresentam níveis de TRL-EB igual ou superior a 6, nos planejamentos de curto prazo, como no desenvolvimento de novos produtos que se encontram em fase avançada de P&D e modernização de produtos existentes.

Vale destacar, como limitação deste estudo, que o capítulo abordou o problema complexo de conciliar ações e objetivos de curto e longo prazo na aquisição de produtos de defesa, focando em alguns aspectos tecnológicos, evidenciados pela avaliação de maturidade tecnológica, e organizacionais, como a capacidade de acesso ao conhecimento externo. Em que pese serem cruciais, geralmente, eles representam apenas alguns dos elementos considerados em processos decisórios da alta administração de OM que lidam com a aquisição de produtos complexos. Na gestão desses produtos, inúmeros aspectos, além dos tratados neste trabalho, abarcando uma ampla gama de variáveis, são frequentemente levados em consideração (Davies et al., 2011), como a capacidade técnica de fornecedores de elevar a maturidade de suas tecnologias, sua maturidade nos processos de produção e de prover apoio logístico, além de questões relacionadas com aspectos geopolíticos e estratégicos, muito importantes na área de Defesa. Os autores pretendem explorar alguns desses aspectos em estudos futuros.

Referências

ABRELL, Thomas; BENKER, Andreas; PIHLAJAMAA, Matti. User knowledge utilization in innovation of complex products and systems: an absorptive capacity perspective. *Creativity and Innovation Management*, v. 27, n. 2, jun. 2018, p. 169-182.

AEB. Agência Espacial Brasileira. Introdução ao Imatec como ferramenta de avalição de maturidade tecnológica em projetos espaciais. Agência Espacial Brasileira 2018. Brasília: s.n., 2018.

AMANN, Edmund. Globalisation, industrial efficiency and technological sovereignty: Evidence from Brazil. *The Quarterly Review of Economics and Finance*, v. 42, 2002, p. 875-888.

BLANCHARD, Benjamin S.; FABRYCKY, Wolter J. *Systems engineering and analysis*. s.l.: Prentice Hall, 2011.

BURCHARTH, Ana Luiza Lara de Araújo; LETTL, Christopher; ULHØI, John Parm. Extending organizational antecedents of absorptive capacity: organizational characteristics that encourage experimentation. *Technological Forecasting and Social Change*, v. 90, n. PA, 2015, p. 269-284.

CAIAFA, Roberto. O futuro do Leopard 1A5, M60 A3 TTS, Guarani, M-113, etc... (Exército). Tecnodefesa, 2019a.

_____. Projeto Nova Couraça, roadmap da Tropa Blindada do Brasil (Aço!). Tecnodefesa, 2019b.

CALLAFANGE JÚNIOR, Márcio. Avaliação do Projeto de Over Hawl da VBR EE9. 2019. 48 f. Universidade de Brasília, 2019.

CHESBROUGH, Henry; CROWTHER, Adrienne Kardon. Beyond high tech: early adopters of open innovation in other industries. *R and D Management*, v. 36, n. 3, 2006, p. 229-236.

COHEN, Wesley M.; LEVINTHAL, Daniel A. Absorptive capacity: a new perspective on learning and innovation. *Administrative Science Quarterly*, v. 35, n. 1, 1990, p. 128-152.

DA SILVA, Fabrício A. B.; MOURA, David F. C.; GALDINO, Juraci F. Security issues in tactical software-defined radios: analysis of attacks and case studies. In: ADVANCING embedded systems and real-time communications with emerging technologies. Edited by Virtanen, Seppo, 22-53. Hershey, PA: IGI Global, 2014.

DAVIES, A.; BRADY, T.; PRENCIPE, A.; HOBDAY, M. Innovation in complex products and systems: implications for project-based organizing. In: CATTANI, G.; FERRIANI, S.; FREDERIKSEN, L.; TÄUBE, F. (Ed.). *Project-based organizing and strategic management*. Bingley: Emerald. v. 28, 2011, p. 3-26.

_____. Innovation in large technical systems: the case of telecommunications. *Industrial and Corporate Change*, v. 5, n. 4, jan. 1996, p. 1.143-1.180.

_____. The life cycle of a complex product system. *International Journal of Innovation Management*, v. 1, n. 3, 1997, p. 229-256.

DE MEDEIROS, Francisco Eduardo Lima. *Sisfron*: contribuições para a Estratégia Nacional de Defesa no tocante ao aumento da autonomia da Base Industrial de Defesa Brasileira em Tecnologias Sensíveis. Trabalho de conclusão de curso (especialização em ciências militares) — Escola de Comando e Estado-Maior do Exército, Rio de Janeiro, 2018.

EXÉRCITO BRASILEIRO. Portaria nº 162-EME, de 12 de junho de 2019. Aprova a Diretriz Estratégica para a Formulação Conceitual dos Meios Blindados do Exército Brasileiro e dá outras providências. *Boletim do Exército*, Brasília, DF, n. 26, 2019, p. 39-45.

FIGUEIREDO, Paulo N. Aprendizagem tecnológica e inovação industrial em economias emergentes: uma breve contribuição para o desenho e implementação de estudos empíricos e estratégias no Brasil. *Revista Brasileira de Inovação*, v. 3, n. 2, 2009, p. 323.

FRANÇA JUNIOR, José Adalberto; GALDINO, Juraci Ferreira. Gestão de sistemas de material de emprego militar: o papel dos níveis de prontidão tecnológica. *Coleção Meira Mattos*, 2019, p. 155-176.

GALDINO, Juraci Ferreira. Reflexos da era do conhecimento e da 4ª Revolução Industrial na defesa. *Centro de Estudos Estratégicos do Exército: Artigos Estratégicos*, v. 6, n. 1, 2019, p. 7-27.

GAO. General Accounting Office. Report on technology readiness assessment for the DOD. *Report to Congressional Committees*, v. GAO-15-342, mar. 2015, p. 1-194.

GHOLZ, Eugene. Systems integration in the US defence industry who does it and why is it important? In: PRENCIPE, A.; DAVIES, A.; HOBDAY, M. (Org.). The business of systems integration. Nova York: Oxford University Press, 2003, p. 279-306.

GORDON, Mark. The need for manufacturing innovation and readiness. NDIA Science Engineering and Technology Conference, 2008.

GRANT, Robert; BADEN-FULLER, Charles. A knowledge accessing theory of strategic alliances. *Journal of Management Studies*, v. 41, n. 1, 2004, p. 61-85.

GU, Shulin. *Implications of national innovation systems for developing countries*: managing change and complexity in economic development. United Nations University, Institute for New Technologies, Discussion Papers, 1999.

HOBDAY, Michael; DAVIES, Andrew; PRENCIPE, Andrea. Systems integration: a core capability of the modern corporation. *Industrial and Corporate Change*, v. 14, n. 6, 2005, p. 1.109-1.143.

JEAN, Fabien; LE MASSON, Pascal; WEIL, Benoit. Sourcing innovation: probing technology readiness levels with a design framework. SIG Innovation Euram, 2015.

KELLER, Wolfgang. Absorptive capacity: on the creation and acquisition of technology in development. *Journal of Development Economics*, v. 49, n. 1, abr. 1996, p. 199-227.

KIAMEHR, Mehdi; HOBDAY, Mike; HAMEDI, Mohsen. Latecomer firm strategies in complex product systems (CoPS): the case of Iran's thermal electricity generation systems. *Research Policy*, v. 44, n. 6, jul. 2015, p. 1.240-1.251.

KIRKPATRICK, C. H.; NIXSON, F. I. *The industrialisation of less developed countries*. Manchester: Manchester University Press, 1983.

KOGUT, Bruce; ZANDER, Udo. Knowledge of the firm, combinative capabilities, and the replication of technology. *Organization Science*, v. 3, n. 3, 1992, p. 383-397.

LAVIE, D. The competitive advantage of interconnected firm: an extension of the resource-based view. *Academy of Management Journal*, v. 31, n. 3, 2006, p. 638-658.

LEE, Joosung J.; YOON, Hyungseok. A comparative study of technological learning and organizational capability development in complex products systems: distinctive paths of three latecomers in military aircraft industry. *Research Policy*, v. 44, n. 7, 2015, p. 1.296-1.313.

LEE, Keun; MALERBA, Franco. Economic catch-up by latecomers as an evolutionary process. In: PYKA, A. et al. (Org.). *Modern evolutionary economics*: an overview. Cambridge: Cambridge University Press, 2018, p. 172-207.

LEE, Thomas W.; MITCHELL, Terence R.; SABLYNSKI, Chris J. Qualitative research in organizational and vocational psychology, 1979-1999. *Journal of Vocational Behavior*, 1999.

LIMA, Flávio da Costa. *O processo decisório para obtenção de materiais de emprego militar no Exército Brasileiro*. 2007.

LONGO, Waldimir Pirró e. *Tecnologia e soberania nacional*. São Paulo: Nobel; Promocet, 1984.

MAGNUSSON, Thomas; TELL, Fredrik; WATSON, Jim. From CoPS to mass production? Capabilities and innovation in power generation equipment manufacturing. *Industrial and Corporate Change*, v. 14, n. 1, 2005, p. 1-26.

MAIER, Mark W. Architecting principles for systems-of-systems. *Systems Engineering*, v. 1, n. 4, jan. 1998, p. 267-284.

MANKINS, John C. Technology readiness assessments: a retrospective. *Acta Astronautica*, v. 65, 2009, p. 1.216-1.223.

NASCIMENTO, Lucio Fabio Cassiano. *Caracterização do compósito epóxi-fibra de malva para emprego em blindagem balística multicamada*. Rio de Janeiro: Instituto Militar de Engenharia, 2017.

NELSON, Richard R.; WINTER, Sidney G. *An evolutionary theory of economic change*. s.l.: Belknap Press of Harvard University Press, 1982.

NICOTRA, M.; ROMANO, M.; DEL GIUDICE, M. The evolution dynamic of a cluster knowledge network: the role of firms' absorptive capacity. *Journal of the Knowledge Economy*, v. 5, n. 2, 2014, p. 240-264.

NIOSI, Jorge; MAJLINDA ZHEGU. Multinational corporations, value chains and knowledge spillovers in the global aircraft industry. *International Journal of Institutions and Economies*, v. 2, n. 2, 2010, p. 109-141.

NOLTE, William; KENNEDY, B. C.; DZIEGIEL, R. J.. Technology readiness calculator. In: NDIA SYSTEM ENGINEERING CONFERENCE, 2003.

PRADO FILHO, Hildo Vieira. *A transformação do Exército Brasileiro e o novo Sistema de Ciência, Tecnologia e Inovação do Exército*: contribuições para a Soberania Nacional. 2014, p. 69.

_____; GALDINO, Juraci Ferreira; MOURA, David Fernandes Cruz. Pesquisa e desenvolvimento de produtos de defesa: reflexões e fatos sobre o Projeto Rádio Definido por Software do Ministério da Defesa à luz do Modelo de Inovação em Tríplice Hélice. *Revista Militar de Ciência e Tecnologia*, v. 34, n. 1, 2017, p. 6-19.

PRENCIPE, Andrea; DAVIES, Andrew; HOBDAY, Michael. *The business of systems integration*. Nova York: Oxford University Press, v. 2003, 2003.

REN, Ying Tao; YEO, Khim Teck. Research challenges on complex product systems (CoPS) innovation. *Journal of the Chinese Institute of Industrial Engineers*, v. 23, n. 6, 2006, p. 519-529.

SAPOLSKY, Harvey M. Inventing systems integration. In: PRENCIPE, A.; DAVIES, A.; HOBDAY, M. (Org.). *The business of systems integration*. Nova York: Oxford University Press, 2003, p. 15-34.

SAUSER, Brian et al. Integration maturity metrics: development of an integration readiness level. *Information Knowledge Systems Management*, v. 9, 2010, p. 17-46.

_____ et al. Sytems maturity indices for decision support in the defense acquisition process. In: FIFTH ANNUAL ACQUISITION RESEARCH SYMPOSIUM, 2008, p. 128-140.

STRAUB, Jeremy. In search of technology readiness level (TRL) 10. *Aerospace Science and Technology*, v. 46, 2015, p. 312-320.

UNITED STATES. Department of Defense. *Technology Readiness Assessment (TRA) deskbook*. Defense Research and Engineering, 2009.

_____. Department of Energy. *Technology readiness assessment guide*. Office of Management. 2011.

YIN, Robert K. *Case study research*: design and methods. 6. ed. Thousand Oaks, Calif: Sage Publications, 2017.

Apêndice

Ambiente operacional: Ambiente real que permite avaliar alguns ou todos os requisitos operacionais do produto.

Ambiente relevante: Ambiente de teste que combina aspectos de um ambiente controlado com os de um ambiente real, permitindo a avaliação de funções críticas e não críticas de um componente, modelo de engenharia ou prova de conceito.

Demonstrador de tecnologia: Subsistema ou sistema integrado usado para demonstrar a viabilidade técnica da tecnologia em ambiente operacional, de forma a verificar as especificações técnicas e os requisitos operacionais mais relevantes do produto ao qual se destina a tecnologia.

Função crítica de ambiente laboratorial: são as funções críticas de uma prova de conceito a serem testadas em ambiente laboratorial e que devem ser definidas em TRL-EB 4.

Função crítica de ambiente operacional: são as funções críticas testadas em ambiente operacional. Para a avaliação do TRL-EB 7 e 8, a escolha do ambiente pode ficar a cargo da empresa ou ICT que desenvolveu o demonstrador de tecnologia e o protótipo, respectivamente, enquanto no TRL-EB-9 o ambiente é definido pelo órgão de avaliação do EB, de modo a se avaliarem todos os requisitos técnicos e operacionais aprovados pelo Estado-Maior do Exército seguindo as normas adotadas pelo EB. Cabe mencionar que, para a avaliação do demonstrador de tecnologia (TRL-EB 7), o ambiente deve ser capaz de testar todas as funções críticas que só podem ser avaliadas após integração da tecnologia em análise no produto-alvo.

Função crítica de ambiente relevante: São as funções críticas que devem ser testadas em ambiente relevante. Em se tratando de um modelo de engenharia, essas funções devem ser definidas no TRL-EB 5. Enquanto para um demonstrador de tecnologia, elas devem incluir, além daquelas especificadas em TRL-EB 4 e 5, as relacionadas com performance, peso e dimensões, definindo-se assim um novo conjunto de funções críticas em TRL-EB 6.

Funções críticas: Principais funções do objeto avaliado. São as principais funcionalidades de um subsistema ou componente. O rol de funções críticas é ampliado com o avanço do nível de prontidão tecnológica.

Modelo de engenharia: Evolução de uma prova de conceito em que os componentes e equipamentos de laboratório são substituídos por modelos próximos do subsistema real. Deve ser testado em ambiente relevante.

Prova de conceito: Arranjo de componentes integrados que objetiva validar um conceito científico ou as principais funções de uma tecnologia (funções críticas). Normalmente, este arranjo é integrado com equipamentos e componentes de laboratório e componentes de "prateleira".

Subsistema: Arranjo de componentes integrados que realiza uma determinada função dentro de um sistema.

Tecnologia crítica: Tecnologia de um sistema ou produto de defesa que é essencial para o atingimento dos requisitos operacionais e técnicos do produto ou sistema-alvo.

Guerra do futuro e inovação em defesa: EUA, França e possibilidades para o Brasil

*Ana Luiza Bravo e Paiva**
*Karina Furtado Rodrigues***

1. Introdução

Em seu planejamento para a guerra do futuro, o que o Brasil pode aprender com potências militares como EUA e França? Pensar na guerra do futuro possui desafios inerentes: dá-se dois passos em direção ao futuro e novas e mais complexas variáveis são adicionadas ao contexto dos tomadores de decisão; o planejamento do terceiro passo já se tornou obsoleto. Se não é possível saber o que aguarda os Estados no virar da próxima esquina, algo sobre planejamento é certo: a guerra do futuro não comporta estruturas rígidas de defesa da guerra convencional, já que a própria natureza das ameaças é instável e pulverizada (Paiva, 2016), o que faz com que a criação de um potencial inovador e a criação de capacidades estatais que possibilitem essa atualização constante de estratégias vêm se tornando cada vez mais essenciais (Sapolski et al., 2009). A inovação, por conseguinte, emerge como um conceito-chave para se pensar a guerra do futuro, e tem sido levada em consideração no planejamento de diversas potências militares.

Este estudo consiste em uma análise exploratória comparada que, baseada na literatura de transferência de políticas e por meio de levantamento empírico, parte da escolha de casos paradigmáticos para apreender boas práticas a serem analisadas à luz do caso brasileiro. Por conseguinte, seu foco não é na comparação em si, e sim na identificação de desenhos institucionais, práticas, programas e

* Doutora em história comparada pela Universidade Federal do Rio de Janeiro (UFRJ). Professora do PPGCM-IMM-ECEME. CV: http://lattes.cnpq.br/6818477369331497. E-mail: albepaiva@gmail.com.
** Doutora em administração pela Fundação Getulio Vargas (FGV). Professora do PPGCM-IMM-ECEME. CV: http://lattes.cnpq.br/6904892974412045. E-mail: karinafrodrigues@gmail.com.

estruturas de inovação que sejam factíveis ao contexto burocrático-estatal brasileiro. Cumpre ainda registrar que o propósito da comparação aqui não se desenha a partir de uma dimensão normativa, mas com proposições heurísticas, visando a identificação de variáveis que possam ser incorporadas no cenário brasileiro.

A escolha dos casos se lastreia 1) no fato de os países selecionados terem programas voltados à guerra do futuro e 2) que possuam sistemas de inovação bem desenvolvidos — por meio da pontuação dos países do Innovation Index (Dutta, Lanvin e Wunsch-Vincent, 2019). Nesse sentido, parte-se de uma análise institucionalista para apresentar uma fotografia dos casos. De modo a facilitar a análise empírica, as variáveis foram agrupadas em dois blocos, a saber, um de nível geral voltado aos elementos que compõem o sistema de inovação de forma holística; e outro de caráter específico voltado às especificidades setoriais da defesa. Em cada caso analisado, buscou-se evidenciar os aspectos do sistema nacional de inovação, bem como os aspectos de cunho institucional, organizacional e/ou doutrinário.

Nesse sentido, nas próximas seções almeja-se, primeiro, explorar quais são as especificidades dos sistemas de inovação em defesa e as particularidades da transferência de políticas públicas. Segundo, serão avaliadas as inovações recentes no âmbito da guerra do futuro nos Estados Unidos e na França. Por fim, discute-se a atual estrutura do sistema de inovação de defesa brasileiro e o que podemos aprender ou importar da experiência dos países supracitados.

2. Inovação em defesa e possibilidades de transferência de políticas

Para se responder à pergunta "o que o Brasil pode aprender com EUA e França no que tange à inovação para a guerra do futuro?", há de se ter em conta 1) os elementos ou condições necessárias para que a inovação ocorra; 2) que aqui subentende-se uma possível *transferência de política* de inovação em defesa ou, em outras palavras, como as políticas de inovação brasileiras podem "aprender" com a experiência internacional; 3) e que as especificidades do setor devem ser levadas em conta meticulosamente (Stone, 2012; Evans, 2009).

A literatura de inovação é bastante ampla (Freeman, 1987), e uma das teorias mais difundidas é a da Tríplice Hélice. Para essa teoria, os três vértices de inovação seriam o Estado, o mercado; e as universidades e institutos de pesquisa. Uma importante contribuição dessa literatura foi a de propor outra via que não a díade mercado-Estado, já que a relação trilateral "modera essas tendências por introduzir possibilidades de mediação, construção de coalizões e vínculo indireto" (Etzkowitz e Zhou, 2017:24). Ainda de acordo com os autores supracitados, o modelo da Tríplice Hélice sugere a criação de instituições híbridas no âmbito de cada uma das relações diádicas dentro da tríade.

De acordo com Robert Atkinson (2014), o conceito de sistema de inovação proposto na literatura é limitado, já que os conceitos existentes consideram apenas os elementos relacionados com promoção da ciência e tecnologia, sem levar em conta os fatores políticos, econômicos e sociais afetos à inovação. Além disso, os fatores que influenciam na capacidade de um determinado país inovar podem ser organizados no que se define como "triângulo de sucesso da inovação" (Atkinson, 2014). Ou seja, para que um país consiga superar os demais na corrida da inovação, é preciso que os três vértices, quais sejam, o ambiente econômico (*business*), o ambiente regulatório e o cenário de inovação, estejam em pleno funcionamento e, preferencialmente, de forma sinérgica.

Pode-se ainda pensar na inovação por meio de uma abordagem sistêmica (Leske, 2015; Longo e Moreira, 2014), a qual sugere que a inovação seja

> resultado de um processo complexo e dinâmico, enraizado nas interações entre as instituições, caracterizado como um processo evolucionário e sistêmico [...]. A complexidade do processo deriva da sua estrutura formada por um emaranhado de relações que envolvem pesquisa, tecnologia, produção, comercialização, *feedbacks*, aprendizado, conhecimento (tácito e implícito) e do Estado através de políticas públicas, que podem ocorrer simultânea ou paralelamente, reforçando e propagando as ações e reações, fazendo deste um processo dinâmico. Essa dinâmica torna a busca por inovações um processo constante, do qual, muitas vezes, depende a sobrevivência das empresas. [Leske, 2015:39]

O presente estudo não pretende aprofundar-se na abordagem sistêmica, mas se propõe a levar em conta não apenas as instituições mencionadas pela Tríplice Hélice, tampouco somente o ambiente regulatório, cenário de inovação e ambiente econômico. Almeja-se identificar, mesmo que de forma exploratória neste momento inicial da pesquisa, traços culturais institucionais e burocráticos que reforcem ou atrapalhem o processo de inovação no que tange à guerra do futuro — como confiança, orientação de grupo e propensão ao risco.

Tendo em vista as condições gerais necessárias à inovação levantadas pelas principais teorias da área, a próxima subseção debate os desafios inerentes à transferência de políticas e fatores determinantes de seu sucesso.

2.1 Os desafios inerentes à transferência de políticas

A transferência de políticas é um resultado natural do processo de formação de comunidades epistêmicas globais. No caso de transferências voluntárias, as soluções propostas por um país ou grupo de países, se obtêm sucesso, tendem a ser copiadas total ou parcialmente. Isso ocorre seja por uma busca de legitimidade perante a comunidade internacional, seja por pressões domésticas que buscam uma solução direta para um problema (Weyland, 2015).

Contudo, o que pareceria "facilitar" a solução de diversos desafios dos países importadores de políticas nem sempre o faz de fato. Diversos são os exemplos de importações que levaram a fracassos de política pública, dada uma falta de atenção a aspectos burocráticos, institucionais e culturais dos países de origem e de destino da política (Dolowitz e Marsh, 2000).

As transferências de políticas públicas podem ser analisadas por meio de diversas lentes. Evans e Davies (1999) advogam por análises em três diferentes níveis: o global; o internacional/transnacional; e o interorganizacional. Os níveis mais macro de análise, no entanto, são geralmente relacionados com um outro termo, cunhado de difusão de políticas. Mais recentemente, o mesmo Evans traz um conceito de transferência de políticas focado no âmbito doméstico e institucional de quem importou as práticas, perspectiva esta que permeia as análises deste estudo. De acordo com Evans (2009:243-244):

> *Policy transfer analysis is a theory of policy development that seeks to make sense of a process or set of processes in which knowledge about institutions, policies or delivery systems at one sector or level of governance is used in the development of institutions, policies or delivery systems at another sector or level of governance.*

Outra distinção conceitual a ser feita é entre a convergência e a transferência de políticas. A adesão a políticas por convergência decorre de ato não intencional, na noção de que processos políticos, organizacionais e macroeconômicos distintos podem levar a formatos similares de política — consonante com o conceito de equifinalidade (Evans, 2009; George e Bennet, 2005). Com isso, a transferência de políticas é conceituada como adesão intencional, na qual é possível identificar os atores responsáveis pela transferência, os recursos utilizados, o papel que esses atores desempenham, bem como a natureza do que é transferido. O presente estudo, portanto, foca em uma análise de possíveis transferências de política de inovação em defesa partindo de um pressuposto racional de análise de modelos internacionais e das lições aprendidas nestes países (Evans, 2009).

Nenhuma transferência de sucesso é feita *ipsis litteris* — levar em conta o contexto do lugar de onde se importa a política, bem como o contexto de onde se quer implementá-la, é vital para o sucesso da transferência (Dolowitz e Marsh, 2000). O texto seminal de Dolowitz e Marsh (2000) sobre transferência de políticas já levantava esse e outros fatores. Para além de se ver uma boa ideia e copiá-la, os autores atentam-se a uma série de questões, que, em adição aos elementos já debatidos nesta subseção, compõem seu *framework* de análise: "Quais são os diferentes níveis de transferência? O que dificulta ou facilita a transferência? E como o processo de transferência de políticas afeta o sucesso ou a falha da política já transferida?" (Dolowitz e Marsh, 2000:8; tradução nossa).

A maior parte das perguntas dos autores é direcionada à análise do passado; no presente estudo, no entanto, a análise do passado e do presente (o que já foi importado) é a base para outra análise, prospectiva, sobre *o que poderia ser importado*, dadas as características políticas, institucionais e burocráticas dos potenciais países exportadores de políticas — no caso, EUA e França —, bem como o país potencialmente importador, que é o Brasil.

As possibilidades de importação são inúmeras, como a emulação de estruturas (como o Sistema Único de Segurança Pública faz com o Sistema Único de Saúde), a importação de objetivos, mecanismos institucionais, até a importação de uma política por completo. Por conseguinte, as próximas seções exploram as particularidades do setor de defesa e como a inovação e a guerra do futuro estão estruturadas em cada um dos casos.

2.2 Setor de defesa: particularidades a serem consideradas

Antes de importar qualquer sistema, instituição ou meta de inovação, por conseguinte, há de se levar em consideração não apenas as questões inerentes à transferência em si, mas também as especificidades do setor de defesa.

Utilizando o jargão militar, essas ações em direção à inovação em defesa são referidas como a "transformação militar" ou "revolução em assuntos militares", cujo propósito seria o de alavancar a capacidade dissuasória das Forças Armadas de um país em um menor espaço de tempo (Azevedo, 2018; Moskos e Burk, 2019). Contudo, e apesar da grande importância histórica do setor de defesa para a inovação, sua importância é reduzida em tempos de paz. Consequentemente, emerge o dilema da justificativa do gasto militar, em que outros como em saúde, educação e infraestrutura são alvo de grande demanda por grupos da sociedade (Leske, 2015; Dombrowski e Gholz, 2009).

Para se analisar o papel da indústria na inovação de defesa, é necessário também considerar as características do mercado de defesa. Diferentemente de outros setores, sua principal característica é o monopsônio, que é a denominação dada a mercados onde há somente um comprador e poucos vendedores (Leske, 2015; Paiva, 2016). Esse tipo de mercado implica uma grande dependência das empresas em um único comprador, que é o governo, o que faz com que a responsabilidade dos Estados com a indústria de defesa seja intrínseca ao setor.

Para além do monopsônio, há grandes barreiras de entrada nesse tipo de mercado. Por ser muito específico e técnico, as empresas necessitam de contato constante com especialistas do estamento militar, caracterizado por um alto nível de insulamento burocrático[1] (Salposki et al., 2009; Pires, Lotta e Oliveira, 2018). Não é à toa que muitas dessas empresas contratam militares da reserva para postos de trabalho relativos à comunicação institucional (Salposki et al., 2009). Isso acaba gerando uma militarização cultural das relações de troca entre essas empresas, o que pode ser outro fator limitante. Adicionalmente, a comercialização de produtos de defesa não depende apenas das empresas — há tratados internacionais que regulam o mercado, e o posicionamento dos governos também pode interferir na intenção de compra de outras nacionalidades (Atkinson, 2014).

1 "Insulamento burocrático é caracterizado como um fenômeno no qual a burocracia possui um alto grau de independência em relação aos controles político ou social" (Pires, Lotta e Oliveira, 2018:59).

A base industrial de defesa (BID) de um país é o conjunto de empresas que fornecem produtos destinados para o setor. O conceito de "produto de defesa" é amplo e pode incluir bens e serviços muito distintos, como produtos consumidos por militares — como alimentos, roupas, medicamentos; produtos estratégicos não letais — como veículos e combustível; e sistemas letais de variados tipos, passando por pequenas armas até armas de potencial maior (Leske, 2015).

Estas empresas, para se manterem competitivas, necessitam de constante contato com o setor de Ciência, Tecnologia e Inovação (CT&I), cujo valor de investimento e manutenção é alto. Num contexto em que as receitas advindas do Estado são incertas, as empresas que compõem uma BID, por conseguinte, têm desenvolvido estratégias de sobrevivência. Há um processo de diversificação e redução de tamanho dentro das bases industriais de defesa, bem como de aceitação de empresas internacionais e criação de *joint ventures* para desenvolver esses produtos (Brustolin, 2015; Leske, 2015).

Esse contexto torna muito mais difícil o desenvolvimento de uma BID para países menos desenvolvidos, já que esta possui alto custo de manutenção. É claro que, mesmo para países subdesenvolvidos, há casos em que esse alto investimento ocorreu a despeito de sua situação social e econômica, motivado por algum tipo de corrida armamentista, investimento em tecnologias de uso dual, e também via efeitos de transbordamento (*spin-offs*). Outro fator que gera dificuldades é uma falta de mensuração de como os gastos militares com Pesquisa & Desenvolvimento (P&D) podem impulsionar a geração de novas tecnologias nas empresas da BID, exatamente pelo elevado nível tecnológico que o setor exige (Dombroski e Gholz, 2009; Leske, 2015).

Já quanto à natureza possível das inovações em defesa, pode-se distingui-la em dois tipos: há as tecnológicas, ou seja, produtos de defesa e seus processos de fabricação; e também as não tecnológicas, ou seja, princípios doutrinários, institucionais, organizacionais, estratégicos e táticos (Azevedo, 2018). A partir da perspectiva apresentada por Azevedo (2018), buscou-se orientar a análise empírica deste estudo para os aspectos de cunho não tecnológico, dando destaque para os de natureza doutrinária e organizacional.

Desse modo, nas linhas que seguem, será apresentada, por meio da articulação entre teoria e empiria, a fotografia atual do impacto das inovações para a guerra do futuro nos Estados Unidos e França. Na sequência, serão discutidos os possíveis ganhos para o sistema nacional de inovação brasileiro de forma geral e, particularmente, para o caso de uma transferência de políticas.

3. Inovação e guerra do futuro em perspectiva comparada

3.1. Inovação e guerra do futuro nos EUA

Conforme apresentado no debate metodológico, ao realizar o estudo dos casos escolhidos, procurou-se sistematizar as variáveis em dois níveis de análise. Dessa forma, para cada caso, em vez de focarmos apenas no setor de defesa, serão também apresentados dados empíricos mais genéricos referentes ao sistema nacional de inovação. Esta escolha fundamenta-se no entendimento, tal como sustentado pela teoria, de que o sucesso das práticas de inovação depende de fatores que propiciem a interação entre empresas, governo e universidades, bem como de um ambiente econômico e regulatório que sejam capazes de alavancar o empreendedorismo.

Os Estados Unidos são notadamente reconhecidos por possuírem um ambiente econômico e regulatório favorável ao desenvolvimento de novas tecnologias, bem como pela complexidade e dinamismo do seu sistema nacional de inovação.[2] No que concerne ao setor de defesa, embora o debate recente aponte para a dificuldade de se manter isolado na corrida da inovação militar (Metha, 2017; Aitoro, 2017), não podemos desconsiderar o fato de esta ser a nação que mais investe em pesquisa e desenvolvimento com o foco em defesa desde os tempos da Guerra Fria (Gholz e Salposki, 2018).

Contudo, antes de apresentarmos a fotografia atual do sistema de inovação em defesa norte-americano, faz-se mister a contextualização do objeto a partir da apresentação dos aspectos que condicionam o sistema como um todo. Embora os EUA sejam internacionalmente conhecidos pela capacidade inovativa de suas empresas, este país ocupa o terceiro lugar no Índice Global de Inovação (Dutta, Lanvin e Wunsch-Vincent, 2019). Esse resultado deriva, de acordo com Atkinson (2014), da inabilidade de os Estados Unidos desenvolverem políticas públicas assertivas nesse âmbito. Contudo, no que tange ao ambiente econômico e regulatório, este país apresenta resultados bastante satisfatórios, em que pese a progressiva redução nos investimentos governamentais em P&D. Tal visão fica patente nas palavras do autor:

2 Bellais e Guichard (2006); Atkinson (2014); Borne (2020).

> *While some nations — such as Japan and much of Europe — have strong innovation policy systems, many of them suffer from limited regulatory and business environments. In contrast, the United States has reasonably good business and regulatory environments (although as noted above, many important factors are trending downward), but a weak innovation policy environment.* [Atkinson, 2014:23]

As políticas públicas em inovação, na visão desse autor, podem ser definidas como o conjunto de políticas específicas cujo escopo é o desenvolvimento da inovação em âmbito nacional. De forma geral, estas se diferenciam das demais políticas que dão contorno ao ambiente de inovação. Para alguns autores,[3] a insuficiência das políticas de inovação estadunidenses deriva em parte do predomínio das políticas econômicas de natureza neoclássica. No entanto, ao orientarmos a análise para a defesa, em função da especificidade do mercado neste setor, observa-se uma maior interferência governamental no que concerne ao desenvolvimento de políticas públicas (Gholz e Salposki, 2018).

Ao refletirmos sobre o ambiente econômico norte-americano, é preciso destacar as componentes que favorecem o desenvolvimento e a inovação. De forma geral, conforme apontado pela literatura especializada, aspectos relacionados com o comportamento de mercado e das estruturas das empresas, bem como dos elementos que estruturam o sistema de financiamento de negócios, são extremamente relevantes para alavancar a cultura de inovação.[4] Para alguns estudiosos do sistema de inovação estadunidense, fatores como o talento gerencial, o horizonte temporal e o apetite por risco das empresas e a adoção de tecnologias da informação e comunicação têm contribuído positivamente para estimular o mercado e, por conseguinte, o desenvolvimento de novos projetos (Atkinson, 2014).

Ainda nesse sentido, cumpre registrar também o impacto positivo dos elementos culturais para o desenvolvimento da inovação, assim como para o crescimento econômico.[5] No caso americano, a literatura costuma apontar que fatores culturais como a confiança, a orientação de grupo e a assunção de riscos costumam ser decisivos para alavancar a inovação. Além disso, tais fatores são considerados imprescindíveis para a criação de uma atmosfera colaborativa,

---

3 Dombrowski e Gholz (2009); Bellais e Guichard (2006); Atkinson (2014).

4 Block e Keller (2008); Atkinson e Mayo (2010); Atkinson (2014).

5 Fernandez (2011); Harrison e Huntington (2010); Azevedo (2018).

sendo esta uma das causas que explicam o sucesso do *case* norte-americano (Block e Keller, 2008).

No que concerne ao ambiente regulatório/de fomento, destacam-se aspectos referentes à política econômica, fiscal e comercial. Ademais, questões atinentes ao acesso ao mercado, transparência e propriedade intelectual também impactam a capacidade de inovar. Nesse sentido, é possível asseverar que, dada a complexidade destas variáveis, faz-se mister a instituição de mecanismos consistentes e transparentes para a consecução dos projetos de inovação.[6] O cenário regulatório norte-americano, quando comparado a outros países, apresenta características bastante favoráveis para o desenvolvimento da inovação. De acordo com Atkinson (2014) e Atkinson e Mayo (2014), os Estados Unidos apresentam um sistema nacional de inovação com poucos entraves à entrada de novas empresas nos mercados já existentes, bem como garante às firmas concorrentes um ambiente de competição salutar e saudável que incentiva a cultura do empreendedorismo (Atkinson e Mayo, 2010; Atkinson, 2014).

Cumpre ainda registrar a importância da transparência. Especialistas na área sugerem que os sistemas de regulação apresentam menor chance de impactar negativamente a inovação e o crescimento quando "as regras do jogo" são consistentes e transparentes. Estes quesitos têm-se revelado como fatores de força no sistema norte-americano. Em comparação com outros países, os Estados Unidos apresentam um quadro político-institucional estável, assim como contam com procedimentos administrativos bem desenhados, fato que garante às agências governamentais *accountability* e confiança institucional (Atkinson, 2014).

De forma geral, a política macroeconômica estadunidense tem contribuído para a inovação por conta do enfoque voltado à promoção da estabilidade monetária, bem como ao controle da inflação. Além disso, a perspectiva liberal da política comercial norte-americana tem possibilitado a assinatura de novos acordos comerciais. Estes aspectos, juntamente com uma política fiscal flexível, têm contribuído sobremaneira na constituição de um ambiente propício para o desenvolvimento da inovação, uma vez que estimulam a tranquilidade do mercado em assumir riscos.[7]

---

6 Block e Keller (2008); Atkinson e Mayo (2010); Atkinson (2014).

7 Idem.

Ainda no que tange ao marco regulatório, destaca-se a importância da regulação da propriedade intelectual. De acordo com Atkinson (2014), em que pese as recorrentes discussões acerca dos limites que devem ser impostos ao sistema de proteção à propriedade intelectual, este é um debate histórico cujas bases estão fundadas na Constituição americana. No texto da Carta Magna, ao Congresso é atribuída a responsabilidade de promover a ciência e as artes, garantindo aos inventores o direito de suas descobertas. Ao longo dos anos 1990 e 2000, o debate acerca do grau de proteção que deveria ser atribuído à propriedade intelectual assumiu centralidade no cenário político norte-americano. De forma geral, os órgãos responsáveis pela concessão de patentes e marcas comerciais tradicionalmente adotaram uma postura mais liberal e que tem estimulado o desenvolvimento de produtos inovadores (Block e Keller, 2008; Atkinson, 2014).

Outra característica fundamental do sistema de inovação norte-americano é sem dúvida o elevado grau de interação entre os três eixos da hélice tríplice. A esse respeito, Block e Keller, sugerem que as inovações têm sido o resultado de:

> *collaborations with spin-offs from universities and federal laboratories make up a much larger share. Second, the number of innovations that are federally-funded has increased dramatically. These findings suggest that the U.S. innovation system has become much more collaborative in nature.* [Block e Keller, 2008:1]

De certo modo, para Atkinson (2014), ao serem comparados com outros países, os Estados Unidos apresentam um sistema de colaboração entre governo, indústria e academia bastante complexo e bem consolidado. Um dos fatores de sucesso deste sistema identificado pelo autor refere-se à predominância do pensamento pragmático nas universidades, fato que gerou o desenvolvimento de pesquisas mais aplicadas, propiciando, portanto, uma maior aproximação com o setor produtivo.

Além das pesquisas desenvolvidas no ambiente universitário, os Estados Unidos têm investido diretamente em laboratórios federais que visam solucionar os problemas específicos das agências. No âmbito do Departamento de Defesa (DoD), existem 175 Federal Labs voltados para a pesquisa em diferentes áreas de interesse das Forças Armadas (Federal Labs Consortium, 2020). Há ainda a Defense Advanced Research Projects Agency (Darpa), que ainda que não seja integrante do sistema de laboratórios federais, é vinculada ao DoD e tem assumido papel de destaque no desenvolvimento de tecnologia de ponta para apoiar as missões centrais do departamento a que está vinculada desde sua fundação em 1958 (Atkinson, 2014; Gholz e Salposki, 2018).

Ao voltar a análise para as condicionantes aplicadas ao setor de defesa, é importante levar em consideração os aspectos culturais e históricos particulares da arquitetura institucional de defesa norte-americana (Paiva, 2016; Gholz e Salposki, 2018). Não obstante os recentes avanços tecnológicos em países como China e Rússia, o interesse por pesquisa em defesa se faz presente desde a Segunda Guerra Mundial. De acordo com Ghols e Salposki (2018:2), a história da "*US defense R&D effort reveals the key contextual characteristics that make it unique*". Na visão destes autores, o gasto em P&D ao longo dos anos criou um efeito cumulativo, porque cria uma base de conhecimento tácito, experiência na integração de sistemas complexos e capital humano que compreende os parâmetros especializados dos sistemas militares, cujos requisitos de desempenho muitas vezes diferem dos outros setores.

Do ponto de vista organizacional, algumas iniciativas recentes merecem destaque. Visando o aprimoramento das relações entre o Departamento de Defesa (DoD) e as empresas do setor, em 2015, fora criada uma nova organização, chamada de Defense Innovation Unit (DIU). *Grosso modo,* a DIU é uma agência criada no seio do DoD, com o objetivo de melhorar a interação entre governo e iniciativa privada, bem como aprimorar a transferência de tecnologia em setores prioritários, tais como a inteligência artificial, a cibernética, o espacial, os sistemas humanos e sistemas autônomos. Diferentemente das demais agências do DoD, a DIU conta com uma prerrogativa exclusiva para o desenvolvimento de projetos de forma mais célere (cerca de 90 dias de duração) e menos burocrática, uma vez que os projetos desenvolvidos no seio desta agência não precisam passar pelo processo de contratação convencional do serviço público norte-americano, que costuma durar em média 18 meses. De certo modo, conforme salientado por Gohlz e Salposki (2008), essas reformas organizacionais recentes podem ser vistas como adequações à realidade atual, mas sem desconsiderar tudo aquilo que vem sendo desenvolvido pelas agências de defesa estadunidenses há décadas.

No que concerne à guerra do futuro, nos Estados Unidos os debates atinentes ao tema não se limitam aos ambientes castrenses. É possível identificar uma série de institutos de pesquisa e *think-tanks* que se dedicam a investigar a natureza, as dinâmicas e as implicações políticas dos conflitos no futuro, entre os quais destacam-se a RAND Corporation, o Center on the Future War, da Universidade do Arizona, bem como, o Modern War Institute de West Point. A recorrência e a quantidade de estudos nesse sentido reforçam a importância que os EUA, por meio de diferentes atores institucionais, têm atribuído a esta temática. Ademais, destaca-se a criação do Red Team, em 2004, no âmbito do DoD. Segundo Alessandro Rugolo (2019),

> *the USA began to standardize the use of* Red Team *to observe their internal processes from different points of view, to see how it was possible to improve them, finding the flaws (another meaning of* Red Team, *used as an enemy point of view) and to understand how technology can influence the future. Of course, over time the United States has gone so far as to give the Army Directed Studies Office the skills and the task of helping Operational Commanders to analyze operational plans.*

No âmbito da força terrestre, além de grupos de estudo focados no tema, tem-se estimulado os integrantes da força a desenvolverem narrativas ficcionais por meio do programa Science Fiction Writing Competition que acabou resultando na publicação intitulada *Science fiction: visioning the future of warfare 2030-2050*. Por fim, ressalta-se a criação do US Army Futures Command em 2018. De forma sintética, o objetivo desta nova estrutura do Exército visa à modernização da força terrestre. Entre as prioridades desta organização, destaca-se a missão de conduzir a transição do Exército para as operações de múltiplos domínios (*multi-domain*). Nesse escopo de atuação, o Futures Command tem se concentrado em desenvolver os conceitos que servirão de base para a doutrina, os manuais e programas de treinamentos do US. Army Training and Doctrine Command (Tradoc) (US Army, 2020).

3.2 Inovação e guerra do futuro na França

Apresentados os elementos que caracterizam o sistema de inovação de defesa estadunidense, nas linhas que seguem passaremos a nos debruçar sobre o caso francês. De acordo com a última versão do *Global innovation index*, a França ocupa a 16ª colocação no *ranking* geral (Dutta, Lanvin e Wunsch-Vincent, 2019). Nas últimas duas décadas, o sistema nacional de inovação francês vem passando por transformações institucionais e organizacionais, objetivando o desenvolvimento de um cenário que estimule a criação de novas tecnologias (Lazaric et al., 2011).

De forma geral, pode-se inferir que o sistema nacional de inovação francês "*consists to a large extent of a set of vertically structured and fairly strongly compartmentalized sectoral subsystems often working for public markets and invariably involving an alliance between the State and public and/or private business enterprises belonging to the oligopolistic core of French industry*" (Chesnais, 1993:192). Entre os setores industriais com maior proeminência destacam-se os relacionados com produção elétrica (convencional e nuclear), telecomunicações, espacial, bélico e eletrônicos.

Tradicionalmente, conforme sustentado pela literatura especializada, o sistema de inovação francês pode ser caracterizado pelo forte envolvimento do Estado, o que corresponde à filosofia intervencionista conhecida como "colbertismo tecnológico" (Chesnais, 1993; Larédo e Mustar, 2001). A partir dos anos 2000, de acordo com Muller e colaboradores (2009), é possível asseverar que a França tem envidado esforços no sentido de aprimorar seu sistema nacional de inovação. Para esses autores, o sistema de inovação francês

> *is undergoing profound transformations, coupled with new actors, regulations and frameworks, as well as new ways of implementing priorities. In the past decades, great emphasis was given to* "grands programmes" *encompassing civil and defence activities and aiming at technological developments and national independence in specific fields (such as the nuclear, space, aeronautics, telecommunications or defence sectors). Public support strongly focused on large companies active in high-technology fields, and aimed to achieve a leading position for France in research and innovation.* [Muller et al., 2009:1]

Ainda segundo Muller e colaboradores (2009), no cenário atual a França estaria tentando superar o modelo centralizador e passar a adotar um sistema de governança descentralizado, envolvendo diversos atores e diferentes níveis. Nesse sentido, torna-se relevante ressaltar as iniciativas no campo da inovação tomadas pelos diferentes governos desde o final da década de 1990. Entre elas, destacamos a Lei de Inovação e Pesquisa, de 1999, cujo objetivo previa a modernização e reorganização das estruturas do sistema de inovação francês, visando aumentar a eficiência tecnológica do país. Nos anos subsequentes, novas reformas institucionais foram promovidas de modo a tornar o ambiente econômico francês mais competitivo e atrativo.

Entre 2003 e 2006, de forma a incentivar o ambiente de inovação e mitigar problemas atinentes às compras públicas, foram desenvolvidos dois novos marcos jurídicos, a saber, a Lei de inovação, de 2003, e a Lei de Finanças, de 2006, e, em 2004, uma reforma administrativa que levou à criação de uma agência interministerial para Compras Públicas (Agence centrale des achats). No que se refere à primeira lei, salientamos sua importância para aprimorar a colaboração entre os setores público e privado, bem como a instituição de benefícios fiscais destinados às firmas de inovação. Já a segunda criou mecanismos fiscais para incentivar o investimento privado em firmas de inovação mais jovens — iniciativa que é conhecida no meio empresarial como "investidores-anjo" (Muller et al., 2009).

Ainda que nos últimos anos a França tenha desenvolvido constantes ajustes institucionais e nas estruturas que compõem o sistema nacional de inovação, bem como tenha se concentrado em desenvolver políticas públicas voltadas para a questão, ainda há muito a ser feito. Para Muller e colaboradores (2009), a relação entre universidade, governo e indústria ainda precisa ser melhorada, já que, por exemplo, apesar do aumento do investimento em inovação, a França ainda apresenta níveis baixos na produção de patentes.

No setor de defesa, são observadas movimentações na mesma direção. A última versão da Estratégia de Defesa e Segurança Nacional francesa reforça a prioridade das tecnologias disruptivas e das inovações digitais nos conflitos do futuro, reconhecendo os perigos do atraso tecnológico (França, 2017). No mesmo sentido, a Lei de Planejamento Militar (2019-25) reconhece que a inovação é um elemento crucial para o sucesso operacional e tecnológico das Forças Armadas (França, 2018).

> *In terms both of innovative uses or disruptive technologies, now more frequently derived from developments in the civil sector in increasingly short timeframes, innovation plays a major role in the armed forces' capacity to confront future challenges. This is why the budget for upstream studies and innovation in research and development will be increased from 730 million euros in 2018 to 1 billion euros in 2022. In parallel, the Military Planning Law engages the preparatory phases of the major armament programmes that play a structuring role for the future. With an average budget of 1.8 billion euros per year devoted, from the start of the period, to design of the future major armament*

programmes, the MPL lays the groundwork for the technological excellence of our industrial defence base, thereby helping preserve our sovereignty but without excluding international industrial cooperation. Moreover, this effort constitutes a major lever for the economy and employment in France. On the operational level, it will enable us to carry out the studies required to design the future aircraft carriers, combat tanks and aerial combat systems that will be brought into service after 2030. [França, 2018:4]

Recentemente, a espelho do modelo norte-americano, fora criada a Agência de Inovação (AID) em Defesa na França. A criação desta agência, em 2018, encontra-se no escopo de atividades destinadas a reorganizar e modernizar os processos, visando viabilizar a inovação e o desenvolvimento das chamadas tecnologias disruptivas. *Grosso modo*, as atividades da AID podem ser resumidas em: implementar a política ministerial de inovação e pesquisa científica e técnica; coordenar e orientar a implementação do trabalho de inovação e pesquisa científica e técnica realizada por equipes, departamentos e serviços; desenvolver ou implementar as parcerias internacionais necessárias e cooperação com atores públicos e privados; e capturar as inovações da oportunidade (ciclo curto), independentemente de seus campos de aplicação — condução das operações, equipamentos, suporte, operação, administração.

Na visão do Ministério das Forças Armadas, a necessidade de criar uma agência dessa natureza fundamenta-se no fato de a inovação ter se tornado um fator de superioridade e competitividade e, por essa razão, tornou-se elemento prioritário. Ademais, a política de defesa francesa reconhece a complexidade do mundo da inovação e a necessidade de realizar ajustes institucionais que viabilizem o desenvolvimento de novas tecnologias de forma mais dinâmica e célere (L'Agence de l'Innovation de Défense, 2017-2020). Ainda no âmbito da AID, fora criado o laboratório de defesa, Defense Lab, cuja missão precípua resume-se em identificar tecnologias no ambiente civil que tenham potencial de transferência para o campo militar (Knigt, 2018).

Consoante às reformas organizacionais recentes, em dezembro de 2019, a ministra da Defesa, Florence Parly, anunciou a criação do Red Team. Sob os auspícios da AID e do Estado-Maior das Forças Armadas, a referida equipe, composta por escritores de ficção científica, bem como por especialistas em estudos prospectivos, será responsável por prospectar os desafios futuros em matéria de defesa no horizonte de 2030-60. O resultado desse trabalho tem por objetivo orientar os esforços de inovação do Ministério das Forças Armadas, imaginando as capacidades militares disruptivas nos níveis operacional, tecnológico e organizacional (L'Agence de l'Innovation de Défense, 2019.

De forma geral, de acordo com Aleksei Chikhachev (2019), tais iniciativas resultam das prioridades atribuídas às questões militares e do interesse no desenvolvimento da indústria nacional de defesa observados durante o governo Macron. Com efeito, verifica-se cada vez mais o incremento das organizações que idealizam a guerra do futuro em termos orçamentários, mas também em termos de ajustes institucionais.

3.3 Inovação e guerra do futuro no Brasil

Nesta subseção tem-se como pressuposto que um sistema de inovação em defesa bem estruturado é condição necessária para se pensar em estratégias que contemplem a guerra do futuro. Com isso, inicia-se com um diagnóstico e breve contextualização do sistema de inovação de defesa brasileiro e de como os debates sobre guerra do futuro vêm sendo conduzidos no país.

O Brasil figura na 66ª posição do Ranking Global de Inovação, ficando atrás de outros países da América Latina, como Uruguai, México e Costa Rica, e completando apenas 33 pontos dos 100 pontos possíveis na avaliação. A avaliação demonstra que o ambiente institucional e regulatório do Brasil está longe de estar próximo, de fato, do que as teorias de inovação preconizam (Dutta, Lanvin e Wunsch-Vincent, 2019). A falta de um plano nacional de desenvolvimento, um baixo nível de investimento geral e no setor de defesa, bem como um histórico de crises econômicas e políticas recorrentes contribuem para o baixo desempenho no *ranking*.

A evolução do sistema de inovação de defesa no Brasil tem como marco relevante a aprovação da Estratégia Nacional de Defesa (END), no governo Lula. Este documento menciona, pela primeira vez na história brasileira, a relação entre inovação e BID, traçando um plano para seu desenvolvimento (Azevedo, 2018; Leske, 2015). O Brasil possui um sistema de inovação em defesa chamado de SIS-Def, que é composto tanto por atores públicos quanto privados. São considerados seus agentes a Base Industrial de Defesa (BID), instituições de ensino superior (IES), militares e órgãos de fomento (Azevedo, 2018).

No que tange ao relacionamento do Estado com a BID brasileira, Leske (2015) afirma que a maioria das empresas contratadas pelo MD, de acordo com o Relatório da Agência Brasileira de Desenvolvimento Industrial (ABDI) de 2010, não são firmas especificamente relacionadas com produtos industriais de defesa, e que estas mesmas obtinham a maior parte de suas receitas com venda de produtos e serviços para outros órgãos. A autora advoga que "talvez seja prudente considerar empresas de defesa aquelas que possuem capacidades e competências para lidar com produtos bélicos" (Leske, 2015:38), mas não somente as que atuam exclusivamente neste setor — o que levou a autora a concluir que talvez não seja dever do Estado sustentar o discurso de que é sua obrigação "manter a indústria de defesa".

A pesquisa de Leske (2015) mostra que 81% das empresas da Base Industrial de Defesa brasileira respondentes implementaram algum tipo de inovação em decorrência de sua relação com as Forças Armadas. Apenas um terço dessas empresas possui alguma interação com instituições de ensino superior, e somente 25% delas tinham interações com institutos e centros tecnológicos. Os contratos *offset* são os mais raros, com apenas 14% das empresas tendo tido esse tipo de contrato.[8] A maior parte das 45 empresas analisadas por Leske (2015) também afirmou não contar com fomento governamental voltado à inovação, apesar da existência de fundos como a Financiadora de Estudos e Projetos (Finep) e como o BNDES. A maioria dessas empresas está associada à Associação Brasileira das Indústrias de Materiais de Defesa e Segurança (Abimde) — cerca de 200 associados, sendo a maioria das empresas sediada nos estados de São Paulo e Rio de Janeiro, respectivamente (Brustolin, 2015).

No que tange à relação das universidades com a criação de inovações para a defesa, desde 2005 a Coordenação de Aperfeiçoamento de Pessoal de Nível Superior (Capes) tem tido papel ativo na expansão da temática de defesa para a academia (Brustolin, 2015), com a criação de editais de fomento de pesquisa como o Pró-Defesa e o Pró-Estratégia. Para além disso, a criação de programas

8 Brustolin (2015) afirma que já houve muitas tentativas frustradas de importação de tecnologias para o submarino nuclear via contratos *offset*, o que impulsiona o Brasil a não depender de tecnologias estrangeiras e a desenvolver seu próprio sistema de inovação. E mesmo quando o Brasil consegue acesso a essas tecnologias, há problemas: "Este é o caso do lançamento de satélites na base de Alcântara, já que 90% das peças utilizadas nos equipamentos são patenteadas e fabricadas pelos Estados Unidos. Por isso, o Brasil é impedido de lançar e utilizar comercialmente a sua própria base" (Brustolin, 2015:112).

de pós-graduação dentro de escolas militares — como é o caso das existentes na ECEME, EGN, ESG e Unifa — reforça a tentativa de aproximação da defesa na direção da universidade. Há ainda uma maior interação Forças Armadas-universidade em projetos estratégicos específicos, tal como o do Astros 2020 que vem sendo desenvolvido pelo Exército em parceria com a Universidade Federal de Santa Maria. O que se tem observado no caso brasileiro é que a interface entre os atores da hélice tríplice ainda é muito limitada.

Em termos de estrutura organizacional, cada uma das forças singulares possui seus subsistemas[9] de inovação, não necessariamente conectados com os subsistemas de inovações não tecnológicas (Azevedo, 2013, 2018). No âmbito do Ministério da Defesa, o órgão diretamente ligado com o ambiente de inovação em Defesa é a Secretaria de Produtos de Defesa (Seprod), e, no Exército, o Departamento de Ciência e Tecnologia (DCT), que recentemente criou a Agência de Gestão e Inovação Tecnológica (AGITEC).

Apesar da atuação do Ministério da Defesa, o planejamento e a aquisição de cada uma das forças ainda são feitos separadamente, dificultando compras conjuntas. "[U]uma das principais missões do MD seria justamente coordenar a interação das três Forças, contudo tem obtido pouquíssimo sucesso nesta tarefa" (Leske, 2015:49).

Em que pese os debates já avançados sobre inovação em defesa no Brasil, a guerra do futuro ainda é assunto pouco explorado pelas Forças Armadas. No âmbito do Exército, houve uma reflexão inicial, publicada pelo Centro de Estudos Estratégicos do Exército (Ceeex) em 2019, no âmbito do Projeto Interdisciplinar (PI) do Curso de Política, Estratégia e Alta Administração do Exército (CPEA-Ex), que teve como tema "A guerra do futuro e o Exército Brasileiro: desafios e oportunidades", atividade coordenada pelo grupo de pesquisa intitulado Guerra do Futuro, Inovação e Indústria de Defesa (GFIID).[10]

O texto traz considerações sobre como capacitar o Exército Brasileiro tendo em vista um horizonte temporal de 2035. Para isso, considerou possibilidades de

---

[9] Sistema de Ciência e Tecnologia da Marinha (SCTM); Sistema de Ciência e Tecnologia do Exército (SCTEx); Sistema de Ciência e Tecnologia da Aeronáutica (SCTA) (Azevedo, 2018).

[10] O GFIID é um grupo de pesquisa constituído pelas seguintes instituições: Escola de Comando e Estado-Maior do Exército (ECEME), Instituto Militar de Engenharia (IME), Fundação Getulio Vargas (FGV), Universidade Complutense de Madri (UCM); Agência Brasileira de Desenvolvimento Industrial (ABDI); DCT, por meio da AGITEC; e Escola de Aperfeiçoamento de Oficiais (Esao).

evolução organizacional diante da demanda constante da estratégia de presença das Forças Armadas em toda a extensão territorial brasileira. É comum nos ambientes militares brasileiros a utilização de alguns acrônimos norte-americanos, como Vuca (*volatility, uncertainty, complexity and ambiguity*) para designar o cenário da guerra do futuro.

Os conflitos futuros citados no documento incluem

> confrontos indiretos entre grandes potências; incremento dos confrontos híbridos assimétricos no ambiente urbano; preponderância dos domínios aéreo e espacial; incremento das ações no espaço cibernético; preponderância do ambiente informacional; incremento da guerra sistêmica; e robotização do campo de batalha. [Ceeex, 2019:2-3]

Nesse sentido, vislumbra-se uma estratégia nacional para lidar com essas ameaças vindouras, apresentando estudos incipientes das inovações de outros países. Colocam ainda uma escala de prioridades de ação, tendo como mais importante ações que visem a superioridade de informação, e em seguida interoperabilidade, proteção, cibernética, entre outros. Adicionalmente, visa-se a incorporação de tecnologias, como armas de radiofrequência, robótica, inteligência artificial, satélites, entre outros, "sendo prioritário que tais tecnologias sejam nacionais e, preferencialmente, duais" (Ceeex, 2019:13).

Sobre pesquisas acadêmicas relativas à guerra do futuro: na Marinha, há um grupo de estudos dentro da Escola de Guerra Naval.[11] No Exército, também no âmbito do Programa de Pós-Graduação em Ciências Militares do Instituto Meira Mattos, na ECEME, há um projeto vigente sobre o tema,[12] projetos estes que, em breve, poderão influenciar os documentos estratégicos e ser formalizados em doutrina.

A nova PND e END propostas em 2020 trazem alguns indicadores de que a inovação tecnológica e o desenvolvimento da BID, no país, permanecem como foco das ações da Defesa, ressaltando que

---

11 Disponível em: www.marinha.mil.br/spp/content/guerra-do-futuro.

12 Disponível em: www.ppgcm.eceme.eb.mil.br/pt/pesquisa/projetos/226-guerra-do-futuro--inovacao-e-industria-de-defesa-3.

> [o]s países que investem em inovação e produzem tecnologias disruptivas aumentarão o seu nível de desenvolvimento e bem-estar da população, enquanto aqueles que absorvem tecnologias sem investir em seu próprio processo de conhecimento, e na modernização autóctone de suas capacidades produtivas, seguirão exercendo papel secundário no cenário mundial, sem agregar benefícios às suas populações. [Brasil, 2020:18]

A concretização dessa promessa de reestruturação para a inovação com vistas às guerras futuras, mesmo que defendida no papel, enfrentará ainda diversos entraves. A próxima seção trata disso e sobre como as experiências americana e francesa podem contribuir para um direcionamento estratégico do setor de defesa brasileiro.

4. Para onde o Brasil pode ir?

Com vistas à sugestão de ferramentas de política de inovação que contemplem a guerra do futuro alinhadas com o contexto institucional, político e econômico dos países exportadores e importadores de políticas, esta seção explora (1) aspectos da cultura organizacional castrense brasileira, (2) aspectos organizacionais e institucionais das medidas estrangeiras que se distinguem do contexto brasileiro e (3) possíveis próximos passos para o Brasil.

No que tange a aspectos da cultura organizacional castrense, há de se considerar diferenças importantes entre países. Em especial, as práticas de burocracias mais enxutas, como as dos EUA, devem ser olhadas com cautela. Isto porque tanto a burocracia brasileira quanto a francesa contêm traços de um formalismo exacerbado, o que diminui consideravelmente a celeridade dos processos da máquina pública,[13] flexibilidade esta essencial para que inovações ocorram.

Para além da característica burocrática das organizações militares, há práticas e formalidades que muito se distinguem do mundo civil empresarial, como uma alta valorização e dedicação de tempo a ritos, a tentativa constante de minimizar incertezas, o respeito às normas e o respeito à hierarquia (Schmitt, Costa e Moretto Neto, 2012) — algumas vezes em detrimento da *expertise* do indivíduo

13 Nunes (1997); Pires, Lotta e Oliveira (2018); Chesnais (1993).

para além de sua patente. Adicionalmente, diversas são as subculturas existentes dentro das forças (como armas e especialidades), o que altera a dinâmica inter-relacional da implementação das políticas de inovação.

Ao direcionar o olhar para os casos norte-americano e francês, identificam-se estruturas organizacionais voltadas à inovação e defesa que tentam superar o formalismo excessivo. É o caso das já mencionadas Agência de Inovação em Defesa da França e da Defense Innovation Unit dos EUA, e dos laboratórios federais, por meio das quais os atores da sociedade civil são trazidos para dentro do processo de inovação. Com isso, tais agências estatais assumem um papel de coordenação de ações, e não executor de todo o projeto, contando ainda com uma flexibilização nas formas de contratação dos projetos. Por conseguinte, sugere-se que o Brasil incorpore em sua estratégia de inovação uma estrutura que tenha uma abordagem ampla da rede de instituições participantes, menos hierarquizada e com papel coordenador e catalisador de ações — a espelho das organizações supracitadas.

Ainda que nos dois casos analisados os ambientes econômicos e regulatórios sejam bastante díspares, um ponto em comum que se observa é a tradição de investimento público em matéria de pesquisa e desenvolvimento. Nesse sentido, reforça-se a importância de o Brasil se posicionar quanto às ações necessárias para fomentar o desenvolvimento da BID e de tecnologias autóctones, tal como apresentado nas revisões recentes dos documentos de defesa.

Ademais, há ainda uma tendência a não se pensar antecipadamente em políticas que envolvam o longo prazo, em meio a tantas demandas de curto prazo existentes em especial em países em desenvolvimento (Jacobs e Matthews, 2012). Por isso, falar de guerra do futuro no Brasil impõe desafios ainda maiores do que os apresentados ao próprio campo de defesa.

5. Considerações finais

A transferência de políticas de outros países para o contexto brasileiro não deve ser feita sem uma análise prévia do cenário político, econômico e cultural de importadores e exportadores, bem como de características distintivas do setor analisado — que no presente estudo é o de defesa. Isso é vital para o sucesso de qualquer transferência, e o objetivo deste capítulo foi o de discutir, com base nas especificidades de cada país, o que Estados Unidos e França podem acrescentar ao modelo brasileiro. Observamos que a reestruturação das organizações no Brasil são ações imprescindíveis para que seja constituído um ambiente que propicie a interação entre os diversos atores que compõem o sistema de inovação em defesa.

Ao longo deste capítulo, além da análise do sistema de inovação de defesa nos EUA e na França e das potenciais importações de políticas para o Brasil, procurou-se fomentar o debate e suscitar questões para a ampliação do debate atinente à guerra do futuro no país. Conforme procuramos salientar, é importante que os assuntos de defesa rompam o insulamento burocrático e passem a ser discutidos pela sociedade como um todo, pois somente assim teremos os elementos necessários para que se compreenda a relevância de se investir e de se preparar para os novos desafios imputados pelas novas modalidades de conflitos que se desenham no cenário internacional. Nesse sentido, este breve ensaio, ainda que focado em ações inovadoras para o incremento do planejamento e desenvolvimento de tecnologias voltadas à guerra do futuro, traz contribuições relevantes para o aprofundamento dos estudos de defesa e ciências militares, campo este ainda incipiente no Brasil.

Referências

AITORO, Jill. The next Sputnik: here's why US stands to lose technological edge to China. *Defense News*, 2 dez. 2017. Disponível em: www.defensenews.com/digital-show-dailies/reagan-defense-forum/2017/12/03/the-next-sputnik-us-stands-to-lose-technological-edge-to-china/.

ATKINSON, Robert D. *Understanding the US national innovation system*. Information Technology and Innovation Foundation, jun. 2014.

______; MAYO, Merrilea Joyce. *Refueling the US innovation economy*: fresh approaches to science, technology, engineering and mathematics (STEM) education. Information Technology & Innovation Foundation, 2010.

AZEVEDO, Carlos Eduardo Franco. *Gestão de defesa*: o sistema de inovação no segmento de não-guerra. Tese (doutorado) — Escola Brasileira de Administração Pública e de Empresas, Fundação Getulio Vargas, Rio de Janeiro, 2013.

______. Os elementos de análise da cultura de inovação no setor de defesa e seu modelo tridimensional. *Coleção Meira Mattos*: Revista das Ciências Militares, v. 12, n. 45, 2018, p. 145-167.

BELLAIS, Renaud; GUICHARD, Renelle. Defense innovation, technology transfers and public policy. *Defence and Peace Economics*, v. 17, n. 3, 2006, p. 273-286.

BLOCK, Fred; KELLER, Matthew. *Where do innovations come from?* Transformations in the US national innovation system, 1970-2006. Information Technology and Innovation Foundation, 2008.

BORNE, Thiago. Tecnologias militares emergentes: digitalização e a third offset strategy estadunidense. *Revista Brasileira de Estudos de Defesa*, v. 6, n. 1, 2020, p. 109-138.

BRASIL. Ministério da Defesa. *Política Nacional de Defesa e Estratégia Nacional de Defesa*. Brasília, 2020.

BRUSTOLIN, Vitelio Marcos. A contribuição das universidades e indústrias do Rio de Janeiro no desenvolvimento de tecnologias de defesa nacional. *Cadernos do Desenvolvimento Fluminense*, n. 7, 2015, p. 105-124.

CEEEx. *A guerra do futuro e o Exército Brasileiro*: desafios e oportunidades. Brasília, DF: Centro de Estudos Estratégicos do Exército Brasileiro, 2019.

CHESNAIS, François. The French national system of innovation. In: NELSON, R. *National innovation systems*: a comparative analysis. Nova York: Oxford University Press, 1993, p. 194-229.

CHIKHACHEV, Aleksei Yu. French defense policy under president Emmanuel Macron: major trends. *Mirovaia Ekonomika i Mezhdunarodnye Otnosheniia*, v. 63, n. 8, 2019, p. 82-90.

DA SILVA, Peterson Ferreira. A guerra do futuro já começou e o Brasil enfrenta o desafio do abismo tecnológico. *Centro de Estudos Estratégicos do Exército*: Análise Estratégica, v. 11, n. 1, 2019, p. 25-32.

DOLOWITZ, David P.; MARSH, David. Learning from abroad : the role of policy transfer in contemporary policy-making. *Governance*, v. 13, n. 1, 2000, p. 5-23.

DOMBROWSKI, Peter; GHOLZ, Eugene. Identifying disruptive innovation: innovation theory and the defense industry. *Innovations*: Technology, Governance, Globalization, v. 4, n. 2, 2009, p. 101-117.

DUTTA, Soumitra; LANVIN, Bruno; WUNSCH-VINCENT, Sacha. *The global innovation index 2019*. Creating healthy lives — the future of medical innovation. Genebra: World Intellectual Property Organization, 2019.

ETZKOWITZ, Henry; ZHOU, Chunyan. Hélice tríplice: inovação e empreendedorismo universidade-indústria-governo. *Estudos Avançados*, v. 31, n. 90, 2017, p. 23-48.

EVANS, Mark. Policy transfer in critical perspective. *Policy Studies*, v. 30, n. 3, 2009, p. 243-268.

_____; DAVIES, James. Understanding policy transfer: a multi-level, multi-disciplinary perspective. Public Administration, v. 77, n. 2, 1999, p. 361-385.

FEDERAL LABS CONSORTIUM. 2020. Disponível em: https://federallabs.org. Acesso em: 31 jul. 2020.

FERNANDEZ, R. Does culture matter? In: BENHABIB, Jess; JACKSON, Matthew O.; BISIN, Alberto. *Handbook of social economics*. North-Holland: Elsevier, 2011, p. 481-519.

FREEMAN, Chris. *Technology and economic performance*: lessons from Japan. Londres: Pinter, 1987.

FRANÇA. Ministério das Forças Armadas. *Draft military planning act (2019-2025)*. 2018. Disponível em: www.defense.gouv.fr/english/dgris/defence-policy/military-planning-2014-19-act-and-update-2015-2019/mp-2014-2019-act-and-update. Acesso em: 29 jun. 2020.

_____. Ministério das Forças Armadas. *Strategic review of defence and national security 2017*. 2017. Disponível em: www.defense.gouv.fr/layout/set/popup/content/download/520198/8733095/version/2/file/DEFENCE+AND+NATIONAL+SECURITY+STRATEGIC+REVIEW+2017.pdf. Acesso em: 20 jul. 2020.

GEORGE, Alexander L.; BENNETT, Andrew. *Case studies and theory development in the social sciences*. s.l.: MIT Press, 2005.

GHOLZ, Eugene; SAPOLSKY, Harvey M. The very healthy US defense innovation system. SITC *Research Briefs*, n. 2018-5, 2018, p. 1-4.

HARISSON, L.; HUNTINGTON, S. Culture Matters: How Values Shape Human Progress. New York: Perseus Books Group, 2000.

JACOBS, A. M.; MATTHEWS, J. S. Why do citizens discount the future? Public opinion and the timing of policy consequences. *British Journal of Political Science*, v. 42, n. 4, 2012, p. 903-935.

JANOWITZ, Morris. *The professional soldier*. Nova York: Free Press, 1960.

KNIGT, Jacques. *France has a brand new defense innovation agency*. Presans Open Organization, 2018. Disponível em: https://open-organization.

com/en/2018/11/03/francais-la-france-a-son-agence-de-linnovation-de--defense/. Acesso em: 20 jul. 2020.

L'AGENCE DE L'INNOVATION DE DÉFENSE. Ministério das Forças Armadas. 2017-2020. Disponível em: www.defense.gouv.fr/english/aid/l--agence/presentation. Acesso em: 30 jul. 2020.

_____. Ministério das Forças Armadas. *Lancement de l'appel public à la concurrence pour la constitution de la Red Team*. 16 dez. 2019. Disponível em: www.defense.gouv.fr/english/aid/actualites/lancement-red-team. Acesso em: 31 jan. 2020.

LARÉDO, P.; MUSTAR, P. French research and innovation policy: two decades of transformation. In: LARÉDO, P.; MUSTAR, P. (Ed.). *Research and innovation policies in the new global economy*. An international comparative analysis. Cheltenham, UK; Northampton MA, EUA, 2001.

LAZARIC, Nathalie; MÉRINDOL, Valérie; ROCHHIA, Sylvie. Changes in the French defence innovation system: new roles and capabilities for the Government Agency for Defence. *Industry and Innovation*, v. 18, n. 5, 2012, p. 903-935.

LESKE, Ariela Diniz Cordeiro. Interação, inovação e incentivos na indústria de defesa brasileira. *Revista Política Hoje*, v. 24, n. 1, 2015, p. 33-56.

LONGO, W. P. E.; MOREIRA, William S. Tecnologia e inovação no setor de defesa: uma perspectiva sistêmica. *Revista da Escola de Guerra Naval* (ed. port.), v. 19, 2014, p. 277-304.

MEHTA, Aaron. Pentagon tech advisers want special career track, "innovation elevator" for big thinkers. *Military Times*, 26 out. 2017.

MOSKOS JR., Charles C. From institution to occupation: trends in military organization. *Armed Forces & Society*, v. 4, n. 1, 1977, p. 41-50.

_____; BURK, James. The postmodern military. In: *The military in new times*. Routledge, 2019, p. 141-162.

MULLER, Emmanuel; ZENKER, Andrea; HÉRAUD, Jean-Alain. France: innovation system and innovation policy. *Fraunhofer ISI Discussion Papers--Innovation Systems and Policy Analysis*, 2009.

PAIVA, A. L. B. *Instituições de defesa e processo decisório*: por uma avaliação da arquitetura institucional de defesa no Brasil à luz do modelo estadunidense em perspectiva comparada (1991-2015). Tese (doutorado) — Universidade Federal do Rio de Janeiro, Rio de Janeiro, 2016.

PIRES, Roberto Rocha C.; LOTTA, Gabriela S.; OLIVEIRA, Vanessa Elias (Org.). *Burocracia e políticas públicas no Brasil*: interseções analíticas. s.l.: Ipea; Enap, 2018.

RUGOLO, Alessandro. *France, Red Team*: how to build the future. Difesa Online, 2019. Disponível em: https://en.difesaonline.it/mondo-militare/francia-red-team-come-costruire-il-futuro. Acesso em: 31 jul. 2020.

SMITH, Merritt; MARX, Leo. *Does technology drive history?* The dilemma of technological determinism. Massachusetts: MIT Press 1994.

SAPOLSKY, H.; GHOLZ, E.; TALMADGE, C. *US defense politics*: the origins of security policy. Nova York: Routledge, 2009.

SCHMITT, Valentina Gomes Haensel; COSTA, Rejane Pinto; MORETTO NETO, Luís. Desvendando a administração em ambientes militares. *Coleção Meira Mattos*: Revista das Ciências Militares, n. 27, 2012.

STONE, Diane. Transfer and translation of policy. *Policy Studies*, v. 33, n. 6, 2012, p. 483-499.

US ARMY. Futures Command. 2020. Disponível em: www.army.mil/futures. Acesso em: 1º jul. 2020.

WEYLAND, Kurt Gerhard. Theories of policy diffusion: lessons from Latin American. *World Politics*, v. 57, n. 2, 2015, p. 262-295.

Relações civis-militares e a aquisição de grandes sistemas de armas no Brasil: impactos sobre a interoperabilidade

*Felipe Medeiros**

*Octavio Amorim Neto***

1. Introdução

As grandes aquisições são um dos tópicos centrais às disciplinas da gestão e economia de defesa, posto que não é possível ao militar combater sem material. As forças armadas de todo o mundo, e as brasileiras não são exceção, precisam tomar decisões tecnicamente complexas — comprar produtos estrangeiros estabelecidos ou desenvolvê-los localmente; adquirir de um fornecedor norte-americano, europeu ou russo (ou de outra nacionalidade); obter um sistema maduro ou arriscar-se na fronteira tecnológica; associar a aquisição a uma aliança política ou delimitá-la exclusivamente por critérios técnico-operacionais; entre outras — em um ambiente caracterizado pela escassez de recursos, tanto humanos quanto financeiros. Essas compras não ocorrem, todavia, em um vácuo institucional. Elas são influenciadas por fatores "geoestratégicos e sociopolíticos" (Moreira, 2011:128).

Buscaremos explorar neste capítulo o nexo entre o padrão de relações civis-militares no Brasil e a maneira como se estruturam, no país, as aquisições de grandes sistemas de defesa. Desde 1985 até pelo menos o início do governo Bolsonaro, nossas relações civis-militares foram, em geral, marcadas por um deliberado distanciamento mútuo: as elites civis nos três poderes se mantêm relativamente distantes da gestão da defesa nacional; e as Forças Armadas se

* Doutorando no Programa de Pós-graduação em Ciências Militares (PPGCM-IMM-ECEME). Gerente de desenvolvimento de negócios da BAE Systems no Brasil. CV: http://lattes.cnpq.br/5171923169472032. E-mail: felipe.medeiros@baesystems.com.

** Doutor em Ciência Política pela Universidade da Califórnia. Professor na Escola Brasileira de Administração Pública e de Empresas da Fundação Getulio Vargas (Ebape-FGV). CV: http://lattes.cnpq.br/3086288257972856.

mantêm afastadas da vida político-partidária do país. Houve, todavia, momentos de aproximação, como a criação do Ministério da Defesa em 1999; a publicação da *Estratégia nacional de defesa* em 2008, redigida tanto por civis como por militares; a promulgação da Lei da Nova Defesa em 2010, a qual fortaleceu o papel do ministro da Defesa; e a publicação do primeiro *Livro branco da defesa nacional* em 2012, escrito com considerável participação de civis. Esses momentos, contudo, não alteraram radicalmente o deliberado distanciamento, que, do ponto de vista operacional, significa uma ampla delegação por parte dos civis de tarefas vitais relacionadas com defesa nacional aos militares (Pion-Berlin e Martínez, 2017:207).

Esse distanciamento se estende também à questão das aquisições. Isso ajudou a preservar no Ministério da Defesa uma estrutura descentralizada herdada do período em que as Forças Singulares eram, cada uma, um ministério individual. É nossa hipótese que essa separação tem impacto sobre a (ausência de) comunalidade entre o material adquirido pelas Forças e, por extensão, sobre seu grau de interoperabilidade. Pretende-se aqui argumentar que a integração dos órgãos de compra tende a ter um efeito benéfico sobre essa padronização. Ela é contingente, todavia, a um maior envolvimento de civis neste processo, dado que eles estão mais bem posicionados para atuarem como árbitros das diferenças de (1) prioridades e (2) requisitos operacionais entre as Forças Singulares.

Dito isso, este capítulo se organiza da seguinte maneira: a presente seção introdutória; uma segunda descrevendo o aparato de aquisição existente nas três Forças Singulares brasileiras; e uma terceira elencando exemplos empíricos de seu efeito sobre os sistemas adquiridos pelas Forças, enfatizando as instâncias de projetos conjuntos e de despadronização. A esta seção se seguirão algumas considerações finais.

2. A gestão das aquisições no Brasil

Conforme sinalizado anteriormente, a gestão das aquisições no Brasil é feita pelas Forças Singulares, em lugar de pôr um órgão único no nível ministerial. Isso contrasta, por exemplo, com o praticado na França, por meio da sua Direction Générale de l'Armement (DGA); no Reino Unido, por meio da "Defence Equipment & Support (DE&S); e na Alemanha, por meio da Bundesamt für

Ausrüstung, Informationstechnik und Nutzung der Bundeswehr (BAAINBw).[1] Não é intenção deste trabalho descrever detalhadamente o processo de aquisição das Forças Armadas brasileiras. Isso requereria uma discussão sobre a identificação de necessidades por parte dos setores operativos; elaboração de Requisitos Operacionais (ROP), de Estado-Maior (REM) e de Alto Nível de Sistemas (Rans); e sobre a condução de processos de avaliação técnica e ratificação de decisões, em múltiplas instâncias, por parte dos Órgãos de Direção Geral das Forças — o Estado-Maior do Exército (EME), Estado-Maior da Aeronáutica (Emaer) e Estado-Maior da Armada (EMA) — e de seus respectivos altos comandos.

Autores como Moreira (2011) e Schmidt e Assis (2013) já descreveram em seus trabalhos os aspectos jurídicos que governam as compras das Forças Armadas. Interessam-nos aqui, de outra feita, o mapeamento e descrição das organizações que conduzem esses processos. Esse mapeamento é feito a partir dos dados institucionais de múltiplas organizações militares ligadas à área do material e de pesquisas sobre a adjudicação de contratos no *Diário Oficial da União*. Não foi encontrada no decurso da revisão bibliográfica uma pesquisa compreensiva sobre os processos técnico-administrativos que governam as aquisições no Brasil comparável, por exemplo, à descrição de Sorenson (2009) do caso norte-americano. A seguir, o aparato de cada força é discutido individualmente.

A Marinha do Brasil conta com a Diretoria-Geral do Material da Marinha (DGMM) — e suas sete diretorias especializadas subordinadas —, cuja atribuição é "supervisionar os projetos, a construção, a aquisição, a manutenção e os reparos de navios, aeronaves e equipamentos em geral".[2] Sua diretoria subordinada de maior visibilidade para o público externo é, possivelmente, a Diretoria de Gestão de Programas da Marinha (DGePM), dado ser a responsável pela coordenação do programa do Navio Classe Tamandaré (NCT), cujo objetivo é adquirir um novo navio de escolta para substituir as fragatas da Classe Niterói. Esse programa recebeu significativa atenção da mídia no início de 2020 por

---

1 Disponíveis em: www.defense.gouv.fr/dga/la-dga2/missions/presentation-de-la-direction-generale-de-l-armement, https://des.mod.uk/who-we-are e www.bundeswehr.de/de/organisation/ausruestung-baainbw/organisation/baainbw. Acesso em: 27 mai. 2020.

2 Disponíveis em: www.marinha.mil.br/sites/default/files/orgmb17set2018.pdf e www.marinha.mil.br/relacao-de-autoridades-1. Acesso em: 20 mai. 2020.

conta de seu impacto sobre o resultado primário do governo federal em 2019.[3] Todavia, o principal e mais dispendioso programa de reaparelhamento da força naval — o Programa de Desenvolvimento de Submarinos (Prosub) — não está subordinado à DGMM (BRASIL, 2020:36-38). Por intermédio de uma coordenadoria-geral específica, o Prosub está sob a tutela da Diretoria-Geral de Desenvolvimento Nuclear e Tecnológico da Marinha (DGDNTM), organização que também controla as atividades do programa nuclear da Marinha e dos institutos científico-tecnológicos da força, que realizam pesquisas básicas e aplicadas de seu interesse.[4]

Por fim, os meios e equipamentos utilizados pelos Fuzileiros Navais são adquiridos por uma terceira estrutura. Ela engloba o Comando do Material de Fuzileiros Navais (CMatFN), responsável por "elaborar projetos, estudos, orçamentos e especificações; acompanhar o desenvolvimento, a inspeção e a aceitação"[5] do material do Corpo de Fuzileiros Navais. O trabalho do CMatFN apoia as decisões do órgão ao qual ele está subordinado: o Comando-Geral do Corpo de Fuzileiros Navais (CGCFN). Ao CGCFN compete dirigir as atividades ligadas ao preparo, administração de recursos humanos, desenvolvimento doutrinário e, naturalmente, gestão de material dos fuzileiros. Nesta última, ele é assessorado ainda por um Departamento de Material interno a ele.[6]

Convém ressaltar que a DGMM, a DGDNTM e o CGCFN são classificados como Órgãos de Direção Setorial e, portanto, são comandados por oficiais generais do último posto (almirante de Esquadra).

A Força Aérea Brasileira (FAB) conta com a Comissão Coordenadora do Programa Aeronave de Combate (Copac), que, apesar do nome, está encarregada não somente da aquisição de aeronaves de caça, mas também de sistemas de armas, sensores e aeronaves de transporte, patrulha e emprego

---

3 DESPESA com capitalização de estatais cresce 110% em primeiro ano do governo Bolsonaro. *BOL Notícias*, 29 jan. 2020. Disponível em www.bol.uol.com.br/noticias/2020/01/29/despesa-com--capitalizacao-de-estatais-cresce-110-em-primeiro-ano-do-governo-bolsonaro; CAPITALIZAÇÃO de estatal militar piora as contas do governo em 2019. *O Estado de S. Paulo*, 20 jan. 2020. Disponível em: https://economia.estadao.com.br/noticias/geral,gastos-com-capitalizacao-de-estatais-avanca--para-r-10-bilhoes-em-2019,70003177488. Acesso em: 27 mai. 2020.

4 Disponível em: www.marinha.mil.br/dgdntm/node/1. Acesso em: 27 mai. 2020.

5 Disponível em: www.marinha.mil.br/cmatfn/?q=content/miss%C3%A3o. Acesso em: 28 mai. 2020.

6 Disponível em: www.marinha.mil.br/cgcfn/sites/www.marinha.mil.br.cgcfn/files/CGCFN--Carta%20de%20Servicos%20ao%20Usu%C3%A1rio.pdf. Acesso em: 28 mai. 2020.

geral.[7] Os dois programas de maior exposição da FAB nos últimos anos — a aquisição dos caças Gripen e do cargueiro e reabastecedor KC-390 — foram coordenados pela Copac. Ela está subordinada ao Departamento de Ciência e Tecnologia Aeroespacial (DCTA), que compreende ainda outros cinco institutos de pesquisa — inclusive o Instituto Tecnológico de Aeronáutica (ITA) — e os dois centros de lançamento de veículos espaciais localizados no território brasileiro.[8] Todavia, as atividades relativas à logística de suprimento e manutenção da FAB estão a cargo de outra organização: a Diretoria de Material Aeronáutico e Bélico (Dirmab).[9] Ela é usualmente a encarregada da compra de sobressalentes, peças de reposição e serviços de manutenção dos sistemas (principalmente aeronaves, mas também de outra natureza) empregados pela Força Aérea. A Dirmab gerencia ainda os Parques de Material Aeronáutico (Pama) do Galeão, São Paulo e Lagoa Santa e o Parque de Material Bélico de Aeronáutica (Pamb). Conquanto a aquisição de grandes sistemas fique a cargo da Copac, a manutenção inerente ao gerenciamento do seu ciclo de vida — uma vez transferidos ao setor operativo — normalmente caberá à Dirmab. Ela está subordinada ao Comando-Geral do Apoio (Comgap), que além do suprimento e manutenção, gere ainda as diretorias responsáveis pela infraestrutura (Dirinfra) e tecnologia da informação (DTI) da FAB.

Tanto para finalidades de defesa aérea quanto para emprego civil/comercial, a FAB adquire ainda equipamentos empregados no gerenciamento e controle do tráfego aéreo e na meteorologia, cartografia e telecomunicações aeronáuticas. Eles são financiados com o orçamento próprio da força e com valores recolhidos por intermédio das chamadas "tarifas de navegação aérea".[10] O órgão encarregado do gerenciamento dessas aquisições é a Comissão de Implantação do Sistema de Controle do Espaço Aéreo (Ciscea). A Ciscea é subordinada ao Departamento de Controle do Espaço Aéreo (Decea), o qual tem entre as suas funções: "conceber, planejar, projetar, executar e fiscalizar a implantação de sistemas, equipamentos e infraestrutura específicos para as atividades de

7 Disponível em: www.fab.mil.br/organizacoes/mostra/101/COMISS%C3%83O COORDENADORA-DO-PROGRAMA-AERONAVE-DE-COMBATE. Acesso em: 28 mai. 2020.

8 Disponível em: www.cta.br/index.php/historico. Acesso em: 28 mai. 2020.

9 Disponível em: www2.fab.mil.br/dirmab/index.php/missao-visao-e-valores e www.in.gov.br/consulta?q=%22Diretoria%20de%20Material%20Aeronautico%20e%20Belico%22%20&s=do3&publishFrom=2000-05-29&publishTo=2020-05-29. Acesso em: 29 mai. 2020.

10 Disponível em: http://tarifas.decea.gov.br/regras.aspx. Acesso em: 29 mai. 2020.

gerenciamento e controle do espaço aéreo brasileiro e de telecomunicações aeronáuticas" (Brasil, 2019:7).

Finalmente, deve-se notar que a FAB tem vinculada à sua estrutura a Comissão de Coordenação e Implantação de Sistemas Espaciais (CCISE), cuja atribuição central é "coordenar os trabalhos relativos à definição e à implantação de sistemas espaciais relativos à defesa, incluindo seus elementos orbitais e a relativa infraestrutura de apoio" (Brasil, 2012). A CCISE é a encarregada da execução do Programa Estratégico de Sistemas Espaciais (Pese). Embora subordinada diretamente ao comandante da Aeronáutica, a portaria que a criou prevê que seus trabalhos se darão em coordenação com o Estado-Maior Conjunto das Forças Armadas (EMCFA) e com os Estados-Maiores das três Forças Singulares (EMCFA).

De maneira análoga ao que ocorre na Marinha, o DCTA, o Comgap e o Decea são Órgãos de Direção Setorial comandados por oficiais generais do último posto (tenente-brigadeiro).

O Exército Brasileiro conta, possivelmente, com o mais amplo aparato de obtenção das três Forças Singulares. Ele possui uma Diretoria de Material (DMat), cuja função é planejar e conduzir a aquisição de produtos classificados pelo Exército como "Classes III" (lubrificantes), "Classe V" (armamento), "Classe VII" (material permanente de saúde de campanha) e "Classe IX" (material motomecanizado). Complementarmente ao trabalho da DMat, existe ainda a Diretoria de Abastecimento (DAbst), cuja função é a mesma, porém para materiais das classes "I" (material de subsistência), "II" (material de intendência), "III" (combustível), "V" (munição), "VIII" (material de saúde de campanha, exceto materiais permanentes) e "X" (materiais não incluídos em outras classes).[11] A força terrestre tem ainda a Diretoria de Material de Aviação do Exército (DMAvEx), que, como o nome sugere, adquire os materiais das Classes II, III, V, VII, IX e X que sejam de emprego específico para aeronaves.[12] A DMat, DAbst e DMAvEx estão subordinadas ao Comando Logístico (Colog), cuja função precípua é "prever e prover, no campo das funções logísticas de suprimento, manutenção e transporte, os recursos e os serviços necessários ao Exército e às necessidades de mobilização" (Brasil, 2019a:3).

11 Disponível em: www.colog.eb.mil.br/index.php/historico. Acesso em: 29 mai. 2020.

12 Disponível em: www.colog.eb.mil.br/index.php/historico. Acesso em: 29 mai. 2020.

Em 2018, o Exército recriou a Diretoria de Material de Engenharia (DME), cujo propósito é gerir os processos de obtenção, manutenção e descomissionamento dos materiais designados pela força como "Classe VI" (engenharia e cartografia) e "Classe IV" (equipamentos específicos e materiais pré-fabricados e modulares, destinados aos trabalhos de organização do terreno em operações militares).[13] A DME está subordinada ao Departamento de Engenharia e Construção (DEC), cuja função é gerir "projetos, obras, patrimônio imobiliário, meio ambiente, materiais de engenharia e operações de engenharia".[14]

Em 2015, o Exército criou a Diretoria de Sistemas de Emprego Militar (DSMEM) com o intuito de "centralizar as aquisições de sistemas complexos".[15] Embora a DSMEM não tenha efetivamente concentrado esses processos de compra, ela presta apoio técnico a pelo menos 11 projetos do Exército e auxilia empresas que contratam com a Força a se beneficiarem do Regime Especial Tributário da Indústria de Defesa (Retid), criado pela Lei nº 12.598/2012.[16] Em paralelo à DSMEM, a Força conta ainda com o Comando de Comunicações e Guerra Eletrônica do Exército (CCOMGEX). Sua atribuição é "assegurar a eficácia do sistema de comunicações e guerra eletrônica da força".[17] Embora ele não esteja expressamente encarregado de gerir aquisições — estando limitado a "cooperar [...] com o desenvolvimento científico-tecnológico e a eficiente gestão da logística"[18] —, o CCOMGEX é a entidade que adquiriu, por exemplo, rádios definidos por software individuais e veiculares da empresa norte-americana Harris Corporation (Burke e Rand, 2012). A DSMEM e o CCOMGEX estão subordinados ao Departamento de Ciência e Tecnologia (DCT). Ele é o responsável pela gestão de boa parte do aparato de pesquisa e desenvolvimento do

---

13 Disponível em: www.eb.mil.br/web/noticias/noticiario-do-exercito/-/asset_publisher/MjaG93KcunQI/content/modernizacao-da-forca-recriacao-da-diretoria-de-material-de-engenharia-visa-gerir-os-materiais-de-emprego-classe-vi-do-exercito-brasileiro-. Acesso em: 29 mai. 2020.

14 Disponível em: www.dec.eb.mil.br/images/PERMANENTE/MISSAO.jpg. Acesso em: 29 mai. 2020.

15 Disponível em: www.eb.mil.br/web/noticias/noticiario-do-exercito/-/asset_publisher/MjaG93KcunQI/content/sistemas-e-materiais-de-emprego-militar-do-exercito-brasileiro-contam-com-diretoria-especializada. Acesso em: 29 mai. 2020.

16 Apresentação feita pelo general de Brigada Maurilio Miranda Netto Ribeiro, então diretor da DSMEM, em 2 de julho de 2019 (informação verbal).

17 Disponível em: www.ccomgex.eb.mil.br/index.php/missao-e-visao-de-futuro. Acesso em: 29 mai. 2020.

18 Disponível em: www.ccomgex.eb.mil.br/index.php/missao-e-visao-de-futuro. Acesso em: 29 mai. 2020.

Exército — incluindo cinco centros de pesquisa e o Instituto Militar de Engenharia (IME) —, pelo fomento à indústria nacional e pelo provimento de sistemas de comando e controle, comunicações, guerra eletrônica e defesa cibernética.[19]

De maneira análoga ao observado na Marinha e na Força Aérea, o Colog, o DEC e o DCT são Órgãos de Direção Setorial comandados por oficiais generais do último posto (general de Exército). Essas organizações dividem ainda atribuições de coordenação, planejamento e gestão com o Escritório de Projetos do Exército (EPEx), que está dentro da estrutura do Órgão de Direção Geral da força, o Estado-Maior do Exército.[20] Ao EPEx compete, entre outras funções:

> I — atuar como órgão de coordenação executiva do EME para fins de governança do Portfólio Estratégico do Exército, constituindo-se no escritório de projetos de mais alto nível da Força;
>
> II — planejar e coordenar as ações de relações institucionais de interesse do Portfólio Estratégico do Exército;
>
> III — propor e manter atualizadas as normas para governança e gestão de projetos, programas e do Portfólio Estratégico do Exército;
>
> IV — *estabelecer ligação com equipes de programas, projetos e com os Escritórios Setoriais de Projetos dos Órgãos de Direção Geral/Órgãos de Direção Operacional e comandos militares de área, quando estabelecidos, para tratar de assuntos relativos à gerência de programas e projetos estratégicos*;
>
> V — atuar como multiplicador do conhecimento em projetos, programas e portfólio;
>
> VI — realizar a gestão de projetos de Parcerias Público-Privadas. [Brasil, 2018:30; grifo e adaptação nossos]

O EPEx está encarregado da gestão dos nove projetos estratégicos do Exército voltados à aquisição de meios: (1) Sisfron; (2) Ocop; (3) Proteger; (4) Defesa antiaérea; (5) Defesa cibernética; (6) Astros 2020; (7) Aviação; (8) Guarani; e (9) Lucerna. Ele está encarregado ainda da gerência de outros oito projetos voltados à reorganização de unidades e instalações e à gestão de recursos humanos.[21] A despeito de um portfólio à primeira vista hipertrofiado, o trecho grifado na

19 Disponível em: www.dct.eb.mil.br/index.php/historia. Acesso em: 29 mai. 2020.

20 Disponível em: www.epex.eb.mil.br/index.php/missao. Acesso em: 29 mai. 2020.

21 Disponível em: www.epex.eb.mil.br/index.php/texto-explicativo. Acesso em: 29 mai. 2020.

citação anterior evidencia também que o EPEx comumente desempenha suas funções em coordenação com outras organizações do Exército, incluindo aquelas mencionadas anteriormente nesta seção.

Conquanto enfadonha e estéril, a descrição das organizações envolvidas na aquisição de grandes sistemas serve para ilustrar o quão descentralizada é a administração das compras no Brasil — não somente entre as Forças, mas também dentro delas. Esta discussão seria ainda mais ampla caso se tivesse optado por discutir com maior profundidade o papel das organizações do setor operativo na gestão da aquisição. Por limitações de espaço e em prol da manutenção de maior clareza, seu papel não foi debatido. Pôde-se, assim, focar nas organizações diretamente ligadas aos setores do material, logística e ciência e tecnologia.

Feita essa descrição e evidenciado o nível de descentralização do aparato de compras das Forças Singulares, deve-se prosseguir para uma reflexão acerca de seu impacto sobre a existência de projetos conjuntos entre elas.

3. Projetos conjuntos, comunalidade e interoperabilidade

Há uma quantidade sensível de fontes disponíveis para o estudo do inventário das Forças Armadas brasileiras. Os anúncios de vencedores de licitações — e ocasionalmente as minutas de contrato — são publicados pela Imprensa Nacional. Além disso, veículos de mídia especializada e os próprios serviços de comunicação social das Forças anunciam o lançamento de processos de aquisição e seus vencedores. Esses dados, teoricamente, estariam sistematizados no *Livro branco de defesa nacional* (LBDN). Ele foi lançado pela primeira vez em 2012 e deveria ser atualizado a cada quatro anos. A atualização de 2016 foi disponibilizada como minuta pelo Ministério da Defesa em março de 2017[22] e aprovada pelo Congresso Nacional em novembro de 2018 (Siqueira, 2018). Essa revisão não trouxe, todavia, um inventário tão completo quanto a versão de 2012, que segue sendo a única disponibilizada em sua versão final no site do Ministério da Defesa.[23]

---

22 Disponível em: www.defesa.gov.br/arquivos/2017/mes03/livro_branco_de_defesa_nacional_minuta.pdf. Acesso em: 30 jun. 2020.

23 Disponível em: www.defesa.gov.br/estado-e-defesa/livro-branco-de-defesa-nacional. Acesso em: 30 jun. 2020.

Nossa pesquisa documental identificou um único projeto de uma plataforma adquirida conjuntamente pelas três Forças desde o seu nascedouro: o helicóptero multipropósito H225M Super Puma, uma aeronave da Airbus Helicopters fabricada por uma das suas subsidiárias, a Helibras, no estado de Minas Gerais (Brasil, 2012a:80-143). Originalmente planejado para entregar oito aeronaves exclusivamente à Força Aérea, o programa foi ampliado para 50 aeronaves (16 para cada Força Singular e outros dois para o Gabinete do comandante da Aeronáutica a fim de atender à Presidência da República) após negociações terem indicado que, a partir da encomenda de um maior número de unidades, seria possível conduzir parte da manufatura e integração em território nacional.

Todavia, uma análise do inventário das Forças mostra que a plataforma à qual as três chegaram de maneira independente foi o helicóptero de médio porte multipropósito Black Hawk da norte-americana Sikorsky Aircraft, hoje uma subsidiária da também americana Lockheed Martin. O Exército o adquiriu no final dos anos 1990 para emprego na Missão de Observadores Militares do Equador-Peru (Momep), montada para dirimir tensões após a chamada Guerra do Cenepa.[24] A Força Aérea adquiriu o Black Hawk no início dos anos 2000 para operar, primariamente, como aeronave de transporte e busca e salvamento na região amazônica.[25] Por fim, no início dos anos 2010, a Marinha adquiriu o Sea Hawk — uma versão da mesma aeronave configurada para guerra antissubmarino. Não parece exagero dizer que, caso tivessem sido adquiridas em conjunto, teria sido possível negociar condições mais vantajosas para as Forças: talvez um desconto sobre os preços pagos; a instalação de uma estrutura de manutenção e apoio logístico no Brasil; ou mesmo a industrialização parcial de componentes em território nacional.

A compra da mesma plataforma implica que havia harmonia nos requisitos operacionais das três Forças. Todavia, a prioridade em adquirir essas capacidades não era a mesma entre elas. Uma compra conjunta requereria, então, um

---

24 Disponível em: www.eb.mil.br/web/noticias/noticiario-do-exercito?p_p_id=101&p_p_lifecycle=0&p_p_state=maximized&p_p_mode=view&_101_struts_action=%2Fasset_publisher%2Fview_content&_101_assetEntryId=7353928&_101_type=content&_101_groupId=16541&_101_urlTitle=militares-do-cavex-visitam-sede-da-sikorsky-aircraft-no-eua&inheritRedirect=true. Acesso em: 30 mai. 2020.

25 Disponível em: www.fab.mil.br/noticias/mostra/25413/COMEMORA%C3%87%C3%83O%20-%20Uma%20d%C3%A9cada%20da%20aeronave%20H-60L%20operando%20na%20FAB. Acesso em: 30 mai. 2020.

"árbitro" do tempo dessas prioridades a fim de fazê-las coincidirem entre si (por exemplo, para compelir o Exército e a FAB a despriorizá-la por alguns anos e a Marinha a antepô-la a outros programas).

Essa arbitragem é tanto mais difícil quanto maiores forem as diferenças de requisitos. A Força Aérea, o Exército e o Corpo de Fuzileiros Navais utilizam sistemas de mísseis portáteis de baixa altitude (Manpads, na sigla em inglês) para defesa antiaérea de ponto. A Aeronáutica emprega o sistema Igla, fabricado pela russa KBM.[26] A força terrestre utiliza — além do próprio Igla em algumas unidades — o RBS-70, fabricado pela sueca Saab.[27] Já os Fuzileiros empregam o Mistral, fabricado pela unidade francesa da pan-europeia MBDA.[28] Entre outras diferenças de ordem técnica, o RBS-70 utiliza guiagem a laser,[29] ao passo que o Mistral e o Igla utilizam guiagem infravermelha.[30] Embora existam vantagens em ter sistemas diferentes operando nas Forças Armadas — particularmente no que concerne à redução de dependência externa —, há igualmente benefícios logísticos, financeiros, de interoperabilidade e de intercambialidade em operar um sistema comum. Este seria um caso mais desafiador de conciliação, pois requereria arbitragem não apenas das prioridades, mas também dos requisitos operacionais estabelecidos por cada força. Por vezes, esses requisitos serão tão basilares quanto o sistema de guiagem dos mísseis em questão.

Artigos de mídia indicam que ao menos um dos lotes de mísseis IGLA adquiridos pelo Brasil derivou de pressões políticas do governo russo para equilibrar a balança comercial entre os dois países (Gielow, 2009; Coutinho, 2013). Motivações políticas em decisões sobre material não são estranhas ao mercado de defesa. Tampouco pode-se dizer que sejam necessariamente ruins. Porém, é desejável que, caso ocorram, elas sejam parte de um quadro coerente de cooperação político-estratégica, em lugar de uma decisão isolada e extemporânea. Se for verdadeiro, esse fato reforça a necessidade de integração do planejamento

---

26 Disponível em: www.fab.mil.br/noticias/tag/IGLA-S. Acesso em: 1º jun. 2020.

27 Disponível em: www.epex.eb.mil.br/index.php/ultimas-noticias/651-saab-recebe-do-exercito-brasileiro-novo-pedido-de-compra-de-rbs-70. Acesso em: 1º jun. 2020.

28 Disponível em: www.marinha.mil.br/noticias/missil-mistral-e-lancado-na-ilha-da-marambaia. Acesso em: 1º jun. 2020.

29 Disponível em: https://saab.com/land/weapon-systems/ground-based-air-defence-missile-systems/rbs_70_ng/. Acesso em: 1º jun. 2020.

30 Disponíveis em: www.mbda-systems.com/product/mistral-manpads/ e www.kbm.ru/en/production/pzrk/362.html. Acesso em: 1º jun. 2020.

e centralização das aquisições, posto que, atuando em conjunto, as Forças Armadas terão maior capacidade de isolar seus programas (e seu orçamento) de interferências dissociadas dos méritos técnicos dos sistemas em questão.

Por fim, foi identificado outro sistema de uso comum nas Forças: o Astros 2020, um sistema de artilharia de mísseis e foguetes fabricado pela brasileira Avibras. Ele foi desenvolvido sob encomenda do Exército como parte de um dos seus programas estratégicos e adquirido também pelo Corpo de Fuzileiros Navais (Caiafa, 2014). Deve-se notar, porém, que mesmo nesse caso a aquisição não foi feita conjuntamente. A Marinha e o Exército negociaram separadamente seus respectivos contratos.

Os exemplos supracitados tratam de aquisições ocorridas em uma janela aproximada de 1998 a 2016. Isso não quer dizer que a questão da falta de coordenação seja um problema superado. Um exemplo corrente ilustra esse desafio: a Marinha está adquirindo os navios de escolta da classe Tamandaré. Em março de 2019 foi anunciado como vencedor da concorrência um consórcio liderado pela ThyssenKrupp Marine Systems (TKMS) e pela Embraer. Embora a configuração final do navio não tenha sido definida, o material divulgado pela força indica que o míssil antiaéreo selecionado para equipá-la será o Sea Ceptor, fabricado pela MBDA.[31] O Sea Ceptor é parte de uma "família" de mísseis antiaéreos com aplicações tanto terrestres quanto navais com alto grau de comunalidade de componentes entre si.[32] Ele é chamado de "Míssil Modular Antiaéreo Comum" (Camm, na sigla em inglês). O conceito de uma "família" de mísseis com múltiplas aplicações não é exclusividade da MBDA, todavia, e tornou-se uma tendência industrial também entre fabricantes norte-americanos, israelenses e sul-africanos.

Ocorre que a versão terrestre do Camm pode ser empregada pelo Exército como parte de seu "Projeto Estratégico Defesa Antiaérea" no segmento de defesa de média altura.[33] Esta parece ser mais uma oportunidade em que a coordenação entre as Forças poderia levar a uma compra conjunta, com os

---

31 Disponível em: www.marinha.mil.br/programa-classe-tamandare-1 Acesso em: 9 jun. 2020.

32 Disponível em: www.mbda-systems.com/product/camm/. Acesso em: 15 jun. 2020.

33 Na verdade, o Camm foi uma das soluções avaliadas pelo EPEx no início dos anos 2010 como parte desse projeto. Aparentemente, todavia, dificuldades orçamentárias e a iniciativa do então ministro da Defesa Celso Amorim de adotar o Pantsir, de origem russa, teriam levado a uma suspenção temporária desse projeto e ao foco na defesa antiaérea de baixa altitude.

benefícios de economia de escala, interoperabilidade e possível produção local a ela associados. Naturalmente, não se sugere aqui a assimilação acrítica pelo Exército dos produtos e sistemas adotados pela Marinha. Aponta-se apenas que a defesa antiaérea é, atualmente, mais uma das áreas que poderiam se beneficiar de maior cooperação entre os setores do material das Forças. Deve-se reconhecer, todavia, que o fato de a aquisição da classe Tamandaré e do Sea Ceptor ser feita pela Emgepron por intermédio de um consórcio privado — em lugar de diretamente pela Marinha — gera dificuldades jurídicas e administrativas adicionais para coordenação entre as Forças.

A análise dos dados supramencionados nos levou a elaborar quatro proposições teóricas:

(1) O grau de comunalidade de material — e, por extensão, de interoperabilidade entre as Forças — está correlacionado com a existência de um órgão centralizado de aquisições e de um projeto de força único e integrado.

(2) A existência de projetos conjuntos depende da existência de mecanismos institucionais que arbitrem as diferenças de requisitos operacionais e de prioridades entre as Forças Singulares (pois, como observado no caso dos helicópteros Black Hawk, mesmo quando há compatibilidade de requerimentos, a priorização no tempo pode levar à separação de aquisições que poderiam ser feitas conjuntamente).

(3) Civis estão mais bem posicionados para servirem como árbitros dessas diferenças entre as Forças Singulares. A expressão "civis", aqui, não significa necessariamente ou apenas um ministro da Defesa de origem civil. O que temos em mente é um quadro concursado de especialistas civis em defesa dentro do Ministério da Defesa, tal qual prometido pela *Estratégia nacional de defesa*, de 2008.[34] Esse quadro reforçaria a presença dos civis na defesa em geral e teria também, em particular, a equidistância necessária *vis-à-vis* às três Forças para exercer o papel de árbitro referido anteriormente.

34 Na *Estratégia nacional de defesa* publicada 2008, havia a seguinte promessa: "O Ministério da Defesa realizará estudos sobre a criação de quadro de especialistas civis em Defesa, em complementação às carreiras existentes na administração civil e militar, de forma a constituir-se numa força de trabalho capaz de atuar na gestão de políticas públicas de defesa, em programas e projetos da área de defesa, bem como na interação com órgãos governamentais e a sociedade, integrando os pontos de vista político e técnico" (Brasil, 2008:50).

(4) Na ausência desses órgãos e mecanismos de mediação institucional, a presença de manufatura local passa a ser um dos principais fatores a influenciar a comunalidade de material — embora mesmo ela não signifique que as compras serão feitas conjuntamente.

A evidência empírica do caso brasileiro coletada até aqui parece suportar essas proposições. Em etapas subsequentes da pesquisa, elas serão contrapostas a evidências de outros países que mantêm órgãos de aquisição centralizados — com maior ou menor presença de civis — a fim de testar sua validade. Será analisada a existência (ou não) de aquisições conjuntas de material de uso comum: armas de fogo; equipamentos de uso individual (uniformes, coletes e placas balísticas, óculos de visão noturna, calçados...); sistemas de artilharia (em múltiplos calibres e para variadas aplicações); veículos blindados (sobre rodas ou lagartas, para combate, transporte de pessoal, engenharia etc.); aeronaves de asa rotativa; e principalmente sistemas de comando, controle e comunicações. Estudar-se-á, também, o impacto dessas aquisições conjuntas sobre a capacidade de interoperabilidade das Forças.

4. Considerações finais

Buscou-se demonstrar neste capítulo o grau de descentralização da gestão das aquisições de defesa no Brasil, enfatizando seu impacto sobre a (não) existência de compras conjuntas e a despadronização do material das três Forças. Tentou-se ressaltar aqui o modo como essa arquitetura institucional difere daquela praticada em outros países, um tópico que será aprofundado em estudos subsequentes. Espera-se, com isso, ter chamado atenção para a necessidade de reforma do aparato de aquisição das três Forças, de maneira a facilitar a consecução de projetos conjuntos e maximizar o poder de compra do orçamento da Defesa.

A falta de comunalidade no material e de interoperabilidade não é um problema trivial e foi identificada por Nemfakos e colaboradores (2010:5-11) como uma importante força motriz dos fracassos militares que levaram à promulgação da conhecida Lei Goldwater-Nichols nos Estados Unidos. Ela reformou toda a estrutura do Departamento de Defesa americano e criou mecanismos para maior coordenação entre as Forças Singulares (embora problemas de outras ordens tenham persistido).[35] É importante que o Brasil aprenda com a experiência dos EUA. Ela, por sinal, levanta outra questão: é possível pensar uma reforma que centralize as aquisições separada de uma reestruturação mais ampla da defesa? Isto é, sem uma reformulação que, por exemplo, fortaleça o papel do Estado--Maior Conjunto e concentre mais atribuições e poderes nas Secretarias ligadas ao MD? Ou, alternativamente, uma reforma do sistema de aquisição pode ser um interlúdio para reformas posteriores mais amplas? Essas questões também devem ser alvo de análises comparativas posteriores que envolvam mais países.

Verifica-se ainda que a desarticulação das aquisições gera um efeito deletério também sobre a gestão dos acordos de compensação comercial, industrial e tecnológica (*offsets*). Como consequência direta das compras descentralizadas, os *offsets* com elas relacionados são também geridos de maneira desassociada. Os ganhos de escala e escopo que são perdidos como consequência disso e as vantagens da gestão de *offsets* no nível do Ministério da Defesa já foram explorados por outros autores (Medeiros e Moreira, 2016; Silva, 2009). Eles, os ganhos, são particularmente relevantes em um país como o Brasil, que frequentemente associa suas compras de defesa aos pretendidos benefícios de transferência de tecnologia a elas associados.

Por fim, convém ressaltar que não basta centralizar os órgãos encarregados das aquisições. É preciso também integrar a elaboração dos Projetos de Força (Force Design) dos serviços singulares. Para resolver esses problemas, a experiência internacional sugere a necessidade do envolvimento civil nos processos de compras. Preferencialmente por meio de um quadro permanente e especializado, embora o envolvimento — com as devidas salvaguardas — da Base Industrial de Defesa (BID) e do Legislativo federal também seja desejável. Esses civis terão a necessária equidistância com relação às três Forças, a qual lhes permitirá arbitrar os conflitos entre elas e as diferenças de requerimentos e de prioridades que separam seus programas. O envolvimento civil não resolverá todas as nossas mazelas, mas será um importante passo na direção certa.

35 Para uma leitura detalhada sobre todo o processo que levou à promulgação da Goldwater-Nichols de suas consequências, ver Locher III (2002).

Referências

BRASIL. Comando da Aeronáutica. *DCA 400-6 Ciclo de vida de sistemas e materiais da Aeronáutica*. Brasília, 2007.

_____. Comando da Aeronáutica. *Portaria N 184/GC3, de 17 de abril de 2012*. 2012.

_____. Comando da Aeronáutica. *Regulamento do Departamento de Controle do Espaço Aéreo*. 2019.

_____. Comando Logístico. *Cartilha ao fornecedor*. 2019a.

_____. Diretoria de Finanças da Marinha. *Relatório contábil 4º trimestre/2019*. 2020. Disponível em: www.marinha.mil.br/sites/default/files/demonstracao_contabil_-_4o_trimestre_de_2019_alt2020mod.pdf. Acesso em: 29 maio 2021.

_____. Estado-Maior da Armada. *EMA-420 Normas para logística de material*. Brasília, 2002.

_____. Ministério da Defesa. *Estratégia nacional de defesa*. Brasília, 2008.

_____. Ministério da Defesa. *Livro branco de defesa nacional*. Brasília, 2012a.

_____. Secretaria-Geral do Exército. *Boletim do Exército nº 29/2018*. 2018.

_____. Secretaria-Geral do Exército. *Instruções gerais para a gestão do ciclo de vida dos sistemas e materiais de emprego militar (EB10-IG-01.018)*. Brasília, 2016.

BURKE, Jim; RAND, Ben. Harris receives $10.7 million in orders from Brazilian Ministry of Defence for Falcon tactical radios. *BusinessWire*, 18 jan. 2012. Disponível em: www.businesswire.com/news/home/20120118005121/en/Harris-Receives-10.7-Million-Orders-Brazilian-Ministry. Acesso em: 28 mai. 2020.

CAIAFA, Roberto. Astros do Corpo de Fuzileiros Navais terá viatura oficina. *InfoDefensa*, 7 fev. 2014. Disponível em:<www.infodefensa.com/latam/2014/02/07/noticia-astros-corpo-fuzileiros-navais-viatura-oficina.html. Acesso em: 9 jun. 2020.

COUTINHO, Leonardo. Brasil vai comprar da Rússia sistemas de defesa antiaérea. Um péssimo negócio. *Veja*, 24 nov. 2013.

GIELOW, Igor. Brasil negocia a compra de sistema antiaéreo da Rússia. *Folha de S.Paulo*, 25 nov. 2009.

LOCHER III, James R. *Victory on the Potomac*: the Goldwater-Nichols Act Unifies the Pentagon. College Station: Texas A&M University Press, 2002.

MEDEIROS, Felipe Augusto Rodolfo; MOREIRA, William de Sousa. Política e gestão de "offsets" em aquisições de defesa: Contribuições da experiência internacional para o Brasil. *Revista da Escola de Guerra Naval,* Rio de Janeiro, v. 22 n. 2, mai./ago. 2016, p. 327-360.

MOREIRA, William de Sousa. Obtenção de produtos de Defesa no Brasil: o desafi o da transferência de tecnologia. *Revista da Escola de Guerra Naval,* Rio de Janeiro, v. 17, n. 1, jan./jun. 2011, p. 1-172.

NEMFAKOS, Charles et al. *The perfect storm*: the Goldwater-Nichols Act and its effect on navy acquisition. RAND Corporation; National Defense Research Institute. 2010. Disponível em: www.rand.org/content/dam/rand/pubs/occasional_papers/2010/RAND_OP308.pdf. Acesso em: 9 jun. 2020.

PION-BERLIN, David; MARTÍNEZ, Rafael. *Soldiers, politicians, and civilians*: reforming civil-military relations in democratic Latin America. Nova York: Cambridge University Press, 2017.

SCHMIDT, Flávia de Holanda Schmidt; ASSIS, Lucas Rocha Soares de. *A dinâmica recente do setor de defesa no Brasil*: análise das características e do envolvimento das firmas contratadas. 2013 Disponível em: http://repositorio.ipea.gov.br/bitstream/11058/2623/1/TD_1878.pdf. Acesso em: 18 mai. 2020.

SILVA, Wilson Tomaz da. *Gerenciamento integrado das compensações comerciais, industriais e tecnológicas ("offset") no Ministério da Defesa*. Monografia — Curso de Política e Estratégia Marítimas, Escola de Guerra Naval, Rio de Janeiro, 2009.

SIQUEIRA, Carol. *Plenário aprova Política Nacional e Livro branco da defesa*. Agência Câmara de Notícias. Brasília, 8 nov. 2018.

SORENSON, David S. *The process and politics of defense acquisition*: a reference handbook. Westport, CT: Praeger Security International, 2009.

Movimentos societários da indústria de defesa brasileira

*Larissa de Freitas Querino**

1. Introdução

O complexo industrial de defesa brasileiro experimenta os efeitos da tendência internacional de globalização da indústria de defesa mundial. O objetivo deste capítulo consiste em evidenciar as alterações nas estruturas de capital ou na posição societária das empresas que constituem esse complexo industrial, no período de 2008 a 2017. O acompanhamento de tais modificações compreende seu mapeamento inicial e seu monitoramento ao longo dos anos, ressaltando a entrada de novos *players*, nacionais e estrangeiros. Nesse processo, busca-se resposta para a questão: será possível manter a autonomia e a soberania nacionais, bem como o controle do acesso a tecnologias e a capacidades industriais chaves nas resultantes estruturas acionárias das indústrias de defesa no país? Devore (2013) argumenta que pequenos e médios Estados podem manter bases industriais de defesa nacionais capazes de contribuir para sua segurança nacional, mas não de garantir sua autonomia ou política exterior.

A relação entre os Estados e suas indústrias de defesa, chamada por Adams (1968) de socialismo privado, sempre foi quase simbiótica. Adams argumenta que, em busca de proteção contra a força destrutiva do mercado e da geração de novas tecnologias, o complexo industrial de defesa norte-americano voltou-se para o governo em busca de apoio, manipulando-o para fins privados, o que permitiu a concentração de poder.

---

* Mestre em economia, pela Universidade de Brasília (UnB). Analista de Produtividade e Inovação e especialista em indústria da defesa da Agência Brasileira de Desenvolvimento Industrial (ABDI). CV: http://lattes.cnpq.br/7205915419099915. E-mail: laraquerino@yahoo.com.br.

No auge da Guerra Fria, a corrida armamentista demandava o desenvolvimento e a produção de armamentos cada vez mais sofisticados. As capacidades técnicas consistiam na variável mais importante e o governo norte-americano tornou-se um comprador monopsônico para produtos em desenvolvimento ou cuja produção ainda não estava amadurecida, a preços para os quais não havia referências. Configurava-se uma relação única entre comprador e vendedor, parcialmente explicada por conceitos econômicos convencionais, uma combinação de poder econômico privado e poder político público (Adams, 1968). Essas características ainda fazem, em boa medida, parte da dinâmica desse complexo industrial.

A década de 1990, com o fim da Guerra Fria, testemunhou processo de racionalização, por parte das empresas de defesa norte-americanas, com vistas a reduzir-se em número, devido à redução do orçamento para defesa. Dessa forma, um pequeno grupo de grandes e médias empresas de defesa passou a compor a base de defesa nos Estados Unidos. Esses movimentos de fusões e aquisições, que ocorriam desde o período pós-Segunda Guerra Mundial, intensificaram-se nos Estados Unidos e no continente europeu.

Viu-se, então, o início de uma nova configuração mundial da indústria de defesa. Formam-se grandes conglomerados, com atuação em vários segmentos, que precisavam continuar contando com encomendas governamentais, com exportações para países aliados e com a então nova filosofia de investimentos públicos para fins duais. Esses conglomerados, para que pudessem manter liderança e poderio militar, tinham que buscar um direcionamento para mercados comerciais. Esse rápido processo de globalização espalhou-se pelas economias mundiais, passou a impactar a densa cadeia produtiva de defesa e gerou grande apreensão nos governos nacionais.

Limitou-se, dessa forma, a capacidade governamental de regular o processo, controlar o fluxo de tecnologias de defesa e manter o mesmo papel desempenhado na política industrial de defesa (Hayward, 2010). A globalização da indústria de defesa trouxe duas facetas da mesma realidade: a desnacionalização de atores empresariais — do capital, das estratégias e das decisões — e o surgimento de fornecedores globais de subcomponentes.

Como toda essa mudança da realidade mundial afetou a indústria de defesa brasileira? No presente capítulo, pretende-se visualizar as conexões entre as principais empresas que atuam hoje na indústria de defesa brasileira e suas respectivas estruturas de capital; os movimentos recentes no ambiente competitivo, via parcerias e aquisições de empresas do setor; e a origem e a configuração do capital investidor na indústria de defesa. Avalia-se, ainda, o impacto da nova legislação de defesa nesses movimentos societários, bem como as formas de atuação do Estado Brasileiro junto à Base Industrial de Defesa (BID).

Descrevem-se as características principais da indústria de defesa, com vistas a ressaltar a relevância da existência de uma BID nacional não apenas para a autonomia e a soberania nacionais, como também para a geração de tecnologia de ponta, de transbordamento para os demais segmentos industriais e mercados civis, o que promove desenvolvimento tecnológico e econômico, além de maior produtividade industrial e exportações de maior valor agregado. Em um segundo momento, aborda-se a formação da BID brasileira e caracterizam-se as estratégias governamentais para a promoção da reestruturação da BID brasileira a partir de 2008.

A segunda seção do capítulo apresenta os movimentos das estruturas societárias das empresas de defesa brasileiras, detalha os impactos sofridos pela BID nacional a partir dos movimentos governamentais para o fortalecimento dessa indústria e analisa os dados resultantes da configuração do Sistema de Acompanhamento de Movimentos Societários da Indústria de Defesa,[1] confirmando o aumento da entrada de capital estrangeiro nas indústrias de defesa nacionais. A seção de comentários conclusivos encerra a argumentação.

---

1 Concebido e construído a partir de parceria entre a Agência Brasileira de Desenvolvimento Industrial, o Ministério da Defesa e a Fundação Getulio Vargas Projetos. Para sua materialização, optou-se por delimitar a abrangência amostral das empresas componentes da Base Industrial de Defesa pesquisadas. Dessa forma, levantaram-se dados apenas das Empresas de Defesa (ED) e Empresas Estratégicas de Defesa (EED) no período compreendido entre 2008 e 2017. No período de sua construção, entre 2016 e 2017, encontravam-se cadastradas junto ao Ministério da Defesa 16 ED e 71 EED, em um total de 87 empresas. Duas delas são fundações e, por essa razão, não possuem dados societários e não fazem parte do presente estudo. Cabem, a seguir, algumas ressalvas metodológicas. Desse universo de 85 empresas, obtiveram-se os dados históricos de participação societária de 67, isto é, 80,01%. Para outras 15 empresas, ou 17,64%, obteve-se apenas participação societária mais recente, de 2017. Apenas no caso de duas empresas, ou 2,35%, não foi possível obter qualquer informação sobre a composição societária.

2. A indústria de defesa mundial e a Base Industrial de Defesa brasileira

A defesa nacional é um bem público puro do qual o Estado é o único ofertante e muitas vezes o principal, se não o único, comprador de bens necessários para garantir essa oferta. Como comprador, depara-se com poucos e robustos produtores mundiais de equipamentos de defesa. Assim, a indústria de defesa possui a mesma dinâmica nos poucos locais do globo em que opera: é a origem de tecnologias de ponta, na fronteira do conhecimento, que transborda para mercados civis e demais segmentos industriais. Dessa forma, essa indústria promove desenvolvimento tecnológico, maior produtividade e alto valor agregado da produção industrial e de suas exportações. Propicia, ainda, empregos mais qualificados e melhores salários, em comparação com outros setores produtivos da economia.

A diferença observada entre países consiste na estratégia necessária para a manutenção de uma indústria de defesa dinâmica e atualizada, a depender de que parte do globo essa indústria está localizada. Para a maioria deles, a dualidade[2] torna-se condição fundamental, uma vez que propicia que determinados produtos e tecnologias possam ser consumidos pelo mercado civil, o que, por consequência, minimiza o poder monopsônico do Estado e garante condição importante para a sustentabilidade financeira dessa indústria. De forma complementar, a existência de uma indústria local de defesa pode garantir autonomia e soberania no cenário internacional. Uma Base Industrial de Defesa (BID)[3] assegura independência para o exercício da função defesa nacional, assegurando rápida capacidade de

---

2 Os norte-americanos cunharam o nome de tecnologia de uso dual ou duplo (*dual use technologies*), entendida como aquela que pode ser utilizada para produzir ou melhorar bens ou serviços de uso civil ou militar (Longo, 2007). Andrade e Franco (2016) afirmam que o processo de dualização da tecnologia pode ser feito por *spin-off*, de fins militares para civis, e por *spin-in*, de fins civis para militares.

3 Utiliza-se o termo Base Industrial de Defesa (BID) para referir-se à indústria de defesa de um determinado país, que pode ser conceituada de várias formas na literatura corrente, seja de maneira mais ampla ou mais restrita. A definição mais restrita trata de empresas engajadas diretamente no desenvolvimento e na fabricação de bens e serviços militares, entendidos pelo Stockholm International Peace Research Institute (Sipri), como de desenvolvimento e de uso para fins militares de maneira específica (ABDI e Ipea, 2016). Essa ampla definição abrange todas as empresas que integram, constante ou eventualmente, a cadeia produtiva de defesa e não apenas aquelas cujo produto ou serviço final possui aplicação militar. Permite, dessa forma, considerar o impacto e a importância dessa cadeia, que envolve vários segmentos industriais, no desenvolvimento e na produção de sistemas, produtos e serviços de uso militar.

mobilização e de resposta. Ademais, uma BID nacional possibilita que o país não seja submetido aos preços de monopólio internacionais (ABDI, 2010).

Dessa forma, as razões de um país para o desenvolvimento endógeno de tecnologias relacionadas com a indústria de defesa abrangem autonomia nacional, estímulo ao desenvolvimento econômico e à inovação tecnológica, mesmo que essa estratégia signifique investimentos elevados. O fortalecimento da produção local da indústria de defesa possibilita avanços nos campos científico e tecnológico, que permitem o desenvolvimento da capacidade de projetar, desenvolver e fabricar sistemas, materiais, componentes e equipamentos. Essa nacionalização possibilita o desenvolvimento e a absorção de tecnologias sensíveis e cerceadas e, em última instância, a capacitação da indústria nacional e a concepção de projetos nacionais (Brasil, 2012).

Com frequência, argumenta-se que as políticas para o desenvolvimento da BID devem ser convergentes com a estratégia de defesa desse país e determinadas por ela (ABDI, 2010). Ademais, no que diz respeito ao papel do Estado junto à indústria de defesa, o volume e a regularidade das compras governamentais consistem em variável-chave desse mercado. A garantia das encomendas governamentais possibilita a redução das incertezas econômicas relacionadas com o desenvolvimento de novos produtos, em especial daqueles de maior sofisticação tecnológica (ABDI, 2011).[4]

A necessidade de desenvolvimento endógeno de produtos de defesa, em razão de restrições e cerceamentos tecnológicos, bem como o entendimento a respeito de sua importância para o alcance do poderio militar necessário à garantia da soberania nacional influenciaram o processo de estabelecimento e de consolidação da BID no Brasil. A partir do início do regime militar em 1964, as ideias a respeito da industrialização da economia e da criação de uma BID autônoma para garantir a Defesa Nacional, surgidas com a criação da Escola Superior de Guerra (ESG), em 1949, passaram a ganhar força (ABDI e Ipea, 2016). Assim, o governo passou a atuar em iniciativas voltadas à criação de um complexo industrial de defesa no Brasil. Surgiram, então, empresas brasileiras atuantes no segmento de defesa, como a Embraer (produção de aeronaves), a

---

[4] Sua atuação configura-se ainda mais relevante nos setores de maior intensidade tecnológica, pois o Estado possui a prerrogativa de utilizar instrumentos, tais como: i. incentivo e apoio às atividades de pesquisa, desenvolvimento e inovação (PD&I); ii. suporte à formação e à qualificação dos recursos humanos; e iii. concessão de incentivos e subsídios fiscais (ABDI, 2011).

Celma (produção de turbinas), a Avibras (produção de aeronaves e depois de baterias de artilharia antiaérea), a Bernardini (produção de carrocerias blindadas e de carros de combate), a Engesa (produção de veículos blindados), a Moto Peças (revitalização de viaturas blindadas) e a Inbra Filtro (produção de capacete de combate e de colete balístico).

Na década de 1970, a indústria de defesa brasileira ganhou fôlego e passou a integrar o mercado internacional, conforme Drumond (2014), em razão da crise do petróleo, que proporcionou desajustes e oportunidades em nível global. Segundo Conca (1997 apud ABDI e Ipea, 2016), o súbito e intenso crescimento da BID brasileira no período resultou da combinação entre o cenário favorável no mercado internacional e condições políticas internas específicas. O regime militar direcionava recursos para o desenvolvimento do complexo de defesa, garantia mercado interno, promovia políticas de apoio à exportação e protegia as principais empresas e programas de condições econômicas adversas (ABDI e Ipea, 2016).

No início dos anos 1990, instalou-se na BID uma crise que afetou o setor até o início dos anos 2000. A Embraer passou por crises, foi reestruturada e privatizada em 1994 (Rondengen, 2009). A Avibras, terceira maior empresa exportadora de produtos de defesa no período anterior, manteve-se sem exportar no período entre 1993 e 1999, e a Engesa, a maior exportadora de produtos militares brasileira nos anos 1980, faliu em 1993 (ABDI e Ipea, 2016). Apontam-se distintas razões para as causas da crise em questão. Dagnino (apud ABDI e Ipea, 2016) indica o fim da Guerra Irã-Iraque e a redução das compras de produtos de defesa brasileiros no Oriente Médio como uma delas. Moraes (apud ABDI e Ipea, 2016) afirma que a indústria de defesa brasileira era muito dependente do mercado internacional e, dessa forma, a redução significativa das importações de armamentos após o fim da Guerra Fria e a ausência de políticas governamentais no Brasil de estímulo à autonomia econômica dessas empresas contribuíram para seu enfraquecimento. Ademais, a diplomacia brasileira não se interessava pela promoção comercial de produtos e sistemas de defesa.[5]

[5] "(E)m razão da inflexão do pensamento político em relação às Forças Armadas, um resquício negativo do período militar" (Drumond, 2014:139). Da mesma forma, os governos civis que sucederam o período do regime militar também não se interessavam, enquanto ingleses, franceses e norte-americanos promoviam fortemente sua indústria de defesa (Drumond, 2014).

Os últimos 15 anos marcaram-se por mudança significativa na abordagem da política de defesa nacional, caracterizada pela busca do fortalecimento da BID do país. Um de seus elementos centrais consiste no intento de equipar as Forças Armadas brasileiras com os meios necessários para o desempenho efetivo de suas funções constitucionais, a partir da construção e do fortalecimento da atuação da BID nacional, em busca de desenvolvimento de capacidades tecnológicas e produtivas endógenas. A publicação de três documentos-chave voltados para o fortalecimento da BID indica marcos importantes para o início de sua reestruturação: i. Portaria Normativa nº 899/MD, em 19 de julho de 2005, que aprova a Política Nacional da Indústria de Defesa (PNID) e ii. Estratégia Nacional de Defesa (END), por meio do Decreto nº 6.703, de 18 de dezembro de 2008, e revisada em 2012, e iii. *Livro branco de defesa nacional*.[6]

3. Movimentos das estruturas societárias das empresas de defesa brasileiras

Empresas multinacionais investiram US$ 180 bilhões na aquisição de empresas nos países emergentes em 2010. Desde 2004, destinaram-se mais de US$ 3 trilhões para essas transações (Drumond, 2014). Nesse contexto, a partir da publicação da Estratégia Nacional de Defesa, em 2008, o Brasil tornou-se um dos focos do capital estrangeiro nesse complexo industrial. Conforme Hayward (2010), governos querem garantir que a globalização da produção industrial de defesa não comprometa a segurança nacional e que a economia nacional continue beneficiando-se do desenvolvimento de produtos de defesa e das compras governamentais. Isso significa deter algum controle sobre tecnologias de defesa vitais e sobre sua difusão no sistema internacional.

Portanto, as medidas de reestruturação da BID visam também conter a desnacionalização pela qual passa a indústria brasileira de defesa. Será possível para o governo brasileiro manter o controle do acesso a tecnologias e a capacidades industriais-chave, de modo a determinar, conforme seu interesse, o esboço geral das estruturas acionárias das industriais de defesa no país? Hayward (2010) e Caverley (2007) entendem como limitada a habilidade de governos em geral,

[6] Não é objetivo deste capítulo analisar ou avaliar esses marcos legais. Para o leitor interessado, indica-se Querino (2019).

inclusive do norte-americano, de controlar ou regular o processo de globalização da indústria de defesa. Tal dificuldade apresenta-se com muita força no cenário brasileiro, como será visto adiante. No entanto, Hayward (2010) afirma que, muito embora não exista lugar no mundo da defesa para empresas e países pequenos e fracos, a tendência atual de globalização e o ambiente tecnológico aberto promovem oportunidades para empresas originárias de países de fora da arena central da defesa assumirem liderança no fornecimento de produtos e sistemas de defesa.

Desde o início dos anos 2000, tem havido intenso movimento de modificação das estruturas societárias da indústria de defesa brasileira, caracterizado pela ampliação de segmentos de atuação de empresas nacionais e pela entrada de capital estrangeiro nessa indústria. Tal movimento parece ter estimulado o processo de reestruturação da BID, iniciado formalmente com o lançamento da Estratégia Nacional de Defesa e com a definição dos Projetos Estratégicos de Defesa, incluídos no Plano de Articulação e Equipamento da Defesa (Paed), como destaca Querino (2019).

A partir de 2009, observou-se o avanço de grandes grupos econômicos nacionais em diversos segmentos da indústria brasileira de defesa, em especial empreiteiras estimuladas pela publicação da Estratégia Nacional de Defesa (END), pela perspectiva de aumento de investimentos nessa indústria e pelo desejo do governo de estimular a formação de grandes atores industriais (ABDI, 2013; Mileski, 2013). O quadro 1 mostra um resumo dos movimentos de entrada das empresas nacionais em atividades da indústria de defesa brasileira.

Pode-se inferir da observação desses movimentos a intenção, estimulada e apoiada pelo governo brasileiro, de constituir os primeiros conglomerados brasileiros de defesa. Buscava-se associar a capacidade de investimentos e a *expertise* na gestão de projetos complexos das grandes empreiteiras nacionais ao acúmulo de conhecimento e experiência no setor das pequenas empresas de defesa nacionais. Poderia resultar dessas experiências a conformação de expressivos *prime contractors* ou empresas integradoras nacionais.

Objetivava-se, assim, manter o controle acionário das empresas de defesa nacionais sobreviventes à crise dos anos 1990 e fazer frente ao movimento de globalização da indústria de defesa mundial, que já repercutia nesse ambiente. Fazia-se necessário, então, capitalizar a indústria brasileira de defesa, gerar escala, maior capacidade de realização de pesquisa e desenvolvimento autóctone e maior acesso a mercados internacionais.

Quadro 1
Grupos empresariais nacionais e sua inserção na indústria de defesa brasileira

Empresa	Forma de Entrada
Embraer	Constituição da subsidiária Embraer Defesa e Segurança
	Aquisição das Empresas Bradar, Atech, Savis e AEL (participação minoritária)
	Participação nas *joint ventures* Ogma, Harpia e Visiona
	Acordo Comercial com a Santos Lab
Odebrecht	Constituição da subsidiária Odebrecht Defesa e Tecnologia
	Aquisição da Empresa Mectron
	Participação na *joint venture* Itaguaí Construções Navais
	Consórcio com a EADS Defence & Security
	Memorando de Entendimentos com a Russian Technologies State Corporation
Andrade Gutierrez	Participação na *joint venture* Andrade Gutierrez Defesa e Segurança
OAS	Constituição da Subsidiária OAS Defesa S/A
	Consórcio com a IAI, a Iacit e a Módulo
	Consórcio com a Selex (Finmeccanica)
Queiroz Galvão	Consórcio com a Flight Technologies e a Northrop Grumman

Fonte: Elaboração própria a partir de dados da mídia e estudos da ABDI.

No entanto, a iniciativa não alcançou êxito, devido à crise econômica que se instalou no país de maneira mais intensa a partir de 2014 — o que comprometeu o orçamento do Ministério da Defesa —, bem como às questões jurídicas enfrentadas por essas empresas a partir do início da Operação Lava Jato.[7]

Por outro lado, observa-se, ao longo das últimas décadas, movimento de aquisições de empresas de defesa brasileiras por grandes grupos internacionais, convergente com o processo de globalização da indústria de defesa mundial. Parte dessa estratégia consiste em adquirir empresas brasileiras consolidadas e com alto desempenho em engenharia de sistemas, desenvolvimento de projetos e realização de ciência e tecnologia no país (quadro 2). Muito embora a atividade de pesquisa e desenvolvimento e de engenharia continue em execução no Brasil,

[7] A Operação Lava Jato consiste em grande investigação de corrupção e lavagem de dinheiro iniciada no Brasil em março de 2014 e ainda em curso, que envolve operadores financeiros, empreiteiras e a Petrobras.

a questão principal reside no exercício de fato e de direito do poder decisório sobre investimentos, estratégias tecnológicas, financeiras e de negócios dessas empresas agora sob o domínio do capital internacional.[8]

Quadro 2
Grupos empresariais estrangeiros e sua inserção na indústria de defesa brasileira

País	Empresa	Forma de Entrada	Ano
Israel	Elbit Systems	Aquisição integral da AEL Sistemas	2010
		Aquisição integral da Ares Aeroespacial	2010
	Elbit Systems via AEL Sistemas	Aquisição de parte dos projetos da Mectron	2017
	Israel Aerospace Industries (IAI)	Aquisição minoritária da Avionics	–
		Aquisição minoritária da Iacit	–
Suécia	Saab	Aquisição minoritária da Akaer	2015
		Aporte financeiro na Akaer para aquisição da Divisão de Espaço e Defesa da Opto Eletrônica	2016
França	Thales	Aquisição integral da Omnisys	2011
	Safran	Aquisição integral da Optovac	2012
Alemanha	Lanxess	Aquisição integral e descontinuação das atividades no Brasil da Petroflex	2008
Estados Unidos	Boeing	Criação da NewCo — Aviação Regional (80% Boeing e 20% Embraer) *Joint venture* EB Defense (51% Embraer — Defesa e Aviação Executiva — e 49% Boeing)	Negociação abortada no início de 2020

Fonte: Elaboração própria a partir de dados da mídia e estudos da ABDI.

A análise do Índice de Capital Estrangeiro[9] das Empresas Estratégicas de Defesa (EED) e das Empresas de Defesa (ED) brasileiras permite identificar

---

8 Cabe ressaltar que, em boa parte das empresas adquiridas pelo capital internacional nos últimos anos, houve investimento do governo brasileiro por meio de subsídios, financiamentos com subvenção de taxa de juros, investimentos em inovação e no fortalecimento da planta produtiva, por parte do Banco Brasileiro de Desenvolvimento Econômico e Social (BNDES) e da Financiadora de Inovação e Pesquisa (Finep).

9 O Índice de Capital Estrangeiro indica o nível de capital estrangeiro na estrutura societária de um segmento da indústria de defesa. Calcula-se pela razão entre o capital social estrangeiro total do segmento e o capital social total do segmento.

segmentos[10] de maior tendência à atração de capital estrangeiro, além de sua movimentação ao longo do período de 2008 a 2017.

O segmento de Máquinas e Equipamentos é tradicionalmente de maioria de capital estrangeiro no Brasil, embora os dados da única empresa de capital nacional tenham sido identificados apenas a partir de 2015. Dessa forma, conforme pode ser visto no gráfico 1, o índice cai nesse ano de 100% para 66% e volta a subir para 75% em 2017, possivelmente devido à capitalização em empresas de capital estrangeiro.

Outro segmento que foge da média dos demais é o Terrestre, que se apresenta com 100% de capital estrangeiro até 2013, quando foi possível agregar os dados da Agrale, que possui 100% de capital nacional. Passa assim a 50% de capital estrangeiro entre 2013 e 2016 e, em 2017, apresenta aumento do capital estrangeiro para 67,7%. Os demais segmentos em análise apresentam percentual de capital estrangeiro de até 26,4%, com algumas movimentações no período em questão.

Observa-se, ademais, que o segmento Aeroespacial apresenta grande aumento de capital estrangeiro entre 2008 e 2017, partindo de 6,4%, alcançando 26,4% em 2016 e recuando para 20% em 2017. Os movimentos mais importantes no período consistem em: i. AEL Sistemas passando de 75% para 100% de capital estrangeiro em 2016; ii. Akaer saindo de 100% de capital nacional para 85% em 2016; iii. Embraer oscilando entre 87,7% de capital estrangeiro em 2010, passando por 76,2% em 2014, e alcançando 85% em 2017, situação convergente com a pulverização de seu capital em bolsa de valores; e iv. Omnisys saindo de 51% de capital estrangeiro em 2008 para 100% em 2012.

O segmento de Armamento e Munição[11] caracteriza-se por ser quase todo composto por capital nacional, com exceção da empresa Ares, 100% de capital estrangeiro a partir de 2011, e a Taurus, que apresentou em 2015 e 2016 ínfimas parcelas de capital estrangeiro, 1,6% e 1,2%, respectivamente, devido à abertura de seu capital. Dessa forma, o segmento chegou a 16,7% de capital estrangeiro em 2011 e em 2017 apresentava 14,3%.

---

10 A estrutura da base de dados e o perfil das 85 empresas pesquisadas demandaram seu enquadramento em segmentos, sugerido e realizado pelo Centro de Apoio a Sistemas Logísticos de Defesa (CASLODE), a partir de similaridade de objeto social.

11 Cabe destacar que não foi possível levantar os dados da empresa CBC no período estudado. Ademais, o segmento foi mantido protegido da entrada de capital e empresas estrangeiras, em especial em armas e munições de menor porte, até aproximadamente 2014, por decisão do Ministério da Defesa.

Gráfico 1
Evolução do percentual de capital estrangeiro nas EED e ED — 2008 a 2017

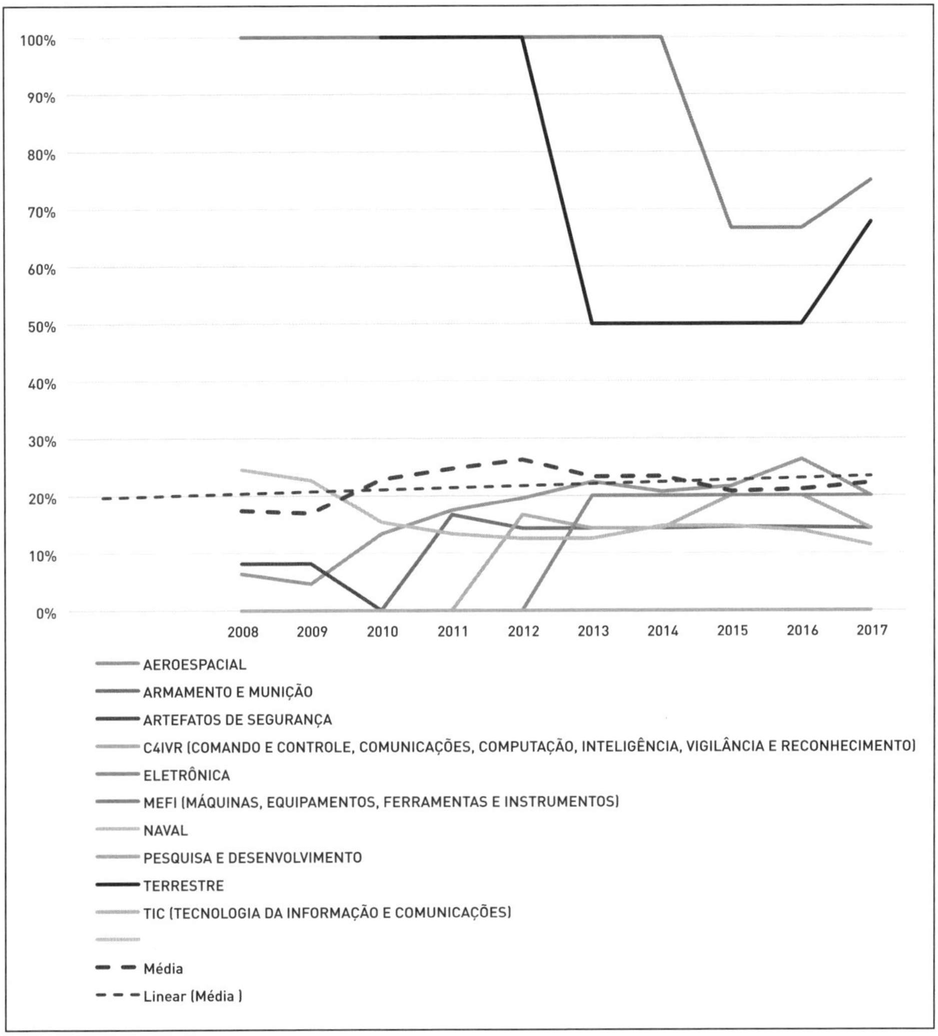

Fonte: Elaboração própria a partir de dados de ABDI e FGV Projetos (no prelo).

Artefatos de Segurança possuía 8,2% de capital estrangeiro em 2008, foi a 0% em 2010 e permaneceu dessa forma até o fim do período estudado. Esse movimento deveu-se a uma das empresas, que em 2010 recuperou 24,5% de capital de origem estrangeira em sua composição acionária. As demais empresas não apresentaram oscilações.

O segmento de Comando e Controle possui apenas duas empresas com movimentação de capital estrangeiro no período: a primeira passa a ter 100% em 2012, e a segunda, que em 2013 e 2014 contou com 40%. Dessa forma, o percentual de capital estrangeiro chega a 20% em 2015 e retorna a 14,3% em 2017.

O segmento de Eletrônica alcança 20% de capital estrangeiro em 2013, a partir da contabilização dos dados da empresa Iacit, que possui 40% de capital de acionistas no exterior.

O segmento de Tecnologia da Informação apresenta oscilações ao longo do período, passando de 24,6% de capital estrangeiro em 2008 para 11,4% em 2017. Seu perfil mostra empresas ou 100% nacionais ou 100% estrangeiras, havendo uma única, que a partir de 2014, detém 50% de cada um. Outra empresa desse segmento apresenta 95% de capital estrangeiro em 2008 e 2009 e após essa data passa a ser 100% nacional. Duas outras mantêm-se 100% estrangeiras durante todo o período. As demais empresas são de capital nacional.

A linha de tendência no gráfico 1 mostra leve propensão ao aumento do capital estrangeiro nos segmentos, durante os períodos estudados. Tal fato e as análises das informações apresentadas demonstram entrada contínua de capital estrangeiro no mercado de defesa brasileiro.

Grupos franceses e israelenses fagocitaram empresas nacionais de elevada qualidade técnica, mesmo após a publicação da Lei nº 12.598/2012, incluindo-as em suas cadeias globais de valor, em razão de sua excelência e complementaridade dos temas tratados entre elas, o que certamente contribui para o aumento da inovação de produtos e processos em seus grandes grupos empresariais. Esse processo pode significar alternativa estratégica para a indústria de defesa nacional, no sentido de garantir sua continuidade em segmentos altamente tecnológicos, a manutenção da capacidade produtiva no país e a garantia de empregos de alta qualificação.

Parte das empresas brasileiras buscou parceiros internacionais para capitalizar suas operações, sem, no entanto, transferir a maioria de suas ações e de seu capital votante para os grupos estrangeiros, em conformidade com as regras estabelecidas pela Lei nº 12.598/2012 para a determinação de EED. Houve, dessa forma, modificações acionárias em várias empresas de defesa no país, na maioria das vezes em observância às especificidades da nova lei, para que novas empresas ou *joint ventures* resultantes de parcerias de grupos brasileiros e internacionais pudessem garantir o tratamento diferenciado conferido às EED e fortalecer sua presença no mercado brasileiro de defesa.

Outra análise relevante é a do percentual de movimentação societária[12] da indústria da defesa, que consiste em indicador para compreender o fluxo e a intensidade de compra e venda de participações na estrutura societária dos segmentos estabelecidos para a sistematização dos dados sobre as 85 EED e ED brasileiras. Cabe destacar que não há diferenciação entre capital nacional e estrangeiro na informação prestada pelo mencionado índice, no entanto, trata-se de medida importante do grau de volatilidade do capital social dos segmentos.

Quando se consideram movimentos nacionais e estrangeiros de capital, entre os anos 2008 e 2017, observam-se diferentes oscilações societárias nos segmentos da indústria de defesa, conforme pode ser visto no gráfico 2. Alguns segmentos apresentaram ápices de movimentações em anos específicos. Os segmentos de Eletrônica, Químico e de Máquinas, Equipamentos, Ferramentas e Instrumentos apresentam movimentações de 139%, 100% e 53%, respectivamente, em 2011, ano de negociação da MP 544, futura Lei nº 12.598/2012, devido a movimentos de compra e venda entre pessoas jurídicas, fundos de investimento e alterações societárias entre empresas do mesmo grupo.

Em 2014, há outro pico de compra e venda de quotas de empresas nos segmentos de Comando e Controle, Comunicações, Computação, Inteligência, Vigilância e Reconhecimento (47%) e no de Software (40%). No primeiro houve a integralização da Atech pela Embraer Defesa e Segurança, coerente com a estratégia da Embraer de expandir seus segmentos de atuação no mercado de defesa.

Em 2016, o segmento Químico apresenta movimentação acentuada, da ordem de 20%, devido à entrada de fundo de investimento na composição societária da única empresa classificada nesse segmento. Já em 2017, o segmento de Infraestrutura e Instalações apresenta movimentação marcante de 55%, devido a alterações entre acionistas pessoas físicas.

Os demais segmentos apresentam certa constância anual em sua movimentação societária no período considerado. O segmento Aeroespacial apresenta como movimentos societários principais: i. A formalização da Visiona; ii. A aquisição da Optoeletrônica pela Akaer; iii. a capitalização da FT Sistemas pelo FIP Aeroespacial; iv. A aquisição da Omnisys pela Thales; v. A aquisição de 40% da Novaer Craft pela Calidus LLC; e vi. Alterações nos acionistas da Embraer.

---

12 O Índice de Movimentação Societária mede o nível de movimentação de capital social na estrutura societária de um segmento. Mede pela razão entre o capital social do segmento movimentado no período e o capital social total da indústria.

O segmento de Armamento e Munição apresenta no período aquisição de mais de 60% de uma das empresas e movimentações de ações em bolsa, a aquisição da Ares pela Elbit Systems de outro grupo internacional e a aquisição da Mectron pela Odebrecht Defesa e Tecnologia.

No segmento de Tecnologia da Informação e de Comunicações observam-se entre os movimentos principais: i. Capitalização da Geocontrol pelo FIP Aeroespacial; e ii. Movimentações de ações da Mectron de *holding* da Odebrecht para a Odebrecht Defesa e Tecnologia.

Os segmentos de Artefatos de Segurança, de Pesquisa e Desenvolvimento e Naval apresentam certa estabilidade e baixa movimentação societária durante 2010 e 2017. Observa-se, em 2015, compra de aproximadamente 10% das ações da Bradar, classificada no Segmento de P&D, de duas pessoas físicas por parte da Embraer. O segmento Naval apresenta 9% de movimentação societária em 2017. O segmento Terrestre consiste no único que não apresentou movimentações societárias no período.

A linha de tendência apresentada no gráfico 2 indica aumento gradual, mas pouco acentuado, do percentual de movimentação societária das EED e ED, em todos os segmentos estudados, no período entre 2008 e 2017. Tais movimentos configuraram-se como: i. Entradas de fundos de investimento em participações e de *holdings* para capitalização de empresas; ii. Expansões de grandes grupos nacionais para segmentos em que ainda não atuavam e em que já atuavam; iii. Criação de novas empresas; iv. Aquisições de empresas nacionais por grupos internacionais; e v. entrada de grupos internacionais em parceria com grupos nacionais.

Quando se consideram os percentuais de movimentação anual, percebe-se que segmentos como o Aeroespacial, o de Armamento e Munições e o de Tecnologia de Informação apresentam-se como mais dinâmicos na economia brasileira, enquanto os demais permanecem estáveis e com alguns saltos que podem ser considerados incomuns em suas séries históricas.

Cabe lembrar que os segmentos que apresentam empresas de capital aberto são o Aeroespacial (Embraer) e o de Armamento e Munições (Taurus), e essa característica permite a maior oscilação acionária, o que fornece dinamismo aos segmentos que possuem fortes barreiras de entrada. Já o segmento de Tecnologia da Informação caracteriza-se por possuir menor custo de entrada em comparação aos demais e, por essa razão, oscila de maneira mais constante.

Gráfico 2
Índice de Movimentação Societária das EED e ED — 2008 a 2017

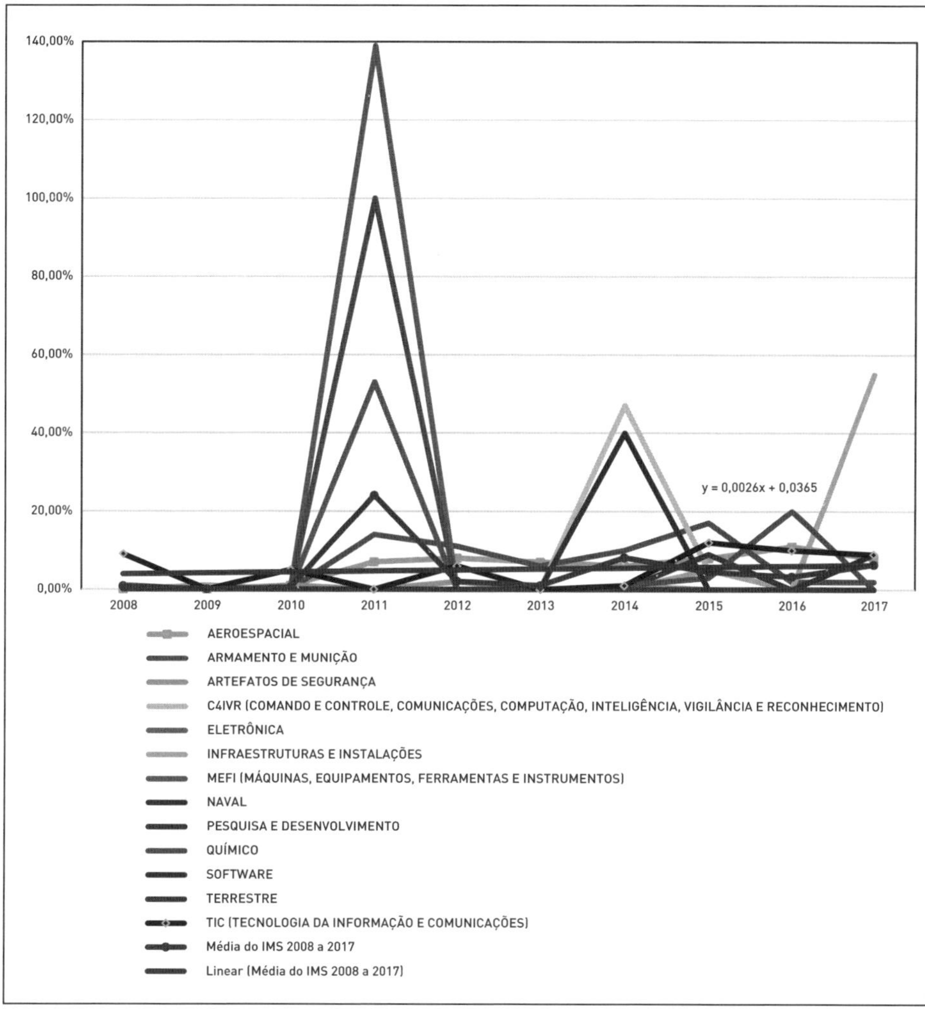

Fonte: Elaboração própria a partir de dados de ABDI e FGV Projetos (no prelo).

A estanqueidade dos segmentos Naval, Terrestre e de Pesquisa e Desenvolvimento pode ser explicada por possuírem grandes barreiras de entrada, financeira e técnica no caso dos dois primeiros, e, em especial, técnica no caso do último, por necessitar de alta formação de recursos humanos para desenvolvimentos tecnológicos.

4. Considerações finais

A análise dos dados e dos fatos ocorridos no período considerado demonstra que houve aumento da entrada de capital internacional na indústria de defesa brasileira, não obstante as estratégias realizadas pelo governo brasileiro para evitá-la ou reduzi-la, bem como para estimular a entrada de grandes empresas de capital nacional nesse mercado, por meio da criação de empresas de defesa e da incorporação de empresas desse complexo já existentes na economia brasileira. De fato, a fragilidade do complexo de defesa do Brasil é alvo de interesses internacionais, o que resulta na evolução desse cenário para estruturas societárias de maioria estrangeira.

Os movimentos de entrada de capital estrangeiro na indústria de defesa nacional foram intensificados no período entre 2010 e 2012, com as investidas de grupos israelenses e franceses, que buscavam complementação para suas atividades produtivas e tecnológicas em suas cadeias globais de defesa e, para tal, realizaram aquisições integrais de empresas com alto desempenho produtivo e tecnológico nacionais. Dessa forma, pode-se dizer que para esses casos de empresas estratégicas para a indústria de defesa, nos segmentos de optrônicos, aviônica, tecnologias eletrônicas, estações de armas, sistemas navais, eletro-ópticos e aeroespacial, as medidas adotadas pelo governo não obtiveram êxito. Os segmentos de maior conteúdo tecnológico e maior especialização — que necessitam de maior aporte de capital — foram aqueles que despertaram o interesse internacional e apresentaram a maior entrada de capital estrangeiro no período, o que pode ser medido pelo Índice de Capital Estrangeiro.

As demais entradas buscaram atender aos requisitos da Lei nº 12.598/2012, de maneira a manter ⅔ do capital votante e 60% do controle acionário sob o controle nacional. Dessa forma, mesmo que de maneira sutil em alguns casos, houve aumento da presença de capital estrangeiro, não obstante a lei. Esse aumento refletiu expectativa do mercado, despertada pelo governo brasileiro, com a intenção de reequipar e de modernizar as Forças Armadas brasileiras e promover a reestruturação da Base Industrial de Defesa do país, enfraquecida desde sua crise nos anos 1990.

Dessa forma, pode-se afirmar que o processo de desnacionalização da indústria de defesa brasileira parece não poder ser impedido devido à: i. ausência de economias de escala e de escopo, necessárias para o mercado de defesa, que é dependente de altos investimentos em produção e em inovação e que exige a capacidade de suportar riscos técnicos e financeiros da integração de complexos sistemas de defesa; ii. gestão insuficiente dessa base industrial por parte do governo brasileiro, que não define política industrial efetiva de apoio, mesmo preocupado com questões de autonomia e soberania nacionais.

O governo brasileiro poderia utilizar o instrumento de política industrial relacionado com o poder de compra, que, no entanto, vem perdendo o fôlego desde 2014, e a economia brasileira não demonstra, até o momento, sinais de melhora. As previsões são sombrias, conforme documentos do Ministério da Defesa sobre o futuro da indústria de defesa no Brasil. Haveria solução viável, que respeitasse os objetivos estratégicos da nação para fazer frente ao movimento mundial de globalização da indústria de defesa e que garantisse a soberania nacional e o controle sobre as tecnologias desenvolvidas no país? É fato que a Lei de Fomento à Indústria de Defesa tangencia tal objetivo, uma vez que tem logrado manter parte do capital nacional atrelado a empresas criadas e desenvolvidas no Brasil. No entanto, não consegue impedir que grandes empresas mundiais de defesa adquiram ativos de empresas nacionais e até mesmo seu controle.

A definição de segmentos, indústrias, tecnologias e capacidades desejáveis para a manutenção e o fortalecimento do complexo industrial de defesa brasileiro configura-se como alternativa essencial para a garantia da autossuficiência e da soberania nacionais. A partir de tais definições, poder-se-ia buscar a ampliação da participação do capital estatal em empresas prioritárias, estratégia semelhante à sul-africana.

Alternativa coerente com o desejo nacional de fortalecer o complexo industrial de defesa brasileiro consiste na definição de segmentos, indústrias, tecnologias e capacidades a serem mantidas devido a seu papel estratégico, essenciais para a manutenção da autossuficiência e da soberania nacionais, buscar ampliar a participação de capital estatal em empresas prioritárias, semelhante à estratégia sul-africana. Nesse contexto, cabe refletir sobre quais seriam, de fato, as prioridades nacionais referentes ao fortalecimento da indústria de defesa: tecnologia espacial, defesa cibernética, nuclear — conforme indica a Estratégia Nacional de Defesa —, o setor aeronáutico, artilharia antiaérea, missilística, sistemas de comunicação, radares?

De qualquer forma, a situação econômica brasileira atual não permite o aumento da participação acionária em empresas finalísticas de defesa. Talvez uma alternativa realista consista em mapear e estimular a inclusão de empresas de excelência brasileiras em cadeias globais de grandes empresas de defesa internacionais, o que exige capacidade técnica e tecnológica. Com isso, poder-se-ia manter no Brasil a produção de sistemas, de produtos e de inovações tecnológicas, com carga de trabalho que aumentaria a escala empresarial — produtiva e financeira — e ampliaria o adensamento da cadeia produtiva, de forma a garantir encadeamentos produtivos e tecnológicos e demanda de produtos e serviços, além de garantir o domínio do capital nacional. Ademais, buscar atrair o IED e promover a realização de *joint ventures* com empresas estrangeiras de defesa, estimuladas pelos grandes projetos de interesse das Forças Armadas, condicionando sua atuação no Brasil à parceria com empresas de defesa nacionais, além da utilização do instrumento de *offset*.

Outro instrumento valioso para o fortalecimento e a capitalização de empresas de defesa nacionais consiste nos Fundos de Investimento em Participações, que podem evitar sua venda para o capital internacional. Por fim, deve-se destacar que o governo brasileiro não pode se furtar a uma atuação proativa em termos de política industrial e regulatória específicas para a busca da superação das fragilidades da indústria nacional de defesa, uma vez que políticas econômicas liberais jamais se mostraram eficazes para essa categoria de empresas.

Referências

ABDI. Agência Brasileira de Desenvolvimento Industrial. *Diagnóstico*: Base Industrial de Defesa Brasileira. Brasília: ABDI, 2011.

_____. *Estudos setoriais de inovação*: Base Industrial de Defesa. Brasília: ABDI, 2010.

_____. *Panorama da Base Industrial de Defesa*: segmento aeronáutico. Brasília: ABDI, 2013.

_____; FGV PROJETOS. *Sistema de acompanhamento societário da indústria de defesa brasileira*. Brasília: ABDI, 2018.

_____; IPEA. *Mapeamento da Base Industrial de Defesa*. Brasília: ABDI, 2016.

ADAMS, W. The military-industrial complex and the new industrial state. *The American Economic Review*, v. 58, n. 2, 1968, p. 652-665.

ANDRADE, Israel O.; FRANCO, Luiz Gustavo A.S. *Desnacionalização da indústria de defesa no Brasil*: implicações em aspectos de autonomia científico--tecnológica e soluções a partir da experiência internacional. Brasília: Ipea, 2016. (Texto para Discussão nº 2.178.) Disponível em: www.ipea.gov.br/portal/index.php?option=com_content&view=article&id=27256. Acesso em: 29 jan. 2019.

BRASIL. Ministério da Defesa. *Livro branco de defesa nacional*. Brasília: MD, 2012.

CAVERLEY, J. D. United States hegemony and the new economics of defense. *Security Studies* v. 16, n. 4, out./dez. 2007, p. 598-614.

DEVORE, M. R. Arms production in the global village: options for adapting to defense-industrial globalization. *Security Studies*, v. 22 n. 3, 2013, p. 532-572.

DRUMOND, C. D. *Indústria de defesa no Brasil*: história, desenvolvimento e desafios. Guarulhos: ZLC Comunicação e Marketing, 2014.

HAYWARD, K. *The globalisation of defence industries*. Royal Aeronautical Society, 2010. Disponível em: www.fzt.haw-hamburg.de/pers/Scholz/dglr/hh/text_2011_05_05_European_Aerospace_Written.pdf. Acesso em: 16 jan. 2019.

LONGO, W. P. Tecnologia militar: conceituação, importância e cerceamento. *Tensões Mundiais*, v. 3, n. 5, 2007, p. 111-143. Disponível em: https://revistas.uece.br/index.php/tensoesmundiais/article/view/722/607. Acesso em: 13 jan. 2019.

MILESKI, André. As "cinco irmãs" no setor de defesa [e espaço]. *Tecnologia e Defesa*, n. 133, jul. 2013. Disponível em: http://panoramaespacial.blogspot.com/2013/07/as-cinco-irmas-no-setor-de-defesa-e.html. Acesso em: 28 jan. 2019.

QUERINO, Larissa de Freitas. *Movimentos societários da indústria de defesa brasileira*. Dissertação (mestrado em economia) — Faculdade de Economia, Administração, Contabilidade e Gestão de Políticas Públicas, Universidade de Brasília, Brasília, 2019.

RODENGEN, J. L. *A história da Embraer*. Fort Lauderdale: Write Stuff Enterprises, Inc., 2009.

Metodologia de prospecção tecnológica do Exército Brasileiro: estudo de caso da cibernética

*Juraci Ferreira Galdino**
*José Luiz Andrade Júnior***
*Ricardo Wagner Amorim Guimarães****

1. Introdução

A área Future Technology Analysis (FTA) compreende práticas de estudos de futuro cujos desenvolvimentos independentes ensejaram distinções, complementaridades e semelhanças metodológicas, tais como, *technology intelligence, forecasting, roadmapping, assessment* e *foresight*.[1] Esses estudos abrangem dois focos principais: tecnológico, que se propõe a visualizar oportunidades e riscos intrínsecos a projetos de Pesquisa, Desenvolvimento e Inovação (PD&I); e a formulação de políticas públicas, as quais endereçam transformações potenciais e impactos multisetoriais induzidos pela inovação tecnológica (Halicka, 2016). Desse modo, de acordo com o objetivo e o contexto da entidade, o FTA destina-se a organizar as informações disponíveis, produzir conhecimentos novos, úteis e estratégicos, em apoio ao processo decisório de alto nível em ambiente corporativo, institucional ou governamental.

No Brasil, a semântica Prospecção Tecnológica (PT) é a que melhor corresponde ao termo FTA, sendo empregada para se referir às diferentes abordagens, atividades ou métodos de coleta, tratamento, visualização e análises de informa-

* General de Brigada Engenheiro Militar. Doutor em engenharia elétrica pela Universidade Federal de Campina Grande (UFCG). Comandante e Reitor do Instituto Militar de Engenharia (IME). CV: http://lattes.cnpq.br/3588063339399737. E-mail: jfgaldino675@gmail.com.

** Mestre em propriedade intelectual e transferência tecnológica pela Universidade Federal do Rio de Janeiro (UFRJ). Agência de Gestão e Inovação Tecnológicas (AGITEC). CV: http://lattes.cnpq.br/1067279134250588. E-mail: andrade.luiz@eb.mil.br.

*** Graduado em engenharia elétrica pelo Instituto Militar de Engenharia. Agência de Gestão e Inovação Tecnológicas (AGITEC). CV: http://lattes.cnpq.br/7951009170470648. E-mail: ricardowagner.guimaraes@eb.mil.br.

1 Cagnin et al. (2008); Cagnin, Amanatidou e Keenan (2011); Porter (2010); Porter et al. (2004).

ções dedicadas a produção de novos conhecimentos e conteúdos antecipatórios sobre o futuro, em apoio a processos decisórios multinível (Ribeiro, 2018; Mayerhoff, 2008).

A incerteza, a complexidade e o dinamismo são atualmente tratados como principais componentes da tríade que caracteriza os sistemas sociais contemporâneos (Magruk, 2015) e que refletem as evoluções tecnológicas das últimas décadas que emergiram e se disseminaram em velocidade sem precedentes, desafiando os métodos tradicionais de antecipação do futuro (Halicka, 2016). Esse cenário sinaliza que as transformações induzidas pela tecnologia tendem a se ampliar.

O consenso quanto à importância da tecnologia e à necessidade por estudos antecipatórios motivou o surgimento de órgãos dedicados a PT nas esferas governamentais e corporativas no mundo inteiro, a exemplo da Rússia, China, Áustria, Suécia, Reino Unido, Turquia entre outros (Halicka, 2016; Unido, 2005). Contudo, a busca pela capacidade antecipatória não produziu um guia de qualidade reconhecida que permita direcionar o uso correto e eficiente do emprego de PT. Essa lacuna instiga pesquisadores ao estudo aprofundado do tema e ao desenvolvimento de métodos e algoritmos dedicados a aprimorar a reunião, a seleção, o tratamento, a visualização e a análise dos dados em proveito de estudos antecipatórios mais consistentes, colimados aos resultados almejados e capazes de influir em sua consecução e que levem em conta os contextos específicos de uso, a cultura organizacional da instituição demandante dos estudos prospectivos, seus objetivos e áreas de interesse.[2]

É notória a profusão de métodos e técnicas endereçados à PT e consensual a inexistência de uma metodologia consagrada para amplo escopo de aplicação. A conjunção desses fatores torna especialmente complexa a elaboração de metodologias de prospecção eficientes e eficazes para instituições que possuem vasto rol de interesses, objetivos de médio e longo prazo, cujas organizações componentes formam uma ampla e sofisticada rede de atores e que é embasada nos princípios da hierarquia e disciplina, como o Exército Brasileiro (EB).

Nesse cenário e diante da decisão estratégica do EB de realizar Processo de Transformação (Brasil, 2020; Corrêa, 2019) buscando adequar a instituição aos tempos modernos e tendo a prospecção tecnológica como um vetor importante

---

2 Blackburn e Pierrakis (2020); Rongping e Zhongbao (2020); Sánchez-Torres e Miles (2017); Gokhberg, Sokolov e Chulok (2017).

dessa transformação, decidiu-se desenvolver uma abordagem metodológica que contemplasse simultaneamente as gerações, os princípios, os elementos e as técnicas de autores relevantes, respeitando o contexto organizacional do EB e incorporando nesses estudos o conhecimento tácito de seus integrantes.

Para alcançar este objetivo, procedeu-se a pesquisa bibliográfica sobre possibilidades, limitações e características de técnicas, ferramentas e metodologias de PT e realizou-se pesquisa documental compreendendo fontes primárias do EB, para aclarar os objetivos institucionais com relação ao processo de prospecção tecnológica, bem como para evidenciar aspectos culturais e organizacionais da instituição capazes de influenciar este processo. Após correlacionar os resultados da pesquisa bibliográfica com os de pesquisa documental, propôs-se a Metodologia de Prospecção Tecnológica do Exército Brasileiro (MPTEx) que foi submetida ao crivo de vasta quantidade de especialistas da Força Terrestre, motivando ajustes e melhoramentos da metodologia proposta. Este trabalho apresenta a MPTEx e discute o processo de experimentação da MPTEx contemplando o tema de cibernética, em que foi consultado amplo rol de especialistas envolvidos com a área de pesquisa básica, pesquisa aplicada, desenvolvimento, operacional e doutrinária no assunto.

O caso de estudo foi escolhido em razão de sua expressão tecnológica permear amplo espectro das atividades produtivas, de serviços essenciais à sociedade e de suas implicações para a guerra do futuro. Além dos benefícios atuais e potenciais, a transversalidade do tema oferece um rico caso para explorar e evidenciar o potencial da MPTEx e lançar luz quanto à seguinte questão de pesquisa: o conhecimento tácito relacionado com as áreas de pesquisa, doutrinária e operacional da Força Terrestre fornece subsídios para melhorar estudos prospectivos do campo científico-tecnológico?

2. Revisão bibliográfica sobre prospecção tecnológica

Segundo Dufva, Salo e Ahlqvist (2015), a criação do conhecimento organizacional em trabalhos de PT orientado ao futuro deve se pautar no conhecimento compartilhado entre agentes ao longo de sua elaboração. Os autores destacam o valor das interações entre pessoas, uma vez que são as análises desses múltiplos níveis que aduzem à visão sistêmica sobre o tema. Eerola e Miles (2011) destacam que a gestão do conhecimento é um processo de aprendizado mútuo que envolve vários *stakeholders* para enfrentar os desafios propostos pela PT, em função da variabilidade e abrangência dos assuntos, que compreende diferentes disciplinas, pesquisas tradicionais e atividades profissionais, além da concorrência e interesses difusos das áreas corporativa, setorial e pública.

Os esforços concernentes à PT de grande repercussão na literatura abarcam abordagens, métodos, técnicas e ferramentas que estabeleceram arcabouço robusto para acessar conhecimentos sobre o tema de interesse. Porter e colaboradores (2004) foram pioneiros ao organizar 53 métodos classificando-os em 13 classes ou famílias. De forma mais ampla, esses métodos podem ser qualitativos, quando coletam opiniões de um grupo específico de pessoas para codificar a expressão tácita do conhecimento organizacional ou temático, e quantitativos, quando empregam parâmetros numéricos para caracterizar o fenômeno ou o objeto de estudo, permitindo evidenciar e estabelecer relações do conhecimento explícito ou codificado (Unido, 2005).

Popper (2008) aprofunda a discussão sobre PT ao estabelecer três classes e quatro dimensões para o repositório de métodos e técnicas, a partir da revisão de 886 estudos de caso. As classes foram divididas em métodos quantitativos, semiquantitativos e qualitativos, evidenciando predomínio do último, com destaque para revisão da literatura, cenários e painel de especialistas. Por sua vez, tendências e extrapolações representaram a maior incidência de estudos quantitativos. O diagrama de Popper (2008), nominado "diamante da prospecção", permite identificar os métodos e relacioná-los com as quatro dimensões que devem integrar a PT: criatividade, experiência e interação, com maior dependência do conhecimento tácito dos envolvidos, do conhecimento organizacional ou temático, e a dimensão de evidência, cuja exploração requer conhecimentos explícitos e codificados. A criatividade é demonstrada por métodos caracterizados por engenhosidade e inventividade criativa. A interação ou sinergia volta-se para a criação de uma visão comum do futuro a partir da interação dos participantes. A experiência decorre de um conjunto de opiniões, do exame de especialistas. As evidências são informações explícitas, de quaisquer mídias, desde que úteis e indissociáveis da compreensão do estado atual da área de pesquisa estudada.

Magruk (2011) identificou 117 métodos com potencial de uso para pesquisa prospectiva e os agrupou em 10 classes: consultivo, criativo, prescritivo, multicritério, radar, simulação, diagnóstico, analítico, pesquisa e estratégico. O estudo relaciona também categorias e fatores, além de critérios e tipos de métodos, que influenciam no processo de PT. O autor faz um interessante contraponto à inexistência de uma metodologia universal: se essa condição permite um maior grau de liberdade para conduzir o estudo de PT, por outro causa dificuldades, pois não se sabe se a escolha de métodos e técnicas, particularizada a um caso, pode também se aplicar a outros contextos. Essa reflexão denota a dependência do estudo de PT com a estrutura organizacional e rol de conhecimentos e competências explícitas e implícitas que a caracterizam.

Halicka (2016) empregou recursos estatísticos modernos, redes neurais artificiais e a opinião de especialistas para selecionar e agrupar os métodos de prospecção, o que resultou em 90 métodos e sete classes: acumulação, criação, retrospecção, exploração, quantificação, seleção e projeção. A abordagem da autora considera similaridades e reduz ambiguidades de conceitos e de classificações anteriores. No entanto, preserva a possibilidade de explorar expressões explícitas e tácitas do conhecimento organizacional, analisar o estado corrente da tecnologia, gerar novas informações sobre o tema, coletar informações sobre o ambiente, bem como identificar fatores que afetam o desenvolvimento tecnológico.

A interação entre os participantes é considerada por Dufva, Salo e Ahlqvist (2015) o elemento principal para a criação de conhecimento em estudos de futuro. Yazan (2016) destaca que estudos prospectivos mais promissores são obtidos com a combinação de técnicas.

Apesar da grande quantidade de métodos de prospecção tecnológica e da inexistência de uma opção consagrada para usos gerais, essa breve revisão bibliográfica evidenciou a importância de se combinar análises quantitativas e qualitativas e sobretudo de considerar conhecimentos tácitos que propiciem visão sistêmica sobre o assunto a ser prospectado.

Diante dos aspectos mencionados, a MPTEx, a ser explorada na próxima seção, foi concebida para privilegiar a combinação de práticas modernas de PT, contudo, considerando especialmente o conhecimento tácito dos especialistas do EB nos temas de interesse.

3. Metodologia de prospecção tecnológica do Exército

3.1 Considerações preliminares

O EB possui interesse nas mais variadas áreas do conhecimento humano; das ciências humanas às exatas, o rol é extremamente amplo, difícil é identificar um conhecimento que não tenha alguma aplicação na instituição. Em termos específicos de Sistemas e Materiais de Emprego Militar (SMEM), as necessidades do EB compreendem desde itens de uso individual, produzidos em massa como ração alimentar, fardamento e coletes de proteção balística, até os equipamentos de emprego coletivo, de alto valor agregado como rádios táticos, sistemas de radares e sistemas de armas (França Junior e Galdino, 2019).

Na esteira desse pensamento, Pirró e Longo (2004) acrescentam que a superioridade da ciência e tecnologia (C&T) é fator decisivo nas guerras, sendo não somente o centro de gravidade da expressão militar mas também das expressões política e econômica do poder nacional. Diante disso, torna-se imperioso identificar tecnologias portadoras de futuro e vislumbrar seus impactos na geração de capacidades operativas da Força Terrestre a serem desempenhadas no horizonte de médio e longo prazo, para fornecer subsídios aos decisores estratégicos da instituição que deverão se posicionar quanto a priorização e alocação de recursos humanos e financeiros em atividades de P&D, especialização de recursos humanos, estabelecimento de parcerias nacionais e internacionais e transferências tecnológicas em áreas auspiciosas.

O EB compreende 706 Organizações Militares distribuídas no território nacional que acomodam mais de 200 mil militares, dos quais cerca de 55 mil são oficiais ou sargentos, cujas vivências, formações intelectuais e qualificações técnicas se integram simbioticamente à capacidade operacional do EB em sistemas como: Pessoal, Ensino, Logístico, Operacional, Cultural, Mobilização, Economia e Finanças, Ciência e Tecnologia, e pelo Sistema Estratégico de Comando e Controle do Exército (SEC2Ex) (MD, 2014).

O capital humano do EB atua em todas as fases do ciclo de vida de SMEM, desde a definição de requisitos, pesquisa básica, pesquisa aplicada, pesquisa e desenvolvimento, utilização até o desfazimento, bem como na doutrina, no emprego dos meios e no planejamento estratégico, entre outras áreas. Em suma, o conhecimento tácito e explícito da Força Terrestre é um inestimável ativo que deve ser aproveitado nos processos de prospecção tecnológica, sobretudo para se prover visão holística ou sistêmica sobre o tema de interesse. Como é senso comum na literatura, os repertórios de conhecimentos tácitos, intrínsecos e indissociáveis do indivíduo, e de explícitos, dispostos em dados estruturados e não estruturados, são essenciais nos exercícios de prospecção tecnológica.

Essas idiossincrasias são ainda mais particulares em razão de as competências técnicas dos integrantes entremearem-se aos valores da forte cultura organizacional, arraigada no formalismo e rastreabilidade das ações, no elevado grau de consciência situacional de seus integrantes tendo como lastros indissociáveis os pilares institucionais de disciplina e hierarquia.

A vasta gama de interesse, a importância do assunto para os planejamentos de médio e longo prazo, a diversidade de objetivos, a necessidade de colimar as visões científica e tecnológica, doutrinária, estratégica e geopolítica, a importância de conjugar conhecimentos tácitos e explícitos e a cultura organizacional peculiar condicionaram a concepção da Metodologia de Prospecção Tecnológica do Exército Brasileiro (MPTEx) prevista para ser aplicada em amplo espectro e agregar valor multinível em suas aplicações.

Também norteou o desenvolvimento da MPTEx a busca pela flexibilidade, a fim de torná-la capaz de se moldar aos temas propostos e às delimitações de escopo de cada caso concreto, sejam de modesto grau de inventividade, a projetos de grande complexidade e fronteira do conhecimento.

3.2 A organização em fases

A MPTEx conjuga as práticas de FTA que se mostraram mais aderentes às particularidades do EB e que facilitam incorporar às distintas visões e competências técnicas, operacionais e estratégicas de especialistas distribuídos pelo território nacional.

As mais diversificadas propostas temáticas e objetivos podem endereçar o exercício de prospecção ao apoio a projetos em andamento; e ao fornecimento de subsídios quanto à extinção ou à gênese de uma linha de pesquisa, à aquisição de uma nova capacidade operacional no horizonte de longo prazo, ou ainda à obtenção de uma capacidade operacional com meios autóctones. Dessa forma, optou-se por desenvolver uma metodologia/*framework* flexível capaz de utilizar e se moldar aos meios disponibilizados em cada caso pelo EB, contudo preservando a multidisciplinaridade de visões e saberes que caracterizam o exercício de PT.

Dessa forma, a proposta de metodologia de PT do EB, em consonância com a literatura,[3] compreende a possibilidade de utilizar métodos quantitativos focados na coleta, tratamento e visualização de dados, e qualitativos, por meio de consulta a especialistas da área temática.

A metodologia compreende três fases em que inicialmente são empregadas técnicas simples, indicadores básicos e conhecimento explícito. Porém, ao longo do processo de prospecção, agregam-se ferramentas propícias a se considerar o conhecimento tácito, as visões dispares dos diversos matizes da Força Terrestre e indicadores mais sofisticados e complexos. A seguir as fases que compõem a MPTEx são apresentadas sucintamente.

A *1ª Fase (Exploração Preliminar e Organização do Conteúdo)* destina-se a ambientar os envolvidos quanto ao desafio temático. Para tanto, reúnem-se elementos essenciais de informação necessários ao planejamento e à natureza do estudo prospectivo, tais como: informações gerais sobre o tema, documentos que motivaram a realização do estudo prospectivo, extensão do escopo, objetivos, abrangência, profundidade, limitações, expectativas, mapeamento dos principais interessados no assunto, grau de sigilo do documento, bem como as principais fontes de consulta ostensivas, científicas e de propriedade intelectual.

Além dessas informações, é necessário recrutar um conjunto mínimo de especialistas primários, que compõem o *networking* dos analistas de prospecção, a fim de: aclarar os desafios temáticos; auxiliar a seleção de conteúdo; promover a aceleração da curva de aprendizado; coletar palavras-chave; definir estratégias de busca para acessar as bases de dados e a estrutura de organização de conteúdos para os conhecimentos gerados. Espera-se que o desenvolvimento interativo, ainda que com um pequeno número de especialistas da área temática, proporcione melhor compreensão do tema e o nivelamento técnico para os envolvidos, especialmente, para os analistas de prospecção, geralmente não versados no assunto.

Essa abordagem deve resultar na elaboração de um relatório preliminar que congregue a visão inicial de especialistas primários e analistas e inclua explorações bibliométricas e indicadores básicos. Almeja-se que esse resultado intermediário seja rico o suficiente para promover discussões com amplo rol de especialistas

3 Cagnin, Amanatidou e Keenan (2011); Popper (2008); Popper e Korte (2004).

do EB, particularmente, àqueles que integram as OM com algum interesse no assunto, as quais devem ser identificadas nesta fase.

A *2ª Fase (Consulta Externa)* destina-se a consultar os especialistas mais aderentes ao tema no EB. Objetiva-se estabelecer canal técnico entre analistas de prospecção e os especialistas a fim de que sejam superados óbices burocráticos e institucionais e que se tornem fluidas a comunicação e a troca de informações técnicas entre integrantes de diferentes Organizações Militares (OM).

Com o engajamento de militares e civis de diversas OM nos estudos prospectivos, espera-se que o conhecimento sobre o tema alcance novo patamar e que sejam ratificados ou retificados os indicadores primários e a organização sistêmica do conteúdo da etapa anterior.

Nessa fase, as críticas e sugestões dos especialistas devem ser analisadas quanto à forma e ao mérito. A termo da 2ª Fase, o resultado dessa análise é disposto em uma matriz de impacto, cuja visualização busca facilitar a análise e iterações entre os analistas e especialistas. Os resultados da 2ª Fase alicerçam o desenvolvimento da 3ª fase.

A *3ª Fase (Consolidação e Disseminação do Conhecimento)* visa aprimorar o estudo, recepcionar as críticas, sugestões, correções, informações e conhecimentos provenientes das interações entre os especialistas, a fim de que o estudo prospectivo reflita o consenso científico, tecnológico, operacional, doutrinário e estratégico. Adicionalmente, indicadores avançados podem ser adotados. Ao cabo, as abordagens endereçadas à produção de novos conhecimentos devem analisar, compartimentada e integralmente, os conteúdos produzidos, de modo a aclarar o sentido particular e global do conhecimento gerado.

O relatório final é o instrumento que consolida os insumos da pesquisa, bem como as informações úteis como interposição de evidências, argumentos e visões, cuja densidade possa subsidiar a instrução de processos decisórios orientados para o futuro. Concluso o trabalho, caberá à entidade patrocinadora definir quanto aos preceitos para difusão do conhecimento produzido. Dessa forma, assuntos ostensivos e duais podem ser extensivamente difundidos por meio de mídias digitais, palestras, artigos, conferências entre outros.

3.3 Sobre fontes, perfis e taxonomias empregados na MPTEx

Inicialmente, a MPTEx explora preponderantemente as fontes de informação codificadas ou explícitas disponíveis em diversas plataformas e bases de dados.[4] Na primeira fase, especial atenção é dedicada às fontes estruturadas pois os campos de apresentação que caracterizam essas fontes normalmente permitem o uso de ferramentas computacionais de tratamento bibliométrico. Nesse mister, compõem as fontes codificadas e estruturadas da MPTEx bancos de dados externos e da própria instituição, como as bases de propriedade intelectual, de publicações científicas indexadas, plataformas da Coordenação de Aperfeiçoamento de Pessoal de Nível Superior (Capes) e a Biblioteca Digital do Exército (BDEx), entre outras.

Há robusto pressuposto de que o aumento do interesse por novas tecnologias se reflete no incremento da atividade de P&D e, consequentemente, no progressivo acréscimo de publicações científicas e de documentos de propriedade intelectual,[5] pelo que os trabalhos tradicionais de prospecção tecnológica se utilizam dessas fontes como importantes insumos, particularmente dos depósitos de patentes de invenção, pela riqueza de informações que enceram.

Contudo, a MPTEx atribui também tratamento diferenciado aos registros de *software* no Brasil, por permitirem identificar empresas e *startups* intensivas em tecnologia cujo mote não enseja o depósito de patentes de invenção; pela importância desse tipo de propriedade intelectual no bojo das tecnológicas aderentes à 4ª RI (Galdino, 2019; Schwab, 2015); pela característica do mercado de defesa, em que muitas invenções que atendem aos critérios de patenteabilidade são protegidas por segredo industrial e não por patentes de invenção; e por questões de cunho estratégico, pois, quando pertinente, as invenções tratadas como segredo industrial são também protegidas por registro de *software*.

A MPTEx vale-se também de fontes não estruturadas como dados, informações, acontecimentos sociais e políticos e notícias produzidas externamente à organização e veiculadas na mídia, TV, rádio, internet e redes socais (Li e Yee, 2015; Valentim, 1999). Utiliza-se ainda de notas técnicas, manuais, diretrizes, documentos e relatórios técnicos produzidos pela Força Terrestre. Por não

4 Frota, Pantoja e Séllos (2006); Nonaka (2007); SBU (2020).

5 Daim et al. (2006); Porter et al. (2004); Santos et al. (2004).

permitirem filtragem e tratamento automatizado de qualidade assertiva, essas fontes, geralmente, requerem intensivo trabalho manual dos analistas. Em razão disso, elas são prioritariamente utilizadas nas fases finais da metodologia.

Segundo Nonaka (2007), além do processamento mecanicista de informações objetivas, a criação de novos conhecimentos e conteúdos depende, essencialmente, do aproveitamento dos *insights*, das intuições e dos ideais tácitos, muitas vezes com alto grau de subjetividade, dos empregados ou de integrantes de instituições. Atenta à importância do conhecimento tácito e combinando a pesquisa e a entrevista, duas das quatro expressões dos vértices de métodos do diamante da prospecção de Popper (2008), a interação e a *expertise*, a MPTEx, de maneira proeminente na 2ª Fase da metodologia, busca explicitar os conhecimentos intrínsecos dos integrantes do EB versados no tema de interesse.

Ao se incorporar esses conhecimentos aos demais, a MPTEx pretende empreender uma espiral de criação do conhecimento a partir da interação entre conhecimento tácito e conhecimento explícito elevando-se dinamicamente de um nível ontológico inferior ou embrionário até níveis mais altos ou complexos (Frota, Pantoja e Séllos, 2006), e que são organizados em Perfil Científico, Perfil Tecnológico e Estrutura Taxonômica.

O *Perfil Científico* situa fontes mais vocacionadas à geração e difusão de conhecimento, reflete a visão da academia sobre o assunto e envolve preponderantemente resultados de pesquisa básica e aplicada, que, geralmente, são aderentes aos níveis iniciais de uma escala de maturidade tecnológica (França Junior; Galdino, 2019).

Nesse perfil, almeja-se extrair e analisar informações contidas nas publicações científicas para inferir sobre a produção de instituições e a produtividade de autores no decorrer do tempo; identificar autores mais relevantes; instituições com desenvolvimento destacado; colaborações existentes entre instituições e países; fontes de financiamento; entre outros indicadores ou sinais que contemplem informações pretéritas, mas possibilitem amparar, elucidar e constituir visões quanto ao futuro (IFTF, 2020).

O *Perfil Tecnológico* reflete o esforço inovador de entidades orientadas ao mercado, cujos ativos incluem o portfólio de produtos, repertório de propriedade intelectual (patentes de invenção, registro de *software*, cultivares, marcas, entre outros), contratos de transferência tecnológica e de licenciamentos. A análise das informações obtidas dessas fontes pode auxiliar na identificação dos principais *players* (empresas e países, principalmente), dos mercados mais importantes, das redes de cooperação, dos recursos voltados para P&D e dos principais achados (invenções) que se encontram em níveis de maturidade mais elevados (França Junior e Galdino, 2019).

Estrutura Taxonômica: ao passo que analistas e especialistas desenvolvem interações, a revisão bibliográfica evolui, os resultados preliminares de buscas e dos perfis científico e tecnológico são compartilhados, de modo a prover o arcabouço necessário à elaboração das taxonomias e a organização dos conteúdos.

3.4 Sobre abordagens qualitativas e quantitativas e indicadores empregados na MPTEx

Inicialmente, os métodos quantitativos empregados pela MPTEx são simples e evoluem ao longo das fases. Na primeira fase, empregam-se indicadores nominados básicos em razão de requererem baixa interação do binômio analista-especialista; do baixo grau de complexidade para uso das ferramentas; das estratégias de busca e processamento simples, direto, rápido e não exaustivo gerarem resultados preliminares promissores; do baixo consumo de tempo para coleta e apresentação de informações de alto valor agregado; e de colaborar com a profusão de ideias e para a confluência de visão sistêmica do tema tecnológico de interesse.

Nesse contexto, a exploração bibliométrica,[6] intensificada na última década pela maior produção e facilidade de acesso a dados e ferramentas de tratamento, é o principal mote da abordagem predominantemente quantitativa empregada pela MPTEx na *1ª Fase da metodologia*.

A bibliometria é a aplicação de métodos matemáticos e estatísticos para mensurar a produtividade de publicações e outros meios de mídia (Mingers e Leydesdorff, 2015; Pritchard, 1969; Hulme, 1923). Essa técnica pode assumir outras nôminas ou ramificações como cientometria ou cienciometria, se o repositório de documentos investigados recai exclusivamente sobre publicações de artigos científicos, ou patentometria e análise de patente, caso a base de dados investigada seja patentária. Seu uso permite mensurar o comportamento de

[6] Ribeiro (2018); Porter et al. (2004); Unido (2005).

algumas variáveis remissivas a características da produção dos documentos nos domínios científico e tecnológico, possibilitando identificar, por exemplo, sinais de interesse crescente, estável ou em declínio na comunidade acadêmica, entidades corporativas ou governamentais, na tecnologia de interesse.

Enquanto essas técnicas exploram o conhecimento codificado permitindo abordagens múltiplas sobre o estado da arte, as extrapolativas, como as Curvas-S, ambicionam monitorar mecanismos de difusão tecnológica cujo cômputo acumulado de documentos evolui conforme um padrão de curva assemelhado ao sigmoide, desdobrando o ciclo tecnológico em embrionário, crescimento, maturidade e saturação, o que permite inferir sobre o comportamento da tecnologia no médio e longo prazo.[7]

O avanço do conhecimento ocasiona o aumento de publicações e patentes sobre o assunto, em consequência do compartilhamento de ideias, notícias e de saberes científicos e tecnológicos.[8] De modo que no *estágio embrionário, inicial ou emergente*, a tecnologia caracteriza-se por um crescimento relativamente baixo do desempenho tecnológico em comparação com a quantidade de esforços de P&D. No *estágio de crescimento*, ela experimenta um progresso tecnológico acentuado com o tempo. No *estágio de maturidade*, os avanços são modestos em relação aos esforços de P&D e dispêndio de tempo e, por fim, no *estágio de saturação* ocorrem pequenas melhorias de desempenho tecnológico por meio de esforços de P&D muito elevados.

Tipicamente, as Curvas-S são criadas a partir de publicação científica, refletindo o perfil científico a partir de fontes codificadas e estruturadas, ou o perfil tecnológico, a partir de dados de propriedade intelectual, pois o desempenho da tecnologia é diretamente proporcional ao tempo de investimento, relação que transborda para a bibliometria. Na fase embrionária da tecnologia, as publicações científicas e patentes são poucas e espaçadas no tempo. Na fase de crescimento, o aumento de interesse da comunidade científico-tecnológica no tema provoca uma rápida evolução numérica de registros, caracterizada por um comportamento ascendente na curva que corresponde, normalmente, ao aumento de produtividade do setor acadêmico, mas que, eventualmente, pode decorrer de patentes depositadas em área tecnológica intensiva e protagonismo

7 Kucharavy e De Guio (2011); Lezama-Nicolás et al. (2018); Nieto, Lopéz e Cruz (1998).

8 Ernst (1997); Frota, Pantoja e Séllos (2006); Zartha Sossa et al. (2016).

do setor privado. Na fase de maturidade os registros científicos ou patentários apresentam sinais de arrefecimento e, embora continuem a ocorrer, perdem intensidade. Os avanços tornam-se mais lentos com o passar do tempo. Finalmente, o ciclo tecnológico atinge sua fase de saturação, gerando-se um platô no gráfico acumulado de patentes ou de artigos científicos. A extrapolação dessa curva permite antever, a partir do estágio atual, o tempo futuro mais provável em que a tecnologia atingirá a saturação (Zartha Sossa et al., 2016).

A MPTEx também emprega outras ferramentas ou indicadores avançados para avaliar o estágio atual de evolução de uma tecnologia em relação ao seu uso futuro, como a escala de maturidade TRL (França Junior e Galdino, 2019). Essa escala tem sido considerada promissora para discutir maturidade tecnológica; no entanto, sua avaliação tradicional exige a opinião de especialistas e rodadas múltiplas, reuniões não triviais que requerem coordenação e costumam ser onerosas (Lezama-Nicolás et al., 2018). Portanto, sua utilização na MPTEx é realizada sopesando os possíveis benefícios auferidos com o tempo a ser despendido.

Espera-se que o arcabouço de conhecimentos que resulta da interação entre analistas e especialistas e as sucessivos etapas de tratamentos, filtragens e visualizações permitam extrair autores e documentos e submetê-los a tratamentos estatísticos. Após desenvolver tentativas sucessivas de ensaio e erro, verificar críticas, incorporar e subtrair termos, revisar e validar as taxonomias, selecioná-las, organizá-las hierarquicamente e validar as taxonomias junto aos especialistas internos, pretende-se lograr a primeira versão da estrutura taxonômica. Posteriormente, essa estrutura deverá seguir à consulta externa, da qual devem participar os especialistas do EB identificados ao longo da 1ª Fase, o que poderá ensejar ratificação ou retificação de palavras-chave e de suas consequentes Estruturas Taxonômicas, o que é objeto da *2ª Fase*.

Muitos autores creditam o valor e a melhoria da qualidade na elaboração dos estudos antecipatórios à particularidade de congregar conhecimentos multidisciplinares como visões de pesquisadores, de profissionais atuantes no domínio tecnológico de interesse e de analistas de prospecção tecnológica, pois o vetor resultante permeia o compartilhamento de saberes, a identificação de complementaridades, o afastamento do viés ou da prevalência da opinião de um especialista ou de um grupo específico sobre os demais atores.[9]

---

9 Ribeiro (2018); Popper e Korte (2004); Van Der Duin (2016).

Nessa seara, a literatura de Prospecção Tecnológica explora extensamente os métodos *soft* ou qualitativos Delphi[10] originalmente desenvolvidos na década de 1950, para prever o impacto da tecnologia nas guerras (Gordon, 1964; Rand, 2020), são empregados na MPTEx. O método Delphi, adaptado às especificidades organizacionais do EB, possui o condão de consultar apenas especialistas da instituição, muito embora não se descarte a possibilidade de estender a consulta para incorporar renomados especialistas externos nas áreas tecnológicas de interesse.

Como amparado pela literatura, a 2ª Fase destina-se a coletar informações dos especialistas no tema proposto. Para tanto, um Relatório Preliminar é submetido à análise de amplo rol de especialistas que integram o EB, cujas Organizações Militares (OM) espraiadas por todo o território nacional possuem competências técnicas na área temática ou no caso específico.

Espera-se que a análise do Relatório Preliminar resulte em críticas e sugestões, particularmente, quanto à suficiência das palavras-chave para o emprego em estratégias de busca, ou ainda, à pertinência e organização do conteúdo para integrar a proposta Estrutura Taxonômica. Assim, essa fase poderá ser essencial para congregar conhecimentos, compartilhar complementaridades entre especialistas, pesquisadores ou profissionais de notório saber em suas áreas de atuação e domínios tecnológicos de interesse e analistas de prospecção tecnológica; e reduzir o viés.

As pretendidas críticas e sugestões ao Estudo Preliminar, realizadas por especialistas do caso específico, serão classificadas segundo a matriz de compartilhamento de crescimento, ou Matriz BCG, que é uma ferramenta gerencial originalmente usada para representar visualmente o portfólio de uma empresa (Bhasin, 2019), cujo uso tem sido frequentemente associado ao método Delphi para outros propósitos, como prospecção tecnológica, formulação de estratégias competitivas, priorização de projetos e programas entre outras aplicações (Hanlon, 2020).

No MPTEx, essa ferramenta foi adaptada para visualizar o impacto das críticas ou das sugestões que devem ser classificadas com relação às variáveis tempo e qualidade. A primeira delas refletindo o esforço de admissão no estudo prospectivo da crítica ou sugestão e a segunda relacionada com os benefícios

10 Martin et al. (1996); Popper e Korte (2004); Valerdi e Kohl (2004).

proporcionados pela crítica ou sugestão. Adicionalmente, as críticas ou sugestões dos especialistas serão rotuladas quanto ao tipo em: Forma: quando incidirem sobre a aparência, a apresentação ou organização do trabalho do Relatório Preliminar; e Conteúdo: quando se referirem ao método, informações, conceitos técnicos, bem como as conclusões decorrentes. A utilização da matriz BCG adaptada no contexto da MPTEx será aclarada na discussão do caso de estudo.

A 3ª e última fase é dividida em quatro etapas. Na primeira delas, o Relatório Preliminar retornado dos especialistas deverá ser refinado. Na segunda, o Relatório revisado deverá ser encaminhado para a 2ª rodada com os especialistas a fim de ultimarem suas críticas e sugestões e, posteriormente, na 3ª rodada para fins de validação. Ainda na 3ª etapa, após a validação, o relatório de PT deverá sofrer os últimos ajustes e assumirá sua redação final. Por fim, na etapa 4, os órgãos demandantes decidem quanto aos mecanismos de difusão do estudo de prospecção. Entre as modalidades de difusão destacam-se: o envio do relatório para as partes interessadas, a realização de seminários e palestras para temas de caráter dual, ensaios manuscritos, publicação em *webpage*, artigos de opinião, artigos científicos para a divulgação dos achados, enfim, o meio de comunicação julgado adequado para despertar o interesse da sociedade, consumidora e demandante, bem como mobilizar a comunidade científico-tecnológica e empresarial, para alavancar o desenvolvimento de tecnologias habilitadoras do tema de interesse.

4. Discussão dos resultados

A discussão do caso de estudo é iniciada com uma breve revisão bibliográfica, seguida de análise do emprego da MPTEx e de uma síntese dos resultados obtidos no estudo prospectivo.

4.1 Breve revisão bibliográfica sobre o caso de estudo

O ciberespaço se desenvolveu como um sistema de valor inestimável que se retroalimenta, acelera e induz o desenvolvimento de capacidades técnicas, tecnológicas, os meios de produção e uma miríade de aplicações com repercussão não apenas nas expressões do poder nacional, mas também nas relações internacionais.

A Estratégia Nacional de Defesa Americana apresenta o ciberespaço como componente indissociável da vida financeira, social, governamental, econômica e política, razão pela qual dedica especial atenção à segurança ao setor, que se faz perceber na prática, em atitudes protecionistas dos EUA em prol das empresas nacionais de 5G e em detrimento da empresa chinesa Huawei, principal concorrente mundial.

À medida que se expandem, as aplicações tecnológicas da cibernética tornam-se imprescindíveis ao funcionamento e segurança dos sistemas bancários e aeroviários; às telecomunicações; às infraestruturas críticas de geração de energia e de tratamento de água; às atividades agroindustriais; medicina, entre outros. Esse processo simbiótico de conexão do homem à máquina transcende suas atividades laborais acompanhando-o em afazeres diários, como ensino e lazer. Dissociar-se do ciberespaço ou do amplo rol de possibilidades e benefícios gerados à sociedade parece cada vez mais improvável, senão impossível.

Por outro lado, paradoxalmente, essa interconexão é também o meio de acesso para ações nefastas perpetradas contra indivíduos, instituições e até mesmo Estados. A amplitude dessas atividades ilegais não se restringe ao roubo e exposição de dados para fins sombrios, passam por ataques contra sistemas de uso cotidiano e podem atingir, controlar ou colapsar sistemas complexos como o tráfego de portos, aeroportos, satélites e sistemas das Forças Armadas. O rol de ações terroristas, indutoras do caos ou da desordem urbana que esses ataques cibernéticos podem infligir, extrapola qualquer capacidade preditiva, razão pela qual medidas preventivas e de monitoramento ambicionam desencorajá-las.

Recente comunicado da Agência Espacial Norte Americana (Nasa) alerta quanto à proteção de infraestruturas críticas. Segundo a Agência, usinas, fábricas, refinarias de petróleo e gás, entre outras estruturas de grande porte, estariam sendo objeto de planejamentos ou de tentativas de ataque por adversários estrangeiros (Seals, 2020).

Episódios recentes desse novo Teatro de Operações noticiam o ciberataque iraniano à Agência Nacional de Água de Israel, que provocou o desabastecimento de água e problemas na rede de esgoto temporários naquele país. Embora o Irã não reconheça a autoria do ataque, a Ciberdefesa de Israel retaliou a agressão sofrida, invadindo sistemas de controle do Porto de Shahid Rajaee, o mais movimentado do Irã para o comércio marítimo, deixando-o inoperante por várias horas e causando consideráveis prejuízos econômicos. Desse modo, Israel sinalizou ao Irã e a eventuais agressores cibernéticos sua capacidade de escalar interrupções em infraestruturas críticas ou mesmo provocar a destruição a partir do ciberespaço, deixando clarividência de seu compromisso em responder severamente a futuras ofensas cibernéticas (Baram e Lim, 2020).

Lindsey (2019) aponta que as constantes intrusões da China nas redes de computadores corporativas e governamentais americanas implicam ameaça à segurança nacional do país. Eventos mais recentes da política internacional noticiaram o fechamento do Consulado Chinês em Houston, severa resposta do governo americano às ações de espionagem chinesas endereçadas à Propriedade Intelectual e informações privadas americanas (BBC, 2020).

Recente relatório do fornecedor de segurança CyberMDX revelou que, em 2019, as violações de dados resultaram em custos não previstos ao sistema de saúde dos EUA na ordem de US $ 4 bilhões. Além disso, a empresa informou que o hospital médio nos EUA possui cerca de 19.300 dispositivos conectados, dos quais cerca de 40% permanecem com falha por meses após a descoberta de uma vulnerabilidade (Berg, 2020). Outros setores, como o esportivo (Yung e Young, 2014) e o empresarial, a exemplo da Garmin, importante empresa de relógios e equipamentos vestíveis de alta tecnologia, vêm sendo alvos de ciberataques.

Atentas às vulnerabilidades e às oportunidades do ciberespaço, novas empresas ou arranjos de empresas tradicionais, como a Infosys, a Raytheon Company, destacada empresa do setor de defesa, e a IronNet Cybersecurity, têm alavancado o mercado de proteção cibernética (Desimone, 2020).

A importância da cibernética mostra-se irrefutável em razão do aumento de ameaças, de crimes, da dificuldade de identificação de autoria dos ciberataques, bem como das incertezas, da amplitude e das consequências dessas ações. Estados líderes em ciberdefesa, a exemplo dos Estados Unidos da América (EUA), têm empreendido para minimizar vulnerabilidades desse emergente e sensível domínio tecnológico. Neste ano, o Departamento de Defesa Americano (DOD) pretende investir quase US$ 10 bilhões em atividades cibernéticas, incluindo operações ofensivas e defensivas (Williams, 2020). Para efeito de comparação, o Ministério da Defesa do Brasil receberá, no mesmo período, cerca de US$ 21,92 bilhões de dólares para todas as suas atividades (Portal da Transparência, 2020).

Na Organização do Tratado do Atlântico Norte (Otan), o general Denis Mercier, da Força Aérea Francesa, comandante responsável pelos esforços de transformação militar de longo prazo do Comando Supremo de Transformação Aliado, destaca a tendência de aumento no uso de ferramentas híbridas e cibernéticas por atores estatais e não estatais, que visam impactar o ambiente de segurança e contribuir ainda mais para o aumento do grau de incerteza, de desordem e de complexidade do contexto contemporâneo, nominado de "novo normal" (Nato Act, 2017). Na mesma senda, o Relatório de Riscos Globais do World Economic Forum (WEF) alerta para o crescimento nos últimos três anos, entre 2018 e 2020, do uso de ataques cibernéticos contra infraestruturas críticas e setores industriais estratégicos, com a intenção de provocar falhas nos sistemas essenciais e colapsar seu funcionamento, com consequências de grande extensão para a sociedade (Fowler, 2020).

As tecnologias emergentes, a exemplo da cibernética, são promissoras na otimização dos planos de ataque no TO, em razão de melhor aproveitar informações, integrar sistemas de combate e sua disposição no espaço, possibilitar operações mais seguras e, ainda, não requerer engajamento direto com o contendor, tendência que enseja múltiplos impactos e adaptações da doutrina (Tucker, 2020). O autor aduz a evolução do combate tradicional para além do lançamento de mísseis, sugerindo que o adversário pode ser sobrecarregado à distância, por meio da guerra cibernética e de informação, de *drones* armados e autônomos, de energia dirigida, entre outras tecnologias inerentes à guerra do futuro (Da Silva, 2019).

Schwab (2015) destaca que há uma revolução tecnológica sem precedentes em curso, cujas velocidade, amplitude e profundidade promovem a fusão de tecnologias, a interação entre os domínios físicos, digitais e biológicos, e resultam em mudanças tão profundas que na perspectiva da história da humanidade nunca houve um momento tão potencialmente promissor ou perigoso. Segundo esse autor, o ciberespaço tem se tornado um TO semelhante ao que o solo, o mar e o ar foram no passado, pois nenhum ator moderno resistirá à tentação de perturbar, confundir ou destruir os sensores, as comunicações e a capacidade de decisão e de combate de seu inimigo, cujos sistemas de armas estão cada vez mais conectados e integrados. Galdino (2019) aclara os reflexos desse contexto, das nominadas Era do Conhecimento e da 4ª Revolução Industrial, para o setor de defesa, destacando a ubiquidade do poder da guerra cibernética. Segundo esses autores, a guerra cibernética é uma das mais graves ameaças da atualidade e se tornará cada vez perigosa com os avanços tecnológicos em curso.

Em consequência desse cenário de incertezas, o US Army constituiu o grupo de especialistas Team Ignite, com vistas a se preparar para as crescentes ameaças e estimar a evolução dos conflitos entre 2040 e 2050. Formada por cientistas de tecnologia e especialistas em estudos de futuro, a equipe constituída tem o propósito de escanear o horizonte tecnológico, os recentes avanços em eletrônica, inteligência artificial, espaço, biotecnologia, a fim de reunir informações a partir de dados, aprendizado de máquina e prover assessoramento técnico às aspirações tecnológicas, conceitos e ideias, e, ainda, elaborar cenários e *road-maps* de tecnologias habilitadoras que cooperem com a consecução de produtos complexos de interesse daquele exército (Tucker, 2020).

4.2 Resultados da aplicação da metodologia

O estudo em sua primeira fase contou com um especialista e cinco analistas versados na MPTEx. Essa equipe analisou o assunto a ser prospectado e considerando, particularmente, a sua vasta abrangência quanto às áreas tecnológicas envolvidas e aos setores impactados, optou-se por realizar um estudo exploratório, envolvendo poucos indicadores básicos, abordagem quantitativa e apenas alguns dos tipos de fontes de dados. Decidiu-se por inferir sobre o perfil científico considerando apenas artigos indexados e elaborar o perfil tecnológico com base em patentes de invenção. Dessa perspectiva, adotou-se uma abordagem exploratória, abrangente, sem aprofundamentos em temas específicos. Além de proporcionar, em largo espectro, as implicações da cibernética para os variados setores, o estudo apresentou indícios de seus reflexos para a guerra do futuro e serviu de subsídios para a discussão do tema com os especialistas do EB na segunda fase da MPTEx.

Com base nessas escolhas e na amplitude da cibernética, a delimitação de escopo para o estudo focou os tipos de ataques cibernéticos mapeados no estudo preliminar, para os quais foram criados taxonomia, glossário de palavras-chave e as áreas sobre as quais esses ataques produzem mais impacto. Na primeira fase foram identificadas 45 tecnologias e 12 áreas de impactos. Para cada uma dessas tecnologias foram gerados infográficos contendo várias informações referentes ao perfil científico e ao perfil tecnológico.

O perfil científico de cada tecnologia contém a evolução da produção científica indexada desde o surgimento do artigo seminal do assunto, a relação de países mais atuantes e o volume de produção científica voltada para cada uma das áreas impactadas. Além disso, no caso do Brasil, são apresentados as organizações mais atuantes e os principais pesquisadores, ambos em termos de quantidade de produção científica indexada.

Em termos do perfil tecnológico, levantou-se a evolução de patentes de inovação ao longo do tempo, os países com mais patentes e as jurisdições que vêm recebendo mais depósitos de patentes, identificando, assim, os mercados mais auspiciosos e dinâmicos no assunto. Quanto às informações nacionais, foram obtidas também a quantidade de patentes de residentes e não residentes, bem como a lista de depositantes.

Ao final da primeira fase foram identificadas as OM com perfil adequado para contribuir com o trabalho prospectivo. Para tanto, buscou-se contemplar a multidisciplinaridade profissional do EB, selecionando-se desde integrantes que atuam na área de ensino e pesquisa básica, pesquisa aplicada, pesquisa e desenvolvimento de sistemas e material de emprego militar, quanto especialistas das áreas estratégica, doutrinária e operacional do setor cibernético.

Desse modo, participaram desse processo as seguintes OM: 1º Batalhão de Guerra Eletrônica, 3ª Companhia de Comunicações Blindada, Centro de Comunicações e Guerra Eletrônica do Exército, Centro de Defesa Cibernética, Centro de Desenvolvimento de Sistemas, Centro de Instrução e Guerra Eletrônica, Centro Integrado de Telemática do Exército, Centro Tecnológico do Exército, Comando de Defesa Cibernética, Diretoria de Fabricação, Escola de Comunicações e Instituto Militar de Engenharia. Essa consulta gerou 130 críticas ou sugestões, as quais motivaram discussões e iterações entre os cinco analistas responsáveis pelo estudo prospectivo e os 17 dos principais especialistas das OM supracitadas.

As críticas e sugestões foram organizadas quanto ao Fator de Qualidade e ao Fator de Tempo, em quatro quadrantes ou regiões, conforme apresentado na seguinte figura (Matriz BCG adaptada).

No *Quadrante I* são apresentadas as críticas e sugestões que afetam o conteúdo e requerem pouco tempo para serem implementadas. No *Quadrante II* são dispostas as críticas e sugestões que afetam o conteúdo; entretanto, sua implantação implica considerável aumento de prazo ou pode ensejar novas frentes de trabalho ou rodadas adicionais de consulta a especialistas. No *Quadrante III* são alocadas as críticas e sugestões de menor importância qualitativa. Constituem-se em críticas de forma, cujo tempo de implantação não justifica sua admissibilidade e modificação no estudo, embora sejam consideradas para a evolução da metodologia. Por fim, no *Quadrante IV* situam-se as críticas e sugestões de menor importância, cuja implantação não demanda muito tempo.

Figura 1
Matriz BCG adaptada

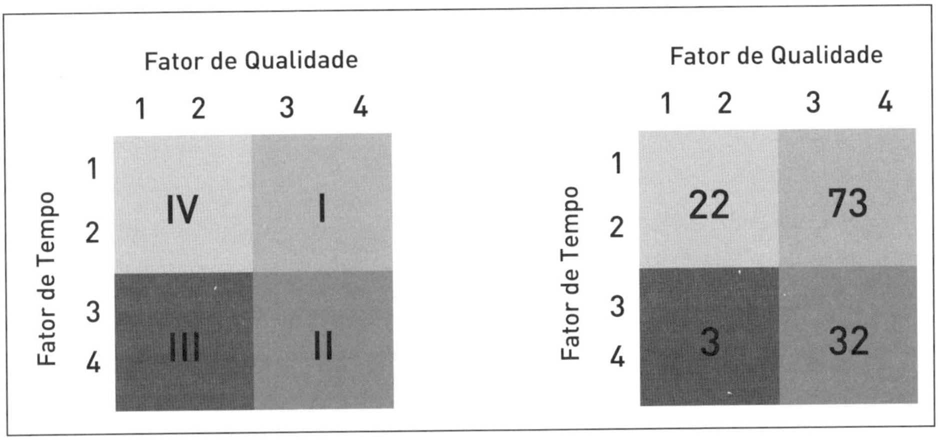

Fonte: Adaptada pelos autores.

No caso concreto, as 73 críticas e sugestões do Quadrante I, por definirem sugestões que conjugam a facilidade de serem incorporadas ao trabalho prospectivo e a perspectiva de sensível melhoria na qualidade dos resultados, foram consideradas no relatório final. Tratamento assemelhado foi dado às 22 críticas e sugestões do Quadrante IV, que se restringem, basicamente, à forma de apresentação dos resultados do estudo prospectivo.

Por outro lado, as 32 críticas posicionadas no Quadrante II, por demandarem bastante trabalho para serem implementadas e indicarem um caminho diferente e conflitante com um estudo exploratório, foram listadas no relatório final como sugestão de trabalhos futuros. As três críticas do Quadrante III, pela perspectiva de consumirem bastante tempo para serem implementadas e não se vislumbrarem benefícios significativos no resultado final do estudo, não foram consideradas.

Em síntese, pela perspectiva de modesta contribuição na qualidade do trabalho e excessiva demanda de tempo para considerá-las na versão final, as críticas e sugestões do Quadrante III não foram contempladas na versão final do estudo de prospecção. As dos Quadrantes I e IV foram consideradas e as do Quadrante II não foram contempladas no relatório final por, essencialmente, refletirem necessidades específicas que podem ser atendidas com novos e mais aprofundados estudos com objetivos particulares. Essa análise mostra a importância da segunda e terceira fase da metodologia, com a coleta, processamento e discussão com amplo grupo de especialistas que não participaram da elaboração do trabalho preliminar, uma vez que 95 sugestões ensejaram melhorias na qualidade do trabalho, conforme a opinião de 22 especialistas e analistas.

De fato, a 2ª Fase da MPTEx mostrou-se essencial não apenas para o aprofundamento do tema e melhoria do trabalho de prospecção em curso, mas também para elencar sugestões que podem motivar a elaboração de estudos específicos com relação às tecnologias prospectadas, inclusive com a utilização de indicadores avançados. Ganham com isso os decisores estratégicos da instituição que, além de acessarem um estudo exploratório, recebem um elenco de sugestões de temas a serem explorados em novos trabalhos prospectivos ensejando ações oportunas. Em síntese, o concurso de conhecimento tácito empreendido nas segunda e terceira fase da MPTEx foi essencial para o resultado final do trabalho de PT.

No caso específico do estudo de prospecção exploratório, como resultado das sugestões e iterações, foram refinados, revisitados e atualizados os trabalhos prospectivos. As 45 tecnologias identificadas inicialmente deram lugar a um conjunto de 34, mediante fusão de algumas e supressão de outras tecnologias. O perfil tecnológico foi ampliado com informações noticiosas, pela natureza do assunto indicar que essa é uma importante fonte de consulta, fato não atentado na 1ª Fase da MPTEx. Diversos termos do glossário foram revisados e novos foram introduzidos.

A visão exploratória e difusa adotada na fase inicial prevaleceu devido ao entendimento de todos quanto à abrangência do tema. A partir das contribuições e resultados desse estudo prospectivo, os decisores estratégicos podem ascender a novo estado técnico e entendimento sistêmico quanto ao tema, logrando condições mais auspiciosas para determinar a realização de estudos específicos, abordando análises qualitativas, indicadores avançados, entre outras informações pertinentes e desejáveis, intrínsecas à cibernética.

A primeira fase da metodologia mostrou-se fundamental, pois propiciou a obtenção de um amplo conjunto de informações que se tornou eficaz e eficiente no sentido de motivar a participação de vários especialistas distribuídos no território nacional. Contudo, a riqueza das informações coletadas na segunda fase da metodologia e as interações que ocorreram após o recebimento das críticas evidenciam a importância da ampla consulta a especialistas com visões díspares sobre o tema em estudo e para ações a serem orientadas e orquestradas no futuro.

Os resultados obtidos no caso de estudo evidenciam que, embora os métodos quantitativos tradicionais utilizados na 1ª Fase da MPTEx permitam ao analista de prospecção explorar o tema, a colaboração de especialistas é fundamental para tirar melhor proveito dos tratamentos bibliométricos, da seleção de informações técnicas e proporcionar significativo ganho de qualidade e tempo, favorecendo os resultados ulteriores do estudo antecipatório.

Mostraram também que, à medida que o binômio especialistas no tema de interesse e analista de prospecção tecnológica confluem, novos conhecimentos são produzidos, tratados e refinados. A equipe apropriou-se de conhecimentos sistêmicos do assunto, que dificilmente acessaria em empreitadas exclusivas de cada grupo, conforme opinião dos 22 especialistas e analistas que participaram do estudo de caso.

4.3 Resultados do estudo prospectivo

Os principais achados do estudo prospectivo da cibernética foram sendo revelados ao longo da aplicação da MPTEx, particularmente por sua flexibilidade e filosofia de se iniciar com indicadores e ferramentas básicas e abordagem quantitativa, e de se ampliar o rol de especialistas ao longo do processo, além de se passar a empregar ferramentas e indicadores mais sofisticados, abordagem qualitativa e uma sistemática de análise e classificação das sugestões e críticas dos especialistas que se mostrou simples, eficiente e eficaz.

O estudo evidenciou 87.977 publicações científicas indexadas e 50.577 depósitos de patentes de invenção distribuídos por 34 tecnologias e com incidência de impacto nas seguintes áreas: Big Data, Chips e Processadores, Computação em Nuvem, Comunicações Militares, Comunicações Móveis, Dispositivos e Protocolos de Comunicação, Infraestrutura Crítica, Internet das Coisas, Rádio

Definido por Software e Sistemas Cognitivos, Redes e Sistemas Computacionais, Sistema Financeiro e Sistemas Quânticos.

A análise das Curvas-S de extrapolação que divide o Ciclo de Vida da Tecnologia evidenciou que apenas quatro, das 34 tecnologias prospectadas, encontram-se em fase de saturação, o que sugere que avanços científicos e tecnológicos no setor estão somente no início de sua escalada.

O seguinte quadro sumariza a contribuição nacional com relação ao perfil científico e perfil tecnológico.

Quadro 1
Patentes e artigos no Brasil e no mundo

PATENTES							ARTIGOS		
Mundo	Brasil						Mundo	Brasil	
	Total		Não residente		Residente			Total	%
50.577	199	0,39%	182	91,46%	17	8,54%	87.977	633	0,72

Fonte: Elaborado pelos autores.

Em geral, o Brasil possui desempenho pouco significativo em termos de produção de patentes. Entretanto, o desempenho do setor Cibernético é ainda menos promissor do que o desempenho médio do país, tanto na participação percentual mundial quanto na distribuição de patentes depositadas por residentes e não residentes. Em média, o Brasil possui 20% de patentes de residentes, no caso concreto esse número é de apenas 8,54%.

Desempenho assemelhado também se manifesta no domínio das publicações científicas. Estudos recentes mostram que o Brasil vem aumentando substancialmente a quantidade de publicações científicas, evoluindo de uma contribuição mundial inferior a 1%, no início do século, para algo em torno de 3,5% nos últimos anos, movimento que alçou o Brasil à 13ª posição no *ranking* mundial de publicações (De Negri e Squeff, 2016). Porém, na Cibernética o Brasil contribui com apenas 0,72% da produção científica mundial indexada.

Além disso, os resultados obtidos indicam que o Brasil possui percentual maior de publicação em ataques cibernéticos com histórico mais remoto e que se encontram em estágio mais avançado do ciclo de vida. Nas tecnologias que surgiram mais recentemente, a produção nacional é modesta, configurando-o como um país seguidor. Essa percepção é reforçada ao se observar que as primeiras publicações nacionais ocorrem bem depois das produções científicas seminais. O país não figura entre os pioneiros em nenhuma das 34 tecnologias prospectadas.

Os achados do estudo prospectivo mostram que a área de cibernética é muito incipiente quando comparada a tecnologias mais tradicionais, pois seu estágio de maturidade transita entre a iniciação ou o crescimento. Isso permite sugerir que seus efeitos, consequências e possibilidades apresentaram apenas as primeiras evidências. Contudo, as informações de fontes noticiosas, cuja natureza não requer comprovação científica, apontam para o crescimento exponencial dos ataques cibernéticos, seu êxito em ações nefastas, e contramedidas para rechaçá-los podem indicar que o estágio de maturidade predito pela análise de artigos e patentes seja ainda superior. Essa aceleração tecnológica se coaduna com o ambiente de disrupção tecnológica suscitado pela 4ª Revolução Industrial (Galdino, 2019; Schwab, 2015).

No campo específico da defesa, estudos de prospecção também mostram tendências de maior integração em redes complexas contendo sensores e atuadores. Enxames de drones, armas inteligentes, sistemas de comando e controle, sistemas mecatrônicos autônomos tendem a ser cada vez mais interligados em rede. Isso trará enormes benefícios às operações e contribuirá para a evolução do pensamento militar. Todavia, essa interconectividade cada vez maior, a digitalização do campo de batalha, as tendências tecnológicas em curso e o fato de que as funcionalidades outrora implementadas em *hardwares* estão sendo disponibilizadas por *softwares* abrem uma vulnerabilidade cibernética em espectro bastante ampliado (Prado Filho, Moura e Galdino, 2017). Em suma, a guerra do futuro será bastante dependente de tecnologias susceptíveis a ameaças cibernéticas, assim, o desenvolvimento de capacidades de atuação no campo cibernético poderá conferir importantes vantagens tecnológicas às Forças Armadas que dominarem essas tecnologias.

5. Considerações finais

Apresentou-se a Metodologia de Prospecção Tecnológica do Exército Brasileiro (MPTEx). Essa metodologia caracteriza-se pela flexibilidade para atender demandas variadas em termos de assuntos, escopos, profundidades e objetivos.

Notabiliza-se também pela capacidade de se lidar com fontes codificadas, estruturadas e não estruturadas, e tácitas dos integrantes do EB distribuídos pelo território nacional.

O artigo discutiu a aplicação da MPTEx no contexto da cibernética, tema atual, dual e, por ser transversal, permitiu evidenciar as principais características da metodologia. Estruturada em três fases, a metodologia permitiu, a partir de uma visão superficial, obtida por cinco analistas e um especialista no assunto, utilizando variáveis básicas, ferramentas quantitativas e dados codificados e estruturados, evoluir para uma visão aprofundada pelo concurso de um conjunto expressivo de especialistas que labutam nas áreas de pesquisa básica, pesquisa aplicada, pesquisa e desenvolvimento, desenvolvimento de *software*, doutrinária, operacional e tática no setor, pelo uso de variáveis avançadas e métodos mais sofisticados. Observou-se que ao longo das fases a metodologia possibilitou colimar os estudos prospectivos do campo científico-tecnológico com a perspectiva doutrinária sobre o assunto-alvo, bem como distribuir adequadamente os esforços dos analistas e especialistas, inicialmente utilizando-se, com parcimônia, de métodos sofisticados e variáveis avançadas.

A efetiva participação dos especialistas de diferentes OM do EB nesse empreendimento é evidenciada pela apresentação de 130 críticas e sugestões e pelas diversas rodadas de discussão entre os analistas e os especialistas. Considerando o caso de estudo, conclui-se que o acesso ao conhecimento tácito, proveniente de especialistas com variadas experiências, formações de diversos matizes, aprimorou a visão sistêmica e indícios sugerem melhora substancial na qualidade dos resultados do estudo prospectivo.

Evidenciou-se também a eficiência e o potencial da metodologia proposta. A MPTEx integrou visões e permitiu a comunicação fluida entre diferentes OM do Exército de ensino e pesquisa, operacionais, técnicas e estratégicas, superando paradigmas de gestão de pessoal do Exército. Essa experiência singular reflete o aumento no grau de maturidade e de capacidade interagência da instituição, bem como enaltece o valor que os estudos de prospecção tecnológica podem agregar ao planejamento de ações orientadas à construção de futuro.

A MPTEx pode servir de inspiração a instituições assemelhadas, em porte ou em distribuição pelo país, cooperando para o desenvolvimento de metodologias de Prospecção Tecnológica que consideram peculiaridades nacionais.

A escolha do estudo de caso em cibernética mostrou-se muito pertinente, posto que constatou grande relevância e impacto sobre outras áreas tecnológicas e à guerra do futuro. Expôs-se que o setor de cibernética é muito sensível e encontra-se fragilizado no âmbito nacional, ao menos em relação a seus ativos de propriedade intelectual nos domínios científicos e tecnológicos autóctones do Brasil. Este cenário favorece a ampliação da defasagem e da dependência tecnológica, com consequências nefastas à defesa e segurança nacional.

Referências

BARAM, G.; LIM, K. *Israel and Iran just showed us the future of cyberwar with their unusual attacks*. Disponível em: https://foreignpolicy.com/2020/06/05/israel-and-iran-just-showed-us-the-future-of-cyberwar-with-their-unusual-attacks/. Acesso em: 25 ago. 2020.

BBC. *Chinese consulate in Houston ordered to close by US*. BBC News, 2020.

BERG, J. *GE healthcare launches cyberdefense product*. MedCity News. Disponível em: https://medcitynews.com/2020/02/ge-healthcare-launches-cyberdefense-product/. Acesso em: 21 ago. 2020.

BHASIN, H. *BCG matrix model advantage*. Boston Matrix Explained. Disponível em: www.marketing91.com/bcg-matrix/. Acesso em: 19 ago. 2020.

BLACKBURN, R.; PIERRAKIS, Y. *Technology foresight for growth and productivity*: the design and implementation of a new foresight approach for UK SMEs Final report. s.l: s.n., 2020.

BRASIL. *Plano estratégico do Exército (2020 2023)*. Disponível em: https://pt.calameo.com/read/0033910752b1fa1eac6f6. Acesso em: 26 ago. 2020.

CAGNIN, C.; AMANATIDOU, E.; KEENAN, M. Orienting innovation systems towards grand challenges and the roles that FTA can play. In: FOURTH INTERNATIONAL SEVILLE CONFERENCE ON FUTURE-ORIENTED TECHNOLOGY ANALYSIS (FTA), 2011, Sevilha. *Anais*...

_____ et al. *Future-oriented technology analysis*: strategic intelligence for an innovative economy. s.l.: Springer Berlin Heidelberg, 2008.

CORRÊA, F. DAS G. Transformação da defesa e planejamento baseado em capacidade: o caso das Forças Armadas chilenas. *Análise Estratégica*, v. 13, n. 3, 2019, p. 23-38.

DA SILVA, P. F. A guerra do futuro já começou e o Brasil enfrenta o desafio do abismo tecnológico. *Análise Estratégica*, v. 11, n. 1, 2019, p. 25-32.

DAIM, T. U. et al. Forecasting emerging technologies: use of bibliometrics and patent analysis. *Technological Forecasting and Social Change*, v. 73, n. 8, out. 2006, p. 981-1.012.

DE NEGRI, F.; SQUEFF, F. DE H. S. Sistemas setoriais de inovação e infraestrutura de pesquisa no Brasil. *Revista Brasileira de Inovação*, v. 16, n. 1, 2016, p. 203-214.

DESIMONE, J. *Raytheon teams with IronNet on cyber defense for critical infrastructure*. WashingtonExec. Disponível em: https://washingtonexec.com/2020/03/raytheon-teams-with-ironnet-on-cyber-defense-for-critical-infrastructure/#.Xz_LPjVv-Uk. Acesso em: 21 ago. 2020.

DUFVA, M.; AHLQVIST, T. Knowledge creation dynamics in foresight: a knowledge typology and exploratory method to analyse foresight workshops. *Technological Forecasting and Social Change*, v. 94, 2015, p. 251-268.

_____; SALO, A.; AHLQVIST, T. Knowledge creation in foresight: a practice-and systems-oriented view. *Aalto University Publications Series Doctoral Dissertations*, n. 222, 2015, p. 1-55.

EEROLA, A.; MILES, I. Methods and tools contributing to FTA: a knowledge-based perspective. *Futures*, v. 43, n. 3, 2011, p. 265-278.

ERNST, H. The use of patent data for technological forecasting: the Diffusion of CNC-Technology in the machine tool industry. *Small Business Economics*, v. 9, 1997, p. 361-381.

FOWLER, M. *Cyberwarfare*: the changing role of force. Disponível em: www.helpnetsecurity.com/2020/07/13/cyber-c. Acesso em: 12 ago. 2020.

FRANÇA JUNIOR, J. A.; GALDINO, J. F. Gestão de sistemas de material de emprego militar: o papel dos níveis de prontidão tecnológica. *Coleção Meira Mattos*, v. 13, n. 47, 2019, p. 155-176.

FROTA, S. C.; PANTOJA, R. R.; SÉLLOS, L. Teoria da Criação do Conhecimento Organizacional Nonaka e Takeuchi. *Work*, v. 7, 2006, p. 1-11.

GALDINO, Juraci Ferreira. Reflexos da era do conhecimento e da 4ª revolução industrial na defesa. *Artigos Estratégicos*, v. 6, n. 1, 2019, p. 7-27.

GOKHBERG, L.; SOKOLOV, A.; CHULOK, A. Russian S&T foresight 2030: identifying new drivers of growth. *Foresight*, v. 19, n. 5, 2017, p. 441-456.

GORDON, T. J. *Report on a long-range forecasting studyScience (New York, N.Y.)*. California: s.n., 1964. Disponível em: www.rand.org/content/dam/rand/pubs/papers/2005/P2982.pdf%5Cnhttp://www.ncbi.nlm.nih.gov/pubmed/14631031.

HALICKA, K. Innovative classification of methods of the future-oriented technology analysis. *Technological and Economic Development of Economy*, v. 22, n. 4, 2016, p. 574-597.

HANLON, A. *How to use the BCG Matrix*. Smart Insights Digital Marketing. Disponível em: www.smartinsights.com/marketing-planning/marketing-models/use-bcg-matrix/. Acesso em: 15 ago. 2020.

HULME, E. W. *Statistical bibliography in relation to the growth of modern civilization two lectures delivered in the University of Cambridge*. Londres: Butler & Tanner, 1923.

IFTF. I. For The F. *Signals innovations + disruptions*. Disponível em: www.iftf.org/what-we-do/foresight-tools/si. Acesso em: 18 jul. 2020.

KUCHARAVY, D.; DE GUIO, R. Application of S-shaped curves. *Procedia Engineering*, v. 9, 2011, p. 559-572.

LEZAMA-NICOLÁS, R. et al. A bibliometric method for assessing technological maturity: the case of additive manufacturing. *Scientometrics*, v. 117, n. 3, 1º dez. 2018, p. 1.425-1.452.

LI, L.; YEE, J. *System and method of implementing a cognitive radio device with enhanced spectrum sensing*. US 8928759B2. Data de depósito em 5 jun. 2012. Concessão em 6 jan. 2015. United States. USPTO, 2015. Disponível em: https://worldwide.espacenet.com/patent/search/family/047292872/publication/US2012314088A1?q=US20120314088A1. Acesso em: 17 fev. 2018.

LINDSEY, N. *Chinese cyber threat now represents a major threat to national security*. Disponível em: www.cpomagazine.com/cyber-security/chinese-cyber-threat-now-represents-a-major-threat-to-national-security-say-us-officials/. Acesso em: 10 ago. 2020.

MAGRUK, A. Innovative classification of technology foresight methods. *Technological and Economic Development of Economy*, v. 17, n. 4, 2011, p. 700-715.

_____. The most important aspects of uncertainty in the internet of things field — context of smart buildings. *Procedia Engineering*, v. 122, n. Orsdce, 2015, p. 220-227.

MARTIN, B. R. et al. Technology foresight technology foresight: capturing the benefits Erom science-related technologies. *Research Evaluation*, v. 6, n. 2, 1º ago. 1996, p. 158-168.

MAYERHOFF, Z. D. V. L. Uma análise sobre os estudos de prospecção tecnológica. *Cadernos de Prospecção*, v. 1, n. 1, 2008, p. 7-9.

MINGERS, J.; LEYDESDORFF, L. A review of theory and practice in scientometrics. *European Journal of Operational Research*, v. 246, n. 1, 2015, p. 1-19.

MINISTÉRIO DA DEFESA; EXÉRCITO BRASILEIRO; ESTADO-MAIOR DO EXÉRCITO. *Aprova o Manual de Campanha Logística*. 2014.

NATO ACT. *NATO strategic foresight analysis 2017 technology*. s.l: s.n., 2017.

NIETO, M.; LOPÉZ, F.; CRUZ, F. Performance analysis of technology using the S curve model: The case of digital signal processing (DSP) technologies. *Technovation*, v. 18, n. 6-7, 1998, p. 439-457.

NONAKA, I. The knowledge-creating company. *Harvard Business Review Press*, jul./ago. 2007, p. 162-171.

PRADO FILHO, H. V.; MOURA, D. F. C.; GALDINO, J. F. Pesquisa e desenvolvimento de produtos de defesa: reflexões e fatos sobre o Projeto Rádio Definido por Software do Ministério da Defesa à luz do Modelo de Inovação em Tríplice Hélice. *Revista Militar de Ciência e Tecnologia*, v. 34, n. 1, 2017, p. 11.

PIRRÓ E LONGO, W. Ciência e tecnologia: evolução, inter-relação e perspectivas. *A Defesa Nacional*, v. 1, 2004, p. 1-12.

POPPER, R. How are foresight methods selected? *Foresight*, v. 10, n. 6, 2008, p. 62-89.

_____; KORTE, W. B. Xtreme Euforia: combining foresight methods. In: EU-US SEMINAR: NEW TECHNOLOGY FORESIGHT, FORECASTING & ASSESSMENT METHODS, 2004, Sevilha.

PORTAL DA TRANSPARÊNCIA. *Orçamento Defesa Nacional*. Portal da transparência. Disponível em: www.portaltransparencia.gov.br/funcoes/05-defesa-nacional?ano=2019. Acesso em: 25 ago. 2020.

PORTER, A. L. Technology foresight: types and methods. *Int. J. Foresight and Innovation Policy*, v. 6, n. 3, 2010, p. 36-45.

_____ et al. Technology futures analysis: toward integration of the field and new methods. *Technological Forecasting and Social Change*, v. 71, n. 3, 2004, p. 287-303.

PRITCHARD, A. Statistical bibliography or bibliometrics? *Journal of Documentation*, v. 25, n. 4, 1969, p. 348-349.

RAND, C. *Delphi method*. Disponível em: www.rand.org/topics/delphi-method.html. Acesso em: 12 ago. 2020.

RIBEIRO, N. M. Métodos de prospecção tecnológica, inteligência competitiva e foresight: principais conceitos e técnicas. In: ANTUNES, A. M. de S.; PARREIRAS, V. M. A.; QUINTELA, C. M. (Ed.). *Prospecção tecnológica*. Salvador: Profnit, v. 1, 2018, p. 21-60.

RONGPING, M.; ZHONGBAO, R. *Technology foresight towards 2020 in China*: the practice and its impacts. s.l: s.n., 2020.

SÁNCHEZ-TORRES, J. M.; MILES, I. The role of future-oriented technology analysis in e-Government: a systematic review. *European Journal of Futures Research*, v. 5, n. 1, 1º dez. 2017, p. 1-18.

SANTOS, M. DE M. et al. *Prospecção de tecnologias de futuro*: métodos, técnicas e abordagens. Brasília: s.n, 2004.

SBU, S. DE B. DA U. *Fontes de informação*. Disponível em: www.sbu.unicamp.br/sbu/fontes-de-informacao/. Acesso em: 20 ago. 2020.

SCHWAB, K. *A quarta revolução industrial*. São Paulo: Edipro, 2015.

SEALS, T. *NSA urgently warns on industrial cyberattacks*. Triconex Critical Bug | Threatpost. Disponível em: https://threatpost.com/nsa-urgent-warning-industrial-cyberattacks-triconex/157723/?utm_source=cybermap&utm_medium=sm-project&utm_campaign=news-block. Acesso em: 15 ago. 2020.

TUCKER, P. *The Army team that is trying to see, and shape, the future*. Disponível em: www.defenseone.com/technology/2020/06/army-team-trying-see-and-shape-future/166496/. Acesso em: 14 ago. 2020.

UNIDO. Unido technology foresight manual. *Organization and Methods*, Viena, v. 1, 2005, p. 1-260.

VALENTIM, M. L. P. Inteligência competitiva em organizações: dado, informação e conhecimento. *Ciência da Informação*, v. 3, n. 4, 1999, p. 1-10.

VALERDI, R.; KOHL, R. J. An approach to technology risk management. In: ENGINEERING SYSTEMS DIVISION SYMPOSIUM, 2004, Los Angeles. *Anais*...

VAN DER DUIN, P. *Foresight in organizations*: methods and tools. Nova York: Routledge Taylor and Francis Inc., 2016.

WILLIAMS, L. C. *Pentagon focuses on research, cyber in 2021 budget request*. Disponível em: https://fcw.com/articles/2020/02/11/dod-budget-topline-williams.aspx. Acesso em: 26 fev. 2020.

YAZAN, A. M. Methods used in future technology analysis and its selection: an application to VTOL transportation system. *IET Working Papers Series*, 2016, p. 1.025.

YUNG, M.; YOUNG, A. Extortion-based cryptovirology: security threats and countermeasures. *Organization*, v. 5111, n. C, 2014, p. 129-140.

ZARTHA SOSSA, J. W. et al. S-Curve analysis and technology life cycle. Application in series of data of articles and patents. *Espacios*, v. 37, n. 7, 2016, p. 1-17.

As interações entre os atores da inovação e seus impactos no desenvolvimento na BID: o caso do programa estratégico Guarani

*Gabriela Alves de Borba**
*Lorena Toffano Ferreira***
*Carlos Eduardo Franco Azevedo****

1. Introdução

O conceito de segurança vem sofrendo modificações à medida que as ameaças tradicionalmente conhecidas deixaram de ser algo previsível para se tornar um elemento orientado por fatores diversos e difusos, cuja imprevisibilidade aumenta a possibilidade de conflitos (Garcia, 2006). Esse contexto de incertezas, por consequência, também promove nos assuntos militares a necessidade de adequação dos sistemas de defesa (Berkowitz, 2003).

Segundo Medeiros Filho e Lima (2019), devido ao desenvolvimento de novas tecnologias e à intenção da manutenção dos Estados como atores centrais, a chamada guerra do futuro é constituída pela coexistência de elementos permanentes e mutáveis, em que a natureza da guerra permanece política, ao mesmo tempo que os conflitos tornar-se-ão mais regionalizados. Nota-se, portanto, que se trata de mudanças de características de um fenômeno, e não de uma completa reestruturação do conceito. Entende-se que os Estados disputarão zonas de influências nas regiões que considerarem integrantes de seus entornos estratégicos usando simultaneamente e de forma integrada os meios aéreos, marítimos, terrestres e cibernéticos de que dispuserem. Em suma, a Guerra do Futuro será

* Doutoranda no Programa de Pós-graduação em Ciências Militares (PPGCM-IMM-ECEME). Mestre em Ciências Militares pela mesma instituição. CV: http://lattes.cnpq.br/6784195256529119.
** Mestranda no Programa de Pós-graduação em Ciências Militares (PPGCM-IMM-ECEME). CV: http://lattes.cnpq.br/9413186414525360. E-mail: lorenatoffano@hotmail.com.
*** Doutor em administração pela Fundação Getulio Vargas (FGV). Professor do PPGCM-IMM-ECEME. Coordenador do GFIDI. CV: http://lattes.cnpq.br/0074481919030749. E-mail: franco-azevedo91@gmail.com.

especialmente marcada pelo domínio da Ciência e Tecnologia (C&T) (Medeiros Filho e Lima, 2019).

Para o Brasil atingir os níveis de domínio tecnológico que a guerra do futuro demanda, alguns desafios precisam ser superados. Saint Pierre e Zague (2017) apontam que é necessário que haja o desenvolvimento da indústria de defesa com base na busca por autonomia tecnológica, reduzindo a dependência estratégica externa no tocante a aquisição, manutenção e modernização dos meios militares. De fato, ter autonomia em tecnologias sensíveis à segurança nacional é um tópico relevante, porém poucos países conseguem índices de autonomia elevados quando se trata de produtos de defesa. É imprescindível, nestes casos, pensar de forma estratégica e encontrar um equilíbrio entre a obtenção de autonomia tecnológica e a redução do hiato tecnológico. Leitão (1981) advoga que países como o Brasil devem buscar sua autonomia tecnológica, o que "não significa independência tecnológica e sim maior capacidade de absorver e regular o fluxo de conhecimentos existentes e desenvolver tecnologias próprias para problemas específicos". Portanto, parece necessário concentrar esforços em prol de políticas públicas que orientem e incentivem a superação de deficiências, envolvendo o desenvolvimento da capacidade de gerar tecnologias militares estratégicas (Medeiros Filho e Lima, 2019).

Insere-se nesta conjuntura o debate conhecido como transformação de defesa. O debate que iniciou nos Estados Unidos em 1990 analisa as mudanças das Forças Armadas (FA) de uma era industrial para a chamada era do conhecimento. Mudanças essas que, de acordo com O'Rourke, advêm do surgimento de novos e/ou diferentes desafios na área da segurança. Em geral, elas são observadas em sistemas de armas, organizações militares e conceitos de operações, ou seja, inovações tipicamente relacionadas com a doutrina militar, que estuda a forma de organizar, preparar e combater.

Os desdobramentos deste debate nas FA, em especial no Exército Brasileiro (EB), estão concentrados em dois âmbitos de análise: o doutrinário e o tecnológico. Na vertente doutrinária, destaca-se a publicação da "Concepção de transformação do Exército 2013-2022", documento responsável por regular as questões de doutrina, de preparo e emprego, de ensino, de instrução, de procedimentos, de gerenciamento organizacional e de técnicas (Brasil, 2013).

Na vertente tecnológica, foco deste capítulo, o EB deposita nos Programas Estratégicos do Exército (Prg EE) sua maior ferramenta para a implementação do processo de transformação. Esses programas visam aperfeiçoar significativamente o Material de Emprego Militar (MEM), Produto de Defesa (Prode) e até mesmo os processos de produção dos mesmos (Brasil, 2018). Nesta senda, destaca-se o Prg EE Guarani, inserido no âmago das discussões sobre as transformações necessárias à Força Terrestre (F Ter) para o emprego futuro e, também, pelo seu potencial em acúmulo de conhecimento para produção de veículos blindados. O programa Guarani é constituído por uma série de famílias de veículos blindados cuja produção foi iniciada em 2011. Atualmente, a família de blindados 6×6 está sendo produzida em parceria entre o Exército e a empresa multinacional italiana Fiat-Iveco.[1]

A ampliação do debate sobre o Prg EE Guarani se justificativa pelo histórico de falência da Engesa, quando o Brasil perdeu não só uma empresa estratégica, mas também a capacidade de desenvolvimento de veículos blindados (Pinotti, 2018). Associada a esse cenário de perda da estrutura e do conhecimento estratégico, soma-se a necessidade do Exército de substituir as viaturas Urutu e Cascavel[2] que já estavam com tecnologia defasada.

O desenvolvimento do programa partiu da percepção do não atendimento da demanda de defesa do país. Confrontado com essa realidade, o Estado-Maior do Exército elencou como prioritária a restauração dessa capacidade no âmbito nacional, bem como a renovação das unidades existentes. Assim, o Prg EE Guarani foi idealizado para modernizar as Organizações Militares de Cavalaria e transformar Brigadas de Infantaria Motorizada em Mecanizada. Jerônimo (2018) reforça que o programa tem como base as mais recentes tendências e avanços tecnológicos da atualidade no cenário internacional, representando, desse modo, um esforço de adaptação às mudanças no fazer da guerra.

De acordo com Santos (2018), esta viatura é um substituto natural dos EE-11 Urutu, caracterizada pela simplicidade e baixo custo. Além disso, a mesma

1 Atualmente, a Iveco Veículos de Defesa é uma marca da CNH Industrial Brasil Ltda.

2 A Viatura Blindada de Transporte de Pessoal (VBTP) EE-11 Urutu e a Viatura Blindada de Reconhecimento (VBR) EE-9 Cascavel foram projetadas e entraram em produção na década de 1970 pela empresa Engesa. A primeira, um veículo anfíbio, utilizado para transporte de pessoal, possuindo ainda outras aplicações no meio militar, como ambulância e oficina. A segunda, um veículo desenvolvido para missões de reconhecimento, inicialmente portando um canhão de 37 mm, e por fim evoluiu para uma torre produzida pela Engesa com um canhão 90 mm. Dsiponível em: ibld.eb.mil.br/index.php/periodicos/escotilha-do-comandante/420-sistema-vigia-do-motor-da-vbtp-ee-11-urutu-e-da-vbr-ee-9-cascavel. Acesso em: 1º ago. 2020.

proporciona ganhos operacionais, ao embarcar peças de prateleira e mínimo de 60% de nacionalização. Com isso, o Brasil volta a desenvolver um nicho equivalente ao mercado antes ocupado pela Engesa, propiciando a retomada da fabricação de blindados e Pesquisa e Desenvolvimento (P&D).

Dadas as deficiências brasileiras na área de defesa, que se manifestam principalmente pelo déficit de meios operacionais e materiais militares (Melo, 2015), o país possui o desafio de superá-las por meio da formulação de uma política de defesa robusta, baseada, principalmente, no desenvolvimento da Base Industrial de Defesa (BID). Para tal, é fundamental a reorganização da BID por meio do desenvolvimento de novas capacidades tecnológicas de uso dual — civil e militar (Brasil, 2012). Neste sentido, o presente capítulo considera o Prg EE Guarani um instrumento de fomento à BID nacional, por possibilitar o aumento do nível de prontidão da F Ter ante os novos desafios impostos e capacidades exigidas para o que se projeta como guerra do futuro.

Diante do exposto, o propósito deste trabalho é *analisar as interações entre os atores da inovação e seus impactos no desenvolvimento da Base Industrial de Defesa (BID)*. Para isso, estipulou-se a (1) investigação dos atores inseridos no contexto da execução do programa estratégico Guarani, bem como (2) a forma com que tais interações impactam a BID, expondo seus aspectos positivos e de inflexão.

Para a condução da presente pesquisa, utilizou-se o método de abordagem dedutiva. Parte-se de uma abordagem específica sobre o estudo de caso do programa estratégico Guarani para posteriormente adotar uma ótica geral sobre a forma com que as interações dos atores da inovação podem impactar na BID. Para subsidiar a pesquisa foram utilizadas produções bibliográficas, documentos primários e entrevistas semiestruturadas. Cabe apontar que as entrevistas foram aplicadas seguindo as garantias da fidedignidade dadas pelas condições genéricas de investigação. Isto é, i) as entrevistas foram realizadas isolada e privadamente; ii) os participantes não tiveram contato com as respostas um dos outros; iii) as questões formuladas foram circunscritas ao domínio que se queria investigar (Thiry-Cherques, 2008).

De forma resumida, o leitor encontrará neste trabalho três seções, além da presente introdução. A segunda seção diz respeito à perspectiva teórica e aos conceitos que têm por objetivo guiar essa pesquisa. A terceira apresenta os atores inseridos no Prg EE Guarani, bem como suas interações. Por fim, a última seção é referente à conclusão do trabalho, retomando os principais resultados do estudo.

2. Inovação no setor de defesa

Esta seção busca apresentar ao leitor uma breve explicação sobre conceitos e teorias que guiaram a análise do programa Guarani nesta pesquisa, trazendo a lume não só a definição de inovação no âmbito militar, como também a descrição sintética do processo de inovação no setor de defesa à luz das abordagens teóricas trazida por Malerba (1999, 2004) e Franco-Azevedo (2018), referentes ao Sistema de Inovação do Setor de Defesa (SIS-Def), cuja abrangência e escopo permitem a análise das diversas atividades e instituições envolvidas na elaboração de projetos inovativos do setor.

2.1 Inovação no âmbito militar

A compreensão do conceito de inovação militar passa pelo entendimento do que é inovação em sentido amplo. Desse modo, a grande referência para o conceito inovação é Schumpeter (1934), que argumentava que as novas tecnologias substituiriam as antigas, em um processo por ele denominado de "destruição criadora". Este conceito evoluiu ao longo do tempo e diversos autores, neo-schumpeterianos, conceituaram inovação,[3] a qual passou a ser vista como um processo de acúmulo de conhecimento, favorecido pelas interações entre vários atores.

Mas o que exatamente constitui uma inovação militar? O debate promovido nos últimos 20 anos produziu diversas definições, todavia, não chegou a consensos. De acordo com o Grupo de Pesquisa Guerra do Futuro, Inovação e Indústria de Defesa, da Escola de Comando e Estado-Maior do Exército (GFIID/ECEME), as inovações militares podem ser entendidas como a implementação de um produto de defesa (bem ou serviço), de um processo, de um método de *marketing* ou de método organizacional, novos ou significativamente melhorados, *que sejam capazes de alterar consideravelmente a forma de organizar, preparar e empregar o poder militar*. Conforme descrito em Franco-Azevedo (2013, 2018), as inovações no setor podem ser dividas em tecnológicas e não

3 Rosenberg (1976); Freeman (1989); Nelson e Winter (1982); Kline e Rosenberg (1986); Fagerberg (2004) e outros.

tecnológicas. As inovações tecnológicas introduzem algum Material de Emprego Militar (MEM) ou Produto de Defesa (Prode), gerando o aperfeiçoamento de processos de produção ou possibilitando o fornecimento de um serviço operacional de interesse da defesa. Por sua vez, as inovações não tecnológicas são representadas pelas inovações doutrinárias, que criam competências para emprego das inovações tangíveis, e também pelas inovações que são intangíveis, relacionadas com a arte da guerra: princípios doutrinários, organizacionais, estratégicos e de tática militar. Portanto, as inovações doutrinárias são as que geram modificações no modo de organizar, preparar e empregar as forças para suas respectivas operações.

Ainda que as definições e conceitos sobre inovações militares não sejam um consenso entre os pesquisadores, é possível identificar um conjunto de atributos ou requisitos comuns compartilhados pelos autores do campo. O primeiro deles é que deve ser algo de fato novo (ou significativamente melhorado), capaz de alterar significativamente a forma de organizar, preparar e empregar o poder militar (Franco-Azevedo, 2018; Grissom, 2006). O segundo requisito é que a inovação deve ser capaz de contribuir com a obtenção de vantagens estratégicas, táticas ou operacionais, com aumento da eficiência do poder de combate e das capacidades em debelar inimigos ou ameaças potenciais. Ou seja, as inovações são consideradas legítimas quando é possível estabelecer uma correlação clara entre sua aplicabilidade e a efetividade de uma capacidade operativa de uma Força Armada (Ferreira, 2015; Grissom, 2006). O terceiro requisito é que a inovação deve apresentar uma solução a um problema da defesa, por meio da geração ou incremento de uma capacidade militar, seja pelo desenvolvimento de um engenho (MEM ou Prode) ou de uma nova doutrina, por exemplo. E, por fim, como toda inovação, não pode se configurar em um caso único, devendo ser replicável ou passível de difusão.

2.2 Desenvolvimento de inovações militares no sistema de inovação do setor de defesa

Normalmente, as inovações militares são frutos de interações entre atores civis e militares e, no Brasil, não é diferente. Entre os atores que interagem e produzem inovação militar estão as universidades (civis e militares), os institutos de pesquisa (civis e militares), as agências de fomento e o governo, muitas vezes, mas nem sempre, representado pelas Forças Armadas.

Essas interações podem ser realizadas das mais diversas formas. As mais comuns são por meio de acordos de cooperação, de colaboração, de convênios, de acordos de compensação (*offset*; compensação industrial), de métodos informais e outros. Segundo Freeman (1989) apud Franco-Azevedo (2018), quanto maior as interações entre os agentes, mais produtivo será o processo de inovação.

Neste sentido, há no âmbito da defesa o Sistema de Inovação do Setor de Defesa (SIS-Def) que, mesmo não sendo formalmente constituído, ajuda a compreender como se dão as interações no setor. Esta seção busca colocar em evidência alguns atores desse sistema, exemplificando tipos de atividades e interações produzidas entre eles e como estas podem afetar o fluxo de desenvolvimento de inovações.

Um sistema de inovação, de modo geral, consiste em "um conjunto de Instituições distintas que conjuntamente e individualmente contribuem para o desenvolvimento e difusão de tecnologias" (Cassiolato e Lastres, 2003:24). Em outras palavras, o desenvolvimento tecnológico e a inovação são resultados de um complexo relacionamento entre os atores de um determinado sistema, que pode estar afeto a um setor específico como o de defesa (Malerba, 2004). A literatura sobre o sistema de inovação no setor da defesa ainda não conta com volume de produções. A escala e a organização da atividade tecnológica direcionada à defesa nacional foram até frequentemente notadas, mas raramente foram foco central de estudo (James, 2009; Mowery e Rosenberg, 1979).

Sobre os atores que compõem o sistema de defesa brasileiro, isto é o SIS-Def, Freitas (2013) levantou em suas pesquisas um modelo de análise dos principais atores. Segundo o autor, compõem o sistema de defesa brasileiro: indústrias; Forças Armadas; grupos de pesquisa; academia; mecanismos de fomento; governo; centros de P&D e marcos legais (Freitas, 2013).

Ressalta-se que, para Freitas (2013), as Forças Armadas são um ator central às inovações do setor. Para ele, isso se dá principalmente porque os agentes militares apoiam a base industrial de inovação, tanto comprando seus produtos quanto desenvolvendo tecnologias nos seus próprios centros de pesquisa (Freitas, 2013).

Em relação às linhas que interligam os atores, no modelo proposto por Freitas (2013), pode-se dizer que elas representam a rede de interação que deve existir entre os agentes. Conforme dito, quanto maior a interação entre os agentes, maior será o processo de inovação do setor.

Figura 1
Os principais agentes no setor de defesa brasileiro

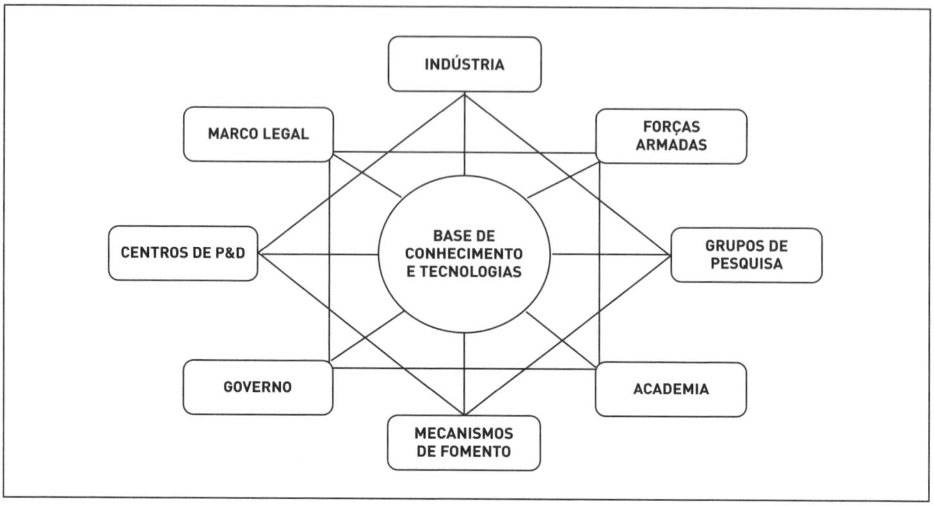

Fonte: Freitas (2013:134).

Outro recorte que deve ser mencionado no modelo são as flechas que ligam os agentes com o elemento "Base de Conhecimento e Tecnologias". Essas flechas sinalizam fluxos de interações no processo de inovação. Isto é, elas representam o "conjunto de atividades e interações, consolidadas em um processo que envolve a criação, o desenvolvimento, o uso e a difusão de inovações tecnológicas e não tecnológicas" (Franco-Azevedo, 2013).

A consolidação dessas interações entre os agentes do sistema permite que o SIS-Def desenvolva maturidade. Para além disso, as interações também permitem que os agentes obtenham benefícios como novas informações, conhecimentos, tecnologias, práticas de produção, recursos humanos e financeiros e novos mercados. Tais benefícios podem induzir a formação de parcerias (interações), a depender do interesse dos atores e do impacto que eles visualizam na obtenção de tais benefícios. O nível de confiabilidade entre os atores, bem como dos valores e das normas em jogo também podem influenciar na formação de alianças para inovação (Franco-Azevedo, 2018).

Segundo Cunha e Amarante (2011), há reduzido número de interações entre os agentes do SIS-Def, o que o caracteriza como um sistema fragmentado e desarticulado. Tal fragmentação causa diversos efeitos nocivos (óbices) ao desenvolvimento de produtos de defesa e ao incremento da BID. Cunha e Amarante

(2011) entendem como fundamental o aperfeiçoamento das interações entre os atores previamente para que as dificuldades atuais sejam superadas.

Por fim, considera-se que as bases teóricas abordadas até aqui contribuam para maior compreensão da análise que será feita sobre as atividades e interações contidas no bojo do Programa Estratégico Guarani. Durante esta análise, buscar-se-á apontar o efeito das interações sobre o desenvolvimento das inovações no âmbito do projeto da viatura 6×6, no contexto da indústria de defesa do país — que deve ter sua base fortalecida com o objetivo de atender à demanda das FA e ao seu emprego futuro.

3. O Guarani: análise dos atores, suas interações e impactos no desenvolvimento da BID

Esta seção tem como objetivo analisar as principais interações identificadas entre os atores da inovação do setor de defesa, tomando-se como objeto o Programa Estratégico Guarani, especialmente no âmbito da subfamília 6×6. O levantamento de dados foi realizado visando compreender de que forma tais interações impactam no desenvolvimento da BID. A pesquisa possibilitou desvelar aspectos que impactam positivamente e outros que se configuram como óbices, gerando oportunidades de melhoria da gestão.

3.1 Durante a fase inicial do projeto 6×6: protótipo e lote piloto

Como mencionado na seção introdutória deste capítulo, o desenvolvimento do programa Guarani começou pela demanda estratégica de retomada do *know-how* para fabricação de veículos blindados, perdida com a falência da Engesa. O retorno da fabricação brasileira teve início em 2006 por meio da Pesquisa e Desenvolvimento (P&D) do Projeto Integrante 6×6 intitulado de VBTP MSR 6×6 Guarani.

A prioridade do projeto era manter a utilização de peças de reposição intercambiáveis e acessíveis em nível nacional. Buscava-se, nesse sentido, manter o blindado com um baixo custo, mantendo um mínimo 60% de nacionalização, com fácil manutenção e que, desse modo, fosse possível impulsionar a indústria nacional (Pinotti, 2018).

Conforme apontado por um dos gestores do projeto, para atingir essas especificações, houve a necessidade de uma aproximação por parte do Exército com empresas privadas no intuito de dividir os custos e riscos do projeto, caso contrário, o blindado não conseguiria se tornar um produto de baixo custo. Neste contexto, a FIAT Automóveis S.A — Divisão Iveco (Industrial Vehicles Corporation) foi selecionada para desenvolver, juntamente com o EB, o projeto do VBTP-MR.

Entre os argumentos que justificam a escolha da Iveco estão: a urgência na aquisição do produto, a dualidade da empresa escolhida e o acordo de transferência de tecnologia. Segundo relato do CEO da empresa italiana, Giovanni D'Ambrosio em entrevista para Franco-Azevedo (2013):

> O Brasil exigiu 60% de índice de nacionalidade. O que significa isso? Significa achar um fornecedor aqui no país. E qual empresa brasileira vai fazer isso? Quem vai fazer um investimento tão grande para vender 100 unidades por ano? Nenhuma empresa vai fazer isso, se não for uma empresa como a "Iveco Auto" que produz cerca de 2.200 carros por dia.

Neste caso, a exigência do Brasil visando alcançar índice de nacionalização de 60% teve como consequência a construção de um complexo industrial em Sete Lagoas (MG) da integradora Iveco Latin America, empregando a *expertise* da Iveco Defense Vehicles, localizada na Itália, para a fabricação da VBTP-MR Guarani (Amarante, 2013). Esta interação, marcada pelo dinamismo, impactou positivamente a BID, haja vista que contribuiu para o desenvolvimento de um novo nicho de mercado a ser expandido para a indústria brasileira, por meio de empresas ligadas à cadeia de valor agregado dos blindados (logístico, projeto e manutenção), bem como pela transferência de tecnologia que será mais bem explorada adiante.

Conforme abordado no referencial teórico, há diversos tipos de interações envolvendo uma gama de atores que vão além das Forças Armadas e empresas. Esta afirmação é evidenciada ao longo deste estudo de caso. Para a elaboração do protótipo e das 13 viaturas que compuseram o lote-piloto, diversos órgãos ou agentes estiveram presentes no mesmo recorte sincrônico para viabilizar questões orçamentárias. Entre elas, destacam-se: a Financiadora de Estudos e Projetos (Finep); o Conselho Nacional de Desenvolvimento Científico e Tecnológico (CNPq/MCTIC); e o próprio Exército Brasileiro (Dias, Santos e De Franciscis, 2018).

A interação desses órgãos, na verdade, foi fundamental para a execução do projeto. Segundo Andrade e Lima (2018), países em desenvolvimento, incluindo o Brasil, encontram certos desafios para acessar tecnologias sensíveis para a defesa nacional, especialmente diante de um contexto econômico de pressão por equilíbrio fiscal. Logo, entende-se que a participação de órgãos de financiamento e suas interações com os diversos atores da inovação são imprescindíveis para o andamento de programas de defesa, pois proporcionam maior estabilidade no planejamento financeiro.

3.2 Durante a etapa de produção das unidades blindadas

Durante a etapa de produção, a opinião pública direcionou severas críticas à participação brasileira no programa, especialmente pelo entendimento de que o país não estaria induzindo PD&I, mas apenas contribuindo com o fortalecimento de uma empresa montadora de veículos. Tais críticas surgem do fato de que a fabricação do protótipo e lote-piloto com 16 viaturas tiveram a produção iniciada na Itália e montagem realizada no Brasil (Santos, 2018).

Contudo, essa perspectiva não condiz com os dados levantados. Algumas características, demandadas pelo setor operacional doutrinário, foram desenvolvidas de forma autóctone com base em pesquisa e desenvolvimento nacionais. Dois exemplos dessas tecnologias são os sistemas de armas e a proteção blindada.

Em entrevista, um dos gestores do projeto relatou:

> Se a gente tivesse o propósito de desenvolver tudo do zero, a gente não chegaria a fazer o projeto dentro do prazo e do orçamento previsto e, assim, também não atingiríamos o objetivo do projeto de adquirir um carro acessível, barato, com peças intercambiáveis com o mercado. Essas questões sempre foram premissa para o projeto.

Considerando a necessidade de ter um carro acessível, foi estabelecido que o desenvolvimento da subfamília 6 × 6 envolveria uma parceria, na qual algumas atividades seriam desenvolvidas pelo EB, outras pela empresa Iveco e outras de forma conjunta. De acordo com um dos gestores do projeto, "nesse arranjo, o Exército ficou responsável pela propriedade intelectual da integração e a empresa seguiria responsável pelas questões técnicas".

Com a propriedade intelectual da integração sob a responsabilidade do Exército e a Iveco responsável pelas questões técnicas, ocorreu uma comunicação dinâmica entre a empresa sediada na Itália com a sua integradora em Sete Lagoas (MG). Esta relação possibilitou a presença de um grupo de engenheiros do EB na fábrica para absorverem o conhecimento (Pinotti, 2018). Além disso, engenheiros brasileiros também foram capacitados na Itália com o objetivo de difundir os conhecimentos no Brasil, o que reforça o impacto das atividades no desenvolvimento da BID (Amarante, 2013). Em outros termos, a interação entre a empresa Iveco e o Exército Brasileiro parece ser um real indicativo do interesse da empresa em realizar a transferência de tecnologia para o Brasil, contrariando, deste modo, a sensação inicial de alguns especialistas de que a participação brasileira no programa não estaria induzindo PD&I, apenas contribuindo com o fortalecimento de uma empresa montadora de veículos.

A intensa interação descrita anteriormente também resultou na ampliação do mercado brasileiro no comércio internacional de defesa. Este estudo identificou que a Associação Brasileira das Indústrias de Materiais de Defesa e Segurança (Abimde)[4] vem atuando como coordenadora das interações entre as empresas e os órgãos governamentais no projeto e negocia a venda da viatura no mercado internacional com repasse dos royalties ao EB (Dias, Santos e De Franciscis, 2018).

Uma maior participação no mercado mundial de produtos de defesa contribui para o desenvolvimento nacional, encorajando outras empresas a investirem no Brasil. Além de gerar fatores econômicos positivos, a promoção das exportações brasileiras neste segmento serve como um instrumento de projeção de poder no cenário internacional, ao demonstrar as capacidades nacionais de desenvolvimento de tecnologias intensivas em conhecimento, com elevado grau de maturidade, necessárias para os desafios da guerra do futuro.

Para finalizar a subseção e seguir com a análise de outras perspectivas, cabe ressaltar outra interação que foi importante para a fase de produção e venda dos

---

[4] Abimde: Associação comprometida com o empresariado e reconhecida oficialmente como a principal do setor, atuando na valorização das empresas nacionais e em todas as esferas governamentais — federal, estaduais e municipais (Abimde, 2018).

blindados: o amparo normativo. A publicação do Regime Especial Tributário,[5] promovida por iniciativas entre governos, empresas e EB, impactou positivamente o desenvolvimento da BID. Por meio deste novo regime foi possível a obtenção de isenção do Imposto sobre Produtos Industrializados (IPI) e dos impostos PIS/Cofins, tal como a redução de 4% do Imposto sobre Circulação de Mercadorias e Serviços (ICMS) (Dias, Santos e De Franciscis, 2018).

Ou seja, conforme aponta a teoria, amparos normativos e legislativos são considerados agentes importantes nesta equação. Por vezes, podem proporcionar redução de custos de produção, melhoria de comunicação, facilidades de interações, desejáveis para o fortalecimento da BID e, em consequência, para o poder dissuasório da nação.

3.3 O projeto e a busca pela nacionalização

De acordo com o Escritório de Projetos do EB, até 2019, já foram entregues 412 unidades da viatura 6×6 (Epex, 2020). Entretanto, dada a versatilidade e adaptabilidade, as melhorias no projeto ainda estão em andamento. As atualizações realizadas apresentam um cunho com impacto positivo para o desenvolvimento da BID, pois promovem a nacionalização de tecnologias empregadas. Nesse sentido, será abordado nos próximos parágrafos o papel da empresa Usiminas e das iniciativas lideradas pelo Centro Tecnológico do Exército (CTEx) junto ao CPqD[6] a fim de contribuir com maior índice de nacionalização do Guarani.

Segundo Giovanni D'Ambrosio, em entrevista concedida a Franco-Azevedo (2013), críticas eram feitas sobre a blindagem adicional da viatura, tendo em vista que o *know-how* não pertence à empresa italiana, mas sim à Thyssenkrupp, empresa de capital aberto com sede na Alemanha. Em função disso, o Exército iniciou estudos para verificar a viabilidade de desenvolver uma blindagem nacional, diminuindo, dessa forma, a participação estrangeira na composição do blindado.

---

5 Lei nº 12.598, de 21 de março de 2012. Estabelece normas especiais para as compras, as contratações e o desenvolvimento de produtos e de sistemas de defesa; dispõe sobre regras de incentivo à área estratégica de defesa. Disponível em: www.planalto.gov.br/ccivil_03/_Ato2011-2014/2012/Lei/L12598.htm. Acesso em: 1º ago. 2020.

6 O CPqD é uma instituição independente, com foco na inovação em tecnologias da informação e comunicação (TICs). Site: www.cpqd.com.br.

O resultado foi uma aproximação do EB com a Usiminas. A empresa do setor siderúrgico, líder na produção de aços no âmbito nacional, foi ao encontro dos interesses declarados pela Força Terrestre e colocou parte de sua estrutura para atender à capacidade demandada, desenvolvendo uma chapa de aço balística compatível com os interesses do projeto denominada USI-Prot-500 (Usiminas, 2020).

Recentemente, no ano de 2019, foi concluído o processo de homologação pela F Ter desse modelo de blindagem, o que significou um grande passo para a viabilização da utilização do componente nas viaturas. Entretanto, ainda não há um contrato assinado entre a empresa mineira e a Iveco (Alméri, 2019). De qualquer forma, a substituição da blindagem estrangeira por uma nacional implicará a ampliação do índice de nacionalização e, consequentemente, tem potencial de fomentar as cadeias logísticas do país. Destaca-se que esta questão configura uma importante interação entre o EB e a indústria, tendo em vista que um trabalho conjunto foi desenvolvido para que fosse possível chegar a uma solução ideal.

Outra iniciativa importante que vai na mesma direção diz respeito ao rádio definido por *software* (RDS). As atividades desenvolvidas pelo CTEX e pela empresa CPqD também impactam de forma positiva o desenvolvimento da BID. Os esforços do centro de tecnologia com a empresa estão resultando em uma opção de rádio mais segura e totalmente nacional para o Guarani. O rádio atual está sendo fornecido pela empresa estrangeira Harris, mas durante a feira internacional Laad Defense and Security, em 2019, o CTEx apresentou uma demonstração real do RDS-Defesa instalado em uma viatura blindada Guarani (CPqD, 2019). Ou seja, percebe-se que, aos poucos, alguns componentes do Guarani vão se tornando nacionais, o que contribui para o fortalecimento da BID, uma vez que fomenta uma maior participação de empresas brasileiras e desenvolve capacidades para o emprego futuro.

3.4 Aspectos gerenciais e institucionais e seus impactos

Esse estudo também identificou aspectos gerenciais (do projeto) e institucionais (supraprojeto), que têm potencial de influenciar no desenvolvimento da BID. Esta seção buscou colocar em evidência aspectos da estrutura gerencial do projeto, bem como alguns desafios em relação às interações interforças (Forças Armadas) e à cooperação entre Forças e a academia, representada pelas IES e ICTs.

Foi possível observar que a estrutura de gerenciamento adotada pelo Exército, para o Projeto Guarani, é matricial, com emprego de equipes *ad hoc*. Trata-se de uma estrutura que contribui para a dinamização do processo de inovação em uma organização tradicional e adequadamente departamentalizada. O modelo adotado tem sido capaz de gerar um ambiente favorável, no qual o militar dedica a maior parte do seu tempo na P&D de novas tecnologias, aumentando-se as possibilidades de soluções inovativas para a BID e evitando-se óbices produzidos pelo efeito da rotatividade apontado em Franco-Azevedo (2013). Segundo entrevista de um dos gestores:

> O projeto tem uma estrutura *ad hoc*, então, podemos dizer que os 36 (trinta e seis) militares envolvidos estavam "fora de função". E não é fácil mobilizar essa quantidade de pessoal para esse objetivo. Por outro lado, a existência da estrutura *ad hoc*, eu considero que foi crítica para o sucesso do projeto. Sem essa característica estaríamos exercendo outras funções rotineiras que são necessárias e importantes, mas rotineiras da estrutura do Exército.

Em suma, esta estrutura matricial gera ganhos, visto que sintetiza a burocracia organizacional e agiliza o processo, tornando a tomada de decisão mais eficiente, conforme aponta Mintzberg (2003). Acredita-se que tal estrutura tem impacto positivo na BID, pois evita dispêndio de tempo com questões inerentes à administração pública.

Em relação às interações entre as Forças, observa-se uma frutífera interação entre Exército e Força Aérea, quando se observa a preocupação das duas forças de integrar a doutrina operacional com a capacidade de mobilidade aérea: a viatura foi desenvolvida após os testes com o protótipo do KC-390. Contudo, foram observadas oportunidades de melhoria na interação do Exército com a Marinha do Brasil. Por exemplo, tomando-se por base a análise de questões doutrinárias, observa-se que algumas características técnicas do blindado não atendem às demandas da Marinha do Brasil. Como aponta o depoimento do CEO da Iveco, Giovanni D'Ambrosio, "a concepção do carro é para 11 militares, enquanto a Marinha tem necessidade de que o carro suporte 13 militares" (Franco-Azevedo, 2013). Neste caso, talvez o projeto pudesse ter mais frutos se houvesse um alinhamento doutrinário "padrão" para certas operações militares e formações/organizações de combate.

Em outras palavras, a falta de uniformização doutrinária acabou dificultando a coordenação entre as Forças Armadas e impossibilitou a ampliação da escala de produção. O impacto deste desalinhamento não é apenas setorial, mas também econômico, dado que a Marinha acabou optando pela importação do meio, o que não contribui com o fomento da indústria nacional e nem parece trazer benefícios à balança comercial.

Por fim, em relação às interações com a "academia", ou com o que o referencial teórico denominou de "centros de pesquisa", só foi possível identificar um intenso fluxo com a Fundação Ricardo Franco (FRF), instituição privada sem fins lucrativos, de apoio ao Instituto Militar de Engenharia (IME) (Dias, Santos e De Franciscis, 2018). Ao analisar o processo de inovação da subfamília 6×6, também pode-se observar indícios da predominância do IME no desenvolvimento da família e de um contato reduzido com IES civis. Analisou-se que o baixo fluxo de interações com a academia deixou de gerar o aproveitamento da capacidade integral de atores como IES e ICTs que tendem a ser importantes atores para projetos.

Exemplo disso vem da Universidade Federal de Santa Maria (UFSM), que desenvolve programa de simulação do Guarani em parceria com o Centro de Instrução de Blindados, objetivando criar dispositivos de treinamentos próprios, adaptados e capazes de atender às necessidades da Força Terrestre (Brasil, 2015). Entende-se que este tipo de interação contribui não somente com o desenvolvimento do projeto, mas também tem potencial de favorecer o desenvolvimento da BID e fortalecer outras regiões do país do ponto de vista socioeconômico.

4. Conclusão

O objetivo geral desta pesquisa foi analisar as interações entre os atores da inovação e seus impactos no desenvolvimento da Base Industrial de Defesa (BID). Para atingir esse desígnio foi realizado um levantamento teórico, no qual demonstrou-se que, quanto maior a interação dos agentes, mais consistente se torna o SIS-Def e, nessa lógica, mais fortalecida a BID se transfigura. Do mesmo modo, o referencial apontou que, quanto mais descompassada as atividades dos agentes, mais óbices a BID enfrenta.

Ambos os cenários, de sinergia e descompasso, puderam ser observados no contexto do Projeto Guarani. Entre os achados da pesquisa estão: (i) a observância de um bom fluxo de interações em nível organizacional realizada entre o Exército e a indústria italiana Iveco. O acordo de transferência de tecnologia resultou na instalação do complexo industrial da Iveco em Sete Lagoas (MG). Essa instalação propiciou o aumento do número de empresas voltadas para a fabricação de produtos de defesa no território nacional, principalmente aquelas ligadas ao apoio logístico, bem como propiciou maior especialização da mão de obra no país.

A fabricação do protótipo e do lote-piloto contou com a (ii) participação de diversos órgãos de fomento que apoiaram financeiramente o projeto. O resultado desses acordos proporcionou, inicialmente, maior garantia para o planejamento financeiro, dada a pressão por equilíbrio fiscal.

Os (iii) acordos realizados visando a inserção do programa em um Regime Especial Tributário também impactaram positivamente o desenvolvimento da BID. O amparo normativo que proporciona a redução de custos da produção serve como um importante fomento à indústria de defesa e é desejável para seu fortalecimento, haja vista os inúmeros encargos tributários existentes no Brasil.

Com relação às interações entre as Forças Armadas, (iv) a falta de uniformização doutrinária ou de coordenação mais eficaz, no caso do desenvolvimento do projeto, acabou dificultando as interações entre as instituições, impactando na escala de produção e no lucro das empresas envolvidas. No caso, a Marinha não teve sua demanda atendida por um carro fabricado no país, levando a instituição a manter as aquisições de veículos blindados no exterior. Nesse caso, talvez coubesse uma ação de coordenação mais efetiva do Ministério da Defesa, especialmente da Seprod.

Ainda sobre questões referentes às Forças Armadas, no que tange às interações internas no EB, observou-se que a decisão pela adoção de (v) estrutura *ad hoc* do programa, foi benéfica à BID, pois possibilitou que os militares (gestores, engenheiros e usuários) concentrassem esforços à P&D de novas tecnologias, aumentando as possibilidades de inovação para a BID.

Outras duas formas de interações tiveram impactos no desenvolvimento da BID e merecem destaque: o (vi) apoio da Abimde ao projeto e a (vii) baixa utilização da capacidade dos centros de pesquisas e universitários civis no projeto. A Abimde, na sua atuação de coordenadora das interações entre as empresas e os órgãos governamentais, impulsionou as exportações de unidades blindadas. O incremento das exportações brasileiras no mercado de defesa é importante, pois gera mais oportunidades de investidores apostarem no setor de defesa brasileiro, para além, é claro, de aumentar a produção e o lucro dos agentes envolvidos no desenvolvimento da BID.

Já a baixa utilização da capacidade das universidades e centros de pesquisa teve impacto negativo sobre a BID, dado o baixo aproveitamento da capacidade inovativa de IES e ICTs. Identificou-se uma forte presença do IME e baixa de interações consistentes com a academia civil. Postula-se que seja desejável uma maior interação com instituições de ensino superior para além da esfera militar, o que alargaria o espectro de pensadores e pesquisadores contribuintes para o desenvolvimento da BID.

Por fim, é importante ressaltar a versatilidade das viaturas desenvolvidas no âmbito do Prg EE Guarani. Elas incorporam novas tecnologias aplicáveis a conflitos modernos, como avançados sistemas de armas e *softwares*. Neste sentido, é possível afirmar que a iniciativa propicia a incorporação de componentes nacionais, fomentando a autonomia da BID, gerando empregos e renda no país.

O programa Guarani, especialmente o desenvolvimento do projeto 6×6, está inserido no contexto de desenvolvimento de novas capacidades exigidas para a chamada guerra do futuro. É um exemplo de como as inovações tecnológicas e as inovações doutrinárias estão imbricadas. Não se trata apenas de aquisição ou desenvolvimento de novo MEM ou Prode, mas também de um novo modo de treinar e combater, gerando uma nova doutrina para a Força Terrestre (Infantaria Mecanizada) e contribuindo para a ampliação do poder dissuasório da nação.

Referências

ABIMDE. *Quem somos*. 2018. Disponível em: www.abimde.org.br/abimde-sobre. Acesso em: 29 mai. 2020.

ALMÉRI, Nairo. Usiminas tem chapa que Iveco importa para blindados. *Além do Fato*, 2019. Disponível em: https://alemdofato.uai.com.br/economia/usiminas-tem-chapa-que-iveco-importa-para-blindados/. Acesso em: 12 jul. 2020.

AMARANTE, Jose Carlos do. *Processo de obtenção de tecnologia militar*. Rio de Janeiro: Ipea, 2013.

ANDRADE, Israel de Oliveira; LIMA, Raphael Camargo. *Parcerias estratégicas na agenda tecnológica de defesa*: o caso Brasil-Suécia. Brasília: Ipea, 2018.

BERKOWITZ, Bruce. *The new face of war*: how war will be fought in the 21st century. Nova York: The Free Press, 2003.

BRASIL, Escritório de Projetos do Exército Brasileiro. *Portfólio estratégico do Exército*. Brasília, DF. 2018.

_____. Exército Brasileiro. *A simulação de combate na guarnição de Santa Maria*. 2015. Disponível em: www.eb.mil.br/o-exercito/a-simulacao-de-combate-na-guarnicao-de-santa-maria. Acesso em: 11 jul. 2020.

_____. Ministério da Defesa. *Estratégia Nacional de Defesa*. 2012.

_____. Secretaria Geral do Exército. Portaria nº 1.253-Cmt Ex. Aprova concepção de transformação do Exército 2013-222. *Boletim do Exército nº 51/2013*, Brasília, 2013.

CASSIOLATO, José Eduardo; LASTRES, Helena M. M. O foco em arranjos produtivos e inovativos locais de micro e pequenas empresas. In: LASTRES, Helena; CASSIOLATO, José Eduardo; MACIEL, Maria Lucia. *Pequena empresa*: cooperação e desenvolvimento local. Rio de Janeiro: Relume Dumará, 2003, p. 21-34.

CPQD. *RDS-Defesa*: rádios desenvolvidos no projeto são demonstrados no LAAD. 2019. Disponível em: www.cpqd.com.br/noticias/rds-defesa-radios-desenvolvidos-no-projeto-sao-demonstrados-no-laad/. Acesso em: 12 jul. 2020.

CUNHA, M. B.; AMARANTE, J. C. O livro branco e a base científica, tecnológica, industrial e logística de defesa. *Revista da Escola de Guerra Naval*, Rio de Janeiro, v. 17, n. 1, 2011, p. 11-32.

DIAS, Luciano Luiz Goulart Silva; SANTOS, Alzeir Costa dos; DE FRANCISCIS, Carlos Eduardo. A nova Estratégia Nacional de Defesa e o alinhamento do programa estratégico Guarani do Exército Brasileiro. *Revista da Escola Superior de Guerra*, v. 33, n. 69, set./dez. 2018, p. 174-197.

EPEX. Escritório de Projetos do Exército Brasileiro. *Entregas realizadas*. 2020. Disponível em: www.epex.eb.mil.br/index.php/guarani/entregas-guarani. Acesso em: 12 jul. 2020.

FAGERBERG, J. *Innovation*: a guide to the literature. Oxford: Centre for Technology, Innovation and Culture, University Oslo, 2004.

FERREIRA, Armando M. *Política de CT&I no contexto da transformação do SCTEx*. Trabalho de conclusão do curso de política, estratégia e alta administração do Exército (CPEAEx) — Escola de Comando e Estado-Maior do Exército, 2015.

FRANCO-AZEVEDO, Carlos Eduardo. *Gestão de defesa*: o sistema de inovação no segmento de não guerra. Tese (doutorado) — Fundação Getulio Vargas, Rio de Janeiro, 2013.

______. Os elementos de análise da cultura de inovação no setor de defesa e seu modelo tridimensional. *Coleção Meira Mattos*: Revista das Ciências Militares, v. 12, n. 45, 2018, p. 145-167.

FREEMAN, C. *Economics of industrial inovation*. 2. ed. Londres: Pinter, 1989.

FREITAS, José Eduardo de Figueiredo. O sistema de inovação no setor de defesa no Brasil: proposta de uma metodologia de análise prospectiva e seus possíveis cenários. Tese (doutorado) — Universidade de Brasília, Brasília, 2013.

GARCIA, Francisco Proença. As ameaças transnacionais e a segurança dos Estados. *Revista Negócios Estrangeiros*, n. 9.1, 2006, p. 339-374.

GRISSOM, A. The future of military innovation studies. *Journal of Strategic Studies*, v. 29, n. 5, 1º out. 2006, p. 905-934.

JAMES, A. D. Organisational change and innovation system dynamics: the reform of the UK government defence research establishments. *The Journal of Technology Transfer*, v. 34, n. 5, 2009, p. 505-523.

JERÔNIMO, Lúcio. A atual situação da Base Industrial de Defesa (BID) brasileira. Trabalho de Conclusão de Curso (especialização em ciências militares) — Escola de Comando e Estado-Maior do Exército, Rio de janeiro, 2018.

KLINE, S. J.; ROSENBERG, N. An overview of innovation. In: LANDAU, R.; ROSENBERG, N. (Ed.). *The positive sum strategy*: harnessing technology for economic growth. Washington, DC: The National Academies Press, 1986, p. 275-305.

LEITÃO, D. M. *O conhecimento tecnológico e sua importância: possibilidades de sua transferência internacional*. 1981. Disponível em: http://revista.ibict.br/ciinf/index.php/ciinf/article/view/1516/1138. Acesso em: 8 set. 2014.

MALERBA, F. *Sectorial system of innovation*. Cambridge: Cambridge University Press, 2004.

______. Sectoral systems of innovation and production. Milão: Cespri, 1999. [Este texto é parte do TSER Essy Project (Sectoral systems in Europe: innovation, competitiveness and growth), Druid Conference, 1999.]

MEDEIROS FILHO, Oscar; LIMA, Raphael Camargo. Guerra do futuro: síntese e recomendações. *Centro de Estudos Estratégicos do Exército — CEEEx*, v. 11, n. 1, 2019, p. 9-16.

MELO, Regiane de. *Indústria de defesa e desenvolvimento estratégico*: estudo comparado França-Brasil. Brasília: Funag, 2015.

MINTZBERG, H. *Criando organizações eficazes*: estrutura em cinco configurações. São Paulo: Atlas, 2003.

MOWERY, David; ROSENBERG, Nathan. The influence of market demand upon innovation: a critical review of some recent empirical studies. *Research Policy*, v. 8, n. 2, 1979, p. 102-153.

NELSON, R.; WINTER, S. *An evolutionary theory of economic change*. Cambridge: Harvard University Press, 1982.

O'ROURKE, R. *Defense transformation*: background and oversight issues for congress. Washington, DC: Congressional Research Service, 2006.

PINOTTI, Leandro Augusto. Avaliando a implementação do programa VBTP-MR Guarani. In: PEDONE. L.; VEDUNG. E. (Org.). *Avaliação de políticas públicas*: programas militares complexos. Rio de Janeiro: Luzes — Comunicação, Arte & Cultura, 2018, p. 165-185.

ROSENBERG, N. *Perspectives on technology*. Cambridge: Cambridge University, 1976.

SAINT PIERRE, Héctor Luis; ZAGUE, José Augusto. A indústria de defesa e a autonomia estratégica: a posição do Brasil e a cooperação em defesa na América do Sul. *Revista da Escola Superior de Guerra*, v. 23, n. 2, mai./ago. 2017, p. 297-327.

SANTOS, Alzeir Costa dos. A governança no setor público e a sua influência sobre a execução do Programa Estratégico do Exército Guarani. Dissertação (mestrado) — Escola de Comando e Estado-Maior, Rio de Janeiro, 2018.

SCHUMPETER, Joseph A. *Capitalism, socialism, and democracy*. Nova York: Harper and Row, 1934.

THIRY-CHERQUES, Hermano Roberto. *Ética para executivos*. Rio de Janeiro: FGV Editora, 2008.

USIMINAS. *Novo aço para blindagem militar*. 2020. Disponível em: www.usiminas.com/wp-content/uploads/hotsites_portal_sap/ForaDeSerie/2019/02.html. Acesso em: 12 jul. 2020.

O advento de Sistemas C5ISR e a guerra híbrida

*Nina Machado Figueira**

*Giancarlo Niedermeier Belmonte***

1. Introdução

O desenvolvimento da tecnologia da informação e comunicações (TIC) mudou a natureza dos conflitos, criando uma camada adicional de complexidade aos espaços de batalha tradicionais. O acesso global ao ambiente virtual criou inúmeras oportunidades para conduzir batalhas na dimensão informacional que afetam eventos na dimensão física, como sistemas de computadores, além das consequências para a dimensão humana, como a interferência nas atitudes e crenças das pessoas (Svetoka et al., 2016).

Recentemente, nos conflitos na Crimeia e Ucrânia, foi possível testemunhar como atores estatais e não estatais usam abordagens híbridas para perseguir seus objetivos políticos e militares, combinando habilmente operações militares com ataques cibernéticos, pressão diplomática, econômica e campanhas de informação.

O comando, o controle, as comunicações, os computadores, a cibernética, a inteligência, a vigilância e o reconhecimento, do acrônimo em inglês C5ISR, são elementos fundamentais para sustentar o desencadeamento desse tipo de campanha político-militar, muitas vezes originados por atores com poder militar convencional inferior, mas que conseguem tirar vantagem utilizando-se de equipamentos tecnológicos de uso popular para conquistar com sucesso seus objetivos e ambições.

---

* Doutora em ciência da computação pela Universidade de São Paulo (USP). Professora na Escola de Aperfeiçoamento de Oficiais do Exército (ESAO). CV: http://lattes.cnpq.br/4448416217649774. E-mail: nina.figueira@eb.mil.br.

** Mestre em *master of science in art and science of warfare* pela National Defense University of Pakistan. Instrutor na Escola de Aperfeiçoamento de Oficiais do Exército (ESAO). CV: http://lattes.cnpq.br/2891427510037070. E-mail: belmonte.giancarlo@eb.mil.br.

Este capítulo tem por objetivo analisar as importantes mudanças ocorridas na última década em relação aos novos sistemas de C5ISR, observando seu emprego dual, tanto para uso militar quanto para as aplicações civis. Também será abordado o surgimento de novas tecnologias disruptivas, que possuem a capacidade de quebrar paradigmas, de tornar outras tecnologias obsoletas e de interferir no comportamento da sociedade em âmbito mundial. Sob o prisma do novo espectro dos conflitos, pretende-se abordar a guerra híbrida sob o enfoque desses sistemas. Ao final, serão apresentados os impactos que esses novos sistemas podem causar na condução de possíveis conflitos a serem travados pelas nações e atores não estatais no contexto da guerra do futuro e das evoluções da geopolítica mundial, concluindo sobre as consequências para a preparação do Brasil para fazer face aos novos desafios.

A metodologia utilizada no desenvolvimento deste capítulo é de natureza aplicada, qualitativa e indutiva. Inicialmente, foi realizada uma revisão sistemática dos trabalhos científicos, empregando palavras-chave relacionadas com o tema, no idioma inglês, nas principais bases de dados indexados do portal de periódicos da Capes. Posteriormente foram analisados relatórios técnicos sobre o tema, sendo também consultados especialistas no assunto, no âmbito do Ministério da Defesa, compondo a síntese das análises e o confrontamento de visões sobre o C5ISR que compõe este trabalho.

2. A evolução da consciência situacional nos meios militares e civis

De acordo com Endsley e Jones (2012), a consciência situacional (CS) pode ser definida como uma forma de "estar a par do que acontece", no sentido de entender o que os dados e informações significam naquele exato momento e em um futuro próximo, destacando quais informações são relevantes para um determinado objetivo ou tarefa.

A CS é aplicada especialmente a situações onde processos estão sendo acompanhados, seja operando uma máquina, controlando o trânsito ou conduzindo operações militares.

Ao longo dos séculos, a CS foi desenvolvida por meio da leitura e interpretação de mapas, inicialmente construídos de forma primitiva e manual, modelando matematicamente a natureza com base na observação visual a partir de cumes e balões. Nos séculos XX e XXI, a CS foi enriquecida com o advento dos sensores, como os radares e visores termais, que complementaram os sentidos humanos. Também colaboraram para a evolução da CS os sistemas globais de posicionamento por satélite, os sistemas remotamente pilotados e os sistemas de informação geográfica.

Segundo Alberts, Vassiliou e Agre (2012), o Comando e Controle (C2) é definido como "ciência e arte" que trata do funcionamento de uma cadeia de comando, envolvendo três componentes imprescindíveis e interdependentes: autoridade, processo decisório e estrutura. O C2 consiste na gestão de todas as forças em operação por meio dos processos decisórios.

O C2 contribui para a consciência situacional, por meio de informações coletadas e processadas, que garantem ao gestor da atividade a capacidade de decidir em melhores condições e fiscalizar o cumprimento das atividades. Pode ser empregado tanto no controle e monitoramento de grandes áreas quanto nas fronteiras de um país, na área da segurança pública e defesa civil, auxiliando na prevenção e gestão de crises.

As Forças Armadas do Brasil estão inseridas na Doutrina de Comando e Controle do Ministério da Defesa (MD). Nesse contexto, cada Força Armada possui uma família de *softwares* para apoiar o C2. Embora esses tipos de *softwares* possam ser empregados em ambientes civis, normalmente estão associados ao meio militar. Entre as principais atividades, destacam-se o acompanhamento dos Grandes Eventos (Jogos Olímpicos Rio 2016, Copa do Mundo Fifa 2014) e da Intervenção Federal no Rio de Janeiro.

O Sistema Militar de Comando e Controle (SISMC^2), do Ministério da Defesa (MD), tem por objetivo amplificar o exercício da direção, do controle e da coordenação das forças militares em operação, possibilitando o acompanhamento em tempo real das ações em curso. Existem tratativas em andamento no MD buscando a integração dos sistemas existentes. No Exército Brasileiro, o Departamento de Ciência e Tecnologia (DCT) é o órgão setorial responsável pelo seu desenvolvimento e implementação, com destaque para o Centro de Desenvolvimento de Sistemas (CDS) e o Centro Integrado de Telemática do Exército, subordinado ao DCT, o qual é responsável pela operação das bases física e lógica do Sistema Estratégico de Comando e Controle do Exército (SEC2Ex).

O C2 é utilizado desde o período da Guerra Fria, tendo evoluído para C3I no final dos anos 1990 a partir da integração das funções atinentes às Comunicações e Inteligência; C4ISR no início do anos 2000, com a adição dos computadores e instrumentos de vigilância e reconhecimento. Atualmente, a Otan e as Forças Armadas de Israel adotam o acrônimo C5ISR, inserindo a cibernética ao grupo de funções.

A evolução tecnológica nesse setor na última década foi sensível, expandindo e integrando diversas funcionalidades, constituindo a diversidade de sistemas integrados do acrônimo C5ISR e agregando relevante diferencial na guerra do futuro. Esse *pool* de sistemas normalmente está baseado no conceito de guerra centrada em redes, na qual a superioridade de informações e operações em conjunto proporciona uma significativa vantagem operativa. No meio civil, pode ser citado o emprego de sistemas de C5ISR nas áreas de meio ambiente, segurança pública, defesa civil e controle de estruturas críticas.

Do exposto, infere-se parcialmente que a evolução da consciência situacional em âmbito mundial, seja no meio militar, seja no meio civil, é uma demanda imposta pela realidade que se apresenta, pois é possível decidir-se baseado em uma gama de sensores e meios, como imagens de satélite, aplicativos de controle de trânsito, entre outros, utilizando-se apenas um aparelho de telefone celular. O surgimento de novas tecnologias, pela evolução natural dos sistemas de C5ISR, permite a facilidade de ferramentas de TIC por preços módicos, ao alcance de qualquer indivíduo. O Brasil está dentro deste contexto à medida que sua estrutura de C2 evolui com a aquisição de novos meios de emprego dual, o que permite sua atuação nas três dimensões do combate moderno, especialmente a informacional.

3. As tecnologias disruptivas aplicadas ao C5ISR

A disrupção é definida como um ato de descontinuação ou quebra de um processo já estabelecido. Um processo é considerado disruptivo quando é capaz de interromper, suspender ou se afastar da operação convencional (Alberts, Vassiliou e Agre, 2012). Quando esse termo é trazido para o contexto tecnológico, a disrupção é tratada como um novo modelo que surge propondo algo diferente e inovador, rompendo com os padrões vigentes. A tabela 1 relaciona as principais tecnologias disruptivas aplicadas a funções nos sistemas C5ISR.

Tabela 1
Tecnologias disruptivas aplicadas ao C5ISR

TECNOLOGIAS	FUNÇÕES NO C5ISR
— 5G, Rádio adaptativo, Rádio cognitivo e Sistemas de Comunicação Satelital	Amplia a capacidade de transmissão das informações
— Cibernética	Possibilita o ataque e a proteção de estruturas
— Virtualização de cenários (modelo 3D e realidade aumentada)/Visão Computacional	Digitaliza os espaços físicos
— Localização geográfica	Potencializa a CS e o acompanhamento da operação em tempo real
— Computação em nuvem	Amplia as estruturas de armazenamento de dados
— *Big data* e mineração de dados	Robustecimento do armazenamento e análise dos dados
— Robótica avançada	Automatiza processos
— Sistemas não tripulados (autônomos)	Coletam dados em diferentes níveis
— Sensores miniaturizados de alta performance	Barateiam e potencializam o projeto
— *Comercial off-the-shelf* (Cots)	Simplifica o desenvolvimento
— Inteligência artificial (IA)	
— Superbaterias e armazenamento inteligente de energia	Ampliam o tempo de uso do sistema
— Internet das coisas (*internet of things* — IOT)	Aumenta a eficiência na aquisição e processamento dos dados
— Internet móvel	Versatiliza a comunicação
— Supermateriais	Robustece os materiais do sistema

Fonte: Os autores.

Entre as principais tecnologias relacionadas, destacam-se: a tecnologia 5G, a Inteligência Artificial (IA), a *internet of things* (IoT) e os sistemas de veículos autônomos embarcados com multissensores.

O 5G é a quinta geração de redes móveis, capaz de transmitir dados em altas velocidades, sendo fundamental para a IoT em Sistemas C5ISR. Essa tecnologia entrou em operação em 2019, ainda que de forma bastante limitada.

A IA é um conjunto de mecanismos que permite aos sistemas simular uma inteligência similar à humana, muito além da programação de diretivas específicas para tomar decisões de forma autônoma, baseadas em padrões de gigantescos e estruturados bancos de dados. Essa tecnologia multiplica a capacidade do ser humano de resolver problemas concretos e de forma racional, possibilitando a simulação de situações, perguntas, respostas, ou seja, amplia a inteligência do sistema. Em um veículo autônomo, pode permitir a tomada de decisão para algumas ações de navegação ou de mudança de missão.

A IoT é a conexão entre o mundo físico e o mundo digital por meio da internet (interconexão digital). Essa tecnologia amplia a interligação dos elementos (ou "coisas") de um Sistema C5ISR. A conexão em rede possibilita controlar remotamente os objetos, além de permitir o emprego dos próprios objetos como provedores de serviços.

Os sistemas de veículos autônomos, tais como os *drones*, atualmente podem embarcar inúmeros sensores e estruturas computacionais, que adquirem e processam informações em tempo real, ampliando sobremaneira a CS do decisor em um sistema de C5ISR. Quando dotados de estruturas robustas de comunicações, como os enlaces satelitais e o 5G, esses sistemas de sistemas são capazes de potencializar o transcurso das operações.

Conclui-se, parcialmente, que existem inúmeras tecnologias disruptivas aplicáveis ao C5ISR atualmente, capazes de robustecer, baratear, simplificar e potencializar os componentes do sistema. A disrupção tecnológica apresenta-se como uma realidade a ser considerada na guerra do futuro, demandando constante atualização da base industrial de defesa, nacional e mundial, com foco na inovação.

4. A guerra híbrida sob o enfoque do emprego de sistemas C5ISR

A primeira vez que se pronunciou o termo guerra híbrida foi na tese de doutorado, escrita em 2002, *Future war and Chechenya: a case for hybrid warfare*, do então major do Exército dos Estados Unidos da América William J. Nemeth (2002), que percebeu o surgimento de novas ameaças com técnicas, táticas e procedimentos (TTP) ambíguos ou híbridos, em um momento percebidos como tropa irregular ou insurgente, em outro como tropa convencional nos conflitos ocorridos na Chechênia, já vislumbrando o que poderia ocorrer nas guerras futuras.

Isso ficou bem claro nos episódios ocorridos a partir de 2014, com a anexação da Crimeia pela Rússia e, na sequência, com a insurgência no leste da Ucrânia em 2014 e 2015, com intervenção imediata das Forças Armadas russas. Naqueles eventos, pôde-se perceber a atuação de novos atores, com técnicas e objetivos desconexos com o que costumeiramente era conhecido. As insurgências nas cidades de Lugansk e Donetsk foram planejadas e executadas em um novo contexto. Tropas convencionais foram empregadas de maneira irregular, com o intuito de provocar uma quebra no *status quo*, apoiado por grande campanha informacional, apoio político, guerra eletrônica e cibernética e operações psicológicas de forma clandestina (Belmonte, 2016).

Glenn (2009) definiu a ameaça híbrida como qualquer adversário que emprega de forma simultânea e adaptativa uma combinação personalizada de irregularidade, terrorismo e meios ou atividades criminosas no campo de batalha. Em vez de se caracterizar por uma única entidade, uma ameaça híbrida pode ser composta por uma combinação de atores estatais e não estatais.

No mesmo artigo, Glenn define a guerra híbrida como uma guerra de espectro total, tanto na dimensão física quanto nas dimensões informacional e humana. Na dimensão física ocorre uma luta contra um inimigo armado e, nas outras dimensões, é travada uma luta mais ampla pelo controle e apoio dos nacionais (habitantes locais) da zona de combate, o apoio das frentes domésticas dos países intervenientes e o apoio da comunidade internacional. Nesse contexto, com o intuito de proteger e estabilizar a população local nacional, as forças intervenientes devem reconstruir imediatamente ou restaurar a segurança, serviços essenciais, governo local, forças de autodefesa e elementos essenciais da economia.

Ainda sobre o enfoque desse novo tipo de conflito, Nemeth (2002) traz o debate sobre o que torna a palavra híbrida a melhor forma de definir esse novo conceito. Nemeth verificou em seu estudo sobre os conflitos separatistas na Chechênia que a guerra híbrida está muito relacionada com a sociedade, religião e etnia dos beligerantes. Os habitantes daquela região já convivem em um ambiente com características híbridas e suas Forças Armadas acabam por assimilar esse *modus operandi* que une as novas tecnologias existentes com as velhas táticas já latentes naquele povo. Segundo Schroefl e Kaufman (2014), na intervenção da Otan no Afeganistão, a partir do fim da Guerra no Iraque, pôde-se verificar o modo de operação híbrido desencadeado pelos Talibãs e seus chefes tribais na condução da insurgência, principalmente nas fronteiras do Paquistão e Irã.

Nota-se que o terrorismo, os ataques seletivos, os levantes ultranacionais são ingredientes comuns sempre conjugados com uma grande campanha de informação, com objetivos internos e externos, campanhas econômicas e emprego maciço de meios de tecnologia de informação e comunicações, desencadeando grandes redes de comunicações, inteligência, cibernética e de sensores de vigilância e reconhecimento, caracterizando o C5ISR.

Os eventos da Primavera Árabe são bons exemplos de conflitos híbridos, com levantes em vários países islâmicos no norte da África e Oriente Médio e queda de regimes ditatoriais, e que culminaram nos conflitos na Síria envolvendo atores não estatais, como o Estado Islâmico e rebeldes sírios, e atores estatais, como o governo sírio e potências extrarregionais como os EUA, países da Otan, Rússia, Irã, China, Israel, Turquia e Arábia Saudita. Segundo Svetoka e colaboradores (2016), esses eventos, inicialmente, foram caracterizados pelo uso massivo das mídias sociais por meio de *smartphones* e conteúdo característico de guerra da informação. Em um segundo momento, outras redes clandestinas foram empregadas, caracterizando a guerra híbrida com financiamento extrarregional e emprego de grupos *proxies*.[1]

Outro exemplo é a insurgência de rebeldes iemenitas *Houthis* que derrubaram o governo central no Iêmen e lutam desde 2015 contra a coalizão dos países do Oriente Médio, liderada pela Arábia Saudita. Os rebeldes são apoiados financeira e militarmente pelo Irã e no dia 12 de julho de 2020 realizaram um ataque de *drones* contra instalações militares, posições de baterias antiaéreas de mísseis Patriot e contra uma refinaria de petróleo. Em todos esses eventos a presença de meios modernos de C5ISR foi determinante para o sucesso das ações (Swilam et al., 2020).

Hoffman (2009) sugeriu o gráfico que ilustra o novo espectro dos conflitos, determinando que esse novo tipo de guerra estará classificado entre os conflitos de baixa e média intensidades, com emprego de atores não estatais patrocinados por Estados, normalmente em situações de insurgência ou ações terroristas.

Segundo Chivvis (2017), em seus estudos sobre a atuação da Rússia na Ucrânia e em outros conflitos, existem três características importantes a serem ressaltadas para definir-se a guerra híbrida: economiza o uso da força, pois

[1] Compreende grupos simpatizantes ou de mesmos interesses que representam os ideais de grandes potências (normalmente) em outros territórios ou em guerras por procuração, do inglês *proxy war*, podendo influenciar a população, o governo ou a economia daquele país ou território.

emprega de forma clandestina vários meios não militares, e, principalmente, como forma de preparação ou degradação dos meios do adversário, o uso massivo de ferramentas cibernéticas de exploração e ataque, economizando meios militares convencionais; é persistente, pois quebra a delimitação binária tradicional entre guerra e paz. A realidade da guerra híbrida está em constante mudança de intensidade de conflito e está sempre em desenvolvimento. Muitas das vezes, as ações de guerra híbrida não são notadas, pois são dissimuladas e se confundem com o "ruído de fundo". As ações dissimuladas mais comuns são as de inteligência, cibernéticas, econômicas e de desinformação; e é centrada na população, pois perceberam a importância de uma abordagem que busque influenciar a população dos países-alvo por meio de operações de informação, grupos *proxies* (representantes locais) e outras operações de influência. A Rússia, por exemplo, usa a guerra híbrida para trabalhar dentro das estruturas políticas e sociais existentes, promovendo os objetivos russos.

Ainda, de acordo com Chivvis (2017), a guerra híbrida tem os seguintes objetivos: capturar território sem recorrer ao uso da Força; criar pretexto para uma intervenção aberta e convencional em outra nação; e usar medidas híbridas para influenciar as políticas de países do Ocidente ou de outros lugares a seu favor. Podemos notar que o estudo foi realizado a partir das ações da Rússia. Do mesmo modo, podemos inferir que a China se utiliza desses mesmos procedimentos para desencadear suas ações. Nesse contexto, o emprego dos meios cibernéticos e de comunicações extrapola os limites do seu uso pelos atuadores chineses ou russos.

Com o avanço tecnológico da última década, muitos impulsionados pela própria China, verifica-se que até mesmo a escolha política dos fabricantes das novas tecnologias pode influenciar a geopolítica mundial e a ascensão ou queda de *players* globais como os EUA, Reino Unido ou países da Otan. O episódio envolvendo a empresa Huawei chinesa e o governo dos EUA diante de uma possível aquisição de ativos de rede para implementação da tecnologia 5G de telefonia celular por países ocidentais é pauta de interesse de segurança nacional e internacional. Os EUA levantaram a possibilidade de espionagem chinesa por meio das novas infraestruturas de 5G da Huawei (Kaska et al., 2019).

Sob o enfoque das novas tecnologias de C5ISR que hoje extrapolam o meio militar, havendo uma convergência dos meios de uso militar e civis, e de tudo que foi exposto nesta seção, crescem de importância as contramedidas diante da possibilidade de grupos não estatais, patrocinados por nações com interesses geopolíticos, possuírem meios de alta tecnologia e desencadearem operações de característica híbrida contra grandes potências, como os EUA, mas também contra potências regionais como o Brasil. Recentemente, a China, Rússia e Irã mantêm influência sobre países do entorno sul-americano, com ênfase no esforço chinês que, pela influência econômica e de grupos *proxies*, está intervindo na economia e na política de alguns países, ameaçando a soberania brasileira e a paz regional.

A globalização da informação e do comércio é um grande facilitador para que essa capilaridade e porosidade existente entre os países os tornem vulneráveis às ameaças híbridas, como o comprometimento econômico de países falidos com a prática chinesa do "ganha-ganha", facilitando a perda da soberania pelo poder financeiro.

A guerra híbrida, como dito, pode não ser percebida e já ter iniciado em vários países do mundo, incluindo o Brasil. Cabe ao Governo Federal estar atento aos avanços das ameaças híbridas e preparar-se para fazer frente a elas.

Pode-se concluir parcialmente que a guerra híbrida é uma forma de conflito e de conquista de objetivos nacionais por parte de alguns países, que, diferentemente do modelo dos combates convencionais de Estado contra Estado surgidos por ocasião da Paz de Westfália,[2] utilizam-se de meios dissimulados, clandestinos, não convencionais e convencionais, de pesado emprego de novas tecnologias de C5ISR e de consagradas TTP para quebrar a soberania de um país ou a hegemonia de um bloco, muitas vezes de forma velada ou que só será percebida já na fase final das ações. Para o Brasil, cabe o "alerta antecipado" por meio de sensores (meios físicos e lógicos) em áreas de infraestruturas críticas como as fronteiras brasileiras, as redes de comércio, mídias sociais e redes integradas governamentais, passíveis de invasão.

2 O modelo de estado soberano surgido na Paz de Westfália, baseado nos princípios de autonomia, território, reconhecimento e controle mútuos, oferece uma imagem simples, atraente e elegante (Krasner, 2001).

5. Aspectos geopolíticos e a guerra do futuro

Para analisar-se os impactos dos novos sistemas de C5ISR na condução da geopolítica mundial, é necessária uma rápida nota sobre os interesses, estratégias e geopolítica praticada pelos principais *players* mundiais.

Após o fim da Guerra Fria, com a queda do Muro de Berlim e o desmembramento da antiga União Soviética, houve um novo arranjo na ordem mundial, implicando um maior poder em termos de Estado hegemônico para os Estados Unidos da América. Entretanto, com os eventos ocorridos em 2001, com os atentados às Torres Gêmeas, novos atores não estatais passaram a atuar contra países soberanos e coalizões de países, inaugurando um novo modo de interferir na ordem mundial, seja por atentados terroristas, seja por insurgência de cunho nacionalista, como foi verificado com a atuação da Al-Qaeda e, posteriormente, com o surgimento do Estado Islâmico (Barbosa, 2002).

Passadas duas décadas, os Estados voltaram a ter papel fundamental na ordem mundial. A Rússia e China, a partir de 2010, passaram por reformas profundas em suas Forças Armadas, com a inclusão de material de emprego militar moderno com capacidades de projetar poder em suas regiões de influência: leste europeu, por parte da Rússia, e leste e sul asiático, para a China. Esse ressurgimento russo e chinês, por consequência, provocou a reação dos países da Otan e dos Estados Unidos que passaram a reformular suas hipóteses de emprego, modernizando suas Forças Armadas e migrando das Operações Contra o Terror ou Contra insurgência para as remodeladas Operações em Larga Escala com previsão de grande emprego de tropas blindadas. Essas novas ameaças estatais passaram a afetar a política e a economia, quer no âmbito regional, quer no âmbito mundial (Belmonte, 2016).

Essas reformas passam pelos avanços ocorridos na área das novas tecnologias, com ênfase para a rede mundial de computadores, cibernética, robótica e internet das coisas, do acrônimo inglês IoT (*internet of things*). Em 2014 e 2015 ocorreram os eventos na Crimeia e Ucrânia, no contexto da guerra híbrida e baseado em ferramentas de TIC por onde eram disseminadas as informações e controle de narrativas, além de ataques cibernéticos (Lange-Ionatamishvili et al., 2015).

Em 2010, a Federação Russa reformulou suas Forças Armadas, passando a investir em novos sistemas militares, principalmente em aviação, blindados, mísseis e foguetes, defesa antiaérea e cibernética, culminando com as operações de 2014 em diante. A despeito das ideologias do passado e atuais, o presidente Putin, a partir de 1999, passou a construir uma nova política na Rússia que, atualmente, culminou em uma "Realpolitik" ou política realista baseada no eurasianismo ou neo-eurasianismo, na busca das antigas áreas de influência, contenção do avanço ocidental para o oriente e busca de rotas marítimas em águas quentes. Para isso, a Rússia voltou-se para seus interesses regionais, focados nos Balcãs, Báltico, Ucrânia e Crimeia, lançando campanhas de desinformação, ataques cibernéticos, guerra híbrida, guerra econômica, com a diminuição de fornecimento de gás para países europeus e alianças com China, Irã e Coreia do Norte, por meio da Organização do Tratado de Cooperação de Shangai (Belmonte, 2016).

De acordo com Rumer (2019), a doutrina empregada pelo general Gerasimov com o surgimento da guerra híbrida nos eventos de 2014 e 2015 na Crimeia e Ucrânia já era uma doutrina conhecida há mais de 20 anos e que foi criada pelo ministro russo das Relações Exteriores de Bóris Yeltsin, de 1998-99, Yevgeny Primakov. A doutrina postula que um mundo unipolar dominado pelos Estados Unidos é inaceitável para a Rússia. Entre os princípios da Doutrina Primakov está a oposição à expansão da Otan para o Oriente, a imposição da Rússia como líder na integração da região de sua influência e a luta por um mundo multipolar.

Por sua parte, a China redesenhou suas pretensões, desde as primeiras reformas econômicas da década de 1970, passando da situação de um país subdesenvolvido até o patamar de candidata à potência global. Na primeira década de 2000, a China começou a transição de sua política externa e de defesa, que se baseavam em interesses domésticos, passando para pretensões regionais e mundiais (Fewsmith, 2001).

Em 2012, o Partido Comunista Chinês (PCC) elegeu Xi Jinping para presidente da China e iniciou a estratégia de desenvolvimento, em 2013, denominada "Iniciativa de Cinturão e Rota", do inglês *One Belt, One Road*, também conhecido como Cinturão Econômico da Rota da Seda e a Rota da Seda Marítima do Século 21, com o objetivo de desenvolvimento de infraestrutura e investimentos em países da Europa, Ásia e África, aumentando a capilaridade do comércio chinês nessas regiões ao mesmo tempo que a China acessa várias fontes de matéria-prima (Ferdinand, 2016).

Um exemplo dessa iniciativa é o Corredor Econômico Paquistão-China, ou CPEC, que encurta a distância entre a China e o mar da Arábia, por meio de rodovias, ferrovias, oleodutos, gasodutos, portos e refinarias do oeste chinês até o porto de Gwadar, no litoral paquistanês (Irshad, 2015).

Outra iniciativa, que foi denominada pelo Departamento de Defesa dos EUA como "Colar de Pérolas ou *Pearl Necklace*", tem por objetivo o acesso a portos e aeroportos estrategicamente posicionados que possam dar liberdade de ação para a marinha chinesa do mar da Arábia até o mar do Sul da China, encurralando a Índia e os principais estreitos e penínsulas: a Indochina, a Indostânica, a Arábica e o Chifre da África. Essa estratégia busca aumentar a influência chinesa na região, causando consternação aos outros países da região, aumentando a tensão (Vázquez e Fernandes, 2016).

Países como EUA, Rússia, China, Índia, França, Reino Unido e países da Península Indostânica competem entre si pelas rotas de navegação que carreiam grande parte do petróleo bruto consumido no mundo. Segundo Vázquez e Fernandes (2016), a área apresenta bases navais e/ou "postos de escuta" hindus, importante presença anglo-americana e francesa no Índico, elevado risco de pirataria, controle de passagem estratégica, potências nucleares e "enclaves estratégicos chineses". Recentemente, foi possível notar os ataques de navios piratas da Somália atuando na região, principalmente próximo do "Chifre da África", que inclui Djibuti, Somália, Etiópia e Eritreia.

Além disso, a China investe nas relações de benefício mútuo ou "ganha-ganha" em países da África fornecendo infraestruturas de energia e telecomunicações em troca de *commodities* como petróleo, minérios de ferro e grãos de soja, entre outros (Fijałkowski, 2011).

Os EUA, juntamente com os países da Otan, desde a Guerra Fria, vêm adotando a Estratégia de Contenção que visa o isolamento de parte da Eurásia, compreendida pela linha dos países Bálticos até o Oriente Médio, por oeste, por norte o Ártico e por leste e sul os oceanos Pacífico e Índico. Atualmente, essa estratégia visa conter, também, o expansionismo chinês que está em desenvolvimento por meio de sua Iniciativa de Cinturão e Rota. Primeiramente, a estratégia tinha por objetivo conter a expansão do comunismo para o Ocidente com a criação da Otan e aumentar a segurança norte-americana no exterior. Após os eventos de 2001, essa estratégia passou a conter a expansão do terrorismo no mundo, mais focado em ações no Oriente Médio (Pecequilo, 2010).

A partir de 2012, os objetivos voltaram-se a contrapor as ações russas no leste europeu e as manobras expansionistas na China. Com isso, os Estados Unidos passaram a lançar sua influência a países asiáticos como Coreia do Sul, Japão, Indonésia e Índia (Buszynski, 2012).

Em todas essas estratégias, o ponto em comum é o desenvolvimento e emprego, principalmente a partir de 2010, de novas tecnologias de C5ISR para a conquistas de cada objetivo. Não por acaso, as mudanças significativas na doutrina, nas TTP e no surgimento de novos meios de emprego militar de EUA, Rússia e China começaram no fim da primeira década deste século (Kritika, 2019).

Nesse período houve grande avanço tecnológico nas áreas de redes de computadores, internet, cibernética, veículos autônomos, inteligência artificial e sensoriamento remoto por satélite, não só no meio militar como também nos meios civis, havendo uma convergência de emprego, principalmente com o advento de *smartphones* com câmeras e seus aplicativos, internet de alta velocidade e mídias sociais.

A popularização dos meios de C5ISR passou a ser de interesse político, econômico e militar, mudando os centros de gravidade dos meios militares estratégicos do inimigo para a população e o cidadão. Hoje, facilmente uma pessoa comum pode ser recrutada para exercer o papel de um sensor de inteligência ou de um soldado paramilitar, operando meios militares de alta letalidade (Maurer, 2018).

Como citado na seção anterior, a implementação de infraestruturas de telecomunicações estratégicas em um país passa a ser preocupação vital para um governo saber de qual fabricante aqueles ativos de rede serão adquiridos, pois, possivelmente, poderá estar instalando uma grande rede de espionagem em seu próprio país.

As novas tecnologias disruptivas como a inteligência artificial, as redes com tecnologia 5G e dispositivos autônomos poderão exercer papel preponderante na vitória ou na derrota de um Estado diante de outro, sem, muitas vezes, travar-se um combate na dimensão física (Lele et al., 2019).

A IoT, que tem o poder de controlar o dia a dia de qualquer indivíduo conectado, poderá transformar-se, facilmente, em uma Internet das Coisas do Campo de Batalha, do acrônimo inglês IoBT (Internet of Battlefield Things). A sabotagem de refinarias por meio de drones ou por intrusão de um *malware* em centrífugas de usinas nucleares, como o Stuxnet,[3] já são provas de uma dimen-

3 "Seu objetivo não era o roubo ou manipulação de dados. Foi a destruição física de centrífugas de gás na planta de enriquecimento de combustível de Natanz, a joia da coroa do programa nuclear do Irã" (Langner, 2011).

são do combate dominada pelas novas tecnologias. As guerras da informação, econômicas e cibernéticas já estão sendo travadas no choque das civilizações, como citado em cada uma das estratégias das grandes potências (Russell e Abdelzaher, 2018).

Para o subcontinente sul-americano e, especialmente, para o Brasil, os movimentos geopolíticos poderão influenciar a expansão das áreas de influência do Oriente para o Ocidente, com a instalação de infraestruturas dessas potências em países limítrofes que poderão, por influência de grupos *proxies*, afetar a soberania brasileira. Cabe ao Brasil preparar-se com a aquisição, instalação e preparo de fortes infraestruturas de segurança, defesa e guerra cibernética. Além disso, cabe ao Poder Executivo, assessorado pelo Gabinete de Segurança Institucional, a Agência Brasileira de Inteligência (ABIN), o Ministério da Defesa e o Ministério das Relações Exteriores, propor objetivos nacionais nesse contexto e ao Congresso Nacional elaborar leis de proteção da nossa soberania.

Infere-se, portanto, que a guerra do futuro será conduzida pelas grandes potências nas três dimensões conhecidas, com ênfase nas dimensões informacional e humana, fortemente afetadas pelo advento das novas tecnologias de C5ISR, tornando a guerra formal e declarada quase remota. Cabe ao Brasil proteger-se dessa influência por meio de ações eficazes dos Poderes Executivo e Legislativo.

6. Conclusão

Os sistemas de C5ISR, baseados nas novas tecnologias surgidas na última década, são importantíssimos para a condução dos conflitos modernos, principalmente para os cenários prospectivos da denominada guerra do futuro.

Em síntese, pode-se concluir que os sistemas de C5ISR são altamente necessários para a condução dos conflitos do século XXI, fornecendo aos decisores de todos os níveis a consciência situacional necessária para visualizar as três dimensões do combate de quinta geração. Os avanços tecnológicos, como as novas tecnologias disruptivas, podem nivelar o poder de combate das grandes potências estatais com atores estatais e não estatais de menor porte, devido à assimetria causada por essas novas tecnologias. Ainda sobre essa inferência, pôde-se verificar que o surgimento de ameaças híbridas e, consequentemente, da guerra híbrida remodelou a geopolítica mundial, abrindo novos caminhos para os antigos e novos "*players* globais" na consecução de seus objetivos. A ascensão da Rússia e China como fortes atores na geopolítica mundial forçou a reestruturação dos EUA e seus aliados da Otan, aumentando as tensões no Oriente.

Com relação à consciência situacional fornecida pelos sistemas de C5ISR e à convergência dos meios de TIC civis e militares, é possível concluir que, atualmente, os vários sistemas civis e militares à disposição oferecem as capacidades necessárias para se ter uma consciência situacional para o indivíduo controlar as tarefas do seu cotidiano, para o empresário controlar sua empresa e para exércitos e governos controlarem suas atividades e grandes sistemas, tudo baseado por modernas ferramentas e sistemas de TIC, que proporcionam sensores capazes de oferecer dados em tempo real para a tomada de decisão.

Quanto às tecnologias disruptivas, foi possível inferir que são importantes ferramentas para quebrar paradigmas, causando um desequilíbrio entre contendores. Esse desequilíbrio poderá fornecer vantagens como a agilidade de comando e controle, sobrepondo o ciclo de tomada de decisão do seu adversário, oponente ou inimigo. Com a disseminação dessas novas tecnologias no âmbito da sociedade e sua consequente popularização, o cenário mundial tornar-se-á, cada vez mais, volátil, incerto, complexo, ambíguo, do acrônimo inglês Vuca, e extremamente perigoso. O sucesso das ações estará baseado em quem dominar as contramedidas necessárias para contrapor as ameaças baseadas em tecnologias disruptivas, como as redes 5G, IA, *Big Data* e sistemas autônomos.

No tocante ao surgimento dos conflitos híbridos, conclui-se que as ameaças híbridas se utilizam de uma forma diferente de atuação, contemplando o emprego de novas tecnologias moldadas ao complexo e incerto ambiente atual, disseminadas por *players* mundiais, sejam eles estatais ou não estatais. A guerra da informação, com o controle de narrativas e desinformação, o emprego de grupos apoiadores (*proxies*), massivo emprego de monitoramento e ataque cibernéticos, campanha de operações especiais e psicológicas, guerra econômica e pressão diplomática e política estão inseridos em um panorama informacional e humano, em que a dimensão física, muitas vezes, será a última dimensão onde a guerra será travada. Cabe aos governos atentarem para a guerra híbrida desde já, pois neste tipo de conflito não há declaração formal de guerra, tornando-se uma ameaça que atua e cresce em um perfil que se confunde com as crises naturais cotidianas das nações, camuflando-se nesse "ruído de fundo". Quando se tornam visíveis na dimensão física, muitas vezes, os objetivos intermediários já foram alcançados e o estado final desejado já está por ser alcançado, bastando apenas poucos movimentos no tabuleiro para se obter o "xeque-mate".

Pôde-se verificar, ainda, que o novo panorama mundial nos mostra as estratégias das grandes potências alinhadas no sentido de proteger suas áreas de influência, ao mesmo tempo que buscam novos mercados. A China passou a investir fortemente na expansão de seu poder econômico, político e militar com o lançamento da Iniciativa de Cinturão e Rota, da estratégia do "Colar de Pérolas" e suas relações comerciais baseadas no apoio e benefício mútuos. Os robustos sistemas de C5ISR fornecem o suporte necessário para que a China dissemine sua influência, ameaçando, inclusive, as áreas de influência regionais de potências da Otan e dos EUA.

O surgimento de novos aliados na América Central e do Sul, por meio de grupos *proxies* de influência, vem tornando a China cada vez mais presente nessas áreas, ameaçando não só as antigas áreas de cooperação norte-americanas, mas também a soberania de alguns países.

O Brasil, nesse contexto, por meio do governo federal, deve investir em sistemas de C5ISR em todos os níveis, com a aquisição de sensores de inteligência, ferramentas de segurança, defesa e guerra cibernéticas, meios de guerra eletrônica e radares de vigilância, centrais de comando e controle, bem como solicitar ao Congresso Nacional que elabore leis de proteção cibernética, garantias e proteção das relações comerciais com entes estrangeiros e reforço à lei de segurança nacional. As medidas de proteção deverão ser proativas, não cabendo reações governamentais após o desencadeamento de um conflito híbrido em solo nacional.

Por fim, agindo-se de maneira proativa será possível ao país enfrentar esses novos desafios, cumprindo seu papel como líder regional, cumprindo seus objetivos nacionais e projetando-se no cenário mundial.

Não há um caminho de volta para a humanidade que não seja a imersão em um período denominado de a "Era do Conhecimento", baseado em uma alta velocidade de transmissão de dados, onde o controle do conhecimento poderá decidir a soberania e futuro de uma nação, ascensão e queda de grandes potências, além de protagonismo de grupos ou blocos não estatais, muitas vezes ditando as regras de cenários geopolíticos.

Referências

ALBERTS, D.; VASSILIOU, M.; AGRE, J. C2 Information quality: an enterprise systems perspective. In: IEEE MILITARY COMMUNICATIONS CONFERENCE, 31ST, MILCOM-2012, Orlando, FL, USA, 2012.

BARBOSA, Rubens Antônio. Os Estados Unidos pós 11 de setembro de 2001: implicações para a ordem mundial e para o Brasil. *Revista Brasileira de Política Internacional*, v. 45, n. 1, 2002, p. 72-91.

BELMONTE, Giancarlo Niedermeier. O ressurgimento do Grande Urso. *A Defesa Nacional*, v. 103, n. 830, 2016, p. 1-12.

BOTEGA, L. C.; ARAÚJO, R. Desenvolvimento de interface de usuário para a melhoria da consciência situacional em gerenciamento de emergências. *Revista Informática Teórica e Aplicada*, Porto Alegre. v. 24. n. 1, 2017, p. 91-120.

BUSZYNSKI, Leszek. The South China sea: oil, maritime claims, and US–China strategic rivalry. *The Washington Quarterly*, v. 35, n. 2, 2012, p. 139-156.

CHIVVIS, Christopher S. *Understanding Russian hybrid warfare*. Rand Corporation, 2017.

ENDSLEY, M. R.; JONES, D. G. *Designing for situational awareness*: an approach to user-centered design, 2. ed. CRC-Taylor&Francis, 2012.

FERDINAND, Peter. Westward ho — the China dream and 'one belt, one road': Chinese foreign policy under Xi Jinping. *International Affairs*, v. 92, n. 4, 2016, p. 941-957.

FEWSMITH, Joseph. *China since Tiananmen*: the politics of transition. Cambridge University Press, 2001.

FIJAŁKOWSKI, Łukasz. China's "soft power" in Africa? *Journal of Contemporary African Studies*, v. 29, n. 2, 2011, p. 223-232.

GLENN, Russell W. Thoughts on hybrid conflict. *Small Wars Journal*, v. 2, 2009, p. 1-8.

HOFFMAN, Frank G. *Hybrid warfare and challenges*. Institute for National Strategic Studies. National Defense University. Washington, DC: NDU Press, 2009.

IRSHAD, Muhammad Saqib. One belt and one road: dose China-Pakistan economic corridor benefit for Pakistan's economy? *Journal of Economics and Sustainable Development*, v. 6, n. 24, 2015, p. 7-10.

KASKA, Kadri; BECKVARD, Henrik; MINARIK, Tomas. Huawei, 5G and China as a security threat. *Nato Cooperative Cyber Defence Center for Excellence (CCDCOE)*, v. 28, 2019.

KRASNER, Stephen D. Rethinking the sovereign state model. *Review of International Studies*, v. 27, n. 5, 2001, p. 17.

KRITIKA, Roy. Advances in ICT and the Likely Nature of Warfare. Routledge, 2019.

LANGE-IONATAMISHVILI, Elina; SVETOKA, Sanda; GEERS, Kenneth. Strategic communications and social media in the Russia Ukraine conflict. In: GEERS, Keneth. *Cyber war in perspective*: Russian aggression against Ukraine. Tallinn, Estonia: NATO CCD COE, 2015, p. 103-111.

LANGNER, Ralph. Stuxnet: dissecting a cyberwarfare weapon. *Ieee Security & Privacy*, v. 9, n. 3, 2011, p. 49-51.

LELE, Ajey. *Disruptive technologies for the militaries and security*. Springer, 2019.

MAURER, Tim. Cyber mercenaries. Cambridge University Press, 2018.

NEMETH, William J. *Future war and Chechnya*: a case for hybrid warfare. Tese (doutorado) — Naval Postgraduate School, Monterey, California, 2002.

PECEQUILO, Cristina Soreanu. As grandes estratégias dos Estados Unidos (1989/2010). *Meridiano 47*, v. 11, n. 120, 2010, p. 18.

RUMER, Eugene. *The Primakov (not Gerasimov) doctrine in action*. Washington, DC: Carnegie Endowment for International Peace, 2019.

RUSSELL, Stephen; ABDELZAHER, Tarek. The internet of battlefield things: the next generation of command, control, communications, and intelligence (C3I) decision-making. In: MILCOM 2018 IEEE MILITARY COMMUNICATIONS CONFERENCE (MILCOM), 2018, Los Angeles. IEEE, 2018, p. 737-742.

SCHROEFL, Josef; KAUFMAN, Stuart J. Hybrid actors, tactical variety: rethinking asymmetric and hybrid war. *Studies in Conflict & Terrorism*, v. 37, n. 10, 2014, p. 862-880.

SVETOKA, Sanda et al. *Social media as a tool of hybrid warfare*. Washington, DC: Nato Strategic Communications Centre of Excellence, 2016.

SWILAM, Alaa et al. Yemeni Houthis say they hit Saudi oil facility in drone, missile attack. *World News*. Reuters portal, 12 jul. 2020. Disponível em: www.reuters.com/article/us-saudi-security-yemen/yemeni-houthis-say-

-they-hit-saudi-oil-facility-in-drone-missile-attack-idUSKCN24D0U6. Acesso em: 16 jul. 2020.

VÁZQUEZ, Daniel Day; FERNANDES, Marcos Vinícius da Silva Dantas. A Rota da Seda, o Colar de Pérolas e a competição pelo Índico (Parte 1/3). *Revista de Geopolítica*, v. 4, n. 2, 2016, p. 127-154.

Estudo comparado de Sistemas Setoriais de Inovação: petróleo e gás, agronegócio e Exército

*Décio Luís Schons**
*Hildo Vieira Prado Filho***
*Juraci Ferreira Galdino****

1. Introdução

A despeito das diversas políticas adotadas nos últimos 20 anos[1] para impulsionar o Sistema Nacional de Inovação (SNI) do Brasil, o país exibe indicadores de desempenho modestos[2] e os indícios de tendências não permitem vislumbrar um cenário auspicioso no curto prazo (Galdino, 2018, 2019a).

A expressão "Sistema Nacional de Inovação" foi cunhada por Freeman (1995) para designar elementos cujas atividades e interações contribuem para a criação, o avanço e a difusão das inovações tecnológicas de um país.[3]

A adoção do termo "Sistema" sugere que a eficiência do processo de inovação depende não apenas da atuação de elementos isolados, mas principalmente das interações entre os diversos elementos que compõem o sistema (Cassiolato e Lastres, 2005). Nesse diapasão, o termo "Nacional" não remete apenas a um conceito geográfico que define a unidade de análise (país), mas também reflete a natureza holística do processo em comento.

---

* General de Exército. Antigo Chefe do Departamento de Ciência e Tecnologia (DCT) e Reitor da Escola Superior de Guerra (ESG). Vice-Presidente de Operações de Consultoria da empresa Brasiliano Interisk. CV: http://lattes.cnpq.br/7797495784834763. E-mail: schons79@gmail.com.

** General de Divisão Engenheiro Militar. Mestre em ciências da computação pelo Instituto Militar de Engenharia (IME). Antigo Vice-chefe do Departamento de Ciência e Tecnologia (DCT) e Reitor do IME. CV: http://lattes.cnpq.br/2919265630674905. E-mail: hildoprado1960@gmail.com.

*** General de Brigada Engenheiro Militar. Doutor em engenharia elétrica pela Universidade Federal de Campina Grande (UFCG). Comandante e Reitor do Instituto Militar de Engenharia (IME). CV: http://lattes.cnpq.br/3588063339399737. E-mail: jfgaldino675@gmail.com.

1 Um marco importante para os incentivos do governo visando fortalecer o SNI do Brasil foi a criação dos fundos setoriais a partir de 1999.

2 O relatório de 2019 do Global Innovation Index (IGI) classifica o Brasil na 66ª posição do *ranking* global de inovação.

3 Cimoli (2014); Godin (2009); Lundvall (2010).

Vários estudos[4] apontam gargalos do SNI do Brasil como ambiente de negócios pouco dinâmico, protecionista e burocratizado; ambiente regulatório inadequado; educação de baixíssima qualidade; indicadores de proteção intelectual modestos; quantidades muito baixas de pesquisadores e de engenheiros por milhão de habitantes; pequena parcela de pesquisadores alocada ao setor produtivo, estando a maioria deles na academia e nos órgãos públicos, onde também se encontram as principais infraestruturas laboratoriais do país; infraestrutura de pesquisa composta de expressiva quantidade de laboratórios modestos; a existência de poucas instituições dedicadas exclusivamente à pesquisa aplicada, como a Embrapa, a Fiocruz, o CNPEM, o Cenpes e algumas Instituições de Ciência e Tecnologia (ICT) militares, como o Centro Tecnológico do Exército (CTEx); e, especialmente, precários vínculos entre a academia e o setor produtivo.

O ponto forte do SNI do Brasil é o excepcional desempenho das atividades de P&D (Galdino, 2018; Negri, 2018). Porém, a concentração da capacidade de P&D na academia e os frágeis vínculos entre a academia e o setor produtivo dificultam o aproveitamento desse potencial em prol da melhoria dos indicadores do SNI nacional.

Muitas políticas malograram na tentativa de fortalecer os vínculos entre a academia e o setor produtivo do SNI (Galdino, 2018).[5] Exemplos dessas políticas são a criação dos Fundos Setoriais a partir de 1999; a Lei de Inovação (Lei nº 10.973/2004); a Lei do Bem (Lei nº 11.196/2005); o novo Marco Legal de Ciência, Tecnologia e Inovação (EC nº 85/2015, Lei nº 13. 243/2016 e Decreto nº 9.283/2018); e as sofisticadas formas de fomento, como Embrapii e editais Inova.

Cabe mencionar que indicadores de SNI, como os do Índice Global de Inovação (IGI), buscam capturar o comportamento médio do país e não são capazes de inferir sobre áreas ou setores específicos. Assim é que um país pode exibir modestos indicadores globais e possuir setores competitivos e eficientes. Malerba (2002), ao difundir o conceito de Sistemas Setoriais de Inovação (SSI), assevera que cada setor é caracterizado por bases específicas de conhecimento,

4 (Menezes Filho et al. (2014); Galdino (2018); Negri (2018); Negri e Squeff (2016); Sassaki et al. (2018); Schons et al. (2020).

5 Das variáveis que compõem o Índice Global de Inovação, a que melhor reflete os vínculos entre academia e setor produtivo é *Innovation Linkages*. De 2013 até 2019 as classificações do Brasil nesse indicador são respectivamente: 57ª, 59ª, 61ª, 63ª, 59ª e 66ª.

tecnologias, processos de produção, demandas e pela heterogeneidade de firmas, de organizações e de instituições que o compõem.

No Brasil, o contraste de desempenhos de setores distintos é bastante evidente. Nele despontam setores que conseguiram estabelecer consistentes vínculos entre academia e empresas, empreenderam trajetórias de acumulação de capacidade tecnológica (Figueiredo, 2015) e conseguiram ocupar lugar de destaque no concerto das nações, como o SSI do agronegócio e o SSI do petróleo e gás. Outros, no entanto, como o SSI do Exército Brasileiro, precisam aperfeiçoar a capacidade de inovação (Brasil, 2010).

Estudos realizados no âmbito do Exército sobre seu SSI sugerem que é imperioso fortalecer os vínculos entre academia, indústria e governo (hélice tríplice) (Etzkowitz e Zhou, 2017) e empreender um modelo de inovação aberta (Chesbrough, 2011) em substituição ao modelo tradicional de inovação fechada. O sucesso na adoção simultânea dos paradigmas de hélice tríplice e de inovação aberta deve ser precedido pelo desenvolvimento da capacidade de realizar atividades de CT&I em complexas redes colaborativas de abrangência nacional.

A transformação do SSI do EB com fulcro na inovação aberta está em andamento. Nessa caminhada, muitas questões precisam ser respondidas e a análise de SSI nacionais de sucesso pode lançar luz quanto ao encaminhamento das soluções dessas questões que podem ser comuns a outros SSI, contribuindo assim para a teoria e prática nessa temática.

Comparou-se o SSI do agronegócio e o SSI do petróleo e gás com o SSI do EB. Aqueles dois sistemas foram escolhidos por compartilharem algumas características centrais ao pretendido SSI do EB. Especificamente, eles conjugam abrangência de âmbito nacional em suas atividades de P&D, realizam desenvolvimento autóctone e estabeleceram fortes vínculos com a academia, a indústria e o governo.

Estudos de caso comparados são ideais quando se deseja analisar similaridades, diferenças e padrões entre dois ou mais casos que compartilham estruturas e objetivos comuns, gerando novos conhecimentos que possam ser generalizados para outros casos correlatos (Yin, 2017).

Os setores do agronegócio e petróleo e gás são analisados valendo-se de pesquisa bibliográfica, basicamente de fontes secundárias, como artigos científicos. Já o setor do EB é analisado com o apoio de pesquisa documental, compreendendo fontes primárias como relatórios de acompanhamento de projetos de P&D,

informações da área de Recursos Humanos e de documentos versando sobre o diagnóstico e planejamento estratégico do sistema. Ao se analisar aqueles casos de sucesso buscou-se evidenciar boas práticas que possam ser aproveitadas no aprimoramento do SSI do Exército Brasileiro, bem como algumas questões que devem ser objeto de atenção por parte do EB. Além disso, os autores possuem vasta experiência nos processos de pesquisa básica e aplicada, pesquisa e desenvolvimento, inovação e gestão do SSI do Exército. A vivência dos autores aumenta a validade interna e a confiabilidade da pesquisa aqui empreendida (Riege, 2003).

Assim, ao se analisar esses sistemas, buscam-se subsídios para responder à seguinte questão de pesquisa: *como aprimorar a capacidade de inovação do Exército Brasileiro em curto e médio prazos?*

2. Sistemas Setoriais de Inovação

Com o objetivo de fornecer uma visão multidimensional, integrada e dinâmica dos setores, Malerba (2002) popularizou o conceito de Sistema Setorial de Inovação (SSI) como um conjunto de produtos novos e estabelecidos, para usos específicos, e um conjunto de agentes (atores) desempenhando interações de mercado e não mercado para a criação, produção e venda desses produtos e que compartilha, como elementos básicos, conhecimento e tecnologia, instituições e redes de atores (Malerba, 2003). Dessa forma, Malerba (2002) renova o conceito de setor, ao integrar diferentes correntes de pensamentos outrora voltadas, precipuamente, para organizações empresariais.

O conceito de SSI se relaciona com outros conceitos sistêmicos, como os Sistemas Nacionais de Inovação (Lundvall, 2010; Nelson, 1992) e os Sistemas Regionais de Inovação (Asheim e Coenen, 2005; Pino e Ortega, 2018). Porém, estes delimitam suas características, principalmente, em termos geográficos, sugerindo que o acúmulo de conhecimento acontece localmente e por isso buscam explicar o desempenho econômico de entidades geográficas, como países ou parques industriais, enquanto aqueles consideram os setores como unidades de análise. Nesta perspectiva, mesmo que se diferenciem bastante em termos de performance inovativa, nível tecnológico e turbulência econômica, os setores guardam semelhanças entre si apesar de localizados em diferentes países e regiões (Malerba, 2002).

Nesse sentido, Pavitt (1984) criou uma taxonomia para classificar diferentes tipos de setores, tais como: o setor de fornecedores tradicionais, a exemplo da indústria têxtil e do agronegócio; o setor de produtores de larga escala, que produz material básico e bens de consumo duráveis, como automóveis e equipamentos de informática; o setor de fornecedores especializados, que produz tecnologias para serem utilizadas por outras empresas; e o setor de alta tecnologia, que produz bens de alto valor tecnológico e, por isso, fortemente dependentes de novas pesquisas científicas, como é o caso dos produtos farmacêuticos.

Por exemplo, o setor de biotecnologia e produtos farmacêuticos caracteriza-se pela produção de conhecimentos científicos e intensa colaboração com universidades, pequenas, médias e grandes empresas e com outros atores de uma rede bastante diversificada. Nele, as regulamentações, os direitos de propriedade intelectual, os sistemas nacionais de saúde e a demanda desempenham papel fundamental no processo de inovação (Malerba, 2002).

O setor de defesa, por seu turno, envolve mercado monopsônico,[6] é fortemente dependente do Estado e, embora a capacidade de inovação autóctone seja um objetivo estratégico, dificilmente possui, pela complexidade de seus produtos e sistemas, todas as capacidades e recursos necessários para produzir autonomamente as inovações necessárias. Dessa forma, esse setor depende fortemente das capacidades de integração de sistemas (Hobday et al., 2005) e da cooperação entre diversos outros setores nacionais e internacionais (Luz e Salles-Filho, 2011).

Neste trabalho são analisados dois setores que, assim como o SSI do Exército, têm a necessidade de desenvolvimento autóctone e são de extrema importância para o Estado. Eles implementaram soluções para problemas importantes que poderão ser enfrentados pelo SSI do Exército em sua busca de aumentar a capacidade de inovação com maior participação da comunidade científica nacional. Assim, apesar das especificidades desses sistemas, os estudos aqui realizados podem contribuir para o planejamento de um dinâmico e eficiente Sistema Setorial de Inovação do EB.

---

6 Monopsônio é a estrutura de mercado em que um comprador controla substancialmente o mercado em que atua, sendo o principal demandante de um determinado bem ou serviço. Monopsônio define uma situação oposta ao monopólio.

2.1 Petróleo e gás

Nos seus primórdios, a Petrobras era completamente dependente de tecnologias importadas. Porém, com a criação do Centro de Pesquisas e Desenvolvimento (Cenpes), em 1963, e, principalmente, após as "crises do petróleo" da década de 1970, buscou-se realizar atividades de pesquisa básica, pesquisa aplicada e desenvolvimento tecnológico para ampliar a capacidade tecnológica autóctone. Desde então, estabeleceram-se amplas e complexas redes temáticas com efetiva participação da comunidade acadêmica nacional (Morais, 2013). Além disso, políticas e ações estratégicas cruciais criaram condições para alçar a Petrobras à fronteira do conhecimento em áreas de interesse.

Segundo Furtado (2002), quando imperava o monopólio estatal no setor de petróleo e gás, havia limitações à constituição de um Sistema Setorial de Inovação eficiente e eficaz. Essa realidade mudou drasticamente com a Lei do Petróleo (Lei nº 9.478 de 1997).

Essa lei criou o Conselho Nacional de Política Energética (CNPE) e a Agência Nacional do Petróleo (ANP) e marcou o ocaso do monopólio exercido pela Petrobras sobre as atividades de exploração, produção, refino e transporte de petróleo, derivados e gás natural, possibilitando que empresas operadoras e prestadoras de serviços nacionais ou estrangeiras concorressem com a estatal em todos esses segmentos.

Criada com o objetivo de regular a cadeia produtiva da indústria do petróleo, gás natural e biocombustíveis, a ANP representa os interesses do Estado brasileiro, contratando, fiscalizando e regulando os investimentos da cadeia de hidrocarbonetos. Tornou-se, assim, um ator essencial no Sistema Setorial de Inovação do petróleo e gás.

Entretanto, a mudança institucional mais significativa no setor em comento foi o surgimento do CT-Petro,[7] um fundo setorial destinado a financiar as atividades de pesquisa e desenvolvimento da indústria do petróleo. Catalisador do SSI de petróleo e gás, o CT-Petro destinou volumosos recursos para atividades de Pesquisa, Desenvolvimento e Inovação (PD&I), o que permitiu a criação de uma sofisticada infraestrutura de pesquisa, intensas relações com universidades, centros de pesquisa, órgãos governamentais e empresas.

7 Da Costa Lima e Aurélio e Silva (2012); Furtado (2002); Ipea (2018).

Desde os idos de sua criação, a Petrobras mantém atividades de cooperação com universidades, mas elas se intensificaram com o advento do CT-Petro, em 1999. Inicialmente, essa cooperação era modesta e focada na formação e especialização de recursos humanos da empresa. Posteriormente, passou a abranger atividades de pesquisa básica e pesquisa aplicada. Segundo dados do Ipea (Mauro de Morais e Turchi, 2010), de 1992 até 2009, a Petrobras contratou universidades e centros de pesquisas para desenvolver 3.963 projetos de pesquisa e investiu nesses projetos o montante de R$ 3,33 bilhões, o que significa um valor médio anual de R$ 185 milhões. Ao se considerar apenas o período de 2001 a 2009, a média de investimento anual é de 320 milhões de reais. Outro estudo realizado pelo Ipea (2018), com dados de 1998 até 2016, mostra que a Petrobras e outras petroleiras aplicaram R$ 18,3 bilhões em PD&I, sendo R$ 7,1 bilhões alocados em ICT para a realização de 1.429 projetos, o que indica um valor médio anual de 400 milhões de reais.

Jordão, Saltorato e Ferrarini (2019) mostraram que a criação de redes temáticas de pesquisa envolvendo a Petrobras e as ICT do estado de São Paulo, estabelecidas após a promulgação da Lei do Petróleo, fortaleceu o SSI com a obtenção de conhecimentos em áreas científicas de fronteira; a nacionalização de áreas científicas outrora dominadas exclusivamente por instituições estrangeiras; a ampliação e modernização de infraestruturas de pesquisa, aprimorando os meios para apoiar a geração de conhecimento, invenções e inovações; a intensificação na especialização de recursos humanos, particularmente nos programas de pós-graduação; a ampliação das possibilidades de capacitação e especialização de profissionais da Petrobras; a realização de trabalhos conjuntos entre membros das ICT e da Petrobras, como a publicação de artigos científicos e pedidos de depósitos de patentes de invenção.

Da Costa Lima e Aurélio e Silva (2012), por seu turno, destacaram o papel central do Instituto Luiz Alberto Coimbra de Pós-Graduação e Pesquisa em Engenharia (Coppe), da UFRJ, na consolidação do SSI do petróleo e gás. Eles mostraram que até a promulgação da Lei do Petróleo, a participação da comunidade acadêmica era superficial e indireta, restringindo-se à formação de recursos humanos para o setor. Porém, com a quebra do monopólio da Petrobras, várias pesquisas passaram a ser desenvolvidas conjuntamente com universidades, além de ter sido estabelecido o maior *cluster* do mundo, formado pelo Parque Tecnológico da UFRJ, Cenpes e Coppe. Segundo os autores, a partir da Lei do Petróleo consolidou-se um dos mais dinâmicos e importantes SSI do país, cujos projetos conjuntos passaram a contar com 15 pesquisadores de outras organizações para cada pesquisador da Petrobras.

Todavia, alguns estudos mostram que a diversidade de culturas organizacionais também criou óbices. Segundo Jordão, Saltorato e Ferrarini (2019), os contratos ou acordos de cooperação que estabelecem as redes temáticas de pesquisa introduzem burocracias que dificultam a continuidade de projetos e possuem cláusulas de confidencialidade que limitam a produção científica dos pesquisadores de ICT que integram essas redes. Da Costa Lima e Aurélio e Silva (2012), ao estudarem a relação entre o Cenpes e a Coppe, verificaram que a negociação acerca da propriedade intelectual decorrente das parcerias é conflituosa. Furtado (2002) aponta a pulverização de recursos e a perda de foco como riscos inerentes às redes de pesquisa e desenvolvimento com intensa participação da academia, em razão da tendência para o "ofertismo" por parte da comunidade científica nacional, mais preocupada com a geração e difusão do conhecimento do que com sua utilização em benefício da competitividade do setor produtivo. Essa questão é importante, pois, segundo o autor, embora a ANP exerça papel fundamental na implantação do fundo setorial, sua gestão é realizada pelo MCTI, que sofre pressões para contemplar os interesses da comunidade acadêmica. Ainda segundo o autor, nos primeiros anos de vigência do novo modelo houve falhas de coordenação, com prioridades genéricas e em número excessivo.

Foi nesse contexto que Furtado (2002) discutiu o papel central das regras para o funcionamento das redes temáticas e que Jordão, Saltorato e Ferrarini (2019) ressaltaram a importância do modelo de governança das redes temáticas e observaram que o sucesso dos projetos depende do desempenho de seus gestores e coordenadores no estabelecimento de um contexto favorável à aquisição e transmissão de conhecimentos e informações.

2.2 SSI do agronegócio

Até o terceiro quartil do século passado, o Brasil era um grande importador de alimentos e corria riscos de insegurança alimentar. Os ganhos de produtividade das últimas décadas mudaram radicalmente essa situação e a agropecuária se transformou em um dos setores mais importantes da economia nacional.

Utilizando a pesquisa agropecuária como mote, Vieira-Filho e Vieira (2013) dividem a história da agropecuária brasileira em três fases. Caracterizada pela ausência de pesquisa, a primeira fase termina no alvorecer do século XX. A baixa competitividade no mercado internacional e o pequeno número de produtos exportados distinguem o período. Marcada pelo início da pesquisa aplicada, a segunda fase vai de 1900 até 1973. Nela os investimentos em P&D são modestos e desordenados, mas já se observa um aumento moderado da competitividade no mercado internacional e maior diversificação da pauta de exportações. A criação da Embrapa, em 1973, define o início da terceira fase. Com essa empresa pública, aperfeiçoou-se o planejamento da pesquisa no setor agropecuário, aumentaram-se significativamente os investimentos em P&D, aprimoraram-se a formação, a especialização e a gestão dos recursos humanos, iniciou-se a participação privada nas pesquisas agropecuárias, elevou-se a competitividade produtiva e o Brasil tornou-se um ator global importante no agronegócio.

Segundo Branco e Vieira (2008), a Embrapa atingiu a liderança mundial no desenvolvimento de tecnologias aplicadas à agricultura de clima tropical adaptadas aos diversos ecossistemas do território nacional e se tornou o ator central de uma complexa e heterogênea rede composta de fornecedores, unidades produtivas, institutos de pesquisa, universidades, empresas, órgãos públicos e agências de fomento (Vieira-Filho, 2012). Em 1992, o governo brasileiro instituiu o Sistema Nacional de Pesquisa Agropecuária (SNPA) para compatibilizar as diretrizes e estratégias da pesquisa agropecuária com as políticas de desenvolvimento e tornar o sistema mais eficiente. Apesar de ainda existirem oportunidades de melhoria, o SNPA contribuiu com a governança no setor (Canciani et al., 2016).

Em 1997, foi promulgada a Lei de Proteção de Cultivares (PLC), colocando o Brasil na vanguarda da política de proteção intelectual específica para a agricultura, criando melhores condições para os investimentos privados em atividades de P&D voltadas para o setor agrícola, mediante as possibilidades de apropriação de ganhos econômicos por investidores privados de novas variedades e sementes.

O respeito aos direitos de propriedade intelectual, além de incentivar o investimento privado, estimula a cooperação entre instituições públicas e privadas nacionais e multinacionais, facilita a troca de conhecimentos, dinamiza o processo de geração de inovação, contribui com a inovação aberta (Chesbrough, 2011) e proporciona uma importante fonte de informações para planejamentos estratégicos e estudos do futuro (Santos et al., 2010).

Outro importante acontecimento no setor teve lugar em 2001, com a criação do CT-Agronegócio, um fundo setorial destinado a fomentar a capacitação científica e tecnológica nas áreas de agronomia, veterinária, biotecnologia, economia e sociologia agrícola, entre outras.

Os indicadores de inovação e de competitividade do agronegócio são impressionantes. Vieira-Filho e Vieira (2013) mostram que o número de cultivares protegidos vem aumentando progressiva e sensivelmente com o passar dos anos: de 51 em 1998 para 1.708 em 2012. Apesar do destaque da Embrapa nesse indicador (contribuindo com 24,3% do total de proteções), o estudo mostra uma intensa participação do setor privado na proteção de cultivares como soja, cana-de-açúcar e algodão e de outros setores públicos nos cultivares do café. Negri (2018), com base no ano de 2012, mostra que as áreas de veterinária e de ciências biológicas e agrárias são superadas em termos de produção científica nacional apenas pela odontologia. Utilizando o conceito de quociente setorial, Vieira-Filho (2012) avaliou o agronegócio de 2000 até 2005 e concluiu que esse setor é mais inovador do que a média dos setores nacionais.

Vieira-Filho e Vieira (2013) mostram que a participação brasileira no agronegócio passou de 4,7% em 2001 para 7,3% em 2009. Vieira-Filho (2012) aponta um crescimento vertiginoso no volume de tecnologias desenvolvidas e transferidas à sociedade entre 1997 e 2008, o que estimulou o aumento do retorno social para toda a economia e resultou em melhorias nas condições produtivas e em aumentos de renda para os agricultores. De uma cifra inferior a R$ 4 bilhões em 1997, as tecnologias desenvolvidas e transferidas à sociedade pela Embrapa atingiram o patamar de R$ 18 bilhões em 2008.

Segundo o doutor Cláudio Karia, a produtividade[8] de grãos do Brasil aumentou 305% de 1976 até 2016; já as quantidades de carnes bovina, de frango e suína produzidas aumentaram 180%, 78% e 115%, respectivamente, de 1994 até 2009, sem ampliação da área de pastagem.[9]

A despeito do paradoxo existente no Brasil, onde coexistem realidades antagônicas de ilhas de excelência que adotam processos e tecnologias da fronteira do conhecimento e áreas em que se empregam técnicas rudimentares; dos problemas de governança de uma rede complexa de atores heterogêneos; das

8 Expressa em termos de quilograma por hectare.

9 Palestra proferida pelo doutor Cláudio Takao Karia, chefe geral da Embrapa Cerrados, em 25 de maio de 2017, para o Curso de Altos Estudos de Política e Estratégica da Escola Superior de Guerra.

dificuldades de articulação e interação dos diversos agentes que formam a base de estrutura produtiva de Ciência, Tecnologia e Inovação (CT&I) no agronegócio; da forte heterogeneidade estrutural e concentração produtiva nesse setor, em razão do acesso diferenciado dos agricultores às tecnologias e aos novos conhecimentos; e da necessidade de aumento dos investimentos privados (Gelinski Júnior et al., 2014), o agronegócio tornou-se o principal setor da economia do país e o Brasil é hoje um dos países mais competitivos do mundo na produção de *commodities* agrícolas. Essas são evidências incontestáveis da formação de um pujante Sistema Setorial de Inovação do agronegócio, mesmo diante das notórias fragilidades do SNI.

3. Resultados da pesquisa e discussão

O SNI do Brasil apresenta gargalos em praticamente todos os pilares da arquitetura de avaliação do Índice Global de Inovação (Galdino, 2018, 2019a; Schons et al., 2020). Alguns deles decorrem de problemas estruturais, cujas soluções demandam longo prazo, como alcançar educação de boa qualidade em todos os níveis. Indubitavelmente, essa é uma condição necessária para se promover um SNI eficiente e eficaz, como mostram os países que encabeçam a lista dos mais inovadores do mundo.

Indicadores que avaliam o SNI, como os do IGI, refletem o comportamento médio dos países e podem apresentar grandes disparidades quando se comparam setores específicos. Isso pode ocorrer com o Brasil, pela vastidão de seu território, multiplicidade de vocações, diversidade fisiográfica e desigualdades regionais marcantes. As capacidades de inovação dos estados brasileiros não são iguais (Beneli, 2019), tampouco são assemelhadas as capacidades de áreas tecnológicas distintas, as dos diferentes SSI, as dos polos, parques e distritos de inovação distribuídos pelo território nacional, em razão de suas trajetórias particulares, das prioridades atribuídas pelo país, das capacidades específicas e das articulações e vínculos dos casos concretos.

Cabe também ressaltar que as áreas do conhecimento possuem variados graus de dependência quanto aos aspectos considerados na avaliação da capacidade de inovação de um país e que são capturados pelos parâmetros que compõem os indicadores de inovação. Por exemplo, setores mais intensivos em ciência e tecnologia e demandantes de mão de obra altamente qualificada, como as tecnologias subjacentes à 4ª Revolução Industrial (Galdino, 2019b; Schwab, 2015), ressentem-se mais de problemas de vínculos frágeis entre a academia e o setor produtivo do que aqueles que não requerem o apoio de pesquisa básica e aplicada. Em suma, indicadores globais como o IGI dizem muito do comportamento médio de um país, mas são insuficientes, superficiais e demasiado abrangentes para revelar informações relevantes sobre a capacidade de inovação de ambientes ou de áreas específicas.

Buscando trazer a lume essas especificidades, discutem-se dois SSI eficientes que, apesar de envolverem áreas bem diferentes, guardam similaridades com o SSI do Exército, pois abordam problemas genuinamente nacionais e essenciais para o país. Entender como esses SSI superaram problemas nacionais no campo da inovação pode ser inspirador para outros setores.

3.1 O SSI do Exército Brasileiro

O Exército Brasileiro (EB) vem passando por um processo de transformação para se adequar aos complexos desafios dos tempos modernos. Nesse processo, destacam-se as ações empreendidas pela vertente de CT&I da Força Terrestre, tendo em vista ter sido constatado em estudo diagnóstico que a concepção vigente do Sistema de Ciência e Tecnologia do Exército "esgotou sua capacidade de inovação, na quantidade e qualidade demandadas pelo Exército em seu Processo de Transformação" (Brasil, 2012).

O Sistema de Ciência e Tecnologia do Exército, doravante denominado Sistema Setorial de Inovação do EB, "destina-se a planejar, orientar, coordenar, controlar e executar as atividades científicas e tecnológicas relacionadas com os Sistemas de Material de Emprego Militar (SMEM) e suas influências nas áreas da Doutrina Militar Terrestre, da Logística e do Pessoal" (Prado Filho, 2014). Ao longo do tempo, esse sistema passou por transformações, visando adequar-se às mudanças ocorridas nos cenários nacional e internacional.

A estrutura atual do SSI do EB é composta de Organizações Militares (OM) e civis, públicas e privadas que interagem no sentido de promover a ciência, tecnologia e inovação de interesse do Exército. Essa estrutura compreende uma rede complexa envolvendo atores como empresas da Base Industrial de Defesa

(BID) do Brasil, universidades, centros de pesquisa, órgãos de fomento, OM e cujo órgão central é o Departamento de Ciência e Tecnologia (DCT).

Algumas organizações militares orgânicas do DCT desempenham papel fulcral na área de CT&I e merecem destaque. O IME é responsável pela formação do engenheiro militar, pelo ensino de engenharia e pela realização de pesquisa básica e pesquisa aplicada, particularmente, em proveito dos projetos do SSI do EB. O Centro Tecnológico do Exército (CTEx) realiza a pesquisa aplicada, o desenvolvimento experimental e a prestação de serviços científicos e tecnológicos na área de SMEM de interesse do EB. A Diretoria de Fabricação (DF) é responsável por gerenciar atividades relativas à produção, revitalização, repotencialização, manutenção de nível industrial, modernização e nacionalização de SMEM em proveito da Força Terrestre e por promover o relacionamento do EB com a Base Industrial de Defesa. O Centro de Avaliações do Exército (CAEx) é responsável por planejar, coordenar, controlar e executar avaliação e apreciação de SMEM. A Agência de Gestão e Inovação Tecnológica (AGITEC), novel OM criada no bojo do processo de transformação do Exército, é responsável pela prospecção tecnológica e gestão da inovação.

3.2 Recursos humanos, recursos financeiros e governança dos SSI em análise

Até o terceiro quartil do século passado não havia um modelo de sucesso em agricultura tropical que pudesse ser adaptado para o Brasil. Em consequência, o país precisou desenvolver soluções autóctones para transformar a agricultura tradicional em agricultura baseada em ciência e tecnologia a fim de se garantir o abastecimento interno e exportar excedentes.

Por questões estratégicas e geopolíticas, estabeleceu-se um monopólio no Brasil na área do petróleo e gás na década de 1950. Em razão disso e pelo fato de as principais reservas de petróleo encontrarem-se no mar territorial, em águas profundas, diferentemente das de países com elevada capacidade tecnológica no setor, houve a necessidade de desenvolvimento nacional para explorar esses recursos minerais.

Assim como esses setores, a área de defesa é essencial para o país, apesar de essa noção ser pouco perceptível ao ideário social nacional, e demanda desenvolvimento autóctone, em razão do cerceamento tecnológico (Amarante, 2013; Longo, 2007). Por afetar a condução dos conflitos modernos, pelas implicações à soberania nacional e pela centralidade no estabelecimento da ordem mundial, tecnologias associadas ao desenvolvimento de capacidades operacionais militares são negadas ou, quando fornecidas, impõem aos países que as adquirem vulnerabilidades estratégicas e operacionais em relação aos países detentores das tecnologias.[10]

Um dos problemas críticos dos SSI do Brasil em geral são os frágeis vínculos entre academia e setor produtivo. Esse problema foi superado pelos SSI do agronegócio e do petróleo e gás. Neles foi essencial a presença de um ator central forte, capaz de articular e coordenar as redes de pesquisa, mantendo o alinhamento de suas ações com relação aos interesses estratégicos do SSI. Destaca-se também a adoção de um modelo de governança da rede e a existência de recursos financeiros com previsibilidade e sustentabilidade: os fundos setoriais.

A Embrapa, ator fulcral do SSI do agronegócio, possui 17 unidades centrais e 46 descentralizadas e um efetivo de quase 10 mil funcionários, sendo mais de 2.600 com curso de doutorado. Com presença em todas as regiões da Federação, a Embrapa mantém uma rede de colaboração com importantes instituições do Brasil e do mundo. Por exemplo, possui parcerias internacionais com 44 países e 84 instituições, tendo ainda assinado 97 acordos bilaterais e cinco acordos multilaterais.[11]

O papel fundamental da Embrapa na consolidação desse sistema é notório: pela presença nacional; pela capacidade própria de realização de atividades de PD&I; pela capacidade de realizar prospecção tecnológica[12] e de fornecer subsídios para o planejamento estratégico do setor; pela competência em definir as áreas de pesquisa e tecnologias portadoras de futuro; e pela grande capacidade de articulação e de estabelecimento de parcerias nacionais e internacionais que potencializam os resultados dos processos de PD&I.

Assim como no caso do SSI do agronegócio, o SSI do petróleo e gás possui uma ampla e complexa rede de atores heterogêneos articulados por um importante ator central: o Cenpes.

---

10 Da Silva et al. (2014); Moura et al. (2012); Prado Filho et al. (2017).

11 Palestra proferida pelo doutor Cláudio Takao Karia, chefe geral da Embrapa Cerrados, em 25 de maio de 2017, para o Curso de Altos Estudos de Política e Estratégica da Escola Superior de Guerra.

12 Castro et al. (1998); Gelinski Júnior et al. (2014); Teixeira (2013).

Conforme asseverado por Da Costa Lima e Aurélio e Silva (2012), para cada pesquisador da Petrobras havia 15 pesquisadores externos. Considerando essa proporção como válida e os números dos recursos humanos do Cenpes em 2014, a quantidade de pesquisadores envolvidos em pesquisas de interesse da Petrobras nas redes temáticas estaria entre 3.904 e 11.360. O valor conservador considera apenas os doutores do Cenpes, enquanto o mais expressivo também inclui no cálculo os mestres. Levando-se em conta apenas os profissionais ligados a projetos de pesquisa do pré-sal, o total de pesquisadores seria 10.832 (677 × 16).[13]

A Petrobras dispõe de um Sistema de Gestão Tecnológica que busca promover a integração das atividades de P&D do Cenpes com as áreas industriais da empresa, disponibilizando as tecnologias necessárias aos processos produtivos. Esse sistema abrange os níveis estratégico, tático e operacional da empresa, competindo-lhe selecionar a estratégia e os desafios tecnológicos, direcionar a alocação de recursos e garantir a visão corporativa, bem como promover o acompanhamento e a avaliação dos projetos de pesquisa em andamento.

Adicionalmente, esse sistema de gestão é assessorado por especialistas e pesquisadores da Rede de Inteligência Tecnológica (RIT), que acompanham as tendências tecnológicas e avaliam seus possíveis impactos nos negócios da empresa, auxiliando a tomada de decisões (Morais, 2013).

Para garantir os interesses da empresa na cooperação com o meio acadêmico, as teses de doutorado e as dissertações de mestrado contam com a coorientação de um profissional da companhia, para vincular o escopo de trabalhos científicos às necessidades da Petrobras.

Fazendo uma busca por ativos de propriedade intelectual da Petrobras e do Cenpes, verificou-se que as primeiras patentes de invenção são de 1993. Até 2000, a Petrobras possuía apenas 13 patentes, mas a quantidade de depósitos cresceu, sobretudo nos últimos anos, e atualmente a empresa tem 378 patentes

---

[13] Em 2014, o CENPES possuía um efetivo de 1.950 profissionais, dos quais 1.336 com nível superior, sendo 626 bacharéis, 466 mestres e 244 doutores e pós-doutores. Entre esses profissionais, 677 atuavam diretamente em mais de 100 projetos visando à superação dos desafios tecnológicos do pré-sal. Dados obtidos de: https://PETROBRAS.com.br/fatos-e-dados/CENPES-tecnologia-para-superar-desafios-em-60-anos-de-PETROBRAS.htm. Acesso em: 27 jul. 2020. Atualmente, o Cenpes conta com cerca de 3.600 pessoas entre próprios e terceirizados, pesquisadores, técnicos, pessoal administrativo, de manutenção e pessoal de apoio. Dados obtidos em: https://pt.wikipedia.org/wiki/Centro_de_Pesquisas_Leopoldo_Am%C3%A9rico_Miguez_de_Mello. Acesso em: 27 jul. 2020.

de invenção. Além disso, a Petrobras possui 216 marcas. O histórico de patentes do Cenpes inicia-se em 1976 e se intensifica a partir de 1982. Atualmente, existem 1.160 patentes de invenção em favor do Cenpes.

Busca assemelhada em registros relativos à Embrapa revela que, além de cultivares, os ativos dessa empresa incluem marcas, contratos de transferência tecnológica e patentes. Foram identificados 1.859 registros de cultivares, 22 patentes de invenção e 489 marcas associadas a projetos ou ativos da empresa, como sementes e produtos agrícolas.

Em suma, Embrapa e o Cenpes possuem consistentes indicadores de inovação, contam com corpo técnico altamente capacitado e exercem papel central na governança das redes temáticas. Além disso, a disponibilização dos volumosos recursos dos fundos setoriais do agronegócio e petróleo e gás é fundamental para criar e manter expressiva quantidade de colaborações e pesquisas científicas com apoio da academia e de centros de pesquisa.

Segundo diversos autores, os fundos setoriais transformaram-se no principal instrumento do governo federal para alavancar o SNI do Brasil,[14] pois, ao contarem com recursos públicos vinculados, proporcionaram um fluxo consistente e estável de recursos financeiros para as atividades de CT&I. Além disso, esses fundos foram criados na perspectiva de serem aprimorados os vínculos entre universidades, centros de pesquisa e empresas.

Apesar das oportunidades de melhoria na gestão dos recursos do CT-Agronegócio apresentadas por Gomes e colaboradores (2015), esses autores destacam os avanços sensíveis com o advento desse fundo. Eles constataram que a maioria dos projetos contratados segue um objeto de pesquisa priorizado pelo Comitê Gestor do Fundo, configurando um modelo impulsionado pela demanda e pela constância do fluxo de recursos, o que vem dando origem aos expressivos resultados em termos de oferta de desenvolvimento tecnológico.

Nessa mesma linha de raciocínio, Ribeiro e Faria (2014), focando no CT-Petro, destacam a importância dos fundos setoriais na consolidação dos SSI e de Sistemas Regionais de Inovação, na medida em que asseguram recursos para a pesquisa, viabilizam a continuidade dos projetos e instigam a colaboração formal e informal entre os setores acadêmicos e produtivos, mediante a formação de redes cooperativas de pesquisa.

---

14 Gomes et al. (2015); Longo e Derenusson (2009); Vieira-Filho (2012).

Matei e colaboradores (2015) abordam o impacto promovido por projetos realizados em parceria entre a UFRGS e a Petrobras, particularmente aqueles fomentados pelo CT-Petro, e destacam os benefícios dessa interação tanto para a academia quanto para a empresa. Analisando projetos contratados de 2004 até 2008, os autores constatam que esses empreendimentos proporcionaram aprimoramento da infraestrutura física e tecnológica e de recursos humanos da academia; produção de artigos científicos; concessão de bolsas de pós-graduação; depósitos de pedidos de patentes de invenção; inovações de processos, organizacionais e tecnológicos, incorporadas pela empresa; graduação de empresas incubadas na própria UFRGS que passaram a compor a cadeia de fornecedores da Petrobras; melhoria de produtos e atendimento à legislação e a padrões técnicos; geração de novos produtos e fornecedores, proporcionando a substituição de fornecedores externos.

Um dos problemas críticos enfrentados pelo SSI do Exército é o frágil envolvimento da comunidade acadêmica em suas atividades de CT&I. Esse é um dos gargalos do SNI do Brasil que se acentua no caso do Exército, em face da necessidade de sigilo no desenvolvimento de projetos de P&D; das disparidades em termos de cultura organizacional entre as ICT militares e as civis; de objetivos conflitantes, particularmente em termos de produção científica e patentes de invenção; da inexistência de recursos expressivos e com regularidade para o estabelecimento de redes temáticas, e de um ator central pujante como a Embrapa ou o Cenpes.

O DCT possui 89 civis doutores e 283 militares pós-graduados (191 mestres e 92 doutores). Esse efetivo desenvolve atividades de ensino, pesquisa, assessoramento, gestão de C&T, pesquisa e desenvolvimento nas diversas áreas de conhecimento de C&T de interesse da Força Terrestre. É importante mencionar que o rol de áreas do conhecimento de interesse do EB é consideravelmente mais amplo do que aqueles dos SSI do agronegócio e do petróleo e gás. A maior concentração de doutores e mestres do Sistema encontra-se no IME, com 110 doutores e 52 mestres, e no CTEx, com 42 doutores e 35 mestres. Portanto, essas duas OM reúnem 239 dos 377 pós-graduados do DCT (aproximadamente 64%).

O Exército Brasileiro possui 32 marcas, 62 programas de computador, sete desenhos industriais, seis patentes de invenção concedidas, 26 pedidos de patentes depositados e aguardando análise junto ao Inpi e seis plataformas licenciadas para a BID do Brasil com um vasto conjunto de tecnologias críticas autóctones embarcadas, com destaque para radares, simuladores de tiro e o Programa Guarani. O portfólio de ativos formais do Exército Brasileiro é modesto, com boa parte das tecnologias dominadas pela Força Terrestre protegidas por segredo industrial, uma prática tradicional na área de defesa.

Pelos indicadores de produção científica e de propriedade intelectual, os dois principais atores no campo científico e tecnológico do DCT são o IME e o CTEx, que contribuem com 88% dos pedidos de patentes de invenção do Sistema e 67% dos registros de *softwares*. Praticamente todas as tecnologias licenciadas pelo Exército são oriundas do CTEx, onde são executados, com participação da BID do Brasil, os principais projetos de pesquisa e desenvolvimento. O IME, por seu turno, responde pela maior parte da produção científica indexada do Sistema. Essas são as organizações militares com maior potencial para exercer papéis de coordenação técnica de redes temáticas ao se implantar um modelo de inovação aberta no SSI do EB.

A verdade é que os recursos humanos do CTEx e do IME são bastante escassos e seus indicadores de inovação bem modestos quando comparados aos do Cenpes e aos da Embrapa. Além disso, o diagnóstico realizado pelo DCT apontou que o IME possui pouca interação com a indústria e o CTEx com universidades e outros centros de pesquisa.

Outro importante gargalo é o modesto e, principalmente, instável fluxo de recursos financeiros, o que dificulta a execução de P&D, sobretudo em projetos de médio e longo prazo. Assegurar previsibilidade e estabilidade dos recursos destinados às atividades de PD&I do SSI do EB é um grande e importante desafio.

Atrasos nas conclusões de projetos de P&D realizados pelo CTEx são frequentes. Além dos riscos naturais inerentes aos desafios de projetos de alta complexidade tecnológica, contribuem para essa anomalia os problemas decorrentes da inconstância e instabilidade orçamentária e da carência de pessoal especializado, que também é consequência, em grande medida, da instabilidade de recursos financeiros, visto que especialistas das equipes executoras dos projetos de P&D não raro são dispensados pela falta de recursos para o pagamento de salários. Essa situação é agravada pelo fato de os projetos serem, geralmente, de longo prazo, a maioria com ciclo de desenvolvimento superior a 10 anos.

Os principais projetos atualmente em desenvolvimento no CTEx já foram afetados, com maior ou menor intensidade, pelos problemas supracitados.

O projeto Rádio Definido por Software do Ministério da Defesa, fundamental para promover a interoperabilidade e a segurança cibernética nas comunicações táticas das Forças Armadas, acumula um atraso de três anos em um prazo de desenvolvimento planejado para 10 anos. Esse projeto foi seriamente afetado pela inconstância do fluxo de recursos financeiros. Muitos especialistas de empresas parceiras, particularmente da Fundação CPqD,[15] foram desmobilizados, acarretando significativa perda de conhecimento acumulado ao longo do projeto. Em 2017, ano em que a Fundação CPqD alocou a menor quantidade de pessoal no projeto, havia apenas 20% do efetivo de 2015, ano em que a empresa alocou o maior número de especialistas. O planejamento do projeto previa uma equipe de desenvolvimento praticamente constante ao longo dos 10 anos. Os prejuízos no acúmulo da capacidade só não foram maiores graças ao comprometimento da fundação com o projeto, por se tratar de uma instituição sem fins lucrativos, compromissada com o desenvolvimento científico nacional na área de comunicações.

O projeto Radar Saber M200 Multimissão visa desenvolver um radar de defesa antiaérea de média altura, composto de um radar secundário rotativo e de quatro radares primários fixos, de varredura totalmente eletrônica em azimute e elevação, capazes de operar nas missões de vigilância, busca e tiro. Esse projeto acumula um atraso superior a quatro anos em razão da carência de pessoal envolvido na P&D.

A pesquisa e o desenvolvimento de materiais estratégicos a partir do óleo decantado de petróleo, como a fibra de carbono, espuma de carbono, nanomateriais, eletrodo de grafite e grafites especiais, todos com uma vasta gama de aplicações civis e militares, foi iniciada em 2003. Contando com fomento da Petrobras, o projeto atingiu fases avançadas de desenvolvimento, constituindo-se em um dos empreendimentos mais promissores do portfólio do DCT. Nos últimos anos, porém, a descontinuidade do fluxo de recursos financeiros provocou a desmobilização de equipes compostas por profissionais altamente qualificados e o projeto perdeu a impulsão.

As evidências empíricas resultantes da observação dos projetos realizados no CTEx ao longo dos últimos 10 anos mostram claramente que a carência de pessoal e a inconstância de recursos financeiros voltados para a P&D são

---

15 Principal empresa ligada ao projeto e a única do país, ao lado do CTEx, que domina todo o ciclo de desenvolvimento de formas de ondas de padrão militar, tecnologia crítica e central do paradigma tecnológico RDS.

importantes fatores inibidores do processo de acumulação do conhecimento e da capacidade tecnológica, e da difusão e transferência desses conhecimentos e capacidades para as empresas da BID do Brasil, essência da missão do próprio SSI do EB. Esses fatores são tão presentes no ambiente do CTEx que, ao emitirem os Relatórios de Situação de Projetos,[16] os gerentes dos projetos costumam apontar como risco de execução os problemas da falta de pessoal e da inconstância na descentralização de recursos financeiros.

Apesar disso, o CTEx tem conseguido desenvolver e licenciar tecnologias importantes e a análise dos Relatórios de Situação dos três projetos supracitados fornece fortes indícios de que eles lograrão êxito e serão transferidos para o setor produtivo, por terem sido superados os principais desafios tecnológicos, e colocarão o país no estado da arte em setores importantes para a defesa e para o mercado convencional.

Entretanto, esses fatores inibidores combinados com desafios e cerceamentos tecnológicos provocaram a paralisação e, em alguns casos, até o cancelamento de projetos de P&D. É importante ressaltar que, mesmo quando tais fatores não são suficientes para impedir o prosseguimento da curva de aprendizagem e são gerados protótipos posteriormente produzidos pela BID nacional, os atrasos causam enormes prejuízos para as capacidades militares terrestres, para a BID nacional, para a autonomia tecnológica e para a economia do país.

3.3 Alguns pontos de atenção

A frustração, relatada por Jordão, Saltorato e Ferrarini (2019), de pesquisadores que participaram das redes temáticas do SSI do petróleo e gás decorrente das restrições quanto a publicações científicas é um indício de que foram gerados conhecimentos importantes para a competitividade da Petrobras e que, por essa razão, foi tomada a decisão de protegê-los por meio de mecanismo informal, como o segredo industrial, ou com a adoção de procedimentos formais, como depósitos de patentes de invenção, em vez de difundi-los por meio de publicações científicas, tornando-os dessa forma um bem público.

---

16 São relatórios de acompanhamento de projetos atualizados periodicamente pelos gerentes de Projetos de P&D e apresentados à alta administração do CTEx.

Nesse diapasão, convém mencionar que, nos contratos de pesquisa e de pesquisa e desenvolvimento celebrados pelo Exército Brasileiro, é regra a inclusão de cláusulas que obrigam os pesquisadores a apresentar previamente aos gestores de tais instrumentos as propostas de publicações científicas.

Visões díspares sobre publicação científica refletem objetivos conflitantes de atores de uma rede de pesquisa voltada para o desenvolvimento de soluções de problemas críticos enfrentados por setores produtivos ou até mesmo por organizações de Estado, como o EB.

De um lado, os pesquisadores, que são avaliados pela produção acadêmica, não podem perder oportunidades de gerar publicações, sob pena de terem suas carreiras prejudicadas. Mesmo com as recentes mudanças no MEC e MCTI no sentido de reconhecerem a atividade inovativa como critério para avaliar profissionais que labutam nas áreas de CT&I, ainda é muito arraigada a cultura disseminada no meio acadêmico, desenvolvida ao longo de décadas, de valorização da produção científica.

De outro lado, o setor produtivo pretende auferir benefícios dos investimentos em termos de competitividade e organizações de Estado como as Forças Armadas almejam gerar capacidades para bem cumprir sua missão constitucional. Tais benefícios podem ser prejudicados com a possibilidade de produção científica de resultados com potencial de gerar inovações. Essa é uma questão que precisa ser resolvida sopesando as aspirações individuais e os interesses de Estado para que se alcance uma solução de compromisso capaz de fortalecer a sinergia entre os participantes de redes temáticas do SSI do EB.

No Exército, as vias de proteção formais, como as patentes de invenção, registro de *software*, desenhos industriais e marcas, por exemplo, e as informais, como o segredo industrial, são fundamentais no "modelo de negócio", não por questões meramente econômicas, mas por outras de cunho estratégico, tendo em vista a necessidade da posse das tecnologias críticas a fim de licenciá-las para empresas da Base Industrial de Defesa do Brasil. Dessa forma, o país possui a condição de controlar o que, para quem e como pode ser realizada a exportação de produtos militares cuja propriedade intelectual é do Exército, assegurando assim a proteção dos componentes fundamentais para as áreas de defesa e colaborando com as relações internacionais do Brasil. Essa é uma questão importante a ser enfrentada pelo Exército Brasileiro ao se tentar implantar um modelo de inovação aberta, inclusive com a criação de redes temáticas de pesquisa e desenvolvimento com efetiva participação de universidades e centros de pesquisa, particularmente para desenvolver tecnologias de interesse dual nos primeiros níveis de prontidão tecnológica (França-Junior e Galdino, 2019).

Por conta disso, nos atuais Termos de Execução Descentralizado (TED) celebrados entre a União — por intermédio do DCT — e universidades, são inseridas cláusulas que obrigam os pesquisadores a comunicar seus principais achados ao Núcleo de Inovação Tecnológica (NIT) do Exército Brasileiro, antes de submetê-los a revistas, simpósios ou congressos. O aludido NIT elabora um estudo para assessorar o gestor do TED quanto à pertinência de manter o assunto em sigilo, para fins de adoção de futuras medidas de licenciamento por meio de segredo industrial, ou protegê-lo por meio de mecanismos formais, como depósito de patente de invenção, ou ainda autorizar a divulgação da produção científica.

A coordenação é essencial na estruturação de redes temáticas focadas em resultados, pois a natureza tácita do conhecimento tecnológico e as incertezas quanto aos resultados de pesquisa dificultam a relação entre organizações com culturas tão díspares. A manutenção do alinhamento estratégico dos participantes da rede é fator crítico de sucesso. Nos dois sistemas estudados, evidenciou-se essa preocupação com a elaboração de estudos prospectivos para definirem-se agendas estratégicas dotadas de objetivos de longo prazo, a adoção de comitês e procedimentos de acompanhamento e controle, como a participação dos integrantes do ator central da rede na coorientação de trabalhos acadêmicos, conforme explicitamente mencionado no caso da Petrobras. Além da política específica de relacionamento entre a Petrobras e as universidades brasileiras em relação aos resultados passíveis de proteção formal, são realizadas intervenções no decorrer do projeto para a transferência e discussão dos resultados, mediante a realização de reuniões, seminários, *workshops*, elaboração de relatórios técnicos, prestação de contas e validação de experimentos (Matei et al., 2015).

3.4 Síntese da comparação dos SSI

Diferentemente dos SSI do agronegócio e do petróleo e gás, o EB não possui uma ICT única capaz de atuar ao longo de todo o ciclo de desenvolvimento tecnológico, mas essa missão pode ser exercida por OM que possuem perfis complementares. O IME reúne melhores condições de exercer papel central na coordenação técnica de pesquisa básica e aplicada, cujos objetos se encontrem nos níveis iniciais de uma escala de maturidade tecnológica (França-Junior Galdino, 2019). O CTEx é mais vocacionado para realizar a coordenação técnica de assuntos que se encontrem nos níveis intermediários de maturidade tecnológica ("vale da morte"). Além dessas OM, destacam-se ainda a DF, em razão de sua capacidade de se relacionar com a BID do Brasil, o CAEx por sua competência na avaliação dos SMEM e a AGITEC pela sua capacidade de realizar estudos prospectivos, fornecendo ao ator central da rede, o DCT, insumos para decisões estratégicas e diretrizes para orientar a governança das redes temáticas.

Todavia, os recursos humanos desses atores são muito modestos se comparados com os da Embrapa e os do Cenpes, além de serem naturalmente descentralizados em relação aos do Cenpes. Essas características, indubitavelmente, devem ser levadas em consideração na definição da estrutura de coordenação das redes temáticas do SSI do EB.

As atividades de PD&I empreendidas pelo EB sofrem com o baixo volume de recursos e a inconstância no fluxo de liberação desses recursos. Na pesquisa bibliográfica com relação aos SSI do agronegócio e do petróleo e gás não foram identificados problemas dessa natureza. Pelo contrário, as evidências sugerem que os Fundos Setoriais e os Fundos Transversais provisionaram fluxo de recursos estável e condizente com as necessidades das atividades de PD&I. A inconstância de recursos nos projetos do EB é um importante inibidor das trajetórias de acumulação de capacidade tecnológica nas empresas da BID e nas ICT e um óbice para promover a maior participação da academia, centros de pesquisa, *startups* e empresas em assuntos de interesse do EB, por meio, por exemplo, da integração desses atores em redes temáticas de pesquisa.

O EB possui metodologia consagrada de planejamento estratégico de médio e longo prazo e possui elevada *expertise* no modelo de inovação fechada, lastreado na P&D própria ou por meio de contratos de desenvolvimento envolvendo a BID do Brasil. Todavia, em se tratando da utilização de um modelo de inovação aberta genuíno, o EB ainda vivencia um processo de consolidação, uma vez que algumas das estruturas importantes para a adoção desse paradigma são novas. Nessa seara pode-se citar a recente criação da AGITEC, OM responsável pela realização de trabalhos de prospecção tecnológica, alinhamento estratégico e criticidade, a fim de levantar subsídios para que os gestores do SSI do EB decidam sobre a agenda estratégica de tecnologias portadoras de futuro com alto potencial de impactar as capacidades militares almejadas pela Força Terrestre no médio e longo prazo. Dessa forma, diferentemente do que ocorre nos dois SSI estudados, o modelo de governança do EB, embora seja maduro no que toca ao modelo tradicional de inovação fechada, encontra-se em processo de nucleação programada para engajar-se no modelo de inovação aberta. No momento atual, o SSI do EB busca consolidar seus componentes, adotar um modelo de articulação e governança dos atores da rede e definir as fontes de recursos com previsibilidade e estabilidade a serem alocadas nos seus empreendimentos. O seguinte quadro sumariza a comparação dos SSI sob a ótica da inovação aberta.

Quadro 1
Comparativo do SSI sob a ótica da inovação aberta

Sistema	Recursos Humanos	Fluxo de Recursos Financeiros	Governança
Petróleo e Gás	Volumosos e Centralizados	Elevado e Estável	Madura
Agronegócio	Volumosos e Descentralizados	Elevado e Estável	Madura
EB	Escassos e Descentralizados	Reduzido e Instável	Em Consolidação

Fonte: Elaborado pelos autores.

4. Considerações finais

Os Sistemas Setoriais de Inovação do agronegócio e do petróleo e gás foram analisados e comparados com o Sistema Setorial de Inovação do EB. Observou-se que os dois primeiros SSI conseguiram estabelecer fortes vínculos com a comunidade acadêmica, setor empresarial e órgãos governamentais. Constatou-se ainda que esses sistemas possuem fortes atores técnicos com elevada capacidade de realizar P&D e prospecção tecnológica a fim de fornecer subsídios às decisões estratégicas. Além disso, contam com elevada capacidade de coordenação técnica, monitoramento e controle das redes temáticas, de modo a manter o alinhamento estratégico em proveito dos interesses que norteiam os objetivos de médio e longo prazo do setor do agronegócio e do petróleo e gás. Mostrou-se que esses sistemas apresentam excelentes indicadores de inovação, apesar dos pouco expressivos resultados do SNI do Brasil.

Em ambos os casos, observou-se que os SSI se fortaleceram com as atividades de pesquisa básica e aplicada realizadas pelas academias; a adoção de um modelo de governança consistente para manter foco nos interesses da rede; e a existência de recursos financeiros com previsibilidade e estabilidade para sustentar amplas redes temáticas de pesquisa. Alguns dos autores aqui citados chegam a afirmar que foi a criação dos fundos setoriais o principal insumo para a consolidação dos SSI analisados.

Foram identificados alguns pontos de atenção nos dois sistemas analisados: a necessidade de uma política de propriedade intelectual eficiente, com a criação de incentivos para o maior envolvimento do setor produtivo, assegurando-lhe ganhos econômicos pelos achados decorrentes de seus investimentos; o interesse da comunidade acadêmica em realizar a publicação científica em detrimento da proteção da propriedade intelectual, problema esse que pode ser agravado com o desenvolvimento de temas e assuntos que devam ser protegidos por segredos industriais; discussão sobre direitos de propriedade intelectual; e a necessidade de mecanismos de controle para evitar a pulverização de recursos financeiros e a perda de foco das ações da rede.

O SSI do EB, por seu turno, sob a ótica do modelo de inovação aberta, encontra-se em processo de nucleação, não possui atores técnicos dotados de recursos humanos comparáveis aos do Cenpes e aos da Embrapa e possui um rol de interesses mais amplo do que o desses sistemas. Ademais, o modesto volume e a inconstância na descentralização de recursos financeiros para as atividades de P&D comprometem o acúmulo de capacidades tecnológicas e podem limitar a implantação dos paradigmas de inovação aberta e de hélice tríplice.

Apesar disso, a ampliação da capacidade de inovação do SSI do EB passa, inevitavelmente, pela atuação em rede e por uma maior participação da comunidade acadêmica. Dos atores internos desse sistema, foram identificados AGITEC, CTEx, IME, DF e CAEx com potencial de exercer papel relevante no que tange às atividades de prospecção tecnológica; gestão da inovação; coordenação técnica das ações das redes temáticas; interlocução com o meio empresarial; e avaliação das inovações. Os resultados aqui apresentados sugerem que é essencial fortalecer aquelas OM com recursos humanos altamente qualificados e recursos financeiros.

Pesquisadores civis e militares, sobretudo os doutores com relevante produção científica, são fundamentais para realizar a interlocução com as universidades e centros de pesquisa, seguindo as diretrizes do Comando da Força e orientações do DCT, visando à formação de redes temáticas sobre assuntos de interesse do EB. Adicionalmente, os estudos realizados sugerem a importância de se criar um Comitê Gestor da Rede Temática, contando com representantes de todas as ICT do EB, a fim de que sejam consideradas visões diversificadas, de atores com experiência em todos os níveis de maturidade do Ciclo de Vida da Tecnologia, uma vez que tais *expertises* estão diluídas nas OM do SSI do EB, diferentemente do que ocorre com os outros SSI analisados, concentrados em um único ator.

A definição de uma fonte de recursos previsível e estável é essencial para a criação e fortalecimento das redes temáticas e as questões de propriedade intelectual devem ser tratadas de forma a contemplar os interesses do EB e da academia.

As discussões aqui empreendidas mostram que a correta definição dos desafios tecnológicos, o planejamento de médio e longo prazo, o envolvimento expandido por meio da montagem de redes temáticas, a criação de modelos de governança para tratar de interesses conflitantes e a existência de fontes de recursos estáveis são capazes de promover bons resultados em termos de inovação e competitividade, mesmo em um Sistema Nacional de Inovação ineficiente e com diversos gargalos. Foi possível verificar também que o EB vem enfrentando com competência, na medida da disponibilidade de meios, os desafios tecnológicos de médio e longo prazos relacionados com temas importantes para a defesa da nação. Todavia, é claramente perceptível que a ineficiência de seu sistema de inovação prende-se a três motivos principais: os modestos recursos humanos disponíveis; a escassez e a inconstância dos recursos financeiros aportados; e a incipiência no que diz respeito à cooperação envolvendo academia, indústria e órgãos públicos do país.

Referências

AMARANTE, José Carlos Albano Do. Processo de obtenção de tecnologia militar. *Texto para Discussão (IPEA)*, v. 1.877, n. 1, 2013, p. 1-99.

ASHEIM, Bjørn T.; COENEN, Lars. Knowledge bases and regional innovation systems: comparing Nordic clusters. *Research Policy*, v. 34, n. 8, out. 2005, p. 1.173-1.190.

BENELI, Daniela Scarpa. *O Indicador composto de inovação*: proposta metodológica para os estados brasileiros. Tese (doutorado em tecnologia e inovação) — Universidade Estadual de Campinas, Campinas, 2019.

BRANCO, Roberto Castelo; VIEIRA, Adriana. Patentes e biotecnologia aceleram o crescimento daagricultura brasileira. *Parcerias Estratégicas*, n. 26, 2008, p. 34-98.

BRASIL. *Diretriz de iniciação do Projeto de Transformação do Sistema de Ciência e Tecnologia do Exército*. Brasil: s.n., 2012.

_____. *Processo de transformação do Exército*. Brasília: Exército Brasileiro, Estado-Maior do Exército, 2010.

_____. Ministério do Planejamento, Desenvolvimento e Gestão; IPEA. Petróleo e gás: da crise à recuperação. In: DESAFIOS da nação. Brasília: Ipea, 2018. v. I, p. 119-128. Disponível em: www.ipea.gov.br.

CANCIANI, Aline; CURY, Cynthia; CARVALHO, Luciana Neves. *O sistema nacional de pesquisa agropecuária*: proposta de implementação para um novo modelo de gestão e governança. Fundação Getulio Vargas, Rio de Janeiro, 2016.

CASSIOLATO, José Eduardo; LASTRES, Helena Maria Martins. Sistemas de inovação e desenvolvimento: as implicações de política. *São Paulo em Perspectiva*, v. 19, n. 1, mar. 2005, p. 34-45.

CASTRO, A. M. G. de et al. *Cadeias produtivas e sistemas naturais*: prospecção tecnológica. s.l: s.n., 1998.

CHESBROUGH, H. *Inovação aberta*: como criar e lucrar com a tecnologia. Porto Alegre: Bookman, 2011.

CIMOLI, M. National system of innovation: a note on technological asymmetries and catching-up perspectives. *Revista de Economia Contemporânea*, v. 18, n. 1, 2014, p. 5-30.

DA COSTA LIMA, Marcos Ferreira; AURÉLIO E SILVA, Marconi. Inovação em petróleo e gás no Brasil: a parceria Cenpes-Petrobras e Coppe-UFRJ. *Sociedade e Estado*, v. 27, n. 1, jan. 2012, p. 97-115.

DA SILVA, F. A. B.; MOURA, D. F. C.; GALDINO, J. F. *Security issues in tactical software-defined radios*: analysis of attacks and case studies. s.l: s.n., 2014.

ETZKOWITZ, Henry; ZHOU, Chunyan. Hélice tríplice: inovação e empreendedorismo universidade-indústria-governo. *Estudos Avançados*, v. 31, n. 90, 2017, p. 23-48.

FIGUEIREDO, Paulo N. *Gestão da inovação*: conceitos, métricas e experiências de empresas no Brasil. 2. ed. Rio de Janeiro: LTC, 2015.

FRANÇA-JUNIOR, J. A.; GALDINO, J. F. Gestão de sistemas de material de emprego militar. *Coleção Meira Mattos*, v. 13, n. 47, 2019, p. 155-176.

FREEMAN, C. The "national system of innovation" in historical perspective. *Cambridge Journal of Economics*, v. 19, n. 1, 1995, p. 5-24.

FURTADO, André Tosi. Mudança institucional e inovação na indústria brasileira de petróleo. *Revista Brasileira de Energia*, v. 9, jan. 2004, p. 1-12.

GALDINO, Juraci Ferreira. Análise de desempenho dos insumos de inovação do Sistema Nacional de Inovação do Brasil. *Exacta — EP*, v. 17, n. 2, 2019a, p. 75-93.

_____. Reflexos da era do conhecimento e da 4ª Revolução Industrial na defesa. *Artigos Estratégicos*, v. 6, n. 1, 2019b, p. 7-27.

_____. Sistema Nacional de Inovação do Brasil: uma análise baseada no Índice Global de Inovação. *Coleção Meira Mattos*, v. 12, n. 45, 2018, p. 129-144.

GELINSKI JÚNIOR, Eduardo et al. Sistema de inovação do agronegócio brasileiro? Dualismo estrutural-tecnológico e desafios para o desenvolvimento do país. *Desenvolvimento em Questão*, v. 12, n. 28, 2014, p. 279-317.

GODIN, B. National innovation system: the system approach in historical perspective. *Science, Technology, & Human Values*, v. 34, n. 4, 2009, p. 476-501.

GOMES, Vanessa Cabral et al. Os fundos setoriais e a redefinição do modelo de promoção de ciência, tecnologia e inovação no Brasil: uma análise à luz do CT-Agro. *Revista de Administração*, v. 50, n. 3, 2015, p. 353-368.

HOBDAY, Michael; DAVIES, Andrew; PRENCIPE, Andrea. Systems integration: a core capability of the modern corporation. *Industrial and Corporate Change*, v. 14, n. 6, 2005, p. 1.109-1.143.

JORDÃO, Alessandro Augusto; SALTORATO, Patrícia; FERRARINI, Cleyton Fernandes. Redes de pesquisa e inovação: um estudo das relações da Petrobras com instituições de ciência e tecnologia. *Brazilian Journal of Development*, v. 5, n. 1, 2019, p. 2.928-2.941.

LONGO, Waldimir Pirró e. Tecnologia militar: conceituação, importância e cerceamento. *Tensões Mundiais*, v. 3, n. 6, 2007, p. 111-143.

_____; DERENUSSON, Maria Sylvia. FNDCT, 40 anos. *Revista Brasileira de Inovação*, v. 8, n. 2, 2009, p. 515-533.

LUNDVALL, B.-Å. *National systems of innovation*: toward a theory of innovation and interactive learning. s.l.: Anthem Press, 2010.

LUZ, Marcio da Silveira; SALLES-FILHO, Sergio Luiz Monteiro. Technological and productive density in sectoral innovation systems: the case of the Brazilian aeronautics industry. *Journal of technology management & innovation*, v. 6, n. 4, 2011, p. 60-72.

MALERBA, F. Sectoral systems of innovation and production. *Research Policy*, v. 31, n. 2, 2002, p. 247-264.

_____. Sectoral Systems and innovation and technology policy. *Revista Brasileira de Inovação*, v. 2, n. 2, 2003, p. 329-375.

MATEI, Ana Paula et al. Análise do impacto dos projetos de interação entre a UFRGS e a Petrobras. *Gestão e Produção*, v. 22, n. 4, 2015, p. 789-804.

MAURO DE MORAIS, José; TURCHI, Lenita. *Sistema de inovação tecnológica no setor de petróleo e gás*. s.l: s.n., 2010.

MENEZES FILHO, Naercio et al. *Políticas de inovação no Brasil*. s.l: s.n., 2014.

MORAIS, José Mauro de. *Petróleo em águas profundas*: uma história tecnológica da Petrobras na exploração e produção offshore. s.l: s.n., 2013.

MOURA, D. F. C.; DA SILVA, F. A. B.; GALDINO, J. F. Case studies of attacks over adaptive modulation based tactical software defined radios. *Journal of Computer Networks and Communications*, v. 2012, 2012, p. 1-9. Disponível em: www.hindawi.com/journals/jcnc/2012/703642/.

NEGRI, Fernanda De. *Novos caminhos para a inovação no Brasil*. s.l.: Ipea, 2018.

NEGRI, Fernanda de; SQUEFF, Flávia de Holanda Schmidt (Org.). *Sistemas setoriais de inovação e infraestrutura de pesquisa no Brasil*. s.l.: Ipea, 2016.

NELSON, R. R. National innovation systems: a retrospective on a study. *Industrial and Corporate Change*, v. 1, n. 2, 1992, p. 347-374.

PAVITT, Keith. Sectoral patterns of technical change: towards a taxonomy and a theory. *Research Policy*, v. 13, n. 6, 1984, p. 343-373.

PINO, Ricardo M.; ORTEGA, Ana María. Regional innovation systems: systematic literature review and recommendations for future research. *Cogent Business & Management*, v. 5, n. 1, 2018, p. 1-17.

PRADO FILHO, H. V. A transformação do Exército Brasileiro e o novo Sistema de Ciência, Tecnologia e Inovação do Exército: contribuições para a soberania nacional. 2014. Trabalho de Conclusão de Curso (Bacharelado em Altos Estudos de Política e Estratégia) – Escola Superior de Guerra, Rio de Janeiro, 2014.

_____; GALDINO, Juraci Ferreira; MOURA, David Fernandes Cruz. Pesquisa e desenvolvimento de produtos de defesa: reflexões e fatos sobre o Projeto Rádio Definido por Software do Ministério da Defesa à luz do modelo de inovação em tríplice hélice. *Revista Militar de Ciência e Tecnologia*, v. 34, n. 1, 2017, p. 6-19.

RIBEIRO, Maria; FARIA, Luciana. A experiência do CT-Petro: reflexões inspiradas a partir de Celso Furtado. *Cadernos do Desenvolvimento*, v. 9, n. 15, 2014, p. 15-32.

RIEGE, A. M. Validity and reliability tests in case study research: a literature review with "hands-on" applications for each research phase. *Qualitative Market Research: An International Journal*, v. 6, n. 2, 2003, p. 75-86.

SANTOS, Marcio de Miranda et al. Prospecção de tecnologias de futuro: métodos, técnicas e abordagens. *Parcerias estratégicas*, v. 9, n. 19, 2010, p. 189-230.

SASSAKI, Alex Hayato et al. *Por que o Brasil vai mal no Pisa? Uma análise dos determinantes do desempenho no exame*. s.l: s.n., 2018.

SCHONS, Décio Luís; PRADO FILHO, Hildo Vieira; GALDINO, Juraci Ferreira. Política nacional de inovação: uma questão de crescimento econômico, desenvolvimento e soberania nacional. *Coleção Meira Mattos*, v. 14, n. 49, 21 jan. 2020, p. 27-50.

SCHWAB, Klaus. *A quarta revolução industrial*. s.l.: Edipro, 2015.

TEIXEIRA, Lucienne Pires. *Prospecção tecnológica*: importância, métodos e experiências da Embrapa Cerrados.. s.l: s.n., 2013 (Embrapa Cerrados — Documentos 317 (Infoteca-E)).

VIEIRA-FILHO, José Eustáquio Ribeiro. Políticas públicas de inovação no setor agropecuário: uma avaliação dos fundos setoriais. *Revista Brasileira de Inovação*, v. 13, n. 1, 2012, p. 109-132.

_____; VIEIRA, Adriana Carvalho Pinto. A inovação na agricultura brasileira: uma reflexão a partir da análise dos certificados de proteção de cultivares. *Texto Para Discussão (Ipea)*, v. 1.866, n. 9, 2013, p. 1-34.

YIN, Robert K. *Case study research and applications* : design and methods. 6. ed. s.l.: Sage Publications, 2017.

O papel da cultura de inovação na evolução da doutrina militar

*Felipe Araújo Barros**

1. Introdução

A terceira edição do Manual de Oslo, da Organização para Cooperação e Desenvolvimento Econômico (OCDE) (OCDE, 2005), substituiu, em suas definições, o termo "inovação tecnológica" por, simplesmente, "inovação". A justificativa dada para tal é que a forma anterior era imprecisa por excluir as inovações ocorridas em produtos e processos. Essa mudança chama a atenção para o fato de que as inovações ocorrem não somente no campo dos produtos e serviços, mas também no campo dos métodos, dos sistemas, a bem dizer, no campo das ideias. Assim, as inovações passaram a ser divididas em tecnológicas e não tecnológicas. No setor de defesa, podemos conceituar inovações não tecnológicas como as que geram o fornecimento de novos serviços e a melhoria dos processos de desenvolvimento dos engenhos bélicos ou, ainda, promovem mudanças doutrinárias nos mecanismos de aplicação da estratégia, da tática e da logística do componente militar, ou seja, inovações de cunho mais gerencial ou relacionadas com a arte da guerra.[1]

As inovações na doutrina militar receberam um papel de destaque dentro da concepção de transformação do setor de defesa brasileira. Esse movimento, desencadeado pela Estratégia Nacional de Defesa (END), procura implementar mudanças nas Forças Armadas em um ritmo acelerado e disruptivo, de forma a transportá-las para um novo patamar de poder bélico capaz de fazer frente aos desafios próprios das guerras do século XXI. Nesta nova realidade operacional,

---

* Doutorando no Programa de Pós-graduação em Ciências Militares (PPGCM-IMM-ECEME). Mestre em Ciências Militares pela mesma instituição. CV: http://lattes.cnpq.br/8540848188888770. E-mail: tenfelipe@gmail.com.

[1] Definição elaborada no âmbito do Grupo de Pesquisa Guerra do Futuro, Inovação e Indústria de Defesa, da Escola de Comando e Estado-Maior do Exército.

termos como "combate assimétrico" e "guerra híbrida" foram incorporados ao jargão das forças militares que, deixando para trás a era dos inimigos claros e bem definidos da Guerra Fria, passaram a se defrontar com desafios difusos e elusivos, como as organizações terroristas, o crime organizado internacional e, até mesmo, catástrofes naturais e pandemias (Visacro, 2011).

A mudança da natureza dos adversários demandou mudanças nas formas de combatê-los, o que levou, necessariamente, a mudanças na doutrina militar. Sob essa ótica, a capacidade de transformar a doutrina militar ganhou um papel relevante nos processos de transformação das Forças Singulares. O Exército, por exemplo, coloca o Vetor Doutrina[2] como o "motor" do seu processo (Brasil, 2010), reconhecendo o poder de influência que ela possui em todos os outros aspectos da organização militar. O Vetor Educação e Cultura também foi destacado, com o intuito de promover a disseminação de uma mentalidade de inovação dentro da Força, ponto reconhecido como fraco.

Dentro dessa ótica, este capítulo buscará apresentar o papel da cultura organizacional e da cultura de inovação no desenvolvimento da doutrina militar e sua adequação para os desafios da guerra do futuro. Para tanto, utilizou-se de uma pesquisa bibliográfica realizada nos principais periódicos, nacionais e internacionais, que tratam dos temas de defesa, bem como das obras de autores consagrados no tema inovações militares. Para seleção dos periódicos, levou-se em consideração a avaliação disponível na plataforma Qualis e, na falta dessa, o fator de impacto em mecanismos de busca como o Google Acadêmico. Nas publicações selecionadas, foram realizadas buscas pelas palavras-chave "inovação militar", "inovações doutrinárias", "cultura organizacional" e "cultura de inovação", bem como suas variações, nos idiomas inglês e português, de forma isolada ou combinada.

O capítulo encontra-se estruturado de forma a explicar, inicialmente, a relação entre a doutrina militar e as inovações dentro das Forças Armadas. Em seguida, procura dar um panorama sobre as principais abordagens teóricas que se propõem a explicar o surgimento das inovações nas instituições militares, com um enfoque especial na escola cultural. O capítulo final apresenta uma ligação entre os elementos da cultura de inovação e a capacidade de inovar das institui-

2 O Processo de Transformação do Exército foi concebido para acontecer por meio de ações alinhadas em sete Vetores de Transformação.

ções militares, com foco nos sistemas de lições aprendidas. Também ressalta as características mais relevantes para o estabelecimento dessa nas Forças Armadas, além dos riscos associados à cristalização da doutrina militar.

2. A doutrina militar e sua relação com a geração de capacidades

A doutrina militar ocupa um lugar de destaque no processo de transformação das Forças Armadas devido ao papel integrador que ela possui no sistema de geração de capacidades. De acordo com Ministério da Defesa (Brasil, 2007:12), Doutrina é "o conjunto harmônico de ideias e de entendimentos que define, ordena, distingue e qualifica as atividades de organização, preparo e emprego das Forças Armadas". Ela é um conjunto de conhecimentos diversos, como normas, conceitos, crenças e valores, que, combinados, possibilitam às Forças Armadas se organizarem, se prepararem e atuarem no cumprimento de suas missões. É algo que permeia a cultura das instituições militares, influenciando-a desde seus níveis mais fundamentais (crenças e valores) até os aspectos práticos da vida cotidiana (técnicas e táticas).

Para melhor compreender a forma pela qual a doutrina influencia outros aspectos das instituições militares, lançaremos mão das teorias relacionadas ao Planejamento Baseado em Capacidades (PBC). O PBC é uma metodologia de planejamento estratégico voltado para a geração de força que busca alinhar as necessidades de eficiência e prontidão das Forças Armadas com a realidade orçamentária dos Estados, desenhada para funcionar em situações onde há uma indefinição ou multiplicidade de desafios. Para tanto, busca sistematizar a construção de capacidades nacionais de defesa, definidas por meio de estudos de cenários, de ameaças e das capacidades destas ameaças de pôr em risco a segurança do país (Barros, 2019:39-51; Leite, 2011). Sendo a "capacidade" um elemento central neste paradigma, ele a define como a "aptidão requerida a uma força [...] para cumprir determinada missão ou atividade" (Brasil, 2019), obtida pela reunião de sete fatores indissociáveis — Doutrina, Organização, Adestramento, Material, Ensino, Pessoal e Infraestrutura — reunidos no acrônimo Doamepi.[3]

[3] Derivado do acrônimo em inglês DOTMLPF, alguns autores utilizam também a forma Dopemai ou Doamepii, este último adicionando o fator "Interoperabilidade".

Figura 1
Doamepi

Fonte: Brasil (2019).

Observando a figura 1, utilizada pelo Exército para ilustrar o conceito de capacidade, percebemos, não por acaso, que o fator doutrina se encontra localizado no centro do dispositivo. A ideia que se quer transmitir é, precisamente, a de que doutrina militar funciona como um fator de integração entre eles. É por meio da doutrina militar que as Forças definem os meios que necessitarão empregar, como as tropas irão se organizar, como irão se adestrar, qual o pessoal necessário para cada tipo de operação ou qual infraestrutura de suporte deverá ser instalada (Gusmán, Moretto Neto e Schmitt, 2014). As escolas militares, ensinam a doutrina militar vigente e é por meio de doutrinas alinhadas que as Forças Singulares alcançam a interoperabilidade.

Em suma, a doutrina faz interface com todos os outros fatores, os influencia e os orienta de forma a funcionarem em conjunto. Por ser capaz de alcançar, influenciar e integrar todos os outros fatores componentes das capacidades é que a doutrina militar possui também um potencial transformador único, capaz de fazer ecoar em todos eles as mudanças necessárias para a implementação de uma inovação: mude-se a doutrina, e todo o restante acompanhará essa mudança.

3. A doutrina militar e sua importância para a absorção de novas tecnologias

Se a doutrina interage e influencia todos os aspectos intrínsecos de uma capacidade, ela também recebe a influência destes, modificando-se para recepcionar as inovações ocorridas nos outros fatores. Entre eles, o fator material tem sido um importante elemento indutor de mudanças doutrinárias, especialmente após o início do século XX. O submarino, o radar, o motor a combustão, o avião, todos tiveram grande impacto na forma como as forças militares se enfrentam, e em cerca de 100 anos saímos dos campos de batalha lineares e das cargas de cavalaria para os complexos e multidimensionais ambientes operacionais dos conflitos de quarta geração (Serrano, 2013). Entretanto, a tecnologia, sozinha, não é capaz de desequilibrar a balança de poder entre duas forças. É possível encontrar, mesmo nos últimos 100 anos, diversos casos de forças que venceram conflitos apesar de estarem em desvantagem tecnológica (Murray, 1997).

FitzSimonds e Van Tol (1994) alegam que, para que uma inovação tecnológica tenha sucesso no meio militar, ela precisa estar associada a outras duas mudanças: uma inovação doutrinária e uma adaptação organizacional. É por meio da inovação doutrinária que a tecnologia passa a ser incorporada às táticas e técnicas de combate, que os planejadores compreendem como aplicá-la, que as cadeias logísticas se adaptam para atendê-la, e que as tropas treinam para utilizá-la. As adaptações organizacionais são necessárias para as mudanças mais profundas, permitindo a assimilação dos novos conceitos pela instituição e, até mesmo, mudanças culturais. O reconhecimento do caráter imperativo da associação sinérgica desses três fatores foi o que levou os especialistas da área a abandonarem o termo "revolução técnico-militar" em favor de "revolução dos assuntos militares", movimento que teve grande relevância no final do século XX e pode ser considerado o precursor dos atuais processos de transformação no setor da defesa.

Exemplos de situações que comprovam essa relação podem ser vistos ao longo de toda a história militar. Planejadores que acreditaram que novas tecnologias derrogariam princípios fundamentais da guerra constataram, de forma bastante traumática, que cometeram um grave erro. Murray (1996:29) utiliza como exemplo o caso da força de submarinos japonesa, que durante a Segunda Guerra Mundial contava com a mais avançada arma submarina, o torpedo "Longa Lança". Esse torpedo era capaz de percorrer distâncias maiores que 18 mil metros a uma velocidade de 45 nós, além de possuir um eficiente sistema de direção automático, o que o tornava muito superior a qualquer arma do tipo à disposição das forças aliadas (Ancker e Burke, 2003). Entretanto, o Japão falhou em conceber o emprego estratégico que essa vantagem lhe proporcionaria, e não empregou sua força de submarinos para atacar as rotas marítimas norte-americanas, nem dedicou estes recursos para proteger as suas. Isso permitiu aos aliados destruir a marinha mercante japonesa ao custo de quase nenhuma baixa para a sua. Para um país insular, como o Japão, a perda da capacidade de comércio marítimo foi um duro golpe.

O lado dos Aliados também teve sua cota de erros, como no caso da doutrina de bombardeios estratégicos, inspirada pelas ideias de Giulio Doueht e William "Billy" Mitchell. De acordo com esses pensadores, o bombardeio estratégico realizado pelo ar se tornaria o novo paradigma do poder militar, sendo capaz de dobrar a vontade dos adversários pela destruição de sua infraestrutura vital. Entretanto, esta doutrina foi concebida assumindo premissas de que estes alvos seriam identificáveis, que os bombardeiros conseguiriam alcançá-los e lançar suas bombas com precisão suficiente para atingi-los, que estes estariam vulneráveis à destruição pelo ar e, principalmente, que o inimigo seria incapaz de defendê-los. Essas suposições ignoravam uma das mais importantes lições da Primeira Guerra Mundial ligadas ao tema: a necessidade de se estabelecer uma supremacia aérea antes do emprego de bombardeiros em larga escala contra alvos no solo (Stephenson, 2010). Essa negligência levou à perda de muitos pilotos sobre os campos da Alemanha nazista até que essas lições fossem reaprendidas.

Talvez o melhor exemplo de um desequilíbrio de poder causado pela incorporação exitosa de inovações tecnológicas na arte da guerra seja a doutrina da guerra relâmpago, a *blitzkrieg* germânica. O avião e o carro de combate blindado, como inovação tecnológica, já existiam desde a Primeira Guerra Mundial, mas nela tiveram apenas atuação marginal. Por meio de uma série de criteriosos estudos conduzidos no período do entreguerras, as Forças Armadas alemãs conseguiram integrar às suas forças tradicionais, baseadas em infantaria e artilharia, conceitos novos como o de emprego de blindados e o apoio aéreo aproximado, criando uma doutrina fortemente vocacionada para o combate móvel e descentralizado (Murray, 1996). O resultado disso foi a organização de uma força mecanizada com capacidades bem superiores às dos seus adversários no continente, que varreu as defesas francesas em questão de dias.

Estes exemplos ilustram como a capacidade de desenvolver novas abordagens operativas que absorvam as inovações tecnológicas e permitam o aproveitamento integral do seu potencial é fundamental para o sucesso militar. Neste contexto, o estabelecimento de um ambiente cultural aberto para a mudança e que estimulasse o pensamento inovador foi essencial para essas forças. Ao longo das últimas décadas, vários pesquisadores têm procurado compreender os mecanismos que possibilitam o surgimento de inovações nos ambientes militares, dando origem a diversas escolas de análise desse campo.

4. As teorias de inovação militar e o modelo cultural

O estudo da origem da inovação no meio militar iniciou-se com Barry Posen e, desde então, vem ganhando força entre acadêmicos e legisladores (Farrell, 2002a). De acordo com Adam Grissom (2006), este campo abrange, hoje, quatro escolas principais de pensamento, cada uma com seu modelo próprio focado em uma das seguintes perspectivas: as relações civil-militar; a disputa política entre as forças singulares; a disputa por espaço dentro de cada força singular; e a cultura organizacional. Grande parte da descrição das escolas apresentada nessa seção foi retirada do trabalho de Grissom.

A escola das relações civil-militar é baseada na obra de Posen, escrita como resultado do estudo de casos empíricos de inovações ocorridas no período do entreguerras nas forças armadas britânicas, francesas e alemãs. O autor postula que as instituições militares, devido à sua estrutura rigidamente hierarquizada, tendem a conservar-se estáticas, reforçando as ideias que preservam o *status quo* e descartando aquelas que o contrariam. Dessa forma, a inovação somente seria possível por meio da pressão das lideranças civis, a quem estas forças encontram-se subordinadas e, de preferência, com o apoio de oficiais influentes e de mente aberta (Posen, 1986).

Posen cita como exemplo o papel das lideranças germânicas e inglesas no desenvolvimento da *blitzkrieg* pela Wehrmacht e dos sistemas integrados de comando de voo da Royal Air Force. Outros autores também têm se utilizado desse modelo para explicar importantes inovações militares, como é o caso de Edmund Beard e o programa de desenvolvimento de mísseis balísticos intercontinentais (ICBM) da Força Aérea dos EUA, Deborah Avant, e a diferença de performance das forças de contrainsurgência norte-americana e britânica nas campanhas do Vietnã e da África do Sul, ou Kimberly Zisk e seu estudo do papel da burocracia civil sobre as forças armadas soviéticas na Guerra Fria (Grissom, 2006:909).

A segunda escola de inovação militar, chamada por Grissom (2006:910) de *interservice model*, aponta o embate entre as Forças Singulares por espaço orçamentário e por influência como motor principal das inovações. Baseada no estudo de Harvey Sapolsky (1997) sobre o desenvolvimento do sistema Polaris de mísseis balísticos, esta escola afirma que sempre que um nova área operacional surge ou uma área preexistente esteja sendo reformulada, haverá uma disputa entre as Forças Singulares para desenvolver capacidades que atendam a esta demanda, o que levaria ao surgimento de inovações. O trabalho de Sapolsky procura demonstrar como a Marinha, na disputa com a Força Aérea e seu projeto de ICBM Minuteman, removeu entraves burocráticos e amealhou recursos materiais e humanos de uma forma poucas vezes vista na sua história.

Michael Armacost também utiliza o modelo de competição entre Forças para explicar a disputa entre os projetos de mísseis de médio alcance Thor, do Exército, e Júpiter, da Força Aérea norte-americana. A adoção da organização em torno de *pentomic divisions*[4] pelo Exército dos EUA também poderia ser explicada por este modelo, de acordo com Andrew Bacevich, e diversos outros autores o utilizam para explicar o estabelecimento da arma de aviação e o desenvolvimento de helicópteros como o Apache AH-64 (Grissom, 2006:912).

Em oposição ao modelo *interservice*, Grissom (2006: 913) nomeia a terceira escola de *intraservice model*. Com base na obra *Winning the next war*, de Stephen P. Rosen, de 1991, essa escola procura explicar a inovação militar por meio de um modelo de competição entre os setores[5] de uma determinada Força Singular. De forma análoga ao modelo *interservice*, o modelo *intraservice* postula que as Forças não devem ser vistas como um ator unitário, e a competição por espaço e protagonismo entre seus setores internos leva ao surgimento de ino-

4 Uma forma de organização para divisões de infantaria e paraquedistas com cinco unidades subordinadas, adotada pelo Exército dos EUA no final dos anos 1950, como resposta à necessidade de atuação em campos de batalha da era nuclear.

5 O termo utilizado por Rosen é "*arms*" que corresponderia a "armas" em português. Entretanto, devido ao fato de os militares norte-americanos possuírem várias armas, como Forças Especiais, Inteligência ou Operações Psicológicas, que no Brasil são consideradas especializações, foi preferido utilizar o termo "setores" por entender que ele traduz melhor a ideia expressa pelo autor.

vações. De acordo com Rosen (1994:20), as inovações militares se iniciam com a desenvolvimento, pelos altos escalões de uma Força, de "uma nova teoria da vitória, uma explicação de como a próxima guerra será e como deverá ser lutada e vencida". Essa visão desencadeia uma busca por aliados e recursos dentro da Força, com foco especial em oficiais de nível intermediário e de carreira destacada que possam ser convertidos para a nova filosofia. Uma vez convertidos, estes oficiais passariam, então, a ser colocados em situações-chave para ascender na carreira, até chegarem aos postos de mais altos da hierarquia, onde serão capazes de realizar as mudanças necessárias para a implementação exitosa da nova teoria, concretizando, assim, a inovação (Grissom, 2006:914).

O modelo *intraservice* foi usado por Jon Giese e Susan Marquis para explicar como o Departamento de Defesa norte-americano promoveu o surgimento das novas capacidades de operações especiais na década de 1980, por meio da criação do Comando de Operações Especiais, abrindo novas oportunidades de carreira atraindo pessoal de alta qualidade para a área. Vincent Davis também o utilizou para explicar uma série de inovações da Marinha dos EUA, como o desenvolvimento de bombas nucleares por gravidade, da propulsão nuclear para navios capitânia e dos submarinos de mísseis balísticos, devido à forma pela qual um grupo de oficiais de alto e médio escalão se uniram para vencer a resistência de uma comunidade pró-plataformas dentro da Força. Harworth e Coffey descrevem, sob este mesmo prisma, a dificuldade de estabelecimento da infantaria mecanizada dentro do Exército dos EUA, espremida em disputas entre a cavalaria e a infantaria, e como isso se tornou uma barreira para a inovação (Grissom, 2006:914-916).

O quarto e último modelo baseia-se na cultura organizacional das instituições militares para explicar a inovação. Tem como expoente o inglês Theo Farrell, do King's College de Londres. Farrell (Grissom, 2006:918) argumenta que é a cultura — a qual entende como "as crenças intersubjetivas sobre o mundo social e natural que definem os atores, suas situações e possibilidades de ação" (Farrell, 2002a:7) — que determina como os militares reagirão à necessidade de mudanças quando forem expostos a ela. Sendo as normas culturais que definem os atores, seus papéis e ambientes sociais, são elas que dizem aos membros de uma organização quem eles são e o que devem fazer, dada uma determinada situação (Farrell, 1998:411). Assim, são as normas culturais que definem o propósito e a possibilidade de mudanças nas instituições militares (Farrell, 2002a:7).

É a cultura que irá estabelecer o quão aberta uma Força será para implementar mudanças, e quais tipos de mudança ela aceitará.

O modelo proposto por Farrell busca reconhecer as causas das mudanças de grande porte dentro das instituições militares. O autor classifica essas grandes mudanças em três tipos: inovações, adaptação e emulação, sendo o resultado obtido aquilo que as diferencia. Nos processos de inovação, observam-se o surgimento de novas tecnologias, táticas, estratégias e estruturas. Já nos processos de adaptação, o que se observa é o ajuste de meios e métodos preexistentes. Entretanto, quando muitas adaptações ocorrem ao longo do tempo, elas podem levar ao surgimento de novos meios e métodos, configurando assim uma inovação. Por fim, os processos de emulação ocorrem pela importação de novas ferramentas e formas de combater pela imitação de outras instituições militares. Quando essas inovações, adaptações ou emulações resultam em novos objetivos organizacionais, estratégias ou estruturas é que podemos dizer que houve uma mudança de grande porte (Farrell, 2002a:6).

O autor afirma que as mudanças das normas culturais podem ocorrer por meio de dois mecanismos: as mudanças planejadas e os choques externos. No processo de mudanças planejadas, ocorre um concerto das lideranças da instituição para realinhar aspectos culturais, internos e externos, de forma a induzir a adoção de novas ideias. Esse processo demanda uma manipulação cultural pelas elites políticas e militares, e normalmente é algo lento e que requer um grande esforço. Essa forma de mudança se alinha com as ideias de Rosen de uma elite militar que busca promover uma nova "teoria da guerra" dentro das Forças. Algumas vezes, essas campanhas de convencimento podem extrapolar os limites das instituições militares e alcançar a própria sociedade civil, na busca de promover um clima político favorável para as mudanças almejadas. O autor cita como exemplo os estudos de Craig Cameron que apontam como o Corpo de Fuzileiros Navais dos EUA promoveu uma campanha interna e externa para recriar sua imagem como a de uma força combatente de elite, a fim de proporcionar um ambiente político mais permissivo para sua atuação (Farrell, 2002a:8).

O segundo mecanismo está relacionado com o acontecimento de um choque cultural de grande magnitude, que venha a pôr em xeque o sistema de crenças vigentes em uma instituição. Farrell usa, como exemplo desses choques, a derrota da Alemanha e do Japão na Segunda Guerra Mundial ou o ataque japonês a Pearl Harbor. Em ambos os casos, esses eventos provocaram ou contribuíram para profundas mudanças na cultura das Forças Armadas desses países — no caso dos alemães e japoneses, a adoção de uma postura estratégica antimilitarista, e, no caso norte-americano, o abandono de uma cultura focada em grandes navios de guerra por parte da Marinha. Farrell constata ainda que os dois mecanismos podem atuar em conjunto para produzir mudanças: um grande choque externo pode servir para desencadear um processo de mudança planejada ou servir como golpe de misericórdia em um sistema cultural que se encontrava em processo de substituição (Farrell, 2002a:8).

Os processos de emulação também possuem uma íntima relação com o ambiente cultural institucional de uma Força, tendo em vista que eles moldam e são moldados por ela. Goldman e Farrell mostram como o conteúdo dos conhecimentos transferidos entre diferentes Forças Armadas é modificado pelas normas culturais transnacionais compartilhadas entre as instituições (Farrell, 2002b; Goldman, 2002). Por outro lado, esses processos podem levar também a mudanças profundas na cultura do emulado, se associados a uma mudança planejada ou a um choque externo. Farrell aponta o caso da transformação do Exército Republicano Irlandês (IRA) pela emulação dos seus congêneres britânicos e norte-americanos. Nesse processo, a guerra civil irlandesa ocorrida entre 1921 e 1922 serviu como um choque externo que possibilitou à liderança do IRA desencadear a substituição da cultura de uma força revolucionária, arraigada até então na tropa, pela cultura de uma força profissional (Farrell, 2002b).

Das escolas de inovação militar apresentadas neste capítulo, convém ressaltar a importância da escola cultural para o atual processo de transformação do setor da defesa do Brasil. É possível verificar, nos documentos que o norteiam, a presença de diversos elementos que apontam para um processo de mudança planejada como descrito por Farrell: horizonte temporal dilatado, de 2015 até 2030 (Peri, 2011:9); busca por uma maior aproximação da sociedade civil com os assuntos de defesa, na intenção de formar um clima político favorável (Brasil, 2008:16-18, 21, 24 e 25); e relevância da transformação da cultura institucional para permitir uma maior permeabilidade às inovações. Também é importante ressaltar a descrição feita por Farrell dos processos de emulação que, de acordo com o autor, são particularmente observados em Forças Armadas de países em desenvolvimento (Farrell, 2002a:9). Essa preferência por importar conhecimento do exterior, em especial de países desenvolvidos, já foi observada, por exemplo, dentro do sistema de inovações doutrinárias do Exército Brasileiro (Barros, 2019:104-106).

5. A Influência da cultura de inovação na doutrina militar

Se a cultura institucional pode ser um fator determinante para o surgimento de inovações, faz-se necessário examinar que características culturais facilitam esse processo. Tom Dyson (2019) buscou correlacionar princípios consagrados na teoria de inovação do setor empresarial com estudos de caso de forças militares consideradas inovadoras, como as Forças de Defesa de Israel (IDF), para apontar posturas que facilitem a absorção de conhecimentos, sua transformação em inovações doutrinárias e rápida disseminação pela instituição. De acordo com o autor, uma cultura que seja capaz de estimular a experimentação e a criatividade dentro da organização é essencial para permitir a implementação de inovações e desafiar as ortodoxias vigentes. No Brasil, Franco-Azevedo (2018) também relacionou os elementos da cultura da inovação que influenciam o processo de interação entre os atores do setor defesa.

Utilizando-se da pesquisa realizada por Martins e Terblanche (2003), Dyson (2019:9) propõe quatro dimensões da cultura organizacional que promovem a experimentação e a criatividade. A primeira dimensão diz respeito à incorporação dos valores da criatividade e da experimentação na cultura institucional e pessoal de seus membros. De uma forma geral, as instituições militares pregam que valores como disciplina, obediência, lealdade e conformidade são os mais adequados ao nível tático. Entretanto, em alguns tipos de operações, como nas guerras híbridas e nos combates de contrainsurgência, valores como criatividade, iniciativa e pensamento crítico, normalmente associados ao nível operacional, são fundamentais. Assim, os sistemas de ensino e de treinamento devem procurar alcançar um equilíbrio no desenvolvimento destes valores. Desde os níveis iniciais das carreiras, graduados e oficiais devem ser treinados para pensar de forma crítica e criativa, e a saber distinguir quando é adequado fazê-lo.

A segunda dimensão da cultura organizacional está relacionada com a forma com qual a organização se encontra estruturada. A estrutura organizacional das instituições militares deve buscar promover valores como flexibilidade, autonomia e cooperação ao longo de toda a sua estrutura funcional, de modo a estimular a experimentação e a criatividade. Franco-Azevedo (2018:160) identificou um conjunto de valores que induzem a atitude inovadora e outros que tendem a manter *status quo* organizacional, representados na figura 2. Fatores que inibem a inovação, mas são fundamentais para a instituição, como a hierarquia, devem ser gerenciados para que não se tornem barreiras. O fator autonomia, em especial, fomentado pela delegação de autoridade para que líderes de escalões menores possam tomar decisões e solucionar problemas, permite o surgimento de novos conhecimentos adaptados à realidade do momento, bem como estimula a capacidade criativa de indivíduos e grupos. A cultura da execução de missões pela finalidade[6] tem um papel vital nesse contexto. Marcus (2019) atribui o sucesso das IDF na campanha do Líbano dos anos 1990 a essa forma de condução das operações.

Figura 2
Estrutura dos fatores valorativos para a inovação

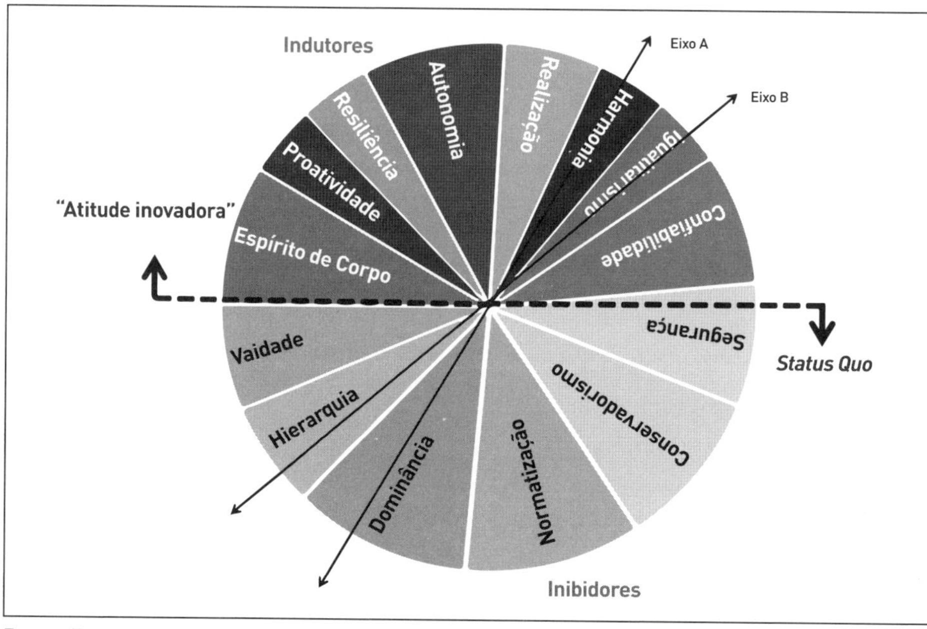

Fonte: Franco-Azevedo (2018), com base em Oliveira e Tamayo (2004).

Entretanto, estruturas muito focadas na autonomia tendem a criar soluções pontuais e que não se transformam em conhecimento institucional ou inovações se não forem acompanhadas por um sistema eficiente de lições aprendidas. Nesse

6 O termo "*mission command*" empregado pelo autor não tem tradução precisa para o português. Ele está relacionado com um estilo de comando descentralizado, em que o comandante deve expressar sua intenção e o subordinado deverá agir, de acordo com os meios à sua disposição, para alcançar seu intento, sem a necessidade de instruções rígidas e precisas.

sentido, todos os militares precisam ser treinados para reconhecer a importância das lições aprendidas ao longo da sua formação. A internalização desse valor gera um sentimento de proximidade e pertencimento com a doutrina, o que é de grande relevância para a capacidade de crítica (Dyson, 2019:10). Conforme explica Downie (1998:262, tradução nossa), os militares devem sentir "que as suas experiências individuais são parte do processo. A doutrina não pode ser vista somente como um apanhado de ideias e conceitos escritos por um órgão responsável por publicá-la". Este senso de autoeficácia estimula a participação dos militares, não somente experimentando, mas também reportando problemas e soluções, ao perceberem que outros podem se beneficiar de seus conhecimentos (Barros, 2019:116). Franco-Azevedo (2018:159) também observou que a capacidade de visualizar os resultados benéficos de uma aliança estimula o desejo de interação para inovar, reforçando a importância do sentimento de autoeficácia.

A terceira dimensão cultural que promove a experimentação e a criatividade diz respeito aos mecanismos de apoio, especialmente recompensas e tempo. Dyson (2019:11) afirma ser importante que haja um tempo destinado para as tropas realizarem o trabalho de reflexão necessário para a consolidação dos conhecimentos adquiridos nas operações e sua transmissão para o sistema de lições aprendidas. Autores como Wang e Noe (2010:121) e Rêgo e colaboradores (2013:502) ressaltam que a falta de tempo e de retribuição pelo esforço e tempo dedicados à construção de um conhecimento compartilhável é apontada de forma recorrente como barreira à transmissão de experiências. Isso demonstra a importância da existência de um sistema de recompensa que permita a formação de uma percepção de custo/benefício positiva para o militar, de forma que ele se sinta estimulado a empregar seu tempo e esforço pessoal na atividade de produção de lições aprendidas (Barros, 2019:114). Franco-Azevedo (2018:161) enquadra esta dimensão entre os fatores de suporte à inovação presentes em uma organização, como infraestrutura física, possibilidade de desenvolvimento individual contínuo e políticas de gestão de pessoas. No caso das Forças Armadas, Dyson sugere que o sistema de promoções deve possuir mecanismos que valorizem a experimentação e a exposição ao risco, de forma a compensar a sensação de insegurança associada ao comportamento criativo e ao compartilhamento do conhecimento (Dyson, 2019:11).

Por fim, a quarta dimensão da cultura organizacional diz respeito ao encorajamento do comportamento de informar problemas e sucessos. Este estímulo pode ser feito por meio de diversos mecanismos, desde fóruns de discursão on-line que permitam a troca de experiências entre pequenas frações até reuniões de *debriefing* com o comando, onde experiências positivas e negativas podem ser reportadas (Marcus, 2019:16). Relacionado com isso, o conhecimento profundo da doutrina vigente pelas tropas é parte importante desse processo, permitindo a elas ter ciência dos princípios fundamentais da guerra, o que lhes será útil como ferramentas para solução de problemas. O conhecimento das experiências históricas também serve para que lições importantes não tenham que ser reaprendidas em combate, a um preço elevado. Um processo de lições aprendidas bem calibrado deve promover um equilíbrio entre o conhecimento organizacional vigente e a experimentação de novas soluções (Dyson, 2019:12).

Para promover um ambiente aberto para a experimentação e o compartilhamento do conhecimento, a cultura militar também precisa aprender a tolerar o erro. Essa tolerância não deve se estender aos erros provocados pela falta de vontade, mas estar associada à experimentação e ao apetite pelo risco. O estímulo ao reconhecimento dos erros deve vencer a tendência natural das organizações em "varrer os problemas para baixo do tapete". Essa cultura deve alcançar todos os níveis da instituição, desde os postos mais baixos até o alto comando. Dyson afirma que os processos de lições aprendidas tendem a falhar caso não sejam apoiados pelas lideranças organizacionais, que precisam servir como modelos e exemplos desse sistema. Isso pode ser uma tarefa árdua, tendo em vista que, em culturas avessas à experimentação e ao risco, os altos postos das hierarquias tendem a ser compostos por pessoas que possuem pouca tolerância ao erro (Dyson, 2019:12). Assim, demonstrações de comprometimento das lideranças civis e militares, pela promoção do debate e da crítica construtiva, são de grande importância no estabelecimento de uma cultura organizacional que permita a comunicação de problemas. Franco-Azevedo (2018:161) aponta o comprometimento da alta gestão como um dos fatores de suporte à inovação, e Dyson sugere, entre outras medidas, o estímulo a publicações de caráter profissional, abertas a especialistas civis e militares, voltadas a promover a discussão de problemas nos níveis táticos, operacionais e estratégicos (Dyson, 2019:13).

A implementação de uma cultura aberta à inovação demanda mudanças de longo prazo e alterações em todos os escalões de uma Força. Certamente, não é um processo fácil, mas é um imperativo para qualquer instituição que pretenda acompanhar o ritmo evolutivo do século XXI. Como alegam FitzSimonds e Van Tol (1994:30), "a chave para 'vencer a batalha da inovação' é um clima profissional militar que estimule o pensamento de forma irrestrita sobre a guerra do futuro". Neste processo de evolução, a doutrina militar precisa contar com um sistema capaz de fazê-la absorver novos conhecimentos e integrá-los aos sistemas e estruturas existentes. Acima de tudo, os militares devem ser capazes de desafiar as ortodoxias vigentes, sob o risco de ter sua doutrina cristalizada em um imobilismo que torna a inovação uma missão impossível.

Os riscos da cristalização da doutrina que advêm da falta de uma cultura inovadora são visíveis ao longo da história. Em um ambiente cultural avesso à experimentação e à criatividade, os sistemas de gestão do conhecimento tendem a ser subutilizados ou servirem somente para reforçar conhecimentos vigentes (Dyson, 2019:9). Um exemplo disso é relatado por Murray (1997:74) ao analisar a postura britânica a respeito das lições aprendidas na Primeira Guerra Mundial. Em 1932, o marechal George Milne estabeleceu um comitê para estudar, de forma ampla, as lições aprendidas durante a Grande Guerra, e reexaminar a doutrina britânica à luz desses novos conhecimentos. Infelizmente, os relatórios produzidos só foram submetidos ao seu substituto, marechal Archibald Montgomery-Massingberd, que os descartou sob a alegação de que tais observações envergonhariam as Forças Armadas britânicas. O fraco desempenho dos ingleses na campanha do norte da África em 1941-42 é atribuído a uma compreensão deficiente das técnicas de emprego de blindados fruto da falta de estudos críticos das lições da Primeira Guerra Mundial.

O caso do estabelecimento de uma doutrina militar excessivamente focada na defensiva por parte da França no período do entreguerras é, talvez, o mais emblemático exemplo do risco associado à cristalização da doutrina. As experiências traumáticas advindas do emprego da ofensiva entre 1914 e 1917 criaram um clima de aversão a esta postura de combate (Murray, 1996:56). Contribuindo para isso, a adoção, em 1928, de um sistema de conscrição de curto prazo criou uma ideia de que as tropas nunca seriam capazes de atingir o grau de treinamento necessário para realizar as complexas tarefas exigidas pelas operações ofensivas (Farrell, 2002a:7). Em meados da década de 1930, civis e parte da oficialidade, como o general Charles DeGaulle, pediam a adoção de uma postura mais ofensiva. Essas vozes, no entanto, foram caladas e ostracizadas, especialmente pela ação dos altos escalões das Forças, encabeçados pelo general Maurice Gamelin (Kier, 1995:90; Murray, 1996:56), tido como o grande herói da Primeira Guerra Mundial. A ação de uma cultura pouco aberta ao debate e à crítica, que valorizava as ideias pela autoridade de quem as proferia, funcionou como um elemento cristalizador das ideias vigentes que resultaram na derrota da França na ofensiva alemã de 1940.

6. Conclusão

Clausewitz (2015) nos ensina que a guerra é um duelo em grandes proporções e um embate de vontades. Pela sua natureza, a criação de uma fórmula fixa que permita a vitória em qualquer situação é impossível, dado que, no momento que um lado sabe quais são as intenções do adversário, passa a adotar as medidas necessárias para frustrá-las, tornando sua estratégia inócua. Sob essa ótica, a doutrina militar não pode nunca aceitar a cristalização. Sua evolução não deve ser uma opção, mas sim um imperativo, e a força militar que ignora essa máxima arrisca não estar pronta para atender a nação quando chamada a fazê-lo. O fomento de uma cultura voltada para a inovação dentro das Forças Armadas deve ser um objetivo permanente a ser perseguido pelas lideranças civis e militares.

O estudo das origens da inovação nas Forças Armadas nos permite compreender os mecanismos que facilitam ou dificultam esse processo, auxiliando na construção de um ambiente que lhes seja favorável. É possível perceber, pela diversidade dos casos apresentados, que a inovação pode ter várias origens. Entretanto, também fica claro que somente em uma cultura organizacional que seja aberta ao novo, capaz de conviver com a crítica construtiva e disposta a rever aquilo que tem como verdade é que o pensamento inovador tem esperança de prosperar. Quando as normas culturais vigentes inibem a crítica, a experimentação e punem aqueles que aceitam o risco, o resultado, quase sempre, é uma estagnação doutrinária que irá perdurar até que um evento traumático imponha a mudança.

O processo de transformação da defesa brasileira demanda uma mudança cultural nas nossas forças. Para tanto, faz-se necessário um estudo aprofundado da cultura institucional vigente que permita produzir um diagnóstico amplo sobre os fatores que favorecem e desestimulam a inovação. Por meio desse diagnóstico, as lideranças poderão identificar os pontos fortes e fracos da nossa cultura institucional, permitindo a elaboração de políticas que promovam ajustes de acordo com a necessidade, a fim de promover um ambiente cultural propício à inovação que nos permita estar preparados para os desafios da guerra do futuro.

Referências

ANCKER, C. J.; BURKE, M. D. Doctrine for asymmetric warfare. *Military Review*, v. 83, n. 4, 1º jul. 2003, p. 18-25.

BARROS, F. A. *Inovações doutrinárias no Exército Brasileiro*: análise das interações entre o SIDOMT e as tropas empregadas em operações de não guerra. Dissertação (mestrado em ciências militares) — Escola de Comando e Estado Maior do Exército, Rio de Janeiro, 2019.

BRASIL. *Doutrina militar de defesa*. 2. ed. Brasília, DF: Ministério da Defesa, 2007.

BRASIL. *Decreto nº 6.703/08*. Estratégia nacional de defesa. Brasília, DF: Presidência da República, 18 dez. 2008.

_____. *Doutrina militar terrestre*. 2. ed. Brasília, DF: Estado-Maior do Exército, 2019.

____. *O processo de transformação do Exército*. 3. ed. Brasília, DF: Estado-Maior do Exército, 2010.

CLAUSEWITZ, C. VON. *On war*. Tradução de J. J. Graham. Enhanced Media, 2015. E-book. Disponível em: https://books.apple.com/us/book/on-war/id1040362606. Acesso em: 26 ago. 2021.

DOWNIE, R. D. *Learning from conflict*: the U.S. military in Vietnam, El Salvador, and the drug war. Westport, Conn: Praeger, 1998.

DYSON, T. The military as a learning organisation: establishing the fundamentals of best-practice in lessons-learned. *Defence Studies*, v. 19, n. 2, 3 abr. 2019, p. 107-129.

FARRELL, T. Culture and military power. *Review of International Studies*, v. 24, n. 3, 1998, 407-416.

_____. The source of military change. In: TERRIFF, T.; FARRELL, T. (Ed.). *The sources of military change*: culture, politics, technology. Making sense of global security. Boulder, Colo: Lynne Rienner Publishers, 2002a, p. 3-20.

_____. World culture and the Irish Army. In: TERRIFF, T.; FARRELL, T. (Ed.). *The sources of military change*: culture, politics, technology. Making sense of global security. Boulder, Colo: Lynne Rienner Publishers, 2002b, p. 69-90.

FITZSIMONDS, J. R.; VAN TOL, J. M. Revolutions in military affairs. *The Joint Force Quartely*, v. 4, 1994, p. 24-31.

FRANCO-AZEVEDO, C. E. Os elementos de análise da cultura de inovação no setor de defesa e seu modelo tridimensional. *Coleção Meira Mattos*: Revista das Ciências Militares, v. 12, n. 45, out. 2018, p. 145-167.

GOLDMAN, E. O. The spread of Western military models to Ottoman Turkey and Meiji Japan. In: TERRIFF, T.; FARRELL, T. (Ed.). *The sources of military change*: culture, politics, technology. Making sense of global security. Boulder, Colo: Lynne Rienner Publishers, 2002, p. 41-68.

GRISSOM, A. The future of military innovation studies. *Journal of Strategic Studies*, v. 29, n. 5, 1º out. 2006, p. 905-934.

GUSMÁN, J. J. C.; MORETTO NETO, L.; SCHMITT, V. G. H. Una discusión de transformación: perspectivas para la transformación militar desde la cultura organizacional. *Coleção Meira Mattos*: Revista das Ciências Militares, v. 8, n. 32, 10 jul. 2014, p. 105-115.

KIER, E. Culture and military doctrine: France between the wars. *International Security*, v. 19, n. 4, 1995, p. 65-93.

LEITE, M. D. A. Planejamento estratégico das forças armadas baseado em capacidades: reflexos para o Exército Brasileiro. *Coleção Meira Mattos*: Revista das Ciências Militares, n. 24, dez. 2011. Disponível em: http://ebrevistas.eb.mil.br/RMM/issue/view/8. Acesso em: 8 jul. 2020.

MARCUS, R. D. Learning 'under fire': Israel's improvised military adaptation to Hamas tunnel warfare. *Journal of Strategic Studies*, v. 42, n. 3-4, 7 jun. 2019, p. 344- 370.

MARTINS, E. C.; TERBLANCHE, F. Building organisational culture that stimulates creativity and innovation. *European Journal of Innovation Management*, v. 6, n. 1, 1º jan. 2003, p. 64-74.

MURRAY, W. Innovation: past and future. In: MURRAY, W. R.; MILLETT, A. R. (Ed.). Military innovation in the interwar period. s.l. Cambridge University Press, 1996, p. 300-328.

______. Thinking about revolutions in military affairs. *The Joint Force Quartely*, v. 16, 1997, p. 69-76.

OLIVEIRA, A. de F.; TAMAYO, A. Inventário de perfis de valores organizacionais. *Revista de Administração da Universidade de São Paulo*, v. 39, n. 2, 2004, p. 129-140.

ORGANIZAÇÃO PARA COOPERAÇÃO E DESENVOLVIMENTO ECONÔMICO. *Manual de Oslo*: diretrizes para coleta e interpretação de dados sobre inovação. Tradução de Flávia Gouveia. 3. ed. São Paulo: Finep, 2005.

PERI, E. M. *Diretriz geral do comandante do Exército para o período de 2011-2014*. Brasília, DF: Exército Brasileiro, 1º jan. 2011. Disponível em: www.sef.eb.mil.br/sef/images/docs/Diretriz_CmtEx_2011_14.pdf. Acesso em: 3 jul. 2020.

POSEN, B. R. The sources of military doctrine: France, Britain, and Germany between the world wars. Ithaca: Cornell Univ. Press, 1986.

RÊGO, R. C. de A.; FONTES FILHO, J. R.; LIMA, D. de F. P. Confiança organizacional e compartilhamento e uso do conhecimento tácito. *Revista de Administração de Empresas*, v. 53, n. 5, out. 2013, p. 500-511.

ROSEN, S. P. *Winning the next war*: innovation and the modern military. Ithaca, NY; Londres: Cornell University Press, 1994.

SAPOLSKY, H. The interservice competition solution. *Joint Force Quartely*, n. 97, 1997, p. 50-53.

SERRANO, M. O. L. A guerra é filha única. *Coleção Meira Mattos*: Revista das Ciências Militares, v. 7, n. 28, 15 jul. 2013, p. 65-78.

STEPHENSON, S. A revolução em assuntos militares: 12 observações sobre uma ideia fora de moda. *Military Review*, n. 4, jul./ago. 2010, p. 78-88.

VISACRO, A. O desafio da transformação. *Military Review* (ed. bras.), n. 2, mar./abr. 2011, p. 46-55.

WANG, S.; NOE, R. A. Knowledge sharing: a review and directions for future research. *Human Resource Management Review*, v. 20, n. 2, 1º jun. 2010, p. 115-131.

Inovações tecnológicas e organizacionais (doutrinárias) em defesa: um modelo conceitual

*Carlos E. Franco Azevedo**
*Antonio Fonfría Mesa***

1. Introdução

A gestão do processo de inovação tem sido objeto de estudos da comunidade acadêmica em função do potencial de geração de benefícios sociais e econômicos. Contudo, observa-se carência de trabalhos que têm como foco o processo de inovação no setor de defesa, especialmente, com uma visão multiparadigmática, que envolve aspectos das ciências econômicas e das ciências militares.

As inovações no setor de defesa têm influência direta sobre o poder de dissusasão de um país e sobre a alavancagem de desenvolvimento das indústrias de defesa.

Uma das características marcantes dos mercados atuais, em particular o de defesa, é a capacidade de realizar inovações tecnológicas e organizacionais para fazer frente aos novos desafios da era do conhecimento. Os processos que impulsionam essas inovações, as relações entre os atores envolvidos, a forma de organização dentro das empresas de defesa e, ainda, a velocidade como as doutrinas militares estão se transformando para fazer face às novas ameaças mudaram substancialmente nos últimos anos.

Observa-se, sob o prisma da economia, a entrada de novos concorrentes — geralmente pequenas e médias empresas —, o que tem propiciado mudança na estrutura do mercado e nas formas de inovar. Nesse sentido, a estrutura do Sistema Nacional de Inovação no que diz respeito à defesa também é afetada.

* Doutor em administração pela Fundação Getulio Vargas (FGV). Professor do PPGCM-IMM--ECEME. Coordenador do GFIDI. CV: http://lattes.cnpq.br/0074481919030749. E-mail: francoazevedo91@gmail.com.

** Doutor em ciências econômicas e empresariais pela Universidad Complutense de Madrid. Professor no Departamento de Economía Aplicada, Estructura e Historia da Universidad Complutense de Madrid (UCM). CV: https://www.ucm.es/data/cont/docs/1541-2019-10-07-Antonio%20fonfria.pdf. E-mail: afonfria@ccee.ucm.es.

A fragmentação e a desarticulação existentes, apontadas por autores como Cunha e Amarante (2011) e Franco-Azevedo (2018), devem ser reduzidas como forma de ganhar eficiência, aumentar a capacidade de incorporar inovações tecnológicas aos sistemas militares e garantir que as informações fluam de maneira adequada entre os agentes.

Para isso, é necessária uma certa reorganização das relações, doutrinas militares, formas de contratação e da morfologia do sistema como um todo. Assim, os países mais desenvolvidos nesta área orientam essas mudanças para a flexibilidade das rotinas internas das empresas e da administração (incluso os órgãos de defesa), juntamente com uma maior capacidade de gerar inovações organizacionais e doutrinárias que promovam a obtenção de novas tecnologias e geração de novas capacidades militares. Este trabalho busca aprofundar esses aspectos a partir de sistemas de inovação, tendo por finalidade, à luz de aspectos econômicos e das ciências militares, discutir como se dá o processo de inovação no setor de defesa, desde a concepção até a aquisição de produtos e/ou serviços de defesa (Prode/SD).

A pesquisa, de caráter estruturalista de Lévi-Strauss, buscou desvelar a estrutura subjacente à estrutura vigente e, a partir dela, foi proposto um modelo conceitual, constituído por uma representação apropriada e científica do real concreto. Partiu-se da premissa de que a compreensão dos mecanismos contemporâneos de gestão da inovação no setor de defesa contribui com a formulação de políticas públicas, que visem ao incremento das inovações, e com a ampliação das interações entre os principais atores deste processo, tanto de inovações tecnológicas como de não tecnológicas (doutrinárias). Vale ressaltar que o modelo proposto busca driblar as principais barreiras ao processo de inovação no setor ou, ao menos, minimizá-las.

Para isso, o capítulo foi dividido em três seções além desta. A próxima seção busca trazer os principais conceitos empregados e estabelecer uma relação entre as inovações tecnológicas com as não tecnológicas (doutrinárias). A terceira seção aborda o processo de inovação no estamento militar. A quarta teve o propósito de trazer a lume as reflexões sobre a dicotômica relação entre a redução de *gap* tecnológico e a conquista de autonomia estratégica. A quinta busca apresentar um modelo conceitual do processo de inovação em defesa, que é objetivo deste capítulo. E, por fim, são trazidas as considerações finais.

2. Inovações tecnológicas e não tecnológicas (organizacionais)

Os modelos de inovação tecnológica que vêm sendo tradicionalmente desenvolvidos decorrem do trabalho seminal de Schumpeter, *The theory of economic development* (1957). Nele, descreve-se uma forma de inovação na qual predominam as empresas de menor porte, a qual se caracteriza pela facilidade de entrada no setor e pelo papel fundamental das novas empresas nas atividades inovadoras, o que supõe uma contínua erosão das vantagens tecnológicas e das empresas já estabelecidas. Um espelho atual desse modelo reflete o que acontece em determinados nichos do mercado de defesa — cibernético, *software* de comunicações, subsistemas etc. — que inclui empresas altamente especializadas que, vindas do mercado civil, contribuem com seus conhecimentos e tecnologias em âmbito militar.

Embora o modelo seja caracterizado pela chamada "destruição criadora", ele deve coexistir com o modelo mais tradicional do mercado de defesa, descrito pelo mesmo autor em *Capitalism, socialism, and democracy* (1934). Schumpeter descreve uma segunda forma de organização da atividade inovadora, na qual destaca a importância de grandes empresas estabelecidas e a existência de altas barreiras à entrada de novos inovadores. Nesse modelo, a "acumulação criadora" prevalece.

No mercado de defesa, em particular, é possível encontrar um e outro modelo ao longo da história, a depender da importância geoeconômica das nações. O que se observa nos dias de hoje é que há nichos de mercado muito protegidos, mas que estão sendo acessados por empresas menores, ainda que os custos de entrada e saída sejam elevados. Isto tem sido possível especialmente pela maturidade tecnológica que algumas empresas médias e pequenas, normalmente de caráter dual, estão alcançando.

Nesse caso, vale destacar a importância da dualidade tecnológica e como esse conceito foi sendo introduzido no mercado de defesa por meio de importantes mudanças na estrutura do setor.[1] Adicionalmente, Molas-Gallart (2008) destaca as novas relações que a inovação tecnológica impõe às empresas e destas com o estamento militar, o que gera a necessidade de desenvolvimento de políticas tecnológicas capazes de fortalecer as interações, passando, assim, de um modelo

---

1 Veja-se Guay e Callum (2002) para uma análise das transformações da indústria de defesa na UE e dos fatores nos quais se apoia.

fechado de inovação, característico do período pós-Guerra Fria, para outro aberto, no qual se poderia dizer que os modelos de Schumpeter se fundem.

Cada vez mais, impõe-se um modelo aberto como o proposto por Chesbrough (2003), no qual as indústrias de defesa "tradicionais" tendem a se dissolver ou a permitir a entrada de empresas menores — muitas delas *startups* — que geram inovações tecnológicas e possuem agilidade significativa devido ao seu tamanho menor, maior informalidade na tomada de decisões e participação em redes inovadoras. Nesse sentido, a orientação "*user-centric*" é imposta como um dos pilares desse modelo aberto, o que mostra certas contradições com a visão tradicional (Merindol e Versailles, 2020). O valor de uso é imposto como outro dos pilares orientados ao usuário final, que intervém em diferentes momentos da geração e aplicação de inovações orientadas à solução de problemas, aspecto que também pode implicar mudanças organizacionais na esfera militar.

Nesse sentido, o conceito de regime tecnológico apresentado por Orsenigo (1989) se torna importante para a análise e caracterização de modelos schumpeterianos de atividade inovadora. A existência de um conjunto de características que definem ou caracterizam tais modelos permite distinguir empresas e tecnologias fazendo um paralelo entre elas, de modo que, dependendo da importância dessas características no perfil inovador empresarial, é possível chegar a vários modelos de inovação. Essas características materializam-se em:[2]

- Oportunidades tecnológicas: referem-se à facilidade de obtenção de inovações, dado um determinado nível de recursos alocados para atividades de inovação em relação ao potencial de avanço de cada tecnologia.[3]
- Condições de apropriação: estão ligadas à capacidade dos inovadores de capturar os resultados e benefícios de suas inovações e, assim, se protegerem dos imitadores (Nelson e Winter, 1982; Kamien e Schwartz, 1982).
- Bases de conhecimento: definem fontes de conhecimento e procedimentos de aprendizagem; referem-se ao tipo de atividade inovadora — básica e aplicada — e ao caráter tácito ou codificado, simples ou complexo, genérico ou especializado do conhecimento subjacente à atividade inovadora (Malerba e Orsenigo,1996).

2 Para um estudo pormenorizado, veja Fonfría e Granda (1999).
3 Winter (1984); Dosi (1984); Cohen e Levin (1989).

- Condições de acumulação: que estão relacionadas com o fato de que há maior probabilidade de que os inovadores atuais continuem sendo assim no futuro, em comparação com os não inovadores[4] (dosi, 1984).

Como apontam Malerba e Orsenigo (1995), as características dos regimes tecnológicos são refletidas em modelos específicos de atividade inovadora em termos de concentração de inovações, estabilidade na hierarquia de inovadores ao longo do tempo, facilidade de entrada de novos inovadores e distribuição por tamanhos de empresas inovadoras. Isso permite uma análise quantitativa das várias situações que podem surgir em um mercado profundamente inovador, como o do setor de defesa.

As mudanças no modelo e a coexistência de vários deles,[5] bem como a necessidade de as inovações geradas no mundo civil atingirem o mercado militar, obrigam as empresas e o estamento militar a fazer importantes inovações organizacionais. Neste sentido, é preciso enfatizar que a inovação é um processo e, também, um resultado (Crossan e Apaydin, 2010).

Nessa perspectiva, a inovação organizacional, vista sob a ótica empresarial, pode ser considerada um processo que envolve pelo menos duas coisas: adotar procedimentos que melhorem a inovação tecnológica com o objetivo de obter novos processos ou produtos e otimizar a tomada de decisões para estimular a própria inovação tecnológica e, assim, evitar a perda de oportunidades de mercado (Teece, 1996). Ou seja, para as empresas, a geração e adoção de inovações organizacionais são impulsionadas pela necessidade de ser competitivo, especialmente em mercados tão exigentes quanto os militares.

Já no estamento militar, o que impulsiona a inovação organizacional (doutrinária) é a necessidade de criar competências ou capacidades para emprego das inovações tangíveis (produtos de defesa ou sistemas de armas), e também intangíveis, relacionadas com a arte da guerra: princípios doutrinários, organizacionais, estratégicos e de tática militar. Portanto, para estes tipos de organizações como as Forças Armadas, as inovações organizacionais, também chamadas de

4 Aqui colocados no sentido de iniciantes.

5 Dependendo do tipo de subsetor no mercado de defesa, a estrutura é diferente. Por exemplo, em sistemas aéreos é geralmente um monopólio, enquanto em sistemas terrestres o nível de competição é elevado. Geralmente, as tecnologias induzem a forma como os mercados se estruturam, dependendo dos recursos que as empresas possuem e da necessidade de colaboração entre eles.

doutrinárias, são as que geram modificações no modo de organizar, preparar e empregar as forças para as suas respectivas missões constitucionais (Ferreira, 2015; Franco-Azevedo, 2018).

É importante destacar que, no que diz respeito ao setor público e, particularmente, no segmento de defesa, a adoção de inovações organizacionais é geralmente mais complexa do que nas empresas por várias razões:

- A tomada de decisão geralmente é mais lenta devido a fatores relacionados com o orçamento — requisitos, justificativa de decisões, licitações, doutrina militar etc.
- Em muitos casos, as estruturas existentes tendem a preservar o *status quo* devido à necessidade de equilíbrio do poder político e gerencial, o que reduz a possibilidade de inovações organizacionais relevantes.
- Quanto mais alto o orçamento de um determinado programa, menor a tendência de eliminá-lo ou reduzi-lo, mesmo que ele não atenda às expectativas, o que reduz as possibilidades de financiamento de novos programas que podem ser mais promissores — é o que Williamson (1975) denominou de viés anti-inovação.
- As estruturas administrativas, políticas e de gestão são geralmente muito grandes, pouco ágeis e extremamente hierárquicas ou departamentalizadas, o que é contrário ao que se necessita para inovar: pequenas estruturas, com uma resposta ágil e com fluxos de informação verticais e horizontais que permitem tomar decisões de forma rápida e oportuna. Este aspecto foi alvo de atenção da pesquisa de Franco-Azevedo (2018).
- No segmento de defesa, a inovação, seja ela tecnológica ou não tecnológica (doutrinária), deve ser capaz de contribuir com a obtenção de vantagens estratégicas, táticas ou operacionais, com aumento da eficiência do poder de combate e das capacidades em debelar inimigos ou ameaças potenciais. Portanto, é difícil para países com pouca experiência em combate aceitarem inovações sem reais aplicações. Vale recordar que a inovação não pode se configurar em um caso único. Ela deve ser replicável ou passível de difusão.

3. Peculiaridades do processo de inovação militar ou em setores de defesa

Adam Grissom, na obra *The future of military innovation studies*, discutiu diversos paradigmas das inovações militares, tomando por base os trabalhos de quatro pensadores: Barry Posen, que aborda o modelo civil-militar; Stephen Rosen, cuja obra apresenta o modelo de competição interna, fundamentado no livro *Winning the next war*; Harvey Sapolsky, que explica as inovações a partir da competição entre as forças singulares; e Farrell, que aborda o modelo cultural para descrever o fenômeno (Grissom, 2006). Essas obras foram importantes para a compreensão do que vem a ser a inovação no setor específico da defesa, mas não tiveram objetivo de descrever modelos de gestão e de processos de inovação no segmento militar, que é o propósito desta seção.

Ao longo do século passado, a distinção schumpeteriana entre invenção, inovação e difusão de três atos claramente definidos foi desaparecendo, em favor de uma concepção de mudança tecnológica como um contínuo processo (Rosenberg, 1976). Nesta evolução a inovação passou a ser vista como um processo complexo, exigindo a interação de vários atores, como as universidades, institutos de pesquisa, agências de fomento e o governo. Autores como Freeman (1989) e Nelson e Winter (1982) veem a inovação como um processo dependente da trajetória, por meio do qual o conhecimento e a tecnologia são desenvolvidos a partir da interação entre vários atores e fatores. Desenvolveu-se, então, na década de 1980, um novo modelo, onde as relações não são únicas e nem lineares, destacando-se a importância dos *feedbacks*.

Com essa ótica, em 2011, o grupo de pesquisa denominado Guerra do Futuro, Inovação e Indústria de Defesa (GFIID),[6] tendo por base as modernas teorias sobre inovação de Kline e Rosenberg (1986), de Nelson e Winter (1982) e de Fagerberg (2004), buscou elaborar um conceito que mais se aproximasse das práticas do setor de defesa. Chegou-se, então, a uma definição que atende aos

---

6 O GFIID é um grupo de pesquisa, atualmente, constituído pelas seguintes instituições: (Escola de Comando e Estado-Maior do Exército (ECEME), Instituto Militar de Engenharia (IME), Fundação Getúlio Vargas (FGV), Universidade Complutense de Madri (UCM); Agência Brasileira de Desenvolvimento Industrial (ABDI); DCT, por meio da AGITEC; e ESAO (Escola de Aperfeiçoamento de Oficiais).

anseios do setor e que leva em consideração, também, as proposições do manual de Oslo (OCDE, 2005). Assim, nesta pesquisa:

> A *Inovação no setor de Defesa* pode ser entendida como a implementação de um produto de Defesa (bem ou serviço), ou de um processo, ou de um método de marketing, ou de método organizacional, novos ou significativamente melhorados, que sejam capazes de alterar consideravelmente a forma de organizar, preparar e empregar o Poder Militar. Neste setor, as inovações podem ser divididas em tecnológicas e não tecnológicas. As tecnológicas são representadas pelas inovações materiais ou tangíveis (produtos, serviços e processos de fabricação) desenvolvidas para uso, prioritário, no segmento militar, mas podendo extrapolar para o meio civil (dualidade). As não tecnológicas, representadas não só pelas inovações doutrinárias, que criam competências para emprego das inovações tangíveis, mas também aquelas que são intangíveis, relacionadas à Arte da Guerra: princípios doutrinários, organizacionais, estratégicos e de tática militar. [GFIID, 2011, apud Franco-Azevedo, 2018]

Corroborando com a visão de Freeman (1995) e Lundvall (2005), entende-se que a inovação passou a ser vista como um processo que envolve um conjunto de atividades e interações que propiciam as condições para a criação, o desenvolvimento, o uso e a difusão de inovações tecnológicas e não tecnológicas.

Nesta senda, na mesma oportunidade, alinhando-se com as pesquisas de Tidd, Bessant e Pavitt (2008), Christensen (2005) e Figueiredo (2004, 2009), o GFIID apresentou um conjunto de atividades que estão contidas no processo de inovação no setor de defesa, as quais foram agrupadas dentro das seguintes etapas: prospecção (elaboração de cenários, estudos de alternativas, estudo de viabilidade e alinhamento estratégico); avaliação das demandas (FA, indústrias e sociedade); seleção e decisão de inovação (destinação de recursos para investimento, priorização dos investimentos e outras atividades); implementação (aquisição de conhecimentos em fontes externas, capacitação dos recursos humanos, modernização organizacional, modernização dos equipamentos, atividades contínuas de P&D, monitoramento e gestão do projeto, controle dos custos, lançamento, difusão e sustentação da inovação); e gestão do conhecimento (revisão e captura da aprendizagem).

Tidd, Bessant e Pavitt (2008) trabalharam bem três destas categorias: a procura, a seleção e a implementação. A primeira consiste em prospectar sinais do ambiente interno e externo sobre mudanças potenciais, as "janelas de oportunidade" para o desenvolvimento de inovações. É de extrema importância, para uma gestão eficaz da inovação, que haja mecanismos eficientes e bem desenvolvidos para identificação, processamento e obtenção de informações, oriundas do ambiente em que estão imersos.

Após esta ideação, segue a seleção dos projetos, em que é imprescindível que as oportunidades tecnológicas e mercadológicas escolhidas sejam alinhadas com a estratégia geral das empresas ou instituições envolvidas, além de aproximar o conhecimento e competências organizacionais às novas propostas. Trata-se, portanto, da seleção daquelas oportunidades que são interessantes e viáveis à organização.

A última etapa do processo de inovação é denominada de implementação. Ela consiste em realizar as ideias, já aprovadas, combinando diferentes formas de conhecimento, esforços e competências, sejam elas internas ou externas. Nas fases iniciais do processo, o grau de incerteza é elevado e somente diminui ao longo desta fase do processo, graças à obtenção de aprendizado por meio de experimentos (tentativas e erros) e de melhor compreensão teórica que vai se adquirindo, eliminando os empecilhos do conceito original e tecendo uma teia de busca e soluções de problemas (Pavitt, 2005; Tidd, Bessant e Pavitt, 2008).

4. Reduzir *gaps* tecnológicos ou obter autonomia estratégica? Que caminho percorrer?

É preciso compreender que a lógica de setores de defesa estará calcada, na maior parte das vezes, em princípios doutrinários e princípios de guerra, sempre com fulcro na obtenção de vantagem militar diante de um oponente real ou para se contrapor a uma ameaça ou mesmo para desenvolver uma capacidade,[7] visando à ampliação do poder dissuasório e, em alguns casos, à projeção de poder. Sabendo que a inovação, na era do conhecimento, é essencial para o projeto de desenvolvimento de Força (Franco-Azevedo, 2018), as discussões sobre

---

7 "Aptidão requerida a uma força [...] para cumprir determinada missão ou atividade", obtida pela reunião de sete fatores indissociáveis — doutrina, organização, adestramento, material, ensino, pessoal e infraestrutura — reunidos no acrônimo Doamepi.

obtenção[8] de produtos de defesa (Prode) e ou Sistemas de Defesa (SD) giram, não raramente, em torno da preocupação com a redução de hiato tecnológico e da conquista da autonomia estratégica em tecnologias sensíveis.

O trabalho pioneiro de Posner (1961) estabelece uma relação entre as vantagens temporárias geradas por um setor por meio do conhecimento tecnológico, com sua maior competitividade. Posner define economias de escala dinâmicas por intermédio da redução de custos unitários ao longo do tempo e observa que isso pode ser devido a três fatores: progresso técnico geral, experiência acumulada pelas empresas e desenvolvimento de novos métodos, independentemente da experiência anterior. Portanto, um setor obtém um desempenho comercial melhor que seus concorrentes ao gerar novos produtos e processos. Essa é a essência da teoria do hiato ou do *gap* tecnológico.

Uma visão realista do mundo econômico exige admitir a coexistência de diferentes empresas, setores e países em seu desempenho tecnológico e econômico e em relação à fronteira tecnológica de cada momento. Portanto, a distância entre o ponto em que um país ou empresa se posiciona em relação à fronteira define o *gap* tecnológico, ou seja, o grau de assimetria tecnológica que, do ponto de vista dinâmico, se deve à inovação tecnológica — como mecanismo de criação de assimetrias. Por outro lado, a difusão de tecnologias atua como mecanismo contrário, reduzindo assimetrias ou gerando maior convergência (Dosi, Pavitt e Soete, 1990).

Já o conceito de autonomia estratégica está vinculado ao *gap* tecnológico por intermédio de um fio condutor que é a obtenção de uma capacidade militar. Embora não exista uma definição clara do que se entende por autonomia estratégica, ela pode ser entendida como uma condição obtida por um conjunto de fatores (habilidades, conhecimentos, infraestrutura etc.), que permitem o desenvolvimento das principais tecnologias sensíveis em um determinado momento ou conjuntura. São tecnologias ou capacidades estratégicas da indústria nacional que permitem que países obtenham certa autonomia técnico-militar e que são prioritárias para sua defesa.[9] Nesse sentido, existem duas possibilidades,

8 Para obtenção, visualiza-se a aquisição, o desenvolvimento, a modernização e outras formas de se adquirir um determinado Prode/SD para a geração de uma capacidade de defesa.

9 Ainda que as tecnologias não sejam equivalentes às capacidades, porque estas últimas tendem a incorporar uma ou mais tecnologias relevantes ou inovações tecnológicas, alguma simplificação pode ser realizada.

expostas por Arteaga e colaboradores (2016): a primeira delas está ligada à obtenção de capacidades e a segunda ao desenvolvimento de tecnologias. Ambas possuem um denominador comum que é a capacidade de um país não ter uma alta dependência do exterior para obter segurança nesses aspectos considerados sensíveis para o país.

Certamente, a cultura estratégica, a base industrial e, do ponto de vista tecnológico, o sistema de inovação de cada país — investimentos em P&D, importância de empresas inovadoras, dinâmica tecnológica, políticas tecnológicas etc. — definem o contexto e a possibilidade de obter um maior ou menor grau de autonomia estratégica.

Assim, a existência de *trade-offs* é um aspecto que caracteriza a relação entre o *gap* tecnológico (hiato) e a autonomia estratégica. No mundo ideal, países com autonomia estratégica em tecnologias sensíveis não precisam se preocupar com redução de *gap*. Contudo, sabe-se que, para a maior parte das nações, não é viável economicamente o alcance e a manutenção da autonomia em todos os tipos de tecnologias sensíveis. É possível inferir que, para países em desenvolvimento, quanto maior a diferença tecnológica, menor será a autonomia estratégica. A questão é, portanto, como obter maior autonomia estratégica, considerando um menor *gap*? A resposta geral seria investir mais em tecnologias-chave ou recursos industriais prioritários. Para isso, são necessárias políticas industriais e tecnológicas de longo prazo, mudanças organizacionais — tanto no setor industrial quanto na administração militar — que facilitem a geração das tecnologias necessárias e uma estratégia de necessidades claramente definida e sua priorização de acordo com a visão estratégica de cada país.

Outro aspecto a considerar é que, devido à rápida evolução tecnológica e seu custo, muitos países não podem enfrentar a redução do déficit tecnológico mais do que em determinados nichos industriais ou tecnologias específicas de interesse, o que implica a necessidade de importar tecnologias ou capacidades militares que incorporam essas tecnologias. A obtenção em "prateleiras"[10] é a forma mais rápida e prática de reduzir o *gap*, seja tecnológico ou de capacidades.

Neste ponto, vale a pena discutir a relação entre "*gap de capacidades*" e "*gap tecnológico*" já definido anteriormente. O *gap* de capacidades é fruto da diferença

---

10 Empregada aqui no sentido figurado, representando importações de tecnologia incorporada a um Prode/SD.

entre as capacidades necessárias e as disponíveis ou já programadas. Em muitos casos, *gaps* tecnológicos geram *gaps* de capacidades, mas nem sempre. Há *gaps* de capacidades que independem de pesquisa, desenvolvimento e inovação tecnológica. Tanto um quanto outro precisam ser avaliados quanto aos graus de risco ao cumprimento das missões das forças armadas. A própria praxe das forças de defesa norte-americanas demonstra a necessária avaliação de riscos surgidos em função de *gaps* de capacidades (figura 1). (US Army Tradoc, 2015).

Figura 1
Gap de capacidades e avaliação de riscos

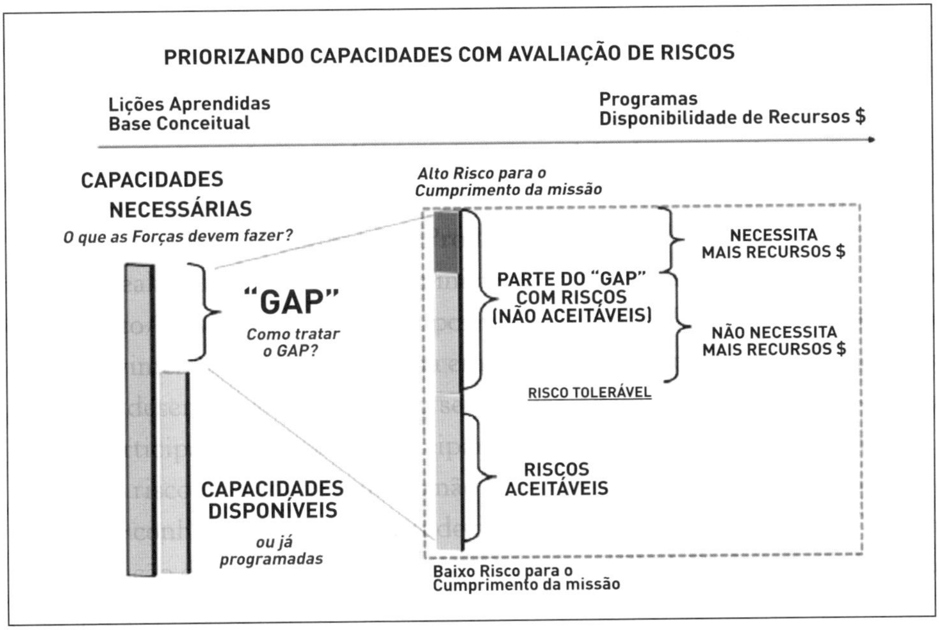

Fonte: Adaptado de US Army Tradoc (2015:5).[11]

Neste ponto, é interessante apresentar mais uma forma de visualizar a distinção entre *gap* tecnológico e autonomia estratégica. No gráfico 1, que retrata as possíveis formas de obtenção de Prode/SD e sua relação com redução de *gap* e obtenção de autonomia, observam-se dois eixos: um que representa o fator tempo e o quão é importante pensar no longo prazo neste segmento; e o outro onde se observa o grau de importância estratégica atribuída a um Prode/SD,

11 Disponível em: https://apps.dtic.mil/sti/pdfs/ADA627261.pdf. Acesso em: 24 ago. 2021.

muito associado ao quão estes materiais de emprego militar são constituídos por tecnologias sensíveis e muitas vezes de acesso negado.

O gráfico é autoexplicativo, mas ressaltam-se os seguintes pontos: i) quanto maior o grau de autonomia estratégica, maior é a capacidade de dissuasão de uma nação; ii) para se obter autonomia, deve-se pensar no longo prazo, pois tecnologias sensíveis são negadas por quem as detém e, normalmente, consomem-se tempo e recursos financeiros para se obter o domínio; iii) se um país deseja reduzir o *gap* tecnológico rapidamente, basta adquirir produtos ou sistemas em "prateleiras"; iv) se a intenção é a obtenção de autonomia, o país terá que, necessariamente, atuar em P, D & I; v) desenvolvimento ou aquisição em indústria nacional gera maior autonomia do que em estrangeira; vi) desenvolvimento ou aquisição em empresa estratégica de defesa (EED)[12] trará mais benefícios para autonomia do que em empresas de defesa (ED).

Gráfico 1
Relação entre gap, autonomia e formas de obtenção

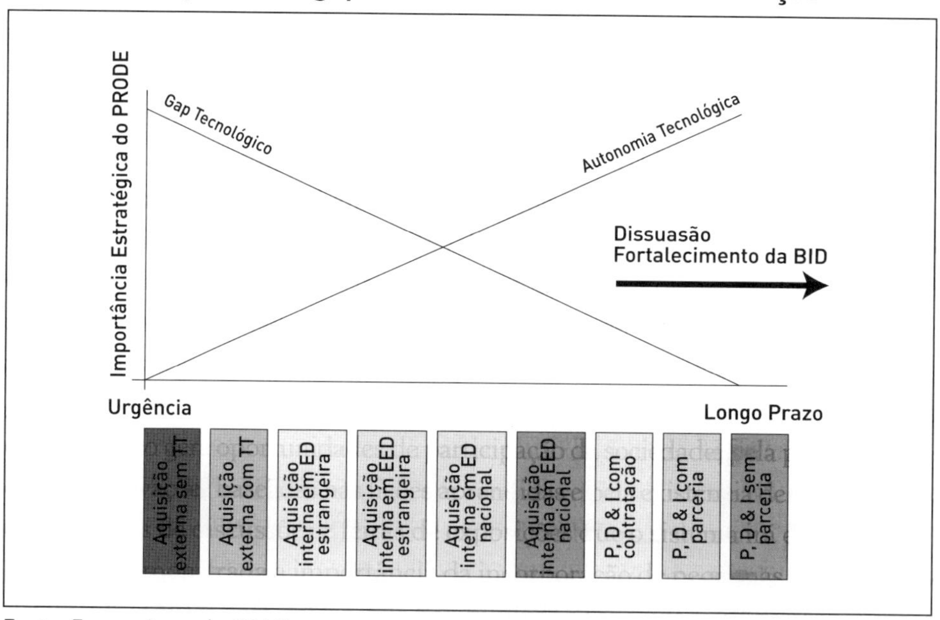

Fonte: Franco-Azevedo (2013).
Obs.: TT equivale a Transferência de Tecnologia)

12 Definidas com base na Lei nº 12.598, de 21 de março de 2012 e na Portaria Normativa nº 86/GM-MD, de 13 de dezembro de 2018.

Na parte de baixo do gráfico aparece uma linha de tendência que indica momentos de maior possibilidade de importação ou estabelecimentos de acordos de compensação (*off-sets*) ou entrada de *start-ups*. Vale dizer que o gráfico é apenas uma ilustração para facilitar a compreensão da lógica existente neste nicho de mercado, não servindo de guia ou de certezas absolutas.

Os acordos de *off-sets* têm se mostrado uma solução adequada para um grupo importante de países que necessitem de melhorias em seus sistemas de armas e que não podem ou não reúnem condições de desenvolvê-los internamente, pelo menos no curto prazo (Fonfría, 2020).

5. Gestão do processo de inovação em defesa: um modelo conceitual

Em primeiro lugar, é preciso ter a compreensão de que sistemas setoriais de inovação de defesa (SIS-Def), da forma como proposta por Malerba (2004), Silvestre (2006) e Franco-Azevedo (2018), são partes integrantes do Sistema Nacional de Inovações (SNI) e de que os subsistemas de inovação setoriais (SSI) das Forças compõem o SIS-Def (figura 2).

Figura 2
Relacionamento entre o SNI e o SIS-Def

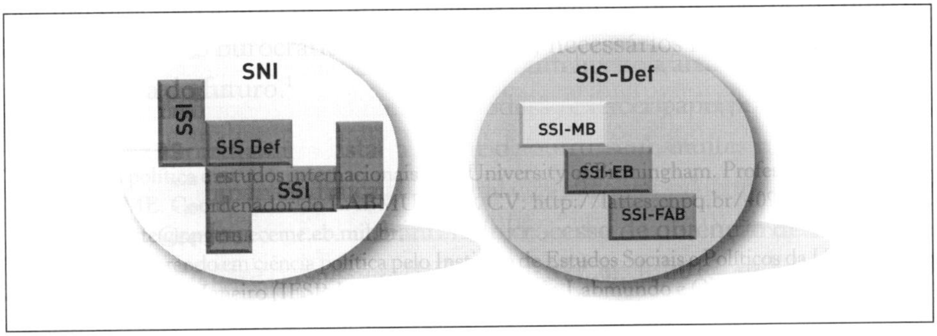

Fonte: Franco-Azevedo (2013).

Em geral, os SIS-Def devem ser analisados em suas duas vertentes: a das inovações tecnológicas e a das não tecnológicas. Importa fazer a integração destes ramos, o que nem sempre é trivial. A história militar ensina que, por vezes, as inovações tecnológicas impactaram as inovações doutrinárias (organizacionais) e, em outras, foram as inovações não tecnológicas que impulsionaram as tecnológicas. Por exemplo, o carro de combate, na Primeira Guerra Mundial, foi uma demanda doutrinária para obter vantagem competitiva na guerra de trincheiras. Na Segunda Guerra Mundial, pode ser visto como uma tecnologia que impactou a doutrina, com a manobra conhecida como *Blitzkrieg*. Mais recentemente, a internet foi criada como uma inovação tecnológica que impulsionou as inovações doutrinárias no campo das comunicações de combate. Hoje, é a doutrina que gera inovações incrementais a partir do uso da internet. Assim, no mundo ideal e teórico, estas duas vertentes caminham lado a lado e funcionam em conjunto (Franco-Azevedo, 2012).

Obviamente, cada uma das Forças Singulares (Marinha, Exército e Aeronáutica) possui especificidades e, por isso mesmo, deve ter seus subsistemas de inovação (figura 1). No caso brasileiro, por exemplo, na gestão das inovações tecnológicas das Forças, estão os Sistemas de Ciência e Tecnologia da Marinha (SCTM), do Exército (SCTEx) e da Aeronáutica (SCTA). E, na gestão das não tecnológicas, estão o Sistema de Doutrina Militar da Marinha, os Sistemas de Doutrina Militar Terrestre (SIDOMT) e Aeroterrestre (SIDMAe). Tal qual o SIS-Def, o ideal é que cada um destes subsistemas integrem as inovações tecnológicas com as não tecnológicas.

Desse modo, a macroestrutura de um SIS-Def poderia ser representada pela figura 3. Nela, observa-se o imperioso relacionamento que deve existir não só entre o SIS-Def e seus subsistemas, mas também dele com o SNI, a fim de incrementar as interações entre os agentes do SIS-Def e dinamizá-lo.

São estes subsistemas que vão gerir e contribuir com a criação, avanço e difusão das inovações tecnológicas e não tecnológicas. E, no setor de defesa, todo processo inicia-se com o levantamento dos *gaps* de capacidades. Essa é uma atividade *Top-Down*, mas que se apropria das lições aprendidas e, portanto, tem um viés importante e essencial *Bottom-Up*. A geração de capacidades é uma atividade conduzida por departamentos de defesa, com base nas teorias relacionadas com o Planejamento Baseado em Capacidades (PBC). No caso brasileiro, a metodologia que vem sendo, recentemente, adotada é oriunda do Departamento de Defesa dos EUA (DoD), com base nos trabalhos de Taliaferro e colaboradores (2019). Assim, toda e qualquer inovação que estiver alinhada com as capacidades requeridas por uma Força poderá receber maior prioridade na alocação de recursos.

Figura 3
Macroestrutura do sistema de inovações do setor de Defesa (SIS-Def)

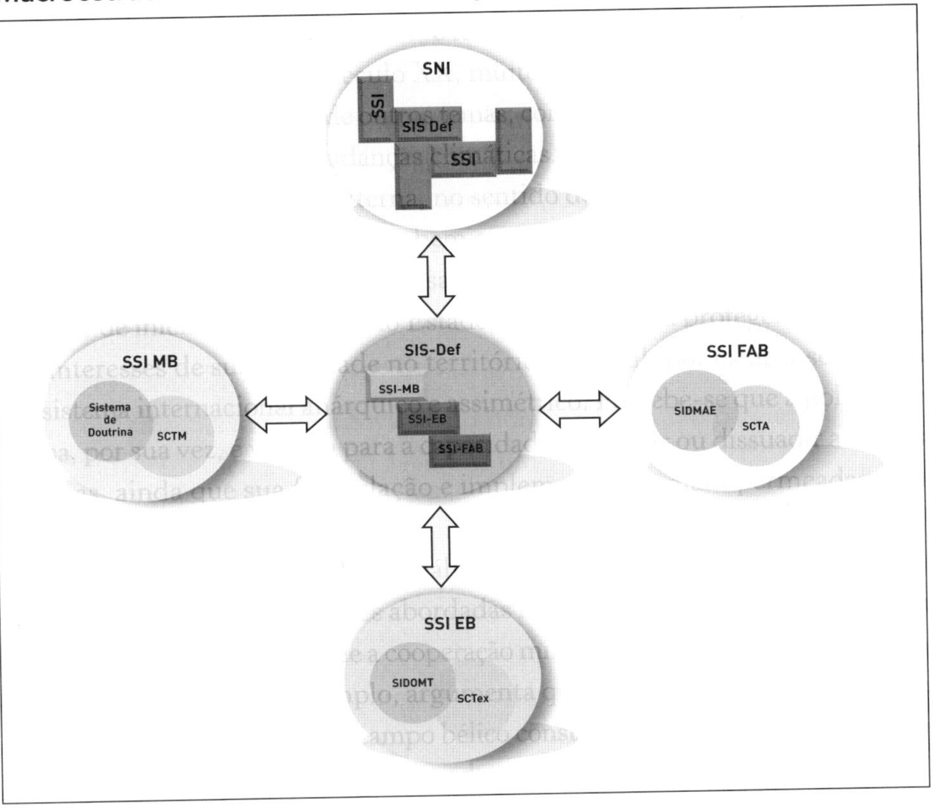

Fonte: Franco-Azevedo (2013).

Para análise do *gap tecnológico*, levam-se em consideração os documentos orientadores da política e da estratégia nacionais (PND e END), bem como outros documentos que orientam a concepção estratégia e a configuração de forças como a Política Militar de Defesa (PMD), a Estratégia Militar de Defesa (EMD) e a Doutrina Militar de Defesa (DMD). Além disso, o Cenário Militar de Defesa também contribui para o levantamento das possibilidades de atuação (PA), que é um componente essencial para o balanceamento das capacidades não disponíveis (*gap tecnológico*). A análise das PA em muito são adequadas para avaliar se os riscos dos *gaps* de capacidades são aceitáveis ou não para a configuração de Forças que se deseja. Este é, sem dúvida, um ponto de entrada das inovações (tecnológicas e não tecnológicas). São elas que vão atuar na redução do *gap* e na obtenção de autonomia, de acordo com a opção estratégica a ser adotada em cada caso.

A partir deste ponto, torna-se oportuno apresentar um modelo conceitual com foco nas atividades de gestão das inovações (tecnológicas e não tecnológicas) do SIS-Def (figura 4). Conforme será visto, algumas etapas são mais afetas a um determinado tipo de inovação do que a outro. Além disso, na gestão do processo de inovação tecnológica poderão existir etapas que não serão realizadas na gestão das não tecnológicas e vice-versa.

Figura 4
Modelo conceitual para gestão das inovações em defesa

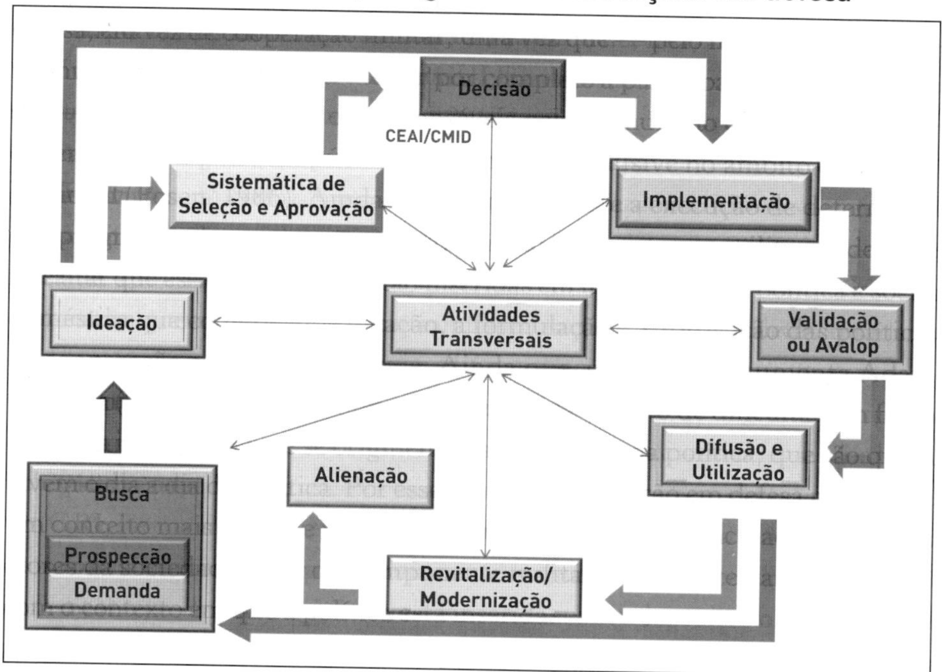

Fonte: Franco-Azevedo (2013).

A figura 4, por ser plana, não consegue representar a perspectiva helicoidal do modelo, que não é linear e deve ser visto de uma perspectiva tridimensional, tal como na figura 5. Em ambas as figuras (4 e 5), observa-se que as etapas do processo de gestão das "Inovações Tecnológicas (Inovatec)" (representadas com as setas na cor cinza) avançam, lado a lado, com as "Não tecnológicas (Inovadout)" (representadas em verde). A cor vermelha representa as atividades "Transversais" que ocorrem durante todo o processo evolutivo ou em apenas algumas etapas. Na figura 4, as atividades transversais aparecem no centro do processo, não significando que elas sejam mais ou menos importantes. Chama-se a atenção, também, para o fato de que as etapas mais comuns às inovações não tecnológicas estão representadas com um fundo verde retangular.

Ainda em relação à figura 4, vale dizer que as atividades relacionadas com "Revitalização" e "Alienação" não fazem sentido às inovações não tecnológicas. Por essa razão, após a etapa da "Difusão e Utilização", há a realimentação do sistema, por meio da subfase "Demanda", que será detalhada à frente.

Figura 5
Vista em perspectiva do modelo conceitual para gestão das inovações

Fonte: Franco-Azevedo (2013).

Observando a figura 4, nota-se que a "Busca" pela inovação inicia-se, em linhas gerais, pela "Prospecção Tecnológica" ou pelo surgimento de uma "Demanda". Destaca-se que os estudos prospectivos podem indicar a necessidade de inovações doutrinárias (Inovadout), assim como o levantamento das demandas podem sugerir Inovatecs.

Na literatura, há uma série de definições de prospecção tecnológica. Neste trabalho, ela é entendida como um conjunto de técnicas, metodologias e estudos que têm por objetivo antecipar e entender as potencialidades, evolução, características e efeitos das mudanças tecnológicas, particularmente sua invenção e inovação (adaptado de Coates et al., 2001).

Nesta pesquisa, a prospecção age como um instrumento de interação entre os principais agentes do SIS-Def e destes com os demais agentes do SNI. Ela é, portanto, uma ferramenta de fortalecimento das comunicações (figura 6). Nesta fase ou atividade, busca-se captar sinais do ambiente interno e do externo; levanta-se, juntamente com os demais agentes (BID, IES, comércio exterior, MRE etc.), as oportunidades tecnológicas e mercadológicas; analisa-se o banco de patentes do Inpi e/ou de outros órgãos, emitindo-se um relatório, que se convencionou chamar de Relatório de Análise de Patentes (RAP), que constará do Relatório de Prospecção Tecnológica (Reprotec).

Para a realização desta atividade, é preciso capacitar planejadores e gestores em cursos de prospecção tecnológica e elaboração de canários estratégicos--operacionais de C&T. Acredita-se que a coordenação desta atividade deva ser realizada pelos ministérios de defesa (Seprod-MD, no caso do Brasil), que estabeleceria uma Rede de Prospecção Tecnológica, apoiada pelos NIT das Forças, por ICTs civis e militares e outras organizações capacitadas, tais como federações das indústrias (associações, agências etc.), órgãos do sistema de patentes e outros.

Figura 6
Fase da busca — procura ou prospecção tecnológica

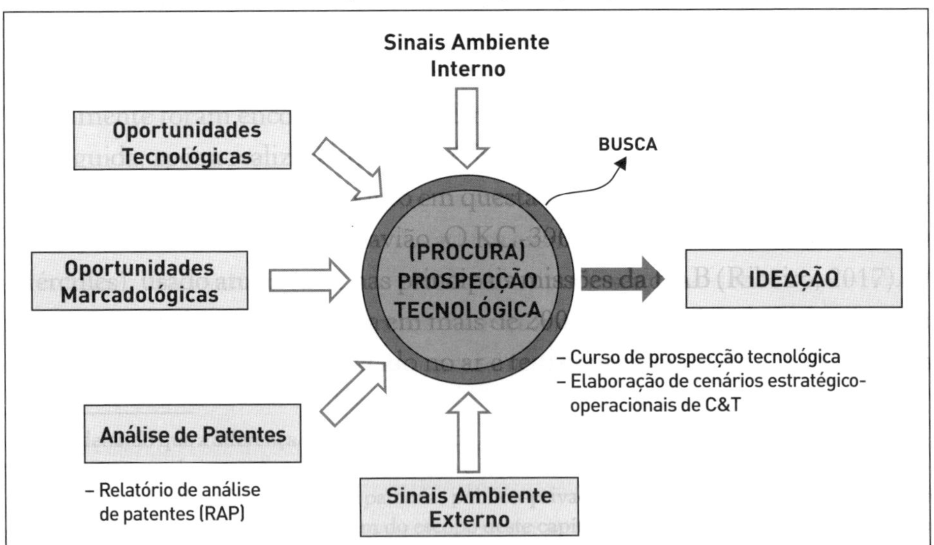

Fonte: Franco-Azevedo (2013).

Outra etapa que está contida na atividade de "Busca" é a consolidação das "Demandas das Forças", as quais são advindas de aspectos como: acompanhamento do ciclo de vida dos Prode (obsolescência, oportunidades de melhoria etc.); das lições aprendidas nos exercícios e operações militares internas e externas; e das novas capacidades requeridas, que são fruto do estudo da guerra do futuro e da história militar recente (figura 7).

Figura 7
Fase da busca — demanda

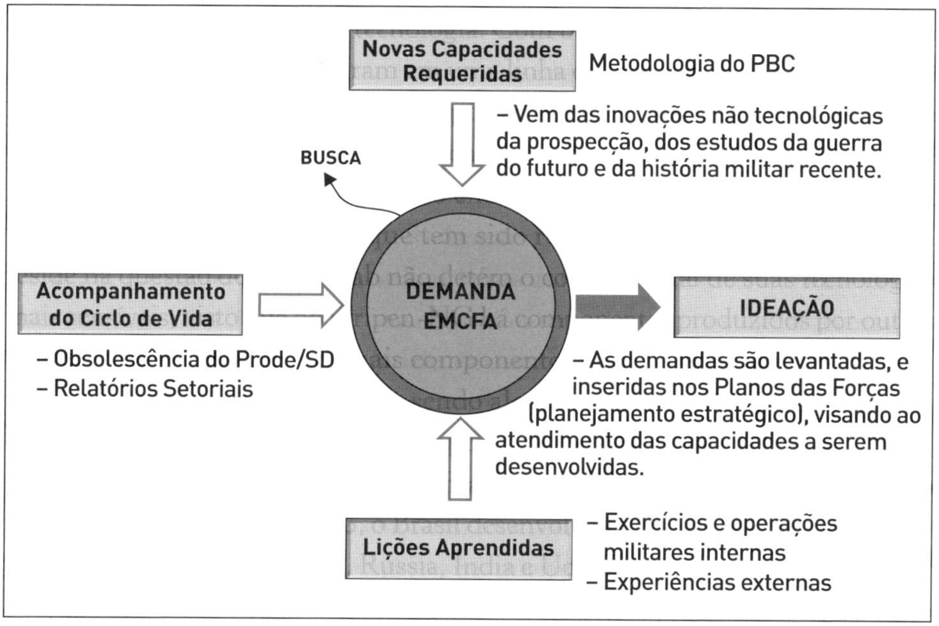

Fonte: Elaborada pelo autor.

Inicialmente, as demandas são levantadas pelas Forças e inseridas em seus Planos Estratégicos, com base nas capacidades a serem desenvolvidas. Cabe aos Departamentos de Defesa ou Ministérios da Defesa coordenarem e analisarem a pertinência das inovações propostas pelas Forças, consolidando em um relatório que poderia ser denominado de Relatório de Necessidades Operacionais (RNOP), o qual deve ser remetido ao coordenador da Rede de Inovações de Interesse da Defesa (Riid) (figura 8).

Após a etapa da "Busca", com a consolidação do Reprotec (possibilidades tecnológicas) e do RNOP (necessidades operacionais), tem início a atividade de "Ideação", na qual são consolidadas todas as oportunidades para inovar, inclusive aquelas vindas de outros setores da sociedade que não o militar (figura 7).

Todo o processo de "Ideação" é coordenado pela Riid (figura 8), que deve consolidar e, preferencialmente, sincronizar as "Demandas das Forças" (RNOP) com as propostas advindas da prospecção tecnológica (Reprotec). Essas duas vertentes são interdependentes e, mutuamente, influenciáveis. Ou seja, as necessidades operacionais podem gerar necessidades tecnológicas, bem como uma disponibilidade tecnológica pode influenciar a geração de novas necessidades operacionais.

Além das duas vertentes (demanda × prospecção), a Riid poderá receber e/ou motivar a geração de ideias (propostas de inovações) da BID (ED e EED), das IES e das redes de cooperação, constituídas pelas ICTs e outras instituições civis e militares. Conforme pode ser visto na figura 8, as setas que incidem sobre as vertentes (BID, IES e Redes) possuem sentido duplo, indicando que as ideias tanto podem partir de tais atores como podem ser motivadas pela Riid.

Figura 8
Fase da ideação (Rede de Inovações de Interesse da Defesa)

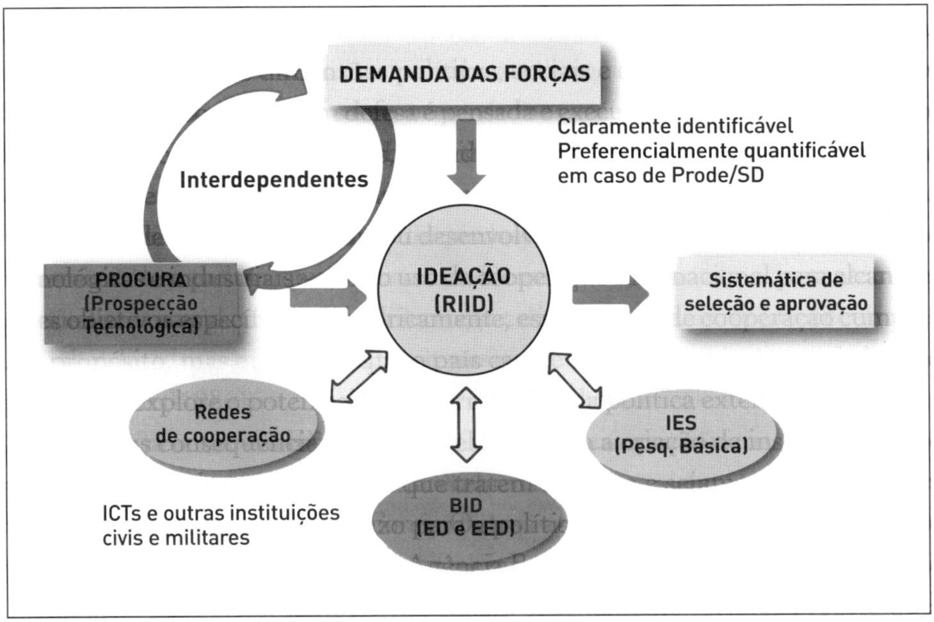

Fonte: Elaborada pelo autor.

Após a consolidação de todas as ideias possíveis, a Riid encaminha um relatório de inovações desejáveis (RID) com as proposições para o departamento de defesa ou para o Ministério da Defesa (como ocorre no caso brasileiro).

Nesse momento, faz-se necessária uma visualização do processo decisório em nível político-estratégico (figura 9). Com base na END, PND, LDBN[13] e outros marcos regulatórios do setor, é elaborada a Política de Ciência, Tecnologia e Inovação para a Defesa, a qual orientará as decições e os caminhos a seguir diante das alternativas e ideias oriundas da sistemática de Seleção e Aprovação. Uma Comissão Estratégica para Avaliação das Inovações (Ceai), com esse ou outro nome, deverá ser criada para coordenar essa sistemática, a fim de assessorar a autoridade ministerial na tomada de decisão sobre os investimentos prioritários, especialmente quando os recursos financeiros do MD, para esta finalidade, forem totalmente orçamentários (recursos próprios) (figura 9).

Figura 9
Gestão político-estratégica com recursos próprios do MD

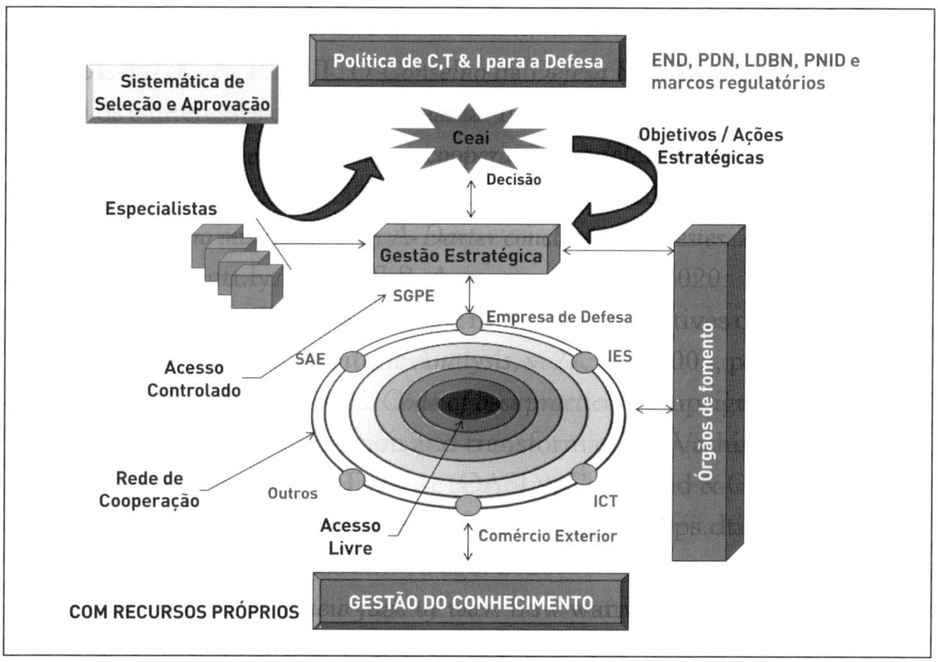

Fonte: Elaborada pelo autor.

13 Estratégia Nacional de Defesa (END), Política Nacional de Defesa (PND) e Livro Branco de Defesa Nacional (LDBN).

Por outro lado, quando os recursos do MD forem insuficientes para colocar os projetos inovadores em execução, os esforços devem ser coordenados junto ao sistema nacional de inovação, que poderá viabilizar a consecução dos mesmos. A interface entre o SNI e o SIS-Def é realizada por meio de outra comissão, que é composta por representantes do Ministério da Defesa, das Forças, de outros ministérios e de órgãos de fomento governamentais e outros setores da sociedade. No caso brasileiro, essa comissão é representada, atualmente, pela Comissão Mista da Indústria de Defesa (CMID). A comissão, ao seu critério, poderá convidar para suas reuniões, em caráter extraordinário, representantes de outros órgãos e entidades públicos e privados (BID, IES, associações etc.) (figura 10).

Vale a pena destacar que enquanto a Ceai teria o foco no atendimento à política de C, T & I para a defesa (figura 10), a CMID teria seu foco na política de C,T & I nacional (figura 11). Além disso, conforme se observa nas figuras anteriores, quando os recursos são do MD, a Ceai emitirá a diretriz para gestão estratégica do setor e, quando são extra MD, a CMID deverá emitir a diretriz de gestão política econômica, indicando os programas, projetos, metas e indicadores a serem alcançados, com os devidos prazos de execução. Estas diretrizes darão a base para elaboração de sistemas de Planejamento Estratégico nível político-estratégico ou ministerial.

Em qualquer etapa do planejamento político-estratégico anteriormente citado, a sociedade — representada pelas Empresas Estratégicas de Defesa (EED), Empresa de Defesa (ED), IES, ICT, Secretaria de Assuntos Estratégicos (SAE), redes de cooperação — poderá sugerir inovações, cuja pertinência será avaliada pela Riid.

A comissão poderá e, em muitos casos, deverá, encomendar Estudos de Viabilidade Técnico-Econômica (EVTE) e outros Estudos de Alternativas, com a finalidade de contribuir com o processo decisório, que caberá ou ao ministro da Defesa ou ao comandante supremo, caso os projetos ou programas sejam de interesse da CMID.

Antes de dar prosseguimento à descrição das próximas atividades do modelo conceitual proposto, convém apresentar um quadro-síntese dos documentos abordados até aqui, com os quais a Ceai irá iniciar o processo de seleção e aprovação das "*inovatec*" e/ou "*inovadout*".

Figura 10
Gestão político-econômica com recursos extras

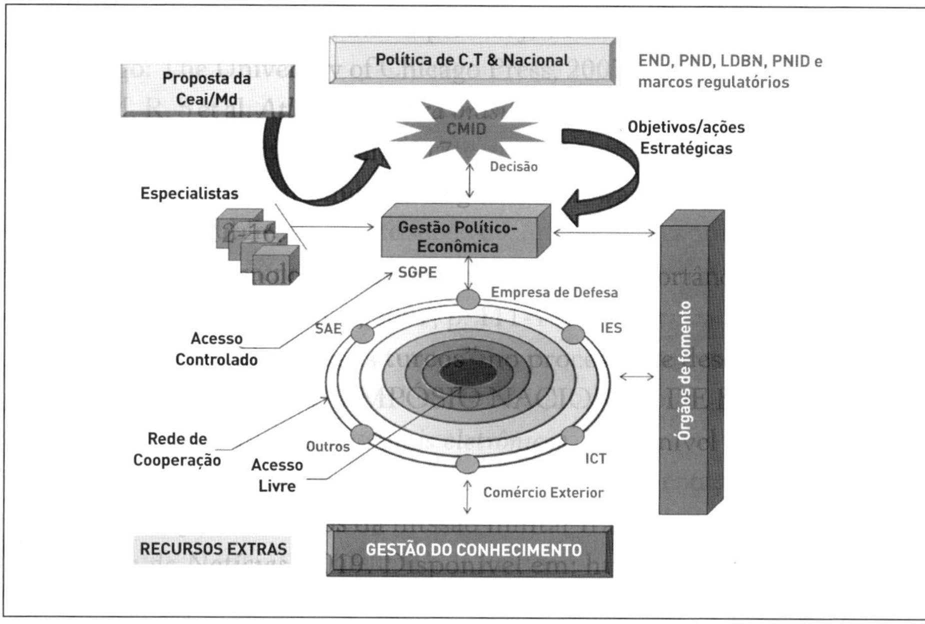

Fonte: Elaborada pelo autor.

Quadro 1
Documentos para seleção e aprovação por níveis de planejamento

Nível de[14] Planejamento	Comissão/ Órgão	Documentos	Decisão	Sistema
Político	CMID	Diretrizes para gestão política econômica	Comandante Supremo	SNI
Político-estratégico	Ceai	Diretrizes para gestão estratégica do SIS-Def	Ministro da Defesa	SIS-Def
Estratégico-operacional	Riid	RID (Reprotec, RAP, RNOP e proposições da BID, IES, ICTs e outros agentes)	EMCFA[15]	
Operacional	PLANEJAMENTO ESTRATÉGICO DAS FORÇAS		Comandante das Forças	Subsistema de Inovação das Forças

Fonte: Adaptado de Franco-Azevedo (2013).

14 Os níveis de planejamento adotados nesta pesquisa estão baseados nas doutrinas militares dos EUA, Otan e do Brasil, conforme descritos nos manuais de campanha FM 100-5 — Operations e C 100-5 Operações.

15 Estado-Maior Conjunto das Forças Armadas ou estrutura similar.

Prosseguindo na descrição das etapas do modelo, após a "seleção e aprovação" dos projetos, inicia-se a fase da tomada de "Decisão" (figura 11).

Figura 11
Fase da decisão

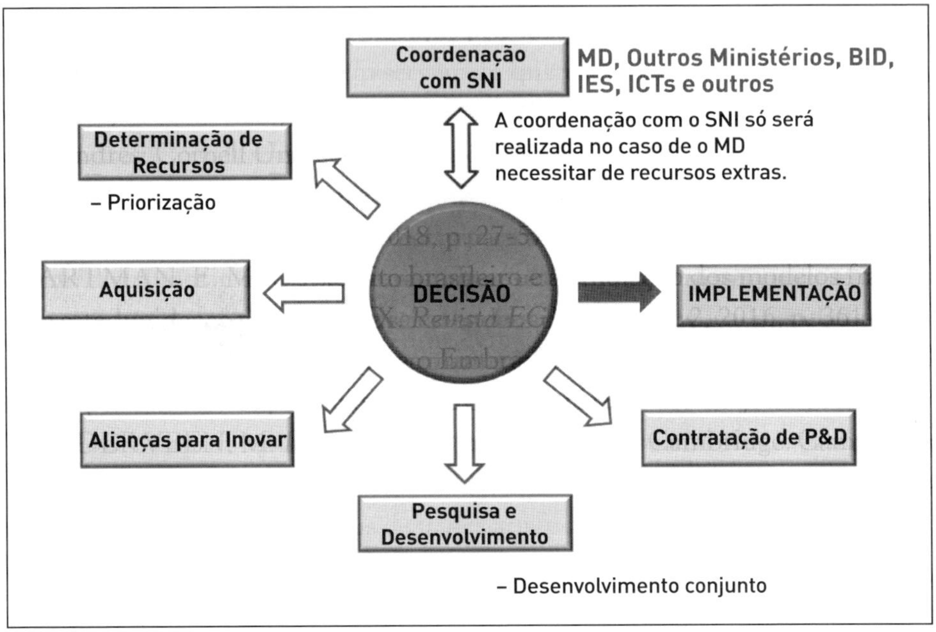

Fonte: Franco-Azevedo (2013).

Nesta fase, os decisores (comandantes de Forças, ministro de Defesa ou comandante supremos das Forças Armadas) terão a oportunidade para priorizar a destinação dos recursos financeiros para os projetos, podendo determinar a aquisição de um Prode já existente ou a realização de pesquisa e desenvolvimento para se chegar ao mesmo. O decisor poderá optar por percorrer o caminho da aquisição, o de desenvolvimento com recursos próprios ou o de desenvolvimento por meio da formação de alianças para inovar (convênio, cooperação, parceria etc.) (gráfico 1).

Conforme explicitado anteriormente, quando os recursos das Forças ou do MD não forem suficientes para a condução do processo, poderão ser feitas gestões no sentido de coordenar com o SNI (MCTI, BID, MPOG, IES, MDIC e outros) a consecução do empreendimento.

A fase da "Decisão" é a de maior participação do nível político. Ela poderá ser delegada, desde que haja mecanismos eficientes, capazes de orientar os esforços na direção pretendida pelo decisor. Neste sentido, cresce de importância a Política Nacional de C, T & I e a Política de C,T & I para o setor de defesa. É preciso que tais políticas direcionem os esforços para áreas de interesse da defesa (tecnologias de fronteira e linhas de pesquisa), o que tende a contribuir com a convergência de esforços dos diversos atores do sistema, especialmente daqueles que estão ou querem atingir a vanguarda do conhecimento.

Após a decisão tomada, inicia-se a etapa da implementação, na qual serão adotadas as medidas necessárias para consecução dos objetivos pretendidos. Enquanto a fase da "Decisão" ocorre no nível político, onde é definido o "que" será feito, a fase da "Implementação" diz o "como" será feito. Ela é coordenada pelo nível estratégico-operacional, sendo executada por uma das Forças, a critério dos departamentos de defesa (MD, no caso brasileiro), portanto, no nível operacional (figura 12).

Figura 12
Fase da implementação

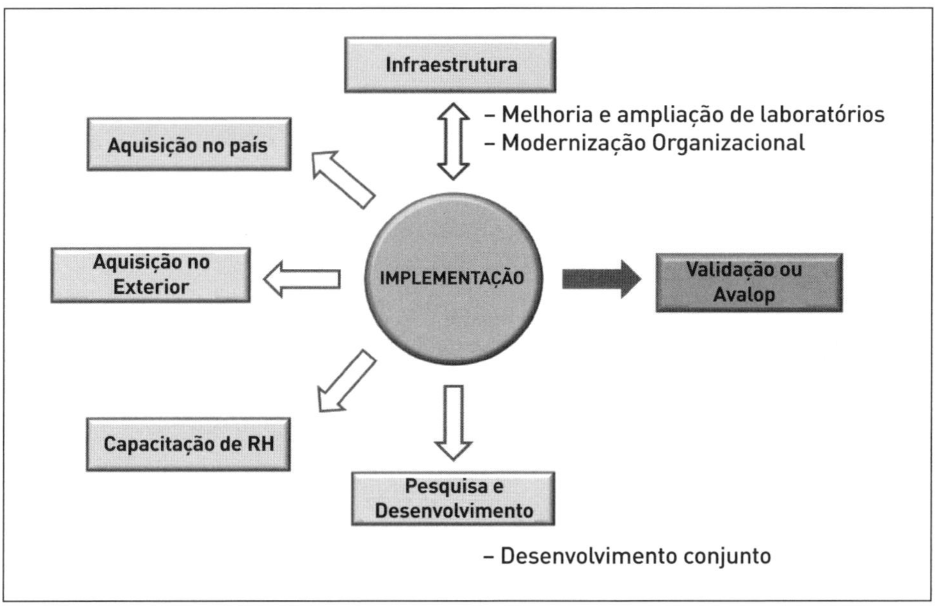

Fonte: Elaborada pelo autor.

É nesta fase que são estabelecidas as alianças necessárias para P, D & I, exceto para casos em que o produto seja considerado extremamente sensível e que não haja como a iniciativa privada participar. Mesmo nestes casos, é possível estabelecer cooperação para desenvolvimento de parcela das tecnologias do sistema que está sendo construído. É o caso, por exemplo, do Programa Nuclear da Marinha (PNM).

Toda infraestrutura necessária (melhoria e ampliação de laboratórios), modernização organizacional, bem como a capacitação de pessoal são pensadas nessa fase.

É visualizada, também, nesta etapa, a elaboração de planos como o de "Pesquisa e Desenvolvimento (PDDCMD e PDCTI-Def)", de "Nacionalização" e "Transferência de Tecnologia", de "Articulação e Equipamento", de "Compensação Comercial", de "Verificação, Ensaios e Certificação" e outros.

O Plano de Desenvolvimento Doutrina Conjunta das Forças Armadas (PDDCMD) teria a finalidade de consolidar todos os programas e projetos relacionados com as *Inovadout* e conteria as diretrizes específicas para a execução dos mesmos e o Plano de Desenvolvimento da Ciência, Tecnologia e Inovação do setor de Defesa (PDCTI-Def) materializaria as diretrizes e *Inovatecs* selecionadas na etapa da "Decisão".

É importante destacar que o prosseguimento desta fase depende, fundamentalmente, da elaboração da concepção preliminar do Prode. Essa é uma das fases transversais do processo, pois ela pode ser elaborada em qualquer uma das fases anteriores e pode ser aperfeiçoada em qualquer etapa. A Concepção Preliminar é composta pelos elementos de definição do Prode: Condicionantes Doutrinárias de Emprego Conjunto (Condec), que definem o emprego doutrinário do material, dos aplicativos e dos sistemas, e o desempenho esperado dos mesmos; Requisitos Operacionais Conjuntos (ROC),[16] onde constam todas as exigências a serem atendidas pelas características operacionais dos produtos de defesa para se alcançar a necessária interoperabilidade entre as Forças; e, quando julgar oportuno, os Requisitos Técnicos do Prode (RTP). A confecção do RTP seria uma incumbência das Forças Armadas encarregadas pela execução de um projeto ou programa. Sua antecipação poderá ser realizada, se oportuno, no intuito de auxiliar as Forças. No caso brasileiro, os RTP equivalem aos Requistos Técnicos Básicos (RTB no EB), Requistos Técnicos, Logísticos e Industriais (RTLI na FAB) ou Requisitos Táticos Operativos (RTO/Eans na MB).

16 Os ROC substituem os Requisitos Básicos de Emprego Conjunto (Rebdec), previstos no SIDMC.

A fase da "Implementação" tem fim quando da apresentação de um protótipo, lote-piloto ou de um produto doutrinário (Prodout), realizados com base nos elementos da definição anterior. Estes, ao serem finalizados, são encaminhados para a fase de "Validação ou Avaliação Operacional" (Avalop).

Durante a "Avalop", no caso de inovações tecnológicas, busca-se aferir a real capacidade do Prode, que é posto à prova de forma científica, por intermédio das ferramentas de medição do desempenho. Ela requer uma sistemática de planejamento e a previsão de recursos orçamentários, que devem ser previstos nos programas e projetos. Durante esse processo de quantificação de desempenho, pode-se constatar a necessidade de introdução de alterações na concepção do projeto. Tanto no caso de aquisição como de desenvolvimento, esta fase deve ser executada antes do lançamento da produção em larga escala.

No caso de uma inovação doutrinária (Prodout), esta fase representa a transição entre a teoria e a prática e é denominada de "Experimentação Doutrinária", que tem por finalidade validar, na prática, a exequibilidade e a eficácia dos conceitos, técnicas, táticas e procedimentos que se deseja incorporar à "doutrina conjunta".[17] Com frequência, durante esta etapa, emprega-se *simulação virtual ou tropa*, nas condições que se aproximam ao máximo das situações encontradas em um conflito. Em outras palavras, será verificado se a concepção (anteprojeto) de produto doutrinário está consistente e se permite o atendimento das capacidades necessárias, identificadas nas primeiras etapas do Ciclo.

Assim como a fase de "Implementação" a presente etapa é realizada por uma das Forças ou em conjunto, mas sob coordenação de departamentos de defesa (MD no caso brasileiro).

Finda a fase de "Validação" ou "Avalop", inicia-se a fase de "Difusão e Utilização". A "Difusão", conforme já explicado, diz respeito à imitação da inovação, a partir do momento em que ela é adotada por um grande número de competidores, organizações ou empresas concorrentes. Ou seja, é quando se dá a inicialização da fabricação em larga escala no caso de Prode ou de afirmação de uma nova doutrina, no caso de inovação doutrinária, que, normalmente, será expressa em um manual do MD.

---

17 Doutrina voltada para a interoperabilidade entre as Forças Armadas.

Durante esta etapa, são visualizadas ações, voltadas para a expedição diretrizes, manuais técnicos, no sentido de preparar os usuários para o recebimento do produto ou sistema. São, também, observadas as condições de distribuição dos produtos, as condicionantes de ativação dos mesmos, a forma de empregá-los operacionalmente, bem como as orientações relacionadas com o suporte logístico continuado.

Por sua vez, a "Utilização" será iniciada quando o usuário (militar ou civil) passar a empregar o Prode ou Prodout. Nesta etapa, avalia-se continuamente a necessidade de se revitalizar, modernizar, melhorar ou desativar um produto ou sistema.

A "Revitalização/Modernização" é a penúltima etapa do modelo conceitual proposto. Nela, são introduzidas modificações no Prode ou Sistema de Defesa (SD) que, no decorrer da fase de "Utilização", tenha sofrido perda ou degradação de sua eficiência, ou se tornado obsoleto ou desatualizado tecnologicamente, gerando dificuldades no suprimento, na manutenção ou na própria operação, ou substituição de partes do mesmo, com vistas à restauração ou evolução da sua capacidade operacional ou funcional.

Por fim, dá-se a última fase, a da "Alienação" do Prode, na qual são desenvolvidas as ações para o planejamento e a execução da retirada do material de serviço e sua consequente alienação ou inutilização, encerrando seu ciclo de vida, de maneira a evitar dispêndios desnecessários, tanto de recursos financeiros quanto de recursos humanos e materiais.

Permeando todas as etapas do processo de gestão das inovações em defesa, estão as "Atividades Transversais". São consideradas transversais ao processo as seguintes atividades: EVTE e Estudos de alternativas; concepção preliminar do Prode; elaboração e melhoria de requisitos de Prode; estabelecimento de parcerias; proteção da propriedade intelectual; capacitação de pessoal; modernização organizacional; acompanhamento do cronograma físico-financeiro; fiscalização de contratos e outras tantas atividades.

Chama-se atenção para quatro atividades transversais importantes para o processo de gestão das inovações tecnológicas: o controle da qualidade, que se faz por meio de uma série de ferramentas conhecidas como Tecnologia Industrial Básica (TIB), que abrangem a metrologia, a normalização, a qualidade industrial, os ensaios, a propriedade industrial e as tecnologias de gestão; o planejamento em seu amplo espectro de possibilidades, buscando seguir o acrônimo

Doamepi[18] (Doutrina, Organização, Adestramento, Material, Ensino, Pessoal e Infraestrutura); o gerenciamento de riscos; e as atividades de catalogação no Sistema Militar de Catalogação (Sismicat).

O Sismicat, a cargo da Seprod, é um sistema uniforme para identificação, classificação e codificação de itens de suprimento das Forças Armadas Brasileiras e para cadastramento de Prode, SD, ED, EED etc. Portanto, o Produto final do Sismicat é um catálogo de itens e empresas em harmonia com o Sistema Otan de Catalogação (SOC), tornando-se uma excelente ferramenta para a busca e compra de itens militares, coordenado pelo Centro de Catalogação das Forças Armadas (Cecafa) no caso do Brasil. O Cecafa é um dos órgãos que fazem parte da rede de cooperação da Riid (figura 10) e, por esta razão, deve ser capaz de assessorá-la, respondendo pelo controle sobre as tecnologias que o país domina (capacidade instalada, possibilidades, potencialidades etc.).

Outro aspecto relevante diz respeito ao modelo de gestão de recursos. No setor de defesa, foram observadas algumas alternativas básicas: a) o governo, por meio das Forças, adquire um Prode ou o desenvolve isoladamente; b) o governo realiza uma parceria com a iniciativa privada para o desenvolvimento do produto/serviço; c) o governo, por meio de órgão de fomento, financia o desenvolvimento do Prode em uma empresa; ou d) a empresa, com recursos próprios, desenvolve o produto ou serviço isoladamente. Em todos os casos os IES participam ou podem participar direta ou indiretamente; no entanto, corre-se o risco de o conhecimento não ficar retido nos IES, que são polos difusores de conhecimentos. Em virtude disso, sugere-se que o MD crie Centros de Integração de Ciência, Tecnologia e Inovação (Cicti-Def), com o objetivo principal de reter o conhecimento na universidade.

Esses centros teriam a seguinte estrutura: uma agência de inovação, com a finalidade de realizar a integração IES-BID-GOV, possibilitar a transferência de tecnologia e fazer a gestão da distribuição de *royalties*; uma agência de produção tecnológica, onde se estabeleceriam as parcerias para o desenvolvimento do Prode; e uma agência de política e estratégia, para estudos de políticas públicas e relações internacionais para o setor (quadro 2).

---

18 Derivado do acrônimo em inglês DOTMLPF, alguns autores utilizam também a forma DOPEMAI ou DOAMEPII, este último adicionando o fator "Interoperabilidade.

Quadro 2
Centro de integração de ciência, tecnologia e inovação

Agência de inovação	Agência de produção	Centro de estudos estratégico
• Inovação tecnológica • Integração IES-GOV-BID • Transferência de tecnologia • Distribuição de *royalties*	• Cooperação • Parcerias • Mentalidade de defesa	• Estudo de política e estratégia • Relações internacionais

Fonte: Franco-Azevedo (2013).

6. Considerações finais

O objetivo deste capítulo foi apresentar um modelo conceitual para gestão das inovações no setor de defesa. Buscou-se, a partir de teorias de inovação e do estudo das especificidades do estamento militar, apresentar um modelo que privilegia a interação entre os agentes e a integração do processo das inovações tecnológicas com as não tecnológicas (doutrinárias). Espera-se minimizar ou, até mesmo, eliminar os efeitos identificados durante o desvelamento da estrutura subjacente e apresentados em Franco-Azevedo (2018).

A proposta contempla tanto as inovações *Bottom-Up*, surgidas na ponta da linha ou nos escalões mais baixos, como as que são motivadas de cima para baixo, ou seja, no topo da hierarquia (*Top-Down*). Esta últimas são verificadas pelo estabelecimento dos temas de interesse em documentos oficiais, pelo controle de recursos financeiros, pela organização centralizada de eventos relativos ao tema, pela coordenação na difusão das informações e de conhecimentos produzidos etc. Já as inovações motivadas de baixo para cima são visualizadas pela facilidade com que o modelo gera oportunidades de participação da sociedade, pela possibilidade de gerar inovações baseadas nas lições aprendidas e pela existência de mecanismos como fóruns de discussões e feiras de exposições que o sistema irá exigir.

Ficou demonstrada a importância da incorporação de pequenas empresas ao sistema de inovação em defesa. Sua flexibilidade e capacidade de gerar inovações em nichos específicos, complementares a outras das tradicionais empresas do setor de defesa. Aspecto relevante que, aliado à incorporação de tecnologias civis ao campo militar, está contribuindo para um processo de abertura tanto do mercado de defesa e incremento do uso de "*open innovation*".

Por fim, o capítulo buscou demonstrar a importância de se equalizar a redução de *gap tecnológico* com a conquista da autonomia estratégica em algumas tecnologias e/ou capacidades de defesa. Neste sentido, o modelo de gestão surege uma nova estruturação do processo decisório que coloca em evidência o fortalecimento da Base Industrial de Defesa e a ampliação do poder dissuasório.

Referências

ARTEAGA, F. et al. Appropriate Level of European Strategic Autonomy. *Ares Report*, n. 8, 2016, p. 1-43.

CHESBROUGH, H. W. Open Innovation: *The new imperative for creating and profiting from technology*. Boston: Harvard Business Scholl Press, 2003.

CHRISTENSEN, K. S. Enabling intrapreneurship: the case of a knowledgeintensive industrial company. European *Journal of Innovation Management*, v. 8, n. 3, 2005, p. 305-322.

COHEN, W. M.; LEVIN, R. C. Empirical studies of innovation and market structure. In: SCHMALENSEE, R.; WILLIG, R. (Ed.). *Handbook of industrial organization*. Amsterdã: Elsevier, 1989.

COATES, V. et al. On the future of technological forecasting. *Technological Forecasting and Social Change*, v. 67, n. 1, 2001, p. 1-17.

CROSSAN, M. M.; APAYDIN, M. A multi-dimensional framework of organizational innovation: a systematic review of the literature. *Journal of Management Studies*, v. 47, n. 6, 2010, p. 1.154-1.191.

CUNHA, M. B.; AMARANTE, J. C. O livro branco e a base científica, tecnológica, industrial e logística de defesa. *Revista da Escola de Guerra Naval*, Rio de Janeiro, v. 17, n. 1, 2011, p. 11-32.

DOSI, G. *Technological change and industrial transformation*. Londres: McMillan, 1984.

DOSI, G.; PAVITT, K.; SOETE, L. *The economics of technical change and international trade*. Hemel Hempstead: Harvester Wheatsheaf, 1990.

FAGERBERG, J. Innovation: a guide to the literature. In: FAGERBERG, J.; MOWERY, D.; NELSON, R. (Ed.). *The Oxford handbook of innovation*. Oxford: Oxford University Press, 2004.

FERREIRA, A. M. *Política de CT&I no contexto da transformação do SCTEx*. Trabalho de conclusão do Curso de Política, Estratégia e Alta Administração do Exército (CPEAEx), Rio de Janeiro: ECEME, 2015.

FIGUEIREDO, P. N. Aprendizagem tecnológica e inovação industrial em economias emergentes: uma breve contribuição para o desenho e implementação de estudos empíricos e estratégias no Brasil. *Revista Brasileira de Inovação*, v. 3, n. 2, 2004, p. 323-362.

_____. *Gestão da inovação*: conceitos, métricas e experiências de empresas no Brasil. Rio de Janeiro: LTC, 2009.

FONFRÍA, A. *Offset*: conceptos y toma de decisiones conferencia. In: Conferência sobre El Sistema de Compensaciones Industriales y Sociales – Offset, ventajas y oportunidades para los países, 2020. Lima: Escola Superior de Guerra Naval, 2020. Disponível em: www.esup.edu.pe/esup-noticias/conferencia-el-sistema-de-compensaciones-industriales-y-sociales-offset--ventajas-y-oportunidades-para-los-paises/. Acesso em: 25 ago. 2021.

_____. Offsets, economía y resultados. In: SIMPOSIO INTERNACIONAL DE SEGURIDAD Y DEFENSA, V, 2020, Peru. Escuela de Guerra Naval. no prelo.

_____; GRANDA, I. Innovación y tecnología: una contrastación empírica de los regímenes tecnológicos schumpeterianos. *Información Comercial Española*, n. 781, 1999, p. 27-43.

FRANCO-AZEVEDO, C. E. *Gestão de defesa*: o sistema de inovação no segmento de não guerra. Tese (doutorado) — Fundação Getulio Vargas, Rio de Janeiro, 2013.

_____. Os elementos de análise da cultura de inovação no setor de defesa e seu modelo tridimensional. *Coleção Meira Mattos*: Revista das Ciências Militares, v. 12, n. 45, 2018, p. 145-167.

_____; MARTINS-MOTA, R. As dimensões do campo de batalha e a guerra omnidimensional. *Coleção Meira Mattos*. Revista das Ciências Militares, Rio de Janeiro, n. 26, nov. 2012. Disponível em: http://ebrevistas.eb.mil.br/RMM/article/view/582/1527. Acesso em: 2 jul. 2021.

FREEMAN, C. *Economics of industrial inovation*. 2. ed. Londres: Pinter, 1989.

_____. The national innovation systems in historical perspective. *Cambridge Journal of Economics*, v. 19, n. 1, 1995, p. 5-24.

GRISSOM, A. The future of military innovation studies. *Journal of Strategic Studies*, v. 29, n. 5, 2006, p. 905-934.

GUAY, T.; CALLUM, R. The transformation and future prospects of Europe's defense industry. *International Affairs*, v. 78, n. 4, 2002, p. 757-776.

KLINE, S.; ROSENBERG, N. An overview of innovation. In: LANDAU, R.; ROSENBERG, N. (Ed.). *The positive sum strategy*. Washington: National Academy Press, 2006.

KAMIEN, M. I.; SCHWARTZ, N. L. *Market structure and innovation*. Cambridge: Cambridge University Press, 1982.

LUNDVALL, B. National innovation systems — analytical concept and development tool. In: DRUID SUMMER CONFERENCE, 2005, Copenhague. Proceedings... Disponível em: www.druid.dk. Acesso em: 10 ago 2021.

MALERBA, F. *Sectorial system of innovation*. Cambridge University Press, 2004.

MALERBA, F.; ORSENIGO, L. Schumpeterian patterns of innovation. *Cambridge Journal of Economics*, n. 19, 1995, p. 47-65.

_____; _____. Schumpeterian patterns of innovation are technology-specific. *Research Policy*, n. 25, 1996, p. 451-478.

MERINDOL, V.; VERSAILLES, D. W. The (r)evolution of defence innovation models: rationales and consequencies. *Ares Policy Paper*, n. 60, 2020.

MOLAS-GALLART, J. El vínculo entre innovación militar y civil: hacia un nuevo marco de relación. *Arbor*, v. A(2), 2008, p. 73-87.

NELSON, R.; WINTER, S. *An evolutionary theory of economic change*. Harvard University Press, 1982.

OCDE. *Manual de Oslo*: guia para coleta e interpretação de dados de inovação tecnológica. Paris: Organização para Cooperação e Desenvolvimento Econômico, 2005.

ORSENIGO, L. *The emergence of biotechnology*. Londres: Printer Publishers, 1989.

PAVITT, K. Innovation processes. In: Fagerberg, J.; MOWERY, D.; Nelson, R. R. (Ed.). *The Oxford handbook of innovation*. Oxford: Oxford University Press, 2005, cap. 5.

POSNER, M. V. International trade and technical change. *Oxford Economic Papers*, v. 13, n. 3, 1961, p. 323-341.

ROSENBERG, N. *Perspectives on technology*. Cambridge: Cambridge University, 1976.

SCHUMPETER, Joseph A. *Capitalism, socialism, and democracy*. Nova York: Harper and Row, 1934.

_____. *The theory of economic development*. Cambridge: Harvard University, 1957.

SILVESTRE, B. S. *Aglomeração industrial de petróleo e gás da região produtora da bacia de Campos*: conexões de conhecimento e posturas tecnológicas das firmas. Tese (doutorado em engenharia de produção) —Departamento de Engenharia Industrial, Pontifícia Universidade Católica, Rio de Janeiro, 2006.

TALIAFERRO, A. et al. *A guide to Capability-Based Planning (CBP)*. Virginia: Institute for Defense Analysis (IDA), 2019.

TEECE, D. J. Firm organization, industrial structure, and technological innovation. *Journal of Economic Behavior & Organization*, v. 31, 1996, p. 193-224.

TIDD, J.; BESSANT, J.; PAVITT, K. *Gestão da inovação*. Porto Alegre: Bookman, 2008.

US ARMY TRADOC. Decision analysis in the U.S. Army's capabilities needs analysis. Virginia: U.S. Army Training and Doctrine Command Army Capabilities Integration Center, Fort Eustis, 2015.

WILLIAMSON, O. E. *Markets and hierarchies*. Nova York: Free Press, 1975.

WINTER, S. Schumpeterian competition in alternative technological regimes. *Journal of Economic Behaviour and Organisation*, n. 5, 1984, p. 287-320.

A cooperação internacional brasileira em defesa como indutor de inovações

*Rubens de S. Duarte**

*Murilo Gomes da Costa***

1. Introdução

A Cooperação Internacional para o Desenvolvimento (CID) já é considerada pela literatura científica brasileira e mundial um instrumento de política externa, embora nem todos os governos brasileiros percebam do mesmo modo a pertinência e oportunidade de ter programas de cooperação robustos. A cooperação internacional em defesa também pode ser entendida como um instrumento de inserção internacional em um país, bem como uma alternativa para alcançar objetivos construídos pela sociedade no âmbito da defesa nacional. Todavia, essa visão é pouco consolidada no Brasil. O objetivo deste capítulo é explorar a cooperação internacional em defesa como um instrumento de política externa e de política de defesa, seu potencial impacto como indutor de inovações na busca por um processo amplo de transformação da política de defesa, bem como no desenvolvimento burocrático e institucional, necessários na lógica de preparo para a guerra do futuro.[1]

* Doutor em política e estudos internacionais pela University of Birmingham. Professor do PPGCM-IMM-ECEME. Coordenador do LABMUNDO. CV: http://lattes.cnpq.br/4095321093396075. E-mail: rsduarte@ppgcm.eceme.eb.mil.br.

** Mestre e doutorando em ciência política pelo Instituto de Estudos Sociais e Políticos da Universidade do Estado do Rio de Janeiro (IESP-UERJ). Pesquisador do Labmundo e OPSA. CV: http://lattes.cnpq.br/4267888277341313. E-mail: murilogomesdacosta@gmail.com

1 "As literaturas referentes ao assunto sugerem, também, que a guerra do futuro, no horizonte temporal de 2035, será marcada pela coexistência de elementos que caracterizaram os conflitos convencionais modernos, mas com ênfase em novos elementos destacados a seguir: confrontos indiretos entre grandes potências; incremento dos conflitos híbridos assimétricos no ambiente urbano; preponderância dos domínios aéreo e espacial; incremento das ações no espaço cibernético; preponderância do ambiente informacional; incremento da guerra sistêmica; e robotização do campo de batalha" (Britto Neto, 2019:3-4).

Não é novidade que a cooperação brasileira em defesa teve papel central na indução de inovações tecnológicas, seja para emprego em instrumentos militares, seja para a capacitação e ganhos para a indústria brasileira de defesa (Longo, 2007). Todavia, ainda não é claro o modo como o Brasil utiliza esse instrumento de política externa e de defesa para desenvolver capacidades necessárias sob a ótica da guerra do futuro. A carência de estudos nesse sentido se deve a uma lacuna na literatura especializada que não costuma priorizar análises sobre as políticas de cooperação internacional em defesa e seus impactos táticos, doutrinários e organizacionais. Em certa medida, essa escassez de estudos deve-se ao baixo prestígio que essas políticas gozam nas burocracias estatais. Essa realidade brasileira pode ser contrastada com o grau de relevância que programas de cooperação internacional têm em potências do Norte — como Estados Unidos, França, Alemanha, Reino Unido, China e Rússia —, que é refletido na quantidade de projetos e orçamentos mais robustos.

Metodologicamente, este capítulo se baseia na revisão da literatura, tanto na parte conceitual quanto em exemplos empíricos, combinando conhecimentos da área da cooperação internacional com trabalhos sobre inovação. Para responder ao objetivo do trabalho, este capítulo tem três partes principais. Na primeira seção, serão esclarecidos os conceitos de cooperação em defesa e cooperação militar, assim como sua caracterização como instrumento político. A seguir, abordaremos em perspectiva histórica de que modo a cooperação em defesa foi usada no processo de modernização e de transformação das Forças Armadas brasileiras. Na terceira seção, apontaremos a cooperação em defesa como um potencial vetor de inovação burocrática e institucional.

2. Cooperação em defesa e seu uso como instrumento político

O termo "cooperação em defesa" é usado com diferentes sentidos na literatura científica e essa pluralidade de entendimentos deve-se, pelo menos em parte, à falta de consenso quanto às definições de dois conceitos que o antecedem: cooperação e defesa.

Cooperação pode ser entendida como o ato voluntário de um Estado de criar um intercâmbio de recursos ou de conhecimentos entre outros países independentes ou organizações internacionais. Essa definição deriva do campo político da CID, o qual, em seus moldes atuais, teve sua origem nos anos 1950 — durante o processo de descolonização, reestruturação pós-Segunda Guerra e da rivalidade característica da Guerra Fria — e teve um processo de institucionalização de suas práticas ao longo do século XX, muito embora nunca tenha atingido o mesmo nível de formalidade de outros temas, como direitos humanos, comércio, segurança internacional e mudanças climáticas.[2] A cooperação internacional é um instrumento de política externa, no sentido de que pode contribuir para a inserção internacional de um país, bem como para que busque suas interpretações de interesse nacional.[3] A defesa é o conjunto de medidas de cunho civil e militar de iniciativa exclusiva do Estado, este que busca proteger a soberania e os interesses de sua sociedade no território nacional, por estar inserido em um sistema internacional anárquico e assimétrico. Percebe-se que a política de defesa, por sua vez, é voltada para a capacidade de repelir ou dissuadir ameaças externas, ainda que sua formulação e implementação sejam permeadas pela política doméstica.

Torna-se pertinente retornar à análise do conceito de cooperação em defesa, que tem como base as definições abordadas nos parágrafos anteriores. Parte da literatura científica entende que a cooperação militar e a cooperação em defesa são sinônimas. Moraes, por exemplo, argumenta que as atividades interestatais de auxílio mútuo ou unilateral no campo bélico constituem-se em "um instrumento tanto para o aumento do poder militar dos Estados como para sua diplomacia" (Moraes, 2010:29). Milner, por sua vez, entende a cooperação militar como "a extensão das relações internacionais pelas quais as forças armadas de dois ou mais países trabalham juntas para a sua segurança coletiva" (Milner, 2004:24). Akpuru-Aja afirma que esse tipo de cooperação seria um "amplo plano de ação conjunta entre um Estado cliente e o Estado protetor, na formação de pessoal militar, transferência de armas e assistência de segurança classificada" (Akpuru-Aja, 2003:116). Em outras palavras, a cooperação militar seria uma variante dos meios oficialmente aceitos de intervenção no estamento militar do Estado cliente. Em comum, todas essas definições são restritas ao âmbito militar, sejam por meio de trocas, sejam por intermédio de parcerias entre Forças Armadas de dois ou mais países.

2 Lancaster (2007); Milani (2017); Duarte (2019).

3 Van der Veen (2011); Lancaster (2007); Kennan (1971).

As definições abordadas no parágrafo anterior, portanto, priorizam um olhar sobre a implementação dos programas de cooperação, para afirmar que, quando executadas por militares, podem ser classificadas como cooperação militar. Essa interpretação, entretanto, deixa de levar em conta a observância do controle civil sobre as atividades militares, que tem como objetivo criar sistemas de freios e contrapesos para que qualquer atividade esteja sempre de acordo com a ordem constitucional e com os interesses da sociedade em geral (Pior-Berlin, 2005). Considerando a importância da *accountability* das ações militares em relação às instituições democráticas, nos parece mais útil o conceito de cooperação em defesa, em vez de cooperação militar, uma vez que — pelo menos em teoria — nenhuma atividade deveria excluir por completo a participação dos civis, que são — ou deveriam ser — os responsáveis pela formulação das diretrizes que devem guiar as políticas públicas de um país, inclusive no âmbito da Defesa Nacional (Posen, 1986). Ainda que eventualmente a execução de determinados programas de cooperação seja feita exclusivamente por militares, deve-se ressaltar que essas atividades estão inseridas em uma estrutura política e social doméstica que confere a idealização, a formulação e a aprovação das políticas de cooperação a instituições civis. Ainda que, conforme argumenta Adam Grissom (2006), essa relação não deva ser rígida a ponto de dificultar um fluxo de ideias inovadoras que se originem dos executores da política, que são quem vivem o dia a dia da política. Por esse motivo, cooperação em defesa nos parece um conceito mais amplo e preciso, ainda que o peso da participação de outros atores da sociedade além do componente militar certamente varie de acordo com o contexto em que a política está inserida.

Convém discutir ainda as motivações de um Estado em decidir investir recursos públicos, que são limitados, em atividades de cooperação. Van der Veen (2011) argumenta que a política de cooperação dos Estados pode evocar como uma das principais motivações a segurança e a defesa. O autor cria tipologias de motivações para políticas de ajuda (*aid frames*), categorizadas em sete classes principais.[4] A cooperação em defesa pode ser enquadrada em três classes principais. A primeira envolve questões de ampliação da capacidade do Estado em garantir sua segurança. Nesse mesmo sentido, vem a questão do prestígio internacional como uma manifestação de poder. Ainda que alguns momentos

[4] Para um detalhamento deste estudo e das sete classes, ver Van der Veen (2011).

tornem a necessidade de transformações em diversas dimensões para aumentar sua segurança mediante a produção de novas tecnologias que permitam a dissuasão mais evidente — como são os marcos de mudanças geracionais da guerra (Lind, 2004) —, essa preocupação deve ser constante em especial considerando um contexto em que os ciclos de inovação se tornam progressivamente mais dinâmicos (Berkowitz, 2003). A terceira classe é a do autointeresse, em que o objetivo da cooperação em defesa é promover bens públicos, em especial a estabilidade e paz em todo o entorno estratégico. Reconhece-se, portanto, que a cooperação internacional constitui-se em objetivo não somente tático-doutrinário ou tecnológico, mas também político. Essas políticas contribuem para gerar confiança e para fortalecer as relações entre os países, servindo de instrumentos dissuasórios, o que elucida o binômio político de defesa-política externa, no campo operacional da cooperação entre países (Caixeta e Suyama, 2016).

Assim, pode-se dizer que a cooperação do Brasil com outros países do Sul geopolítico busca alinhar-se com os propósitos da CID e, ao mesmo tempo, consolidar zonas de paz e segurança como bens coletivos. Em geral, a cooperação brasileira — inclusive no âmbito da defesa — é direcionada a países que apresentam vulnerabilidade social e econômica, instabilidade política e institucional e estão egressos de conflitos, visto que as ações provenientes da cooperação impactam não somente o desenvolvimento sustentável, mas também viabilizam o desenvolvimento conjunto de identificação, conceitos e objetivos coletivos e de tecnologias de defesa (Hamann e Muggah, 2013). Esse tipo de ação revela-se pertinente dada a importância de as políticas de defesa levarem em consideração as chamadas "novas ameaças", que são compostas de elementos sociais, econômicos, políticos e climáticos, capazes de prejudicar o desenvolvimento e a soberania de um Estado ou atingir seus interesses nacionais.

3. Da busca pela modernização à transformação

Nesta seção, buscamos fazer uma breve retrospectiva histórica do uso e políticas de cooperação, que tinham como objetivo contribuir para o processo de consolidação, modernização e transformação das Forças Armadas. Em um primeiro momento, a cooperação em defesa do Brasil tinha como principal motivação a percepção, por parte da elite política e da militar, de que as Forças Armadas do país precisavam de um impulso de modernização. As principais experiências nesse sentido foram a formação de uma turma de oficiais brasileiros na Alemanha (1906-12), a Missão Militar Francesa (1919-39) e os acordos militares firmados pelo Brasil com os Estados Unidos entre 1942 e 1952. A partir dos anos 2000, a motivação do Brasil em promover políticas de cooperação em defesa deixou de ser a inovação doutrinária e passou a buscar um processo de transformação, por meio do desenvolvimento das capacidades militares e tecnológicas do país para garantir a defesa nacional. Para isso, o Brasil diversificou suas parcerias, com o objetivo de priorizar o desenvolvimento conjunto de inovações e a incorporação das tecnologias estrangeiras ajudando assim a dar maior autonomia ao país. Em síntese, ao contextualizarmos historicamente a cooperação em defesa, trazemos evidências de que a utilização da cooperação em defesa não é necessariamente um fenômeno recente, embora os objetivos e o grau de inovação desses processos sejam distintos. Ademais, embora a história brasileira tenha exemplos importantes de programas de cooperação internacional de defesa, esse recurso é constantemente usado de modo pontual e *ad hoc*.

a) A cooperação como instrumento de modernização das Forças Armadas

Na primeira metade do século XX, o Exército Brasileiro empreendeu reformas para modernizar-se e melhor aparelhar-se. Esse processo, que foi conduzido pelas autoridades brasileiras, dependeu do estabelecimento de convênios com três potências mundiais: Alemanha, França e Estados Unidos. A primeira experiência foi centrada no treinamento de oficiais brasileiros na Alemanha, entre 1906 e 1912. Esse grupo, que ficou conhecido na história como "jovens turcos", foi fortemente influenciado pela cultura, organização social e, principalmente, pela organização militar alemã. Ao retornarem ao Brasil, engajaram-se em uma campanha em prol da profissionalização dos militares e do aparelhamento do Exército (Luna, 2007). Em um cenário de crescente rivalidade e corrida armamentista que culminou na Primeira Guerra Mundial, os investimentos em indústria, bem como em ciência e tecnologia com viés armamentista, tornaram-se prioridade para muitas nações. Foi um período em que as doutrinas militares foram revisadas, tanto para incluir inovações como novas estratégias desenvolvidas ao longo do conflito. Esses movimentos aprofundaram a defasagem de poderio bélico entre os Estados, deixando mais evidente o reflexo da assimetria internacional de poder. Lind argumenta que as forças francesas, durante a Primeira Guerra Mundial, conseguiram mitigar a "crescente contradição entre a cultura militar e a progressiva desordem no campo de batalha", por meio de uma guerra de atrito com alto uso da artilharia (Lind, 2004:12). Para o referido autor, a França foi o país que melhor incorporou essa inovação, que marcou a mudança da primeira para a segunda geração da guerra moderna.

Nesse contexto, o Brasil entendeu que deveria investir na reorganização de suas Forças Armadas, seguindo o modelo francês, um país que saiu vitorioso do conflito. O objetivo ao recorrer à cooperação em defesa com a França era "replicar, em alguns casos até superar, a estrutura organizacional da 'nação em armas' praticada pelas potências continentais europeias e capacitar suas tropas para o novo tipo de guerra moderna que então se vislumbrava" (Svartman, 2016:368). A Missão Militar Francesa inicia seus trabalhos em 1919 e permanece cerca de 20 anos no Brasil. Domingos Neto (2007) argumenta que o Exército Brasileiro passa a adquirir novos recursos e tem seu ensino reformulado, focando em escolas mais especializadas. A estrutura do Exército também é alterada, priorizando um novo entendimento sobre a ação de um Estado Maior, bem como incorporando o uso de blindados e outras inovações de mobilização (Malan, 2019). Ao longo da Segunda Guerra Mundial, a França, invadida pelas forças nazistas, não poderia mais manter a parceria com o Brasil. Além disso, o desempenho das Forças Armadas germânicas, em uma tática que ficou conhecida como *blitzkrieg*, evidenciou mais uma mudança geracional da guerra moderna (Lind, 2004). Com isso, os Estados Unidos figuraram como a opção escolhida para manter o processo de modernização das Forças Armadas brasileiras. O primeiro marco de cooperação em defesa do Brasil com os EUA foi a convenção militar de 23 de maio de 1942, que estabeleceu uma aliança militar formal e criou duas comissões militares binacionais: uma sediada em Washington e outra no Rio de Janeiro. Com a oficialização da convenção militar, garantia-se às tropas estadunidenses a utilização das instalações navais e aeronáuticas brasileiras, em especial a Base Aérea de Natal e de Fernando de Noronha. Em troca, o Brasil receberia equipamentos militares e assistência técnica para a modernização das Forças Armadas, além de financiamentos para realizar a construção e instalação de indústrias estratégicas para o esforço de guerra (McCann Jr., 1975).

Dez anos após a instituição da convenção, no início de 1952, o Brasil recebe uma delegação estadunidense, com o objetivo de aprofundar a convenção de 1942 e propor a assinatura de um novo acordo. A assinatura do Acordo Militar ocorre a seguir, em 15 de março de 1952. Nele, o governo estadunidense comprometia-se a fornecer equipamentos, materiais e serviços ao Brasil, enquanto cabia ao Brasil o fornecimento de materiais básicos e estratégicos, especialmente urânio e areias monazíticas (D'Araújo, 2019). Ainda que o acordo tenha cumprido seu objetivo de modernizar as Forças Armadas brasileiras, por meio da compra de equipamentos dos EUA, ele foi criticado por aprofundar a dependência brasileira perante a potência do Norte, visto que o país precisava do fornecimento de material e treinamento para seu uso, além do fato de os EUA não permitirem a transferência das tecnologias utilizadas em seus equipamentos militares.

Diante disso, é possível afirmar que ambas as experiências de cooperação militar "deixaram um legado modernizante, industrializante e de uma percepção instrumental junto à oficialidade a respeito da necessidade de convênios com atores centrais do sistema como meio para obtenção de maior capacidade nacional" (Svartman, 2016:376). Contudo, importa salientar que as duas experiências foram permeadas de tensões internas e trouxeram adaptações de doutrina, que evidenciaram a impossibilidade de um transplante completo da organização militar francesa ou estadunidense. Além disso, ainda que as Forças Armadas tenham passado por uma modernização, isso ocorreu à revelia do aumento da dependência do país em relação às potências centrais. Embora fosse notória a dependência em relação à França e, posteriormente, aos Estados Unidos, as elites militares brasileiras buscaram posteriormente diversificar seus fornecedores e, de modo constante, desenvolver autonomia em relação a seus mentores (Svartman, 2016). Não obstante, o processo de modernização feito ao longo da Missão Francesa e repetido nas Missões com os Estados Unidos foi planejado prioritariamente a fim de evitar a defasagem doutrinária em relação ao contexto internacional, em um momento *ex post*.

Essa diversificação e busca por autonomia, por sua vez, tornam-se ainda mais evidentes no segundo momento que analisaremos a seguir. Fica claro que essas missões foram relevantes experiências de cooperação em defesa na história do Brasil. Todavia, esses programas foram grandes ciclos de modernização doutrinária e redução do hiato tecnológico, baseados na percepção de que o país deveria buscar parcerias internacionais para garantir a defesa nacional. Os programas de cooperação, portanto, encerraram-se, sugerindo que a cooperação internacional era vista como uma política *ad hoc* para alcançar um objetivo específico: a modernização *ex post* para acompanhar o contexto internacional. O país portava-se como um recebedor de ajuda internacional em defesa, sem que houvesse uma política de cooperação internacional de defesa contínua.

b) Cooperação, autonomia e diversificação de parcerias

Um dos fenômenos que marcaram a segunda metade do século XX foi a revolução tecnológica em diversas áreas como telecomunicações, transporte, setor energético, aeroespacial, robótica e saúde. Diante da necessidade de acompanhar esses avanços, apesar do conservadorismo por parte das tradicionais potências do Norte em compartilhar tecnologias consideradas sensíveis, o Brasil buscou diversificar seus relacionamentos estratégicos. As iniciativas de cooperação em defesa brasileiras buscaram parcerias capazes de viabilizar o desenvolvimento conjunto de tecnologias, sem deixar de prestigiar as já existentes. No final do século XX e início do XXI, fica ainda mais evidente a importância da absorção e criação de inovações tecnológicas e doutrinárias, mas também em outras dimensões que são fundamentais para o desenvolvimento de capacidades de poder estatal de modo mais amplo. Inovações no campo social, econômico, cultural, científico e organizacional podem potencializar o sucesso da política de defesa, em uma lógica que deriva do conceito da guerra omnidimensional.[5] Esse movimento ocorreu simultaneamente a uma mudança de atuação brasileira no campo da CID, em que o Brasil passou a ter uma postura mais ativa no cenário internacional, deixando de ser majoritariamente um receptor de ajuda. Essa mudança ocorre devido a um projeto político de inserção internacional e de desenvolvimento doméstico, no qual a política de defesa está incluída. O Brasil, por meio da cooperação internacional em defesa, deixou de buscar prioritariamente a modernização ou adaptação — reduzindo o hiato tecnológico e assimilando inovações doutrinárias — para desenvolver um processo de

5 Guerra omnidimensional é a "guerra que não será caracterizada por dimensões ou espaços (tangíveis ou não); nem por uma ou por outra tecnologia. Será uma guerra caracterizada pela multidimensionalidade e pela utilização de toda tecnologia disponível em todo espaço possível" (Franco-Azevedo e Mota, 2012:7).

transformação[6] de suas Forças Armadas e de outras capacidades nacionais — incluindo uma maior autonomia em tecnologias sensíveis. Esse compromisso com o processo de transformação ficou documentado na Estratégia Nacional de Defesa, que levou à criação de projetos estratégicos dentro das três Forças Armadas.[7]

Para exemplificar o ensejo em incorporar tecnologias, fortalecer a indústria e a produção nacional, pode-se mencionar o acordo de 2008 do Brasil com a empresa francesa DCNS, que visou fomentar o desenvolvimento do Programa de Submarinos (Prosub) da Marinha do Brasil e a construção da base naval de Itaguaí.[8] A característica mais importante do acordo com a DCNS foi o fato de os contratos incluírem cláusulas de transferência de tecnologia de ponta para o país, permitindo que o Brasil detenha os conhecimentos necessários para construir submarinos de propulsão nuclear (SN-BR) em território nacional (Gomes da Costa, 2018). No caso do SN-BR, este está sendo totalmente construído no Brasil. As empresas nacionais atuarão fornecendo diversos componentes, incluindo os de alta tecnologia, e prestando serviços de engenharia e gerenciamento industrial nas áreas não nucleares, onde há assistência técnica da DCNS. Já na área nuclear do projeto, a responsabilidade é da Marinha do Brasil, especialmente pelo fato de o país já possuir conhecimentos e tecnologias nacionais para sua execução (Hirschfeld, 2014).

Outro importante marco no quesito de incorporação de tecnologias de inovação e fortalecimento da indústria nacional foi o projeto do cargueiro KC-390. Inicialmente foram encomendados à Embraer dois protótipos dessa aeronave. Em seguida, após a realização de uma série de atividades com vistas a assegurar a maturidade tecnológica do produto em questão, em 2014, a FAB encomendou a produção de 28 unidades desse avião. O KC-390 substituirá o turboélice C-130 (Hércules), usado atualmente nas principais missões da FAB (Ribeiro, 2017). O novo cargueiro brasileiro supera em mais de 200 km/h a velocidade máxima de seu antecessor, pode ser abastecido no ar e tem capacidade de transportar mais

6 Considerando que a diferença entre o processo de modernização ou adaptação e o processo de transformação é o grau de inovação envolvido (Alberts e Hayes, 2006).

7 Como o Exército Brasileiro priorizou parcerias público-privadas no âmbito nacional para a execução de seus projetos estratégicos, eles fogem do escopo deste capítulo, que prioriza aqueles que tenham envolvido um processo de cooperação internacional com transferência de tecnologia.

8 Cabe destacar que o Brasil é capacitado na construção de submarinos convencionais desde o fim da década de 1980, tendo construído entre 1994 e 1999 três submarinos da classe Tupi, em operação até hoje.

carga. Até o momento, a FAB e a Força Aérea Portuguesa são os únicos clientes confirmados do KC-390. No entanto, outros países já demonstraram interesse em adquirir o KC-390, como Argentina, Bolívia, Colômbia, Chile, Portugal, República Tcheca, Suécia, Nova Zelândia e Alemanha (Vinholes, 2017), o que demonstra que esse investimento em tecnologia e em indústria de defesa tem o potencial de gerar reservas internacionais, empregos no âmbito doméstico e fortalecer laços com nações consideradas amigas.

Partindo para outro projeto, destaca-se o acordo firmado entre a Suécia e o Brasil, que trata da aquisição de 34 caças do modelo Gripen-NG,[9] incluindo cláusulas de transferência de tecnologia. Com base na parceria entre a Saab e a Embraer, as empresas investiram em uma linha de montagem do Grippen-NG no Brasil, facilitando a alteração e adaptação de elementos técnicos da aeronave e criando as bases para o desenvolvimento conjunto deste modelo ou mesmo de futuros projetos (Mitozo, 2017). No entanto, um dos pontos negativos dessa transferência de tecnologia e que tem sido relevado no caso do Gripen-NG reside na questão de que a Saab não detém o controle total de suas tecnologias mais sensíveis, visto que no Gripen-NG há componentes produzidos por outros países como os EUA e os demais componentes que são pertencentes à Inglaterra, Alemanha e África do Sul, sendo alguns deles restritos à transferência de tecnologia, como é o caso dos componentes estadunidenses (Peron, 2011).

Outro projeto estratégico para o Brasil é o programa aeroespacial. Entre o final da década de 1980 e 2015, o Brasil desenvolveu diversas iniciativas de cooperação espacial com a China, Rússia, Índia e Ucrânia, que buscaram promover a capacitação tecnológica do setor espacial brasileiro. Apesar de avanços, como o Satélite Sino-Brasileiro de Recursos Terrestres, o Brasil ainda não conseguiu desenvolver seu veículo lançador de satélites (Lima et al., 2017).

Por fim, destacamos o projeto de cooperação em defesa do Brasil que foi desenvolvido em parceria com a África do Sul, o desenvolvimento do míssil A-Darter. O programa é datado de 2005, quando se tornou público o interesse da

9 A aeronave vencedora Gripen NG, da empresa sueca Saab, é um modelo supersônico monomotor multifuncional projetado para emprego em missões ar-ar, ar-mar e ar-solo, sob quaisquer condições meteorológicas, desenvolvido para se adaptar à evolução das ameaças e exigências operacionais, enfrentadas pelas modernas forças aéreas. A versão brasileira deste modelo, a ser desenvolvida em parceria com a Embraer, a partir do projeto original destinado à Força Aérea da Suécia, contará com sistemas embarcados, radar de última geração e capacidade para empregar armamentos de fabricação nacional (Projeto FX BR, 2020).

Força Aérea Brasileira em estabelecer uma parceria com o projeto sul-africano de desenvolvimento de um míssil ar-ar de quinta geração (Fernandes et al., 2013). A iniciativa foi inédita pelo fato de o segmento mundial de mísseis ar-ar ser dominado por países e empresas do Norte. A produção dos mísseis ocorreu por meio de uma equipe espelho, sendo desenvolvida tanto no Brasil como na África do Sul, com constantes trocas de informação e acesso livre às tecnologias. O projeto teve importante avanço em 2017, quando todos os quatro testes finais de qualificação foram bem-sucedidos, atendendo aos requisitos de aceitação estabelecidos no início do programa. Como resultado, o A-Darter foi liberado para uso operacional e de combate (Airway, 2019). Com o estabelecimento de um míssil qualificado e certificado, a África do Sul e o Brasil tornaram-se parte dos poucos países selecionados do mundo capazes de produzir um míssil de curto alcance de quinta geração (Giordani, 2019). Um importante legado do projeto foi a transferência de tecnologia, porque o Comando da Aeronáutica teve acesso irrestrito aos processos e às tecnologias relacionadas, bem como aos direitos de propriedade intelectual e industrial alusivos ao desenvolvimento conjunto (FAB, 2019).

Percebe-se, portanto, que a cooperação brasileira em defesa, no século XXI, diferencia-se do modelo adotado nas missões com a França e com os Estados Unidos por ter um maior grau de inovação e por buscar transformações *ex ante*. Apesar da importância de seus resultados na transformação da política de defesa bem como em outras dimensões políticas, sociais e econômicas, é importante ressaltar que a cooperação em defesa é pensada e executada para serem atividades *ad hoc*. Em momentos específicos, quando há uma percepção entre os tomadores de decisão de que é necessário modernizar as Forças Armadas — seja buscando um esforço de revisar a doutrina ou desenvolvendo capacidades armamentistas, tecnológicas e industriais —, há o uso da cooperação internacional para alcançar esses objetivos específicos. Historicamente, esse modelo de cooperação cumpre seu propósito, mas evidencia que o país carece de um planejamento de longo prazo, que explore o potencial dessa ferramenta da política externa e de defesa. Entre outras consequências, esse modelo dificulta a criação de instituições governamentais robustas e estáveis que tratem do tema e sejam capazes de criar um planejamento de longo prazo para a política de cooperação em defesa do país, que atue em conjunto com a Agência Brasileira de Cooperação (ABC) do Itamaraty. Além disso, também não há um ordenamento jurídico próprio que estabeleça quais são os objetivos, princípios e manuais de procedimentos que o

Brasil deve seguir para estabelecer um programa de cooperação internacional em defesa. Portanto, a cada intenção de instaurar um projeto de cooperação, deve-se repetir negociações em diversas instâncias, tais como a criação de um orçamento próprio, modelos de gestão, critérios de monitoramento e avaliação, bem como estabelecer o envolvimento de instituições da burocracia governamental de modo *ad hoc*, tornando o esforço maior, mais lento e menos eficaz.

Ademais, como não há uma instituição de cooperação em defesa que seja forte o suficiente para estabelecer as diretrizes de longo prazo e dialogar com a ABC e outros atores envolvidos, o planejamento e implementação das políticas de cooperação são descentralizados, o que dificulta a criação de uma memória institucional e o desenvolvimento de um corpo de funcionários especializado que seja transversal a todas as políticas de cooperação em defesa. É simbólico que a minuta do *Livro branco de defesa*,[10] que está em desenvolvimento desde 2016, aborda três vezes o tema de "cooperação com outros países": um para atividades — em sua maior parte no âmbito da educação militar — do Exército Brasileiro, outra para a Marinha do Brasil e mais um para a Força Aérea. Não há a descrição de uma atividade conjunta ou de um esforço mais significativo centralizado pelo Ministério da Defesa.

4. Cooperação em defesa como indutora de inovações procedimentais e institucionais

Conforme visto na seção anterior, o Brasil tem tradição de usar a cooperação internacional como um instrumento de política externa e de defesa. Não por acaso, essa ramificação temática do campo político da cooperação segue, ainda que em velocidades e intensidades diferentes, uma trajetória semelhante à cooperação técnica internacional para o desenvolvimento. Em um primeiro momento, o Brasil insere-se internacionalmente como um recebedor de ajuda internacional, que é o caso das missões com a França e com os Estados Unidos. No início do século XXI, fortalece uma postura mais proativa e busca construir relações mais horizontais, tanto com tradicionais parceiros do Norte como com países do Sul. Por conta dessa correlação intrínseca, as atividades de cooperação em defesa

10 Disponível em: https://cutt.ly/WdO3K9c. Acesso em: 23 jul. 2020.

encontram as mesmas barreiras e dificuldades que as políticas nas demais áreas enfrentam: falta de um arcabouço jurídico, alto grau de descentralização e baixo prestígio político dentro da administração pública. Diante desse cenário, este capítulo argumenta que a cooperação internacional em defesa, se bem utilizada, também pode ser um indutor de inovações procedimentais e institucionais tanto para as Forças Armadas quanto para a burocracia estatal como um todo.

O desenvolvimento logístico e burocrático impacta diretamente a capacidade de um país em potencializar as expressões de poder, bem como atingir seus objetivos nacionais. Em uma lógica de guerra do futuro, em que as ameaças não devem ser consideradas exclusivamente no campo militar, um país que não consiga desenvolver de modo autônomo — ainda que por meio de parcerias internacionais — soluções para garantir a defesa de sua sociedade e de sua soberania pode estar mais suscetível a falhas em seu objetivo dissuasório, bem como na sua capacidade de executar estratégias de caráter destrutivo.

Em primeiro lugar, consolidando o próprio uso da defesa e diplomacia setorial de defesa como mecanismo de inserção internacional. A ideia de que a política de defesa brasileira deve ser baseada na cooperação para o entorno estratégico e dissuasão para fora da região foi largamente defendida pelo Celso Amorim, quando esteve à frente do Ministério da Defesa, bem como consolidou-se nos documentos oficiais de defesa — como a Política Nacional de Defesa e a Estratégia Nacional de Defesa. Se internalizadas, essas diretrizes podem fomentar as bases para uma cultura política que siga os princípios de política externa elencados na Constituição Federal de 1988, abrindo oportunidades e induzindo a burocracia estatal a elaborar procedimentos, leis e instituições mais robustos de cooperação em defesa. Durante campanha eleitoral, Jair Bolsonaro defendeu maior aproximação com países do Norte, o que foi concretizado, por exemplo, com o acordo aeroespacial com os EUA que envolve a permissão para o uso da base de Alcântara, bem como memorandos de entendimento com Israel em março de 2019. Por falta de distanciamento histórico, ainda não é claro se esse movimento de busca de novas capacidades com potências do Norte vai ser acompanhado de uma redução da importância da cooperação Sul-Sul, o que ajustaria a inserção brasileira no campo político da cooperação nacional novamente na postura de recebedor, ao invés de buscar relacionamentos mais horizontais.

Um exemplo da capacidade potencial que atividades de cooperação internacional têm para induzir inovações institucionais e procedimentais é a criação do

Centro Conjunto de Operações de Paz do Brasil (CCOPAB). Apesar da longa tradição brasileira na participação em missões de paz da Organização das Nações Unidas (ONU), a liderança do Brasil na Missão das Nações Unidas para a Estabilização do Haiti (Minustah) induziu a percepção de que o treinamento dos brasileiros que seriam enviados poderia ser aprimorado para que atendessem os desafios dessa operação, bem como as recomendações da Assembleia Geral da ONU. Com isso, o CCOPAB passou a centralizar a preparação de militares das três Forças Armadas, forças policiais, bem como civis. Um passo a mais foi dado pela Portaria nº 952 do Ministério da Defesa, que garantiu a participação rotativa das três Forças Armadas nos cargos da instituição. A mudança organizacional do preparo dos *peacekeepers* brasileiros sugere um amadurecimento do país na condução dessa política, buscando mais pluralidade em sua composição e no preparo. Ainda que as conjunturas doméstica e internacional — em termos políticos, econômicos e sociais — possam afetar a condução das decisões relacionadas com a participação do Brasil em missões de paz — como ocorreu no caso da recusa em liderar a operação na República Centro-Africana —, as mudanças organizacionais e jurídicas são mais resilientes, o que garante um pouco mais de estabilidade no longo prazo.

Os esforços da ABC e de outros atores para o desenvolvimento para pressionar pela criação de um ordenamento jurídico próprio que disciplinasse as políticas de cooperação internacional não conseguiram mobilizar os governos nesse sentido, apesar de haver um consenso na elite política de que esse seria um dos principais entraves para o campo. A cooperação internacional no setor da defesa, dada a sua tradição e a existência de orçamentos comparativamente robustos, tem a capacidade de iniciar um processo de inovação na burocracia governamental brasileira, que pode gerar um efeito de transbordamento para as demais áreas. Considerando que o Ministério da Defesa representa um dos cinco maiores orçamentos da Esplanada, bem como o peso das três Forças Armadas no processo decisório brasileiro, as demandas dessa área costumam ter maior ressonância. Todavia, para que as atividades de cooperação em defesa atuais induzam mudanças institucionais, jurídicas e burocráticas, a percepção dos atores envolvidos deve passar a incorporar uma cultura de inovação que entenda a cooperação internacional como um instrumento de longo prazo de política externa e de defesa.

Dada a transversalidade da política de defesa, faz-se necessária a articulação desta com outras políticas públicas responsáveis pelo desenvolvimento e inserção nacional — o que pode ser denominado como uma grande estratégia (Silove, 2018). Essa dinâmica entre as diversas dimensões das políticas públicas e o consequente intercâmbio de experiências e pluralidade de pensamentos vindas de tomadores de decisão com diferentes trajetórias podem gerar uma maior capacidade de inovação no uso e desenvolvimento das expressões de poder nacional. Considerando o intercâmbio com outros países, por meio da cooperação em defesa, esse potencial fica ainda maior. A guerra do futuro exige que os países busquem soluções para um contexto em que as constantes modificações se apresentam cada vez mais rápidas. Por isso, uma postura reativa, que busque somente a modernização da política de defesa, não é o suficiente para se preparar para os desafios. A cooperação em defesa, no modelo que foi adotado no século XXI, busca, por meio de parcerias internacionais, antecipar o processo de inovação, o que a torna mais adequada para os desafios atuais. Todavia, transformações no modo em que esse instrumento é utilizado no Brasil ainda são necessárias, tornando-a mais estável e incentivando sua transversalidade. A cooperação em defesa pode desenvolver seu potencial de indução de inovações procedimentais e institucionais na preparação para a guerra do futuro, mas, para isso, é necessário um projeto político.

5. Considerações finais

Este capítulo buscou analisar como a política de cooperação internacional em defesa pode ser usada para induzir inovações tecnológicas, doutrinárias e táticas no âmbito da política de defesa, bem como transformações mais amplas em outras áreas — como a social, a econômica, a cultural, a científica e a organizacional — que são fundamentais sob a ótica do preparo para a guerra do futuro. Para isso, a primeira seção foi dedicada a definir conceitualmente o escopo do trabalho. Em seguida, analisou-se como que o Brasil, ao longo do século XX, teve uma postura de buscar parcerias internacionais para o processo de modernização de suas Forças Armadas, porém com uma postura reativa. No final do século XX e início do XXI, a postura brasileira passou a ser mais proativa e buscou uma política de defesa mais autônoma, ao criar parcerias internacionais para desenvolver inovações táticas e tecnológicas de modo a repelir ameaças internacionais. Todavia, essas políticas, em ambos os momentos, ainda são desenvolvidas de modo *ad hoc*, o que impede que elas desenvolvam grande parte de seu potencial. Por esse motivo, a terceira seção teve um tom analítico, mas também prescritivo, buscando mapear barreiras institucionais e outras limitações que atividades de cooperação internacional enfrentam no Brasil e, com base em exemplos empíricos, indicar como essas políticas na área de defesa podem contribuir com inovações tecnológicas, organizacionais e institucionais. Pode-se concluir que a política de cooperação internacional brasileira não é usada de modo sistemático pelos governos brasileiros. Ainda assim, uma retrospectiva histórica revela que os programas implementados obtiveram os resultados esperados. Falta, portanto, um olhar mais efetivo dos tomadores de decisão para que esse instrumento de política externa e de defesa possa ser plenamente usado para benefício da segurança e do desenvolvimento da sociedade brasileira.

Referências

ABDUL-HAK, A. P. N. T. *O Conselho de Defesa Sul-Americano (CDS)*: objetivos e interesses do Brasil. Brasília: Funag, 2013.

ADESANYA, O. A. *Melhorando a cooperação em defesa entre o Brasil e a Nigéria*: desafios e perspectivas. Rio de Janeiro: Escola Superior de Guerra, 2013.

AIRWAY. *Futuro míssil da FAB, A-Darter conclui fase de testes*. 2019. Disponível em: https://cutt.ly/MdO3fkB. Acesso em: 20 jun. 2020.

AKPURU-AJA, A. The State and the military: perspectives on Nigeria-USA military cooperation. *Strategic Analysis*, v. 27, n. 2, 2003, p. 250-262.

ALBERTS, D. S.; Hayes, R. E. *Code of best practice*. Campaigns of experimentation pathways to innovation and transformation. Washington: Office of the Assistant Secretary of Defense (OASD); Command & Control Research Program (CCRP), 2006. Disponível em: https://apps.dtic.mil/sti/pdfs/ADA457167.pdf. Acesso em: 13 ago. 2020.

BERKOWITZ, B. *The new face of war*: how war will be fought in the 21st century. Nova York: The Free Press, 2003.

BRITTO NETO, J. R. V. A guerra do futuro e o Exército Brasileiro: desafios e oportunidades. *Informativo Estratégico Centro de Estudos Estratégicos do Exército*, v. 5, n. 11, 2019, p. 1-24.

CAIXETA, M.; SUYAMA, B. A cooperação Sul-Sul na agenda dos Ministérios: defesa e segurança. *Informativo Setorial*. Observatório Brasil e o Sul, 2016. Disponível em: https://cutt.ly/JdO9O8x. Acesso em: 25 jul. 2020.

D'ARAÚJO, M. C. *Acordo Militar Brasil-Estados Unidos (1952)*. Verbete do Portal eletrônico da Fundação Getulio Vargas. Rio de Janeiro: FGV, 2019.

DOMINGOS NETO, M. Gamelin, o modernizador do Exército. *Tensões Mundiais*, v. 3, n. 4, 2007, p. 119-156.

DUARTE, R. S. *The politics behind aid and cooperation norms*: critical reflections on the normative role of Brazil and the United Kingdom. Lanham: Rowman and Littlefield, 2019.

FERNANDES, L. et al. *O Brasil, África do Sul e o míssil A-Darter*: uma experiência Sul-Sul de transferência de tecnologia? Rio de Janeiro: PUC-RJ, 2013. Disponível em: https://cutt.ly/ldO9GvE. Acesso em: 30 jun. 2020.

FORÇA AÉREA BRASILEIRA (FAB). *Evento marca encerramento do ciclo de desenvolvimento do projeto A-Darter*. 2019. Disponível em: www.fab.mil.br/noticias/mostra/34702. Acesso em: 5 ago. 2020.

FRANCO-AZEVEDO, C. E. Os elementos de análise da cultura de inovação no setor de defesa e seu modelo tridimensional. *Coleção Meira Mattos*: Revista das Ciências Militares, v. 12, n. 45, 2018, p. 145-168.

_____; MOTA, M. As dimensões do campo de batalha e a guerra omnidimensional. *Coleção Meira Mattos*: Revista das Ciências Militares, v. 27, n. 55, 2012, p. 1-11.

GIORDANI, E. *A-Darter, o AAM da FAB e da Saaf*. 2019. Disponível em: https://cutt.ly/rdO3W6T. Acesso em: 20 nov. 2020.

GOMES DA COSTA, M. O *Atlântico Sul na reconfiguração do entorno estratégico brasileiro*. Dissertação (mestrado em ciência política) — Universidade do Estado do Rio de Janeiro, Rio de Janeiro, 2018.

GRISSOM, A. The future of military innovation studies. *Journal of Strategic Studies*, v. 29, n. 5, 2006, p. 905-934.

HAMANN, E. P.; MUGGAH, R. (Org). *A implementação da responsabilidade de proteger*: novos rumos para a paz e a segurança internacional. Brasília: Instituto Igarapé, 2013.

HIRSCHFELD, G. Transferência de tecnologia e nacionalização no Prosub: benefícios para o Brasil. Brasília: Comissão de Relações Exteriores e Defesa Nacional da Câmara de Deputados, 2014. Disponível em: https://cutt.ly/KdOXUAI. Acesso em: 25 jul. 2020.

KENNAN, G. Foreign aid as a national policy. *Proceedings of the Academy of Political Science*, v. 30, n. 3, 1971, p. 175-183.

LANCASTER, C. *Foreign aid*: diplomacy, development, domestic politics. Chicago: The University of Chicago Press, 2007.

LIMA, M. R. S et al. *Atlas da política brasileira de defesa*. Buenos Aires: Clacso; Rio de Janeiro: Latitude Sul, 2017.

LIND, W. S. Understanding fourth generation war. *Military Review*, v. 84, n. 5, 2004, p. 12-16.

LONGO, W. P. Tecnologia militar: conceituação, importância e cerceamento. *Tensões Mundiais*, v.3, n. 5, 2007, p. 111-143.

LUNA, C. M. A. Os "jovens turcos" no processo de desenvolvimento do Exército e da nação. In: SIMPÓSIO NACIONAL DE HISTÓRIA, XXXIV, 2007, São Leopoldo. *Anais eletrônicos*. Disponível em: https://cutt.ly/8dO2eTn. Acesso em: 3 ago. 2020.

MALAN, C. J. S. 100 anos da missão militar francesa no brasil. *Defesanet Agência de Notícias*, 2019. Disponível em: https://cutt.ly/sdO0MXq. Acesso em: jul. 2020.

MCCANN JR., F. D. *The Brazilian-American Alliance, 1937-1945*. Princeton: Princeton University Press, 1975, 487 p.

MILANI, Carlos R. S. *ABC 30 anos*: história e desafios futuros. Brasília: ABC, 2017.

MILNER, Laurie. *Cooperation military*. Microsoft Encarta Premium Suite, 2004.

PROJETO FX BR. Força Aérea Brasileira. *Military Power*, 2020. Disponível em: www.militarypower.com.br/projeto%20fx.htm. Acesso em: 12 ago. 2020.

MITOZO, F. T. Cooperação técnica e transferência tecnológica como estratégia de desenvolvimento econômico: uma análise através do Programa Fx-2 da Força Aérea Brasileira. Monografia — Universidade Federal de Santa Catarina, Florianópolis, 2017.

MORAES, R. F. A cooperação Brasil-Argentina na área militar: da autonomia das forças armadas às relações estratégicas (1978-2009). Dissertação (mestrado) — Universidade Federal do Rio Grande do Sul, Porto Alegre, 2010.

PERON, A. E. R. O Programa FX-2 da FAB: um estudo acerca da possibilidade de ocorrências dos eventos visados. Dissertação (mestrado) — Universidade Estadual de Campinas, Campinas, 2011.

PION-BERLIN, D. Political management of the military in Latin America. *Military Review*, v. 85, n. 1, 2005, p. 19-31.

POSEN, B. R. *The sources of military doctrine*: France, Britain, and Germany between the world wars. Ithaca: Cornell University Press, 1986.

RIBEIRO, C. G. Desenvolvimento tecnológico nacional: o caso kc-390. In: RAUEN, A. T. *Políticas de inovação pelo lado da demanda no Brasil*. Brasília: Ipea, 2017, p. 235-288.

ROSEN, S. P. *Winning the next war*: innovation and the modern military. Londres: Cornell University Press, 1994.

SILOVE, N. Beyond the buzzword: the three meanings of "grand strategy". *Security Studies*, v. 27, n. 1, 2018, p. 27-57.

SVARTMAN, E. M. O Exército brasileiro e a emulação dos modelos francês e estadunidense no século XX. *Revista EGN*, v. 22, n. 2, 2016, p. 361-380.

VINHOLES, T. O que falta para o Embraer KC-390 estrear? *Airway*, 2017. Disponível em: https://cutt.ly/CdO98hg. Acesso em: 27 jul. 2020.

VAN DER VEEN, M. *Ideas, interests and foreign aid*. Cambridge: Cambridge University Press, 2011.

Este livro foi impresso nas oficinas gráficas da Editora Vozes Ltda.,
Rua Frei Luís, 100 – Petrópolis, RJ.